二十一世纪普通高等院校实用规划教材·物流系列

物流与供应链管理
(第2版)

范丽君　郭淑红　王　宁　主　编

清华大学出版社
北　京

内 容 简 介

物流与供应链管理是物流专业的核心课程。本书注重专业知识的系统性、全面性，并突出教材的应用性。全书共分九章，主要介绍物流的发展、物流管理理论及发展趋势，阐述供应链、供应链管理与物流之间的关系，对供应链的类型和构建策略、供应链的管理策略进行分析；并从应用型特色的角度出发，系统、全面地介绍供应链管理中的物流信息技术、物流设施的选址程序和方法、物流的运输管理、库存管理、配送管理，最后介绍第三方物流的发展、供应链中的物流客户服务管理等内容。

本书可以作为普通高等学校物流类专业的教材和参考书，也可以作为管理科学与工程、工商管理、市场营销等专业学生的课外读物。另外，还可供企业管理人员尤其是物流企业的业务人员阅读参考。

图书在版编目(CIP)数据

物流与供应链管理/范丽君，郭淑红，王宁主编. --2 版. --北京：清华大学出版社，2015(2020.8重印)
(二十一世纪普通高等院校实用规划教材　物流系列)
ISBN 978-7-302-40560-3

Ⅰ. ①物…　Ⅱ. ①范…　②郭…　③王…　Ⅲ. ①物流—物资管理—高等学校—教材　②供应链管理—高等学校—教材　Ⅳ. ①F252

中国版本图书馆 CIP 数据核字(2015)第 137437 号

责任编辑： 桑任松
装帧设计： 刘孝琼
责任校对： 周剑云
责任印制： 刘海龙
出版发行： 清华大学出版社
网　　址：http://www.tup.com.cn, http://www.wqbook.com
地　　址：北京清华大学学研大厦 A 座　　邮　　编：100084
社 总 机：010-62770175　　邮　　购：010-62786544
投稿与读者服务：010-62776969, c-service@tup.tsinghua.edu.cn
质量反馈：010-62772015, zhiliang@tup.tsinghua.edu.cn
课件下载：http://www.tup.com.cn, 010-62791865
印 装 者： 北京国马印刷厂
经　　销： 全国新华书店
开　　本： 185mm×230mm　　**印　张：** 23.25　　**字　数：** 505 千字
版　　次： 2011 年 1 月第 1 版　2015 年 10 月第 2 版　　**印　次：** 2020 年 8 月第 6 次印刷
定　　价： 49.00 元

产品编号：062530-02

第 2 版前言

经济全球化的发展和现代科学技术的应用，给社会经济运行规则以及市场竞争模式带来了巨大的变化，也给企业带来了无限生机和挑战，这需要企业以新的思维方式和管理模式借助外部资源快速、准确、有效地响应多变的市场需求，从供应链管理的角度加强企业与企业之间的合作。物流作为经济全球化和区域经济一体化的“推手”，是有效实施供应链管理的重要内容。以供应链管理思想来指导物流的管理和运作是企业降低成本、提高服务水平、提升企业竞争力和产业结构优化的利器。

《物流与供应链管理》自 2011 年 1 月出版以来，以其理论性、实用性和适用性，受到读者的肯定。为了适应物流学科和物流业的迅速发展，也为了适应教学的需要，本书对第 1 版进行了适当补充和完善。

第 2 版的修订工作主要由范丽君、郭淑红、王宁和张燕共同完成。为了保持第 1 版原有的体系特征，第 2 版的修订中对框架结构没有做大的变动，继续保持了第 1 版内容全面性、系统性，知识应用性和实务性强，章节可读性好等特点。本书将修订重点放在补充和完善每一章的内容，规范物流术语，增加和更新必要的案例，并对第 1 版的课后思考题进行了调整。

本书是在第 1 版的基础上进行的修订。要特别感谢第 1 版的参编者：河北建材职业技术学院的李焱老师，安徽大学的刘宏伟老师，燕山大学的胡心专老师和张彦老师。

在本书的编写过程中，参考借鉴了许多国内外最新研究成果和文献，并尽可能将其在参考文献中列出，在此向这些研究者表示衷心的感谢。也有可能由于多方面原因而有所疏漏，若有这样的情况发生，在此表示万分歉意，并先行感谢。

在本书的编写和出版过程中得到了清华大学出版社的大力支持和帮助，在此一并致以衷心的感谢。

由于时间与水平所限，书中难免有疏漏之处，敬请读者批评指正。

编　者

第1版前言

“物流与供应链管理”是物流管理专业的一门核心课程，明确物流与供应链的关系，了解供应链管理环境下的物流运作，对加强企业与企业之间的合作、提升企业竞争力和产业结构优化、提高供应链管理的效率，具有十分重要的意义。

进入21世纪，瞬息万变的市场环境给企业的经营管理水平和竞争力带来了巨大的挑战，因此对供应链管理、物流管理人才的要求也越来越高，物流职业的专业人员在企业中扮演的角色越来越重要，不仅要求从事物流职业的管理人员具有扎实的理论功底，更需要有分析问题、解决问题的上岗实践能力。本书正是在这样的背景下组织编写的，主要具有以下几个特点。

(1) 内容的全面性和系统性。本书共分为九章，包括物流管理概述、供应链管理概论、供应链管理中的物流信息技术、物流设施选址、物流运输管理、库存管理、配送管理、第三方物流与供应链、供应链中的物流客户服务管理，基本涵盖了供应链管理环境下物流的多方位管理，更注重专业知识的系统性和全面性。

(2) 知识的应用性和实务性。依据应用型本科教育的培养宗旨和人才培养模式的基本特征，着力于对学生综合运用物流与供应链理论知识，分析并解决实际问题能力的培养，通过典型案例介绍，强化理论与实际的结合、学习与思考的结合，加深教材内容的实务性、应用性，真正体现物流与供应链管理的实践性特色。

(3) 章节的可读性。本书图文并茂、脉络清晰，每章都设置了学习要点及目标、关键概念、引导案例、本章小结、自测题、案例分析、阅读资料等栏目，使本书内容更加丰富、生动。

(4) 一定的前瞻性。本书充分吸收了本学科国内外最新教科书、最新科研成果和最新供应链的实践经验和案例，并从学生的接受能力角度出发，进行了一定的设计与修改，以强化教材的科学性、先进性和适应性。

参加本书编写的人员均来自高校多年从事一线教学和科研工作的教师，他们经验丰富、作风严谨，经过多次修改，完成了本书的编写。本书由哈尔滨师范大学范丽君、郭淑红、王宁等主编。具体章节的编写分工如下：河北建材职业技术学院李焱编写第一章，安徽大学刘宏伟编写第二章，燕山大学胡心专编写第三章、张彦编写第四章，哈尔滨师范大学郭淑红编写第五、六章、张燕编写第七章，佳木斯大学王宁编写第八、九章。孙亮同学参与全书的统稿、校对与修改，赵吉旻、翟磊、隋丹丹等同学进行了部分书稿的文字校对工作。

本书在编写过程中参考借鉴了许多同行的研究成果和文献，并尽可能在参考文献中列出，在此向他们表示衷心的感谢。如果有疏漏，在此表示万分歉意，并先行感谢。在本书的编写和出版过程中得到了清华大学出版社的大力支持和帮助，在此一并致以由衷的感谢！

由于时间与水平所限，书中难免有疏漏之处，敬请读者批评指正。

编　者

目　　录

第一章　物流管理概述 1
第一节　物流概述 2
一、物流的概念与发展 2
二、物流的功能 6
三、物流的分类 9
四、物流的作用与价值 13
第二节　物流管理理论 16
一、主要的物流理论观点与学说 16
二、物流管理的目标和内容 19
三、现代物流管理的特征和发展趋势 22
本章小结 27
案例分析 27
阅读资料 29
自测题 32
第二章　供应链管理概论 33
第一节　供应链与供应链管理 34
一、供应链 34
二、供应链管理 37
三、供应链管理与物流管理的关系 ... 41
第二节　供应链的类型与构建 45
一、供应链的主要类型 45
二、供应链构建的原则与步骤 48
三、供应链的构建策略 52
第三节　供应链管理策略 53
一、采购管理策略 53
二、库存控制 58
三、供应链管理中的物流管理 65
本章小结 72
案例分析 73
阅读资料 75
自测题 77
第三章　供应链管理中的物流信息技术 78
第一节　物流信息技术概述 80
一、物流信息 81
二、物流信息技术 85
第二节　条码技术的应用 87
一、条码概述 87
二、物流条码 91
三、条码技术在物流中的应用 96
第三节　EDI 技术 100
一、EDI 概述 100
二、物流 EDI 103
三、EDI 技术在物流企业中的应用 105
第四节　RFID 技术 109
一、RFID 技术概述 110
二、RFID 的组成与工作原理 110
三、RFID 系统的分类 113
四、RFID 在物流中的应用 114
第五节　GIS 与 GPS 技术 117
一、GIS 技术 117
二、GPS 技术 121
三、GIS 和 GPS 在物流领域的应用 123
第六节　物流信息系统 127
一、物流信息系统的概念 127

二、物流信息系统的组成 128
三、物流信息系统的功能 129
本章小结 131
案例分析 132
阅读资料 134
自测题 135

第四章 物流设施选址 136

第一节 物流基础设施概述 137
一、物流基础设施的含义 137
二、物流基础设施的作用 138
三、现代物流基础设施的建设 139
第二节 物流设施选址的意义及其影响因素 140
一、物流设施选址的意义 140
二、物流设施选址的影响因素 141
第三节 物流设施选址的一般程序 143
第四节 物流设施选址方法 144
一、单一设施选址 145
二、多设施选址 148
第五节 物流设施选址的评价方法 158
一、加权因素法 158
二、因次分析法 159
三、层次分析法 162
本章小结 164
案例分析 164
阅读资料 166
自测题 168

第五章 物流运输管理 169

第一节 物流运输的重要性及功能 169
一、物流运输的重要性 170
二、运输系统的功能 171
第二节 物流运输方式及选择 172
一、运输方式的分类 172
二、运输基本方式及特点 174
三、运输方式的选择 177
四、运输方式选择的评价方法 179
五、国际多式联运 180
第三节 物流运输路线规划 181
一、运输路线选择的要素 181
二、运输路线选择的原则 183
三、运输路线选择方法 184
第四节 物流运输合理化 191
一、物流运输合理化需解决的问题 191
二、运输合理化的作用 193
三、影响运输合理化的因素 194
四、实现运输合理化的途径 195
本章小结 197
案例分析 197
阅读资料 201
自测题 202

第六章 库存管理 203

第一节 库存概述 204
一、库存的概念 204
二、库存的作用 205
三、库存的分类 207
第二节 库存管理概述 210
一、库存管理的概念 210
二、库存管理在物流管理中的作用 210
三、库存管理的内容 211
四、库存管理成本分析 212
第三节 库存管理方法 214
一、ABC 库存管理法 214
二、订货点订货法 219
三、MRP 库存管理法 231

第四节 供应链环境下的库存管理策略......239
一、零库存管理......239
二、供应商管理库存......242
三、联合库存管理......244
本章小结......245
案例分析......245
阅读资料......247
自测题......252

第七章 配送管理......253

第一节 配送概述......254
一、物流配送的含义及特点......254
二、配送的类别......256
三、配送的模式......259
四、配送的业务流程......261
第二节 配送作业管理......263
一、进货入库作业......264
二、订单处理......266
三、拣货作业......268
四、补货作业......268
五、配货作业......270
六、送货作业......271
七、退调作业和信息处理......271
第三节 配送成本管理......273
一、配送成本的构成......273
二、配送成本的核算......274
三、配送成本控制......276
第四节 配送中心......280
一、配送中心的作用与功能......280
二、配送中心的类型......284
三、配送中心管理......286
本章小结......289
案例分析......290
阅读资料......293
自测题......296

第八章 第三方物流与供应链......297

第一节 企业业务外包......298
一、业务外包的原因......298
二、业务外包的主要方式......299
第二节 第三方物流在供应链中的发展......300
一、第三方物流的概念与特征......301
二、第三方物流的价值与风险......302
三、第三方物流的选择和评价......306
第三节 第三方物流的发展......309
一、物流发展的推动因素......309
二、第三方物流发展的推动因素......311
三、第三方物流的发展障碍......312
四、我国第三方物流企业的发展战略......312
第四节 第四方物流......317
一、第四方物流概述......317
二、第四方物流的工作方式......319
三、第四方物流企业应具备的条件......319
四、第三方物流与第四方物流的比较......322
本章小结......323
案例分析......324
阅读资料......325
自测题......326

第九章 供应链中的物流客户服务管理......327

第一节 客户服务管理概述......327
一、客户服务的定义......328
二、客户服务的要素和标准......328
三、客户关系管理的含义与功能......330

第二节　物流客户服务 333
一、物流客户的分类 333
二、物流客户服务的特点 334
三、物流客户服务战略 334
四、物流客户服务的绩效评价 336
五、物流客户服务的发展 341
第三节　物流客户关系管理 342
一、物流客户关系管理的作用 343
二、物流客户关系管理的内容 344
三、物流客户关系管理的实施 345
第四节　快速响应与有效客户响应 348
一、快速响应 348
二、有效客户响应 350
三、快速响应与有效客户响应的比较 352
本章小结 353
案例分析 353
阅读资料 356
自测题 358
参考文献 359

第一章　物流管理概述

【学习要点及目标】

通过本章的学习，使学生了解物流的发展历程、物流的作用及现代物流的发展趋势，理解物流的主要理论观点与学说，掌握物流的概念、功能、分类及物流管理的目标、特征和内容。

【关键概念】

物流(Logistics)　物流管理(Logistics Management)

【引导案例】

沃尔玛“天天平价”的奥秘

沃尔玛连续多年来一直稳坐全球零售业乃至世界500强“老大”的“宝座”，其成功的秘诀主要在于沃尔玛的“天天平价”策略。然而，沃尔玛“天天平价”策略的实施又是基于其灵活高效的物流配送系统，通过物流配送系统来节约成本。因此可以说，物流配送系统是沃尔玛“天天平价”最有力的支撑，是沃尔玛的核心竞争力。

在沃尔玛，物流配送系统的重要性仅次于员工工作的重要性，如果说员工对沃尔玛健康发展的重要程度是75%的话，物流配送系统几乎占了余下的25%。因为顾客之所以能在沃尔玛以最低的价格买到最优的产品，在很大程度上都依赖于物流系统所发挥的作用。

沃尔玛的“天天平价”不是像某些零售商那样依靠对供应商收取各种进场费等方式的“盘剥”，更不是依靠对内部员工克扣工资、降低福利待遇的“压榨”，而是通过不断改善物流配送系统、提升物流效率来降低成本，从而进一步降低商品价格。

通过物流配送中心的集中配送，沃尔玛不仅大大降低了商品的成本，还有效控制了供应商的订单满足率和交货时间。另外，通过对供应链的有效整合，沃尔玛借助POS自动补货系统，还可以实现配送中心和每个商店的现货最大化和多余库存最小化。这样，进入沃尔玛配送中心的商品可以做到无滞留地于当天直接转送到各店，从而减少了库存，加快了流通速度。

然而，出乎意料的是，沃尔玛在中国却一直处于亏损状态。由于中国政府在政策上的限制，沃尔玛在中国的开店数量不多且较为分散，这就使得沃尔玛在中国不能有效地发挥其物流配送系统的规模优势。

物流是沃尔玛“天天平价”的奥秘，是沃尔玛的核心竞争力。那么，什么是物流？它是如何产生和发展起来的？为什么沃尔玛在中国不能有效发挥其核心竞争力的作用？

（资料来源：物流信息. 摘要报，2010，33：8-9）

第一节　物流概述

近几十年来，物流作为一门新兴学科，在国内外得到了系统的研究和快速发展。物流是一个复杂的系统，物流系统中包含的活动也很多，因此物流学科又可以分成很多子学科和分支领域。本节将重点介绍物流的基本概念和基本理论，此部分是学习其他物流学科的基础知识。

一、物流的概念与发展

物流活动的产生远早于物流概念的提出及物流学科的形成。早在人类活动中出现生产与交换以来，物流活动也就随之产生了。由于生产分工的专业化和局限性，人类为了获得生产与生活所需要的各种物资，就必须进行物的交换，在交换的过程中就产生了物品从生产地到消费地的转移，即“物的流通”。而随着商品生产规模和流通范围的逐步扩大，物流也经历了从传统到现代、从简单到复杂、从分散到集约的发展过程。

(一)物流的概念

物流概念的提出起源于军事领域，当时被称为“后勤”。第二次世界大战期间，美国军队为了保证全球作战的需要，围绕战略物资的供应，对军粮、军火等军用物资的运输、补给、调配等进行全面管理，以保证战略物资能够以最快的速度、最高的效率、最低的成本、安全及时地供应到作战前线，从而为战争的胜利提供物资保障。要做到这一点，就必须有一整套科学高效的军队后勤供应管理系统，包括各种军用物资的订货、生产、购置、储存、运输、分配等一系列活动。各项活动的有效运转与衔接，在很大程度上决定了军用物资的供给保障程度。

第二次世界大战后，军事后勤管理的思想被推广到企业中，在企业的采购、生产、流通等诸多领域得到广泛运用，从而形成了供应物流、生产物流、销售物流等几大物流领域。

1935 年，美国市场营销协会最早从销售的角度对物流进行了定义：“物流是销售活动中所伴随的物质资料从生产地到消费地的种种企业活动，包括服务过程。”很显然，这一定义仅仅概括了销售领域的物流活动，并没有囊括所有的物流活动。

1963 年，(美国)全国物流管理协会(National Council of Physical Distribution Management，NCPDM)将物流定义为：“物流是为了计划、执行和控制原材料、在制品及制成品从供应地到消费地的有效率的流动而进行的两种或多种活动的集成。这些活动可能包括：顾客服务、需求预测、交通、库存控制、物料搬运、订货处理、零件及服务支持、工厂及仓库选址、采购、包装、退货处理、废弃物回收、运输、仓储管理。”这一定义的范围不仅包括了销售领域产品从生产线的终端开始，经过需求订货、仓储、运输，最终被传递到消费者手中的

物流活动；而且还包括了供应领域原料从供应地，经过需求预测、库存管理、采购、运输、搬运、回收等正向及逆向若干具体的物流活动内容。

1985 年，全美实物分配管理协会更名为美国物流管理协会(The Council of Logistics Management，CLM)，将物流的定义更新为：“物流是对货物、服务及相关信息从起源地到消费地的有效率、有效益的流动和储存进行计划、执行和控制，以满足客户需求的过程。该过程包括进向、去向、内部和外部的移动以及以环境保护为目的的物料回收。”这一定义指出了物流管理的战略导向是客户需求，突出管理效益，强调“有效率、有效益的流动”，内容更加广泛灵活。

1998 年，CLM 将物流的定义修改为：“物流是供应链过程的一部分，是对货物、服务及相关信息从起源地到消费地的有效率、有效益的流动和储存进行计划、执行和控制，以满足顾客要求。”CLM 于 2002 年 1 月进一步修订了物流定义，在“98 定义”的基础上增加了“正向和反向”两个词。修订后的定义(简称“02 定义”)为：“物流是供应链过程的一部分，是对货物、服务及相关信息从起源地到消费地的有效率、有效益的正向和反向流动和储存进行计划、执行和控制，以满足顾客要求。”定义不仅将物流纳入供应链的范畴，强调物流的有效性，也把逆向物流视为物流的一个活动内容。

2003 年 CLM 对物流定义进行了重要修改，修改后的定义(简称“03 定义”)为：“物流管理是供应链管理的一部分，是对货物、服务及相关信息从起源地到消费地的有效率、有效益的正向和反向流动和储存进行的计划、执行和控制，以满足顾客要求。”这一定义标志着现代物流理论发展到更高的阶段，是物流管理向供应链管理的一个转化。2005 年 1 月 1 日，CLM 正式更名为供应链专业管理协会(Council of Supply Chain Management Professionals，CSCMP)，这意味着全球物流进入供应链时代的开始。

众所周知，我国于 20 世纪 80 年代初从日本引进了“物流”概念，当时，将“物流”解释为“物资资料或商品的实体运动过程”，是与商品的价值运动过程(简称“商流”)相对应的概念。那么，日本的“物流”概念是如何产生的呢？据研究，物流概念大约在 20 世纪 50 年代被日本流通技术考察团由美国引进日本，译为“物的流通”，后简称“物流”。下面介绍几种较有代表性的定义。

日本通运综合研究所对物流的定义是：物流是指商品由供应者向需求者的物理性转移，从而创造时间与空间价值的经济活动，包括包装、装卸、保管、库存管理、流通加工、运输、配送等各种活动。

日本统计审议会流通统计分会将物流定义为：物流是指有关“物”的物理性流动的所有经济活动，这些活动主要包括运输、通信活动。同时，这里所说的“物”，既包括有形物，也包括无形物，其中的无形物主要是指信息。

日本产业结构审议会流通分会对物流的定义是：物流是指有形及无形商品由供给者向需求者的实体流动过程，具体包括包装、装卸、运输、保管及信息等。

由这些定义我们可以看出，美国专业协会对物流概念的定义更强调物流活动的有效性，物流与物流管理无严格区分，物流即物流管理，物流管理也就是物流。而日本各界对物流概念的定义主要侧重于描述物流是一系列有关有形与无形商品从供给者到需求者的实体转移过程，并不涉及这一过程是否有效，是将物流与物流管理相区别的。

我国自从日本引进物流概念后一直沿用日本的物流定义，直到2001年8月1日我国首次颁布并实施了《中华人民共和国国家标准物流术语》国家标准。

《中华人民共和国国家标准物流术语》在2001年将物流定义为：“物流是物品从供应地向接收地的实体流动过程，根据实际需要，将运输、存储、装卸、搬运、包装、流通加工、配送、信息处理等基本功能实施有机结合。”这一定义重点强调了物流包括的一系列具体的活动，基本上是“中性”的，没有强调物流的“有效性”，也没有涉及对物流活动的“计划、执行或控制”，揭示着物流与物流管理的定义是不同的。

物流的定义可以从以下四个方面进行理解。

(1) 物流是物品物质实体的流动，只实现物质实体的转移，并不发生物品所有权的转移。

(2) 物流是满足社会需要的经济活动。

(3) 物流通过基本功能活动对物品产生空间位移、时间变动和形状性质的变动，从而产生物品的空间、时间、形态效用。

(4) 物流的发生具有普通性，有物品就有物流。

结合以上定义，我们可以将物流定义为：“为了把物品高效、低成本地送达目的地，对货物、服务和相关信息在供应地和接收地之间的流动过程中施加的运输、储存、装卸、搬运、包装、流通加工、配送、信息处理等一系列功能活动。”

(二)日本物流的发展

物流的发展历程与一个国家的经济发展具有密切联系，日本就是最典型的例子。

1. 第一阶段——经济复兴阶段(20世纪50年代)

1955年以前，日本还没有完整的物流概念，当时的经济急需恢复，国内商品流通主要靠铁路运输，运输是制约日本企业经营与社会经济发展的重要瓶颈，因此重视运输、发展运输，是这个时代物流发展的基本特征。

2. 第二阶段——物流系统化阶段(20世纪60年代)

自1956年从美国引进物流概念以后，日本社会各界开始重视物流管理工作，强化物流职能的作用，着手物流系统化工作，政府出台了一系列物流系统化政策，企业也开始整合物流机构与职能部门，引进、开发新的物流工具与设备，以提高物流效率，比较侧重于组织硬件设施及设备方面的系统化。同时，也进一步增强了物流成本意识，开始探讨物流成本核算与物流成本管理的方法。

3. 第三阶段——物流合理化阶段(20 世纪 70 年代)

随着经济的发展，市场竞争日益激烈，特别是 1973 年第一次石油危机以后，日本经济进入了低速成长期。为了降低经营成本，提高效率，实现物流合理化是这一阶段物流发展的主题。物流合理化包括物流活动的合理化与物流工具与设备的合理化，从硬件与软件两个层面展开：硬件层面上，积极引进、开发新的物流技术与物流工具；软件层面上，进一步建设与完善物流管理系统与物流信息系统。政府制定和实施各种物流标准，完善物流基础设施，建立物流管理组织，开展物流教育、物流咨询工作等，全面推动全社会的物流合理化进程。

4. 第四阶段——物流高度化阶段(20 世纪 80 年代)

日本经济发展达到成熟期，消费个性化与多样化需求日益突出，要求实现及时、准确的“准时制物流”，以方便居民生活。国内经济对公路物流依存度较高，同时也给环境带来了一定的压力。政府出台了有关政策，如《汽车货物运输事业法》《货物运输代理事业法》限制运输业分散化、个别化的盲目发展，鼓励向“集约化”物流方向转换。

5. 第五阶段——现代物流阶段(20 世纪 90 年代以后)

20 世纪 90 年代初日本受美国的影响，将物流概念由“Physical Distribution”转变为“Logistics”，物流成为扩大销售、增加利润的“竞争战略”，追求实现效率、成本、服务与效益的均衡。物流的合理化取决于所有交易者整体物流的合理化，物流体系开始向“产销一体化”转变。供应商、厂商、流通企业、消费者相互协调与合作，企业物流业务全部或部分外包给专业化的物流公司，从而极大地促进了物流产业的发展。

(三)我国物流的发展

我国物流的发展大致分为四个阶段：第一阶段是计划经济体制下的物流；第二阶段是有计划的商品经济下的物流；第三阶段是社会主义市场经济下的物流；第四阶段是新经济下的物流。

1. 第一阶段——计划经济体制下的物流(1949—1977 年)

生产、流通和消费完全在计划经济体制下管理和运行，物流活动的主要目标是保证国家指令性计划分配指标的落实，物流的经济效益目标被放到次要位置。企业完全没有自主权，管理上条块分割，生产、仓储、运输、销售各环节相互分离，物流效率低下，物流概念还处于蒙昧阶段。但因生产是当时经济发展的主体，所以流通结构不合理和物流效率低下的矛盾并不十分突出。

2. 第二阶段——有计划的商品经济下的物流(1978—1992 年)

党的十一届三中全会以后，在改革开放方针政策的指引下，我国全面推进经济体制改革，流通体制改革不断深化，开始引入物流概念并认知和宣传。1984 年 8 月中国物流研究会成立，1991 年 7 月中国物资流通学会成立，物流理念开始在全国传播，物流在国民经济发展中的重要意义也开始体现出来，我国进入物流引进、启蒙和宣传普及时期。

3. 第三阶段——社会主义市场经济下的物流(1993—1998 年)

随着 1993 年党的十四届三中全会的召开，中国经济走向一个崭新的发展阶段。生产规模和产量的迅猛扩大，在导致生产与消费严重失衡的同时，也暴露出物流发展滞后的矛盾。社会开始重视物流，物流企业数量日益增加，生产企业也开始关注物流的合理化，这使物流更加专业化、社会化，物流业的快速发展，意味着我国物流进入成长期。

4. 第四阶段——新经济下的物流(1999 年至今)

新经济的突出表现是全球经济一体化，生产、流通、消费的全球化加剧了企业经济活动的市场竞争，同时也促进了国际贸易和国际物流的发展，互联网信息平台的发展及信息技术手段的广泛应用，使物流现代化达到了新的水平，物流被社会广泛认识到是企业降低物资消耗、提高劳动生产率以外的第三利润源泉，是推动地区经济的“助推器”。2001 年，国家经济贸易委员会、铁道部、交通部、信息产业部、对外贸易经济合作部、国家民航总局联合印发了《关于加快我国现代物流发展的若干意见》，同年，中国物流与采购联合会成立，这是我国物流领域第一个跨部门、跨行业、跨地区、跨所有制的行业组织。《物流企业分类与评估指标》国家标准也于 2005 年 5 月 1 日正式实施。2006 年 3 月，第十届全国人大第四次会议通过了《国民经济和社会发展第十一个五年规划纲要》，在第四篇“加快发展服务业”第十六章中，提出要“大力发展现代物流业”，在明确“十一五”期间物流业发展的战略目标与重点任务的同时，也为中国物流业的发展指明了方向，可谓是中国物流业发展的里程碑。

随着物流产业地位的明确，物流业在生产性服务业和消费性服务业中的作用越来越重要，物流业也成为各级政府规划与发展的重点之一，我国现代物流业进入了一个新的发展阶段。

二、物流的功能

物流的基本功能是指物流活动应该具有的基本能力，以及通过对物流活动最佳的有效组合，形成物流的总体功能，具体包括运输、仓储、流通加工、包装、装卸搬运、配送和信息处理七大功能。

(一)运输

运输是物流系统中最为重要的功能因素之一。运输和仓储被称为物流的两大支柱，其中，运输承担着改变物流空间状态的任务。《中华人民共和国国家标准物流术语》(GB/T 18354

—2006)对运输的定义是:“用运输设备将物品从一地点向另一地点运送。其中包括集货、分配、搬运、中转、装入、卸下、分散等一系列操作。”运输是在不同地域范围间以改变物品的空间位置为目的的活动,能够实现物品的空间位移,将物品从供应地转移到需求地,从而创造物品的空间效用。

任何产品从生产出来到最终消费,都必须经过一段时间、一段距离,甚至是多环节、多次数的运输活动。因此说运输是物流活动的必要环节之一,是社会物质生产的必要条件之一,是实现“第三利润”的主要源泉之一,在社会物流活动中占据着非常重要的地位。

运输可以分为长距离的干线运输和短距离的支线运输。通常情况下,我们把长距离的干线运输称为“运输”,而把短距离的支线运输称为“配送”。但实际上,所有物品的移动都是运输,配送只是其中的一种,专指短距离、小批量的运输。

(二)仓储

仓储与运输一样,也是物流系统中最为重要的功能要素之一。作为物流的两大支柱之一,仓储承担着改变物品时间状态的任务。仓储可以调节生产与消费在时间上的差别,是商品生产和流通中供求矛盾的集中体现。

马克思曾把仓储称为社会再生产这条大河中的“商品流”的“蓄水池”。当大河上游供给的“商品流”远远超过下游的消费需求时,就关闭这一“蓄水池”的闸门,从而避免造成下游的“河流泛滥”;反之,当上游供给的“商品流”不能满足下游的消费需求时,就打开这一“蓄水池”的闸门,从而避免造成下游的“河流干涸”。即当供大于求时,将物品储存起来,当供小于求时,再将储存的物品投放市场,从而起到流通调控的作用。因此说仓储能够创造物品的时间效用。同时,这种对于供需的调控还能起到调整价格的作用,避免由于供过于求或供不应求造成的价格波动。

另外,仓储在物品的流通过程中还能起到集散的作用。即把不同单位生产的产品汇集起来,形成一定的规模,然后再根据需要分别发送到消费地。通过一集一散,不仅衔接产需,还能实现产品运输、装卸搬运等物流活动的规模效应,从而降低物流成本。

(三)流通加工

流通加工是在物品进入流通领域后,按照客户的各种要求对物品进行的加工活动。即在物品从生产领域向消费领域流动的过程中,为了促进销售、维护商品质量和提高物流效率,而对物品进行的加工,诸如包装、分割、计量、分拣、组装、价格贴付、商品检验等活动。《中华人民共和国国家标准物流术语》(GB/T 18354—2006)对流通加工的定义是:“物品在从生产地到使用地的过程中,根据需要施加包装、分割、计量、分拣、刷标志、拴标签、组装等作业的总称。”通过这些加工活动,使物品在形态或理化性质上发生变化,从而满足消费者的各种多样化、个性化的需求。

跟生产加工相比，流通加工大多是简单加工，加工的对象主要是进入流通领域的商品，其主要目的在于提高商品的附加价值或为流通创造条件，从而起到方便消费、促进销售的作用。

(四)包装

包装是为在流通过程中保护产品、方便储运、促进销售，按一定技术方法而采用的容器、材料及辅助物等的总体名称，也指为了达到上述目的而采用容器、材料和辅助物的过程中施加一定技术方法等的操作活动。(《中华人民共和国国家标准物流术语》(GB/T18354—2006))

包装是生产的终点，同时又是物流的起点，具有保护商品、方便流通、促进销售、便于消费等功能。

按照功能的不同，可以把包装分为销售包装(商业包装)和运输包装(工业包装)两种。销售包装是“直接接触商品并随商品进入零售店和消费者直接见面的包装”(《中华人民共和国国家标准物流术语》(GB/T 18354—2006))，也称为小包装或内包装，其主要作用是保护商品、促进销售、方便消费；运输包装是“以满足运输、仓储要求为主要目的的包装”(《中华人民共和国国家标准物流术语》(GB/T 18354—2006))，也称为大包装或外包装，其主要作用是保护商品，强化方便运输、便于储运，是物流环节必要的包装。在满足物流要求的基础上，包装费用越低越好。

(五)装卸搬运

装卸和搬运都是发生在同一地域范围内的活动，装卸是指物品在指定地点以人力或机械实施垂直位移的作业。搬运是指在同一场所内，对物品进行水平移动为主的作业。(《中华人民共和国国家标准物流术语》(GB/T 18354—2006))可以看出，装卸是指改变物品的存放、支承状态的活动，而搬运则是指改变物品的空间位置的活动。在实际操作中，装卸与搬运这两种活动是密不可分的，往往相伴发生。

装卸搬运是随运输和保管等其他物流活动而产生的必要活动。在物流过程中，装卸搬运活动是不断出现和反复进行的，出现的频率高于其他物流活动。而其他各项物流活动在相互过渡时，都是通过装卸搬运来衔接的。因此，装卸搬运是一种衔接性的活动，是物流各项活动之间能否有效衔接的关键因素。

(六)配送

配送是指在经济合理区域范围内，根据用户要求，对物品进行拣选、加工、包装、分割、组配等作业，并按时送达指定地点的物流活动。(《中华人民共和国国家标准物流术语》(GB/T 18354—2006))

配送是将货物从物流据点送交给收货人的行为。具体地讲，是指按照用户的订货要求，在物流节点对物品进行拣选、加工、包装、分割、组配等作业，并将配好的货物按时送达指定地点的物流活动。需要强调的是，配送不仅仅是送货，而是分货、配货、送货等多种活动的有机结合体，具体包括集货、分拣、配货、配装、配送运输、送达服务和配送加工等功能要素。其中，配送运输是较短距离、较小批量、较为接近用户的运输形式，因此，一般使用汽车作为运输工具，以实现“门对门”的服务。

(七)信息处理

物流信息是随企业的物流活动同时发生的，是“反映物流各种活动内容的知识、资料、图像、数据、文件的总称”。(《中华人民共和国国家标准物流术语》(GB/T 18354—2006))物流信息包括订货信息、库存信息、生产指示信息、发货信息、物流管理信息等，是物流系统的中枢神经，能够将运输、储存、装卸搬运、流通加工等其他各种活动有机地结合起来，从而在很大程度上提高物流效率，降低物流成本。信息处理就是通过收集及传递与物流活动相关的各种信息，根据信息安排各项物流活动，使各项物流活动能够顺利、有效地衔接和进行。

三、物流的分类

不同领域的物流活动，虽然其功能要素基本相同，但是提供物流服务的主体、物流对象、物流范围、物流性质、物流的作用和功能因物流活动的具体情况而有所不同，可以按照不同的标准来对物流进行分类。

(一)按物流的研究范围分类

按照物流的研究范围，可以把物流分为宏观物流、中观物流和微观物流。

1. 宏观物流

宏观物流是指社会再生产总体的物流活动，是从社会再生产总体的角度认识和研究的物流活动。这种物流活动的参与者是构成社会再生产总体的产业和集团，因此，宏观物流可以理解为研究产业或集团的物流活动和物流行为。另外，从空间范畴的角度来理解，宏观物流是指在很大空间范畴的物流活动，往往带有宏观性；相反，在很小空间范畴的物流活动则往往带有微观性，属于微观物流。宏观物流也指物流全体，是从总体上看物流，而不是从一个环节、一个局部来看物流。其主要特点是具有综观性和全局性，研究的主要内容是物流的总体构成、物流在社会中的地位及其与社会的关系、物流与经济发展的关系、社会物流系统与国际物流系统的建立及运作等。如社会物流、国民经济物流、国际物流等都属于宏观物流。

2. 中观物流

中观物流是指社会再生产过程中的区域性物流活动，是从区域经济社会的角度认识和研究的物流活动。另外，从空间范畴的角度来理解，中观物流一般是指在较大空间范畴的物流活动，其主要特点是具有区域性。如一个国家的特定经济区物流、城市物流等都属于中观物流。

3. 微观物流

微观物流是指生产企业、流通企业或消费者所从事的具体的、实际的物流活动，或针对某一种具体产品所进行的物流活动，或整个物流活动中的一个局部、一个环节等具体的物流活动，是从局部角度认识和研究的物流活动。另外，从空间范畴的角度来理解，微观物流是指在很小空间范畴的物流活动，即在一个小的地域空间发生的具体的物流活动，其主要特点是具有具体性和局部性，是更贴近具体企业的物流。如企业物流、供应物流、生产物流、销售物流、回收物流、废弃物物流、生活物流等都属于微观物流。

(二)按物流的地域范围分类

按照物流的地域范围，可以把物流分为国际物流和区域物流。

1. 国际物流

国际物流是指在两个或两个以上不同的国家(或地区)之间开展的物流活动。在现代物流系统中，国际物流的发展速度很快、规模也很大，是伴随和支撑国际经济交往、贸易活动及其他国际交流所发生的物流活动，能够实现各种货物在不同国家之间的流动和交换。但由于不同国家在物流环境上存在较大的差异性，如适用法律、人文、语言、物流技术与设施等的差异性，以及物流服务范围的广阔性，使得国际物流的难度、复杂性和风险较国内物流更大。

2. 区域物流

区域物流是相对于国际物流而言的，是指发生在一定区域范围内的物流活动。如一个国家范围内的物流活动、一个经济区域内的物流活动或一个城市里的物流活动都适用于相同的法律和规章制度，都受相同的文化和社会因素的影响，都具备相同水平的物流技术和设施设备，都具有独特和区域的特点，因而都属于区域物流。

(三)按物流活动的范围和性质分类

按照物流活动的范围和性质，可以把物流分为供应物流、生产物流、销售物流、回收物流和废弃物物流。

1. 供应物流

供应物流是指为生产企业提供原材料、零部件或其他物品时，物品在提供者与需求者之间的实体流动。(《中华人民共和国国家标准物流术语》(GB/T18354—2006))

供应物流具体包括原材料、零部件等一切生产所需物资的采购、进货运输和储存，及相应的库存管理、供应管理和用料管理等，因此，也可以称为原材料采购物流。它是为了保证企业生产的连续运转，而不断组织原材料、零部件、燃料及辅助材料等的采购与供应的物流活动。供应物流的好坏直接决定着企业生产能否正常、高效地运转，因此，供应物流不仅要能保证所供应物资的数量和质量，而且还要以最低的成本、最少的消耗、最高的可靠性来组织供应物流活动，从而实现保障供应的目标。一般情况下，保证供应物资的数量和质量比较容易做到，而要做到以最低的成本实现保障供应的目标就成为供应物流的难点所在。

2. 生产物流

生产物流是指生产过程中，原材料、在制品、半成品、产成品等，在企业内部的实体流动。(《中华人民共和国国家标准物流术语》(GB/T 18354—2006))

生产物流活动伴随着整个生产工艺过程，实际上已经构成了生产工艺过程的一部分，因此也可以把生产物流理解为发生在生产工艺过程中的物流活动。通常情况下，生产物流是以原材料、零部件的供应为起点，经过加工制成半成品进入半成品仓库，然后按照生产工艺和流程，将半成品加工成产成品，再经过检验、分类、包装、装卸搬运等作业环节，最后进入成品仓库的整个过程。过去人们在研究生产活动时，主要关注一个又一个的生产加工过程，而忽视了将每一个生产加工过程连接在一起，并且又和每一个生产加工过程同时出现的物流活动，结果导致在一个生产周期内，物流活动所占用的时间远远多于实际加工的时间。因此，企业生产物流的研究重点在于如何对生产过程中发生的物流活动进行合理的规划与控制，从而缩短生产周期，提高生产效率。

3. 销售物流

销售物流是指生产企业、流通企业出售商品时，物品在供方与需方之间的实体流动。(《中华人民共和国国家标准物流术语》(GB/T 18354—2006))

销售物流是企业为保证自身的经营利益，不断伴随着销售活动，将产品转交到用户手中并提供售后服务的物流活动。其具体包括商品销售过程中的仓储、运输、包装、装卸搬运、流通加工、配送和信息处理等，因此可以说销售物流包括了所有的物流功能要素，需要将这些功能要素有机地结合起来。在现代社会中，销售物流已经成为企业营销活动的重要组成部分，而当前的市场环境是以买方市场为主，因而，销售物流活动带有极强的服务性，必须满足消费者的要求，才能实现销售。在这种市场前提下，销售物流不再是单纯地把商品送达用户，还需要为客户提供必要的售后服务，这样才能占领市场，提高企业竞争力，从而实现企业的销售利润。因此，销售物流的空间范围很大，也使销售物流活动更具有难度。

4. 回收物流

回收物流是指不合格物品的返修、退货以及周转使用的包装容器从需方返回到供方所形成的物品实体流动。(《中华人民共和国国家标准物流术语》(GB/T 18354—2006))

任何企业在采购、生产和销售的过程中都会或多或少地产生一些边角余料和废料，同时也不可避免地产生一些不合格物品，这些废料的回收、不合格物品的返修或退货，以及其他可再利用物资的回收都需要伴随物流活动。回收物流实际上就是企业在采购、生产和销售过程中产生的各种可再利用物资的回收活动，它的应用不仅有助于改善环境，更有助于降低企业的生产成本或销售成本，减少浪费现象。

5. 废弃物物流

废弃物物流是指将经济活动中失去原有使用价值的物品，根据实际需要进行收集、分类、加工、包装、搬运、存储等，并分送到专门处理场所时所形成的物品实体流动。(《中华人民共和国国家标准物流术语》(GB/T 18354—2006))

任何企业在生产和销售的过程中都会不可避免地产生废水、废气等各种废弃物，这些废弃物如果处理不当，就会影响人类的生产环境和生活环境，严重时还会危及人们的身体健康。因此，如何对这些废弃物进行有效处理已经引起了全社会的广泛关注。废弃物物流就是对企业生产和销售过程中产生的各种废弃物进行收集和适当处理的物流活动。

(四)按物流系统的性质分类

按照物流系统的性质，可以把物流分为社会物流、行业物流和企业物流。

1. 社会物流

社会物流是指超越一家一户的以一个社会为范畴的面向社会的物流活动，即企业外部物流活动的总称(《中华人民共和国国家标准物流术语》(GB/T 18354—2006))。社会物流的研究范畴是社会经济大领域，研究的内容主要有国民经济中发生的物流活动、再生产过程中发生的物流活动、一个社会的物流体系结构和运行模式以及服务于社会、面向社会且在社会环境中运行的物流活动等。这种社会性很强的物流活动往往由专门的物流服务商承担，具有综合性和广泛性，因而必须进行科学的管理和有效的控制，并采用先进的技术手段，保证物流活动能够高效率、低成本地运行，从而追求经济效益和社会效益的最大化。

2. 行业物流

行业物流是指从一个行业的角度研究的与行业发展相关的物流活动，即在一个行业内部发生的物流活动。通常情况下，同一行业的各个企业往往是市场竞争对手，但为了追求

共同的利益，在物流领域中又常常互相协作，共同促进行业物流系统的统一化和合理化。比如，同一行业的不同企业之间采用统一的商品规格、设备规格、包装规格等，适用统一的法规政策，不仅可以促进行业物流系统的统一化和合理化，有助于提高行业物流效率，还能使同一行业的各企业之间实现共赢。

3. 企业物流

企业物流是指从一个企业的角度研究的与企业经营相关的物流活动，即企业内部的物品实体流动(《中华人民共和国国家标准物流术语》(GB/T 18354—2006))。它是具体的、微观的物流活动的典型领域。按照企业物流活动发生的领域或范围又可以把企业物流划分为企业供应物流、企业生产物流、企业销售物流、企业回收物流、企业废弃物物流等几种具体的物流活动。

(五)按物流的经营模式分类

按照物流的经营模式，可以把物流分为自营物流和第三方物流。

1. 自营物流

自营物流是指企业利用自有的物流资源自行组织和经营的物流活动。这种企业通常是一些生产制造型企业或销售型企业，而不是专业的物流公司。自营物流要求企业必须具有较大的规模和雄厚的实力，拥有必要的物流资源和物流人才，并且有能力承担各种物流活动，对企业的要求比较高。

2. 第三方物流

第三方物流是指由供方与需方以外的物流企业提供物流服务的业务模式(《中华人民共和国国家标准物流术语》(GB/T 18354—2006))。这是把企业自身的物流活动，以合同方式委托给专业的物流服务商的一种物流运作模式。这种物流服务商就是我们通常所说的第三方物流企业，是专业的物流公司，它们通常具备丰富的物流资源和物流人才、完善的物流网络及强大的物流运作能力和经验。因此，这种物流模式不仅有助于企业集中精力搞好主业，还能获得比自营更加专业、更加快速高效，甚至更低成本的物流服务。

四、物流的作用与价值

随着现代物流的发展，人们越来越认识到物流对于企业生产经营的重要性。可以说，离开了物流，任何企业的生产经营活动都不能正常完成。物流作为企业生产经营活动的必要环节，不仅能保证企业生产经营活动的连续稳定运转，还能帮助企业降低成本、增加利润，进而提高企业竞争力。

(一)物流的作用

1. 物流是企业生产经营的前提保证

在现代企业的生产经营活动中，物流贯穿于从原料采购到加工制造，直到把产成品送达顾客的全过程。其中每个环节都必须经过物流活动才能有效完成。比如，采购环节涉及原料的运输、储存、装卸搬运等物流活动，只有按质、按量、按时把原料送到生产线上，才能保证生产线的稳定运行；生产环节涉及上下工序之间零部件、半成品的搬运等物流活动，只有做到上下工序之间有效地衔接，才能保证生产线连续不断地运转；销售环节涉及产成品的运输、储存、装卸搬运、包装、流通加工等物流活动，只有保证了销售物流的顺畅，才能顺利地把产品销售出去。另外，各环节之间也需要通过物流活动才能有效地衔接起来，因此可以说，物流是企业生产经营活动连续稳定地运转的前提保证，企业生产经营的任何一个环节都需要伴随着物流活动而运行。

2. 物流是企业的“第三利润源”

目前，高昂的成本已经成为很多企业发展的困境之一，特别是物流成本居高不下，成为困扰我国很多企业的难题。继挖掘原材料成本和劳动力成本之后，人们发现物流领域还有很大的降低成本的空间，于是把物流作为能够为企业创造利润的“第三利润源”。物流活动的合理化不仅能消除企业生产经营中不必要的物流环节、提高企业生产经营的效率，同时还能帮助企业降低生产经营成本，从而为企业创造更多的利润。

3. 物流是提升企业竞争力的法宝

在当今的经济环境下，企业之间的竞争越来越激烈。合理的物流活动能够帮助企业降低成本，进而让利于顾客，通过价格竞争吸引更多的客户；另外，快速有效的物流活动还能保证企业将产品及时准确地送到客户手中，更好地满足客户需求，进而提升企业形象，增强企业竞争力。

(二)物流的价值

物流的价值从最早在第二次世界大战中得到认识，至今共经历了七次价值发现。

第一次价值发现是在第二次世界大战期间，又称为物流系统功能价值的发现。美国在第二次世界大战中，首次采用了托盘、叉车的后勤军事系统，该系统贯穿了军事物资从单元组合(集装)的装卸活动开始，高效连贯地搬运、运输、储存、再运输搬运，直到按指定军事目标到达目的地为止的整个过程，有效地支撑了庞大的战争机器。

第二次价值发现是第二次世界大战以后，又称为物流经济活动价值的发现。第二次世界大战以后，美国将大量的军事技术和军事组织方式转移到民间活动中，物流系统的思想方法和相关技术、相关管理方式成功地实现了“军转民”，使物流不仅有非常重要的军事价

值，而且也具备非常重要的经济活动价值，可以在经济界广泛地采用，可以为企业增加一些新的管理思想和结构模式。

第三次价值发现是在20世纪50年代以后，又称为物流利润价值的发现。20世纪50年代以后，欧美等许多经济发达国家进入大量生产、大量销售的时代，开始面对一个“无限的市场”，只要能够快速地、顺利地实现产品向用户转移，就能够获取利润。有些企业发现采用物流技术和物流管理方式能够快速地将产品送达用户，有效地增强企业活力，提高企业的效率，增加企业的利润，于是，物流在企业界被视为“第三利润源”。

第四次价值发现是在20世纪70年代初期，又称为物流成本价值的发现。1973年，日、美等国爆发了“第一次石油危机”——以石油为首的能源、原料、材料、劳动力价格全面上涨。此时许多经济学家预言由于传统的第一、第二利润源已经变成了企业的成本负担，将出现世界范围的长期的经济衰退。但是这种现象并没有持久，因为日、韩等国家的企业发现物流领域有非常大的降低成本空间。他们充分利用物流系统技术和现代物流管理方式，有效地弥补了原材料、能源、人力成本上扬的压力，从而使人们认识到物流还具备非常重要的降低成本的价值。

第五次价值发现是在20世纪70年代后期，又称为物流环境价值的发现。20世纪70年代后期，许多现代工业化城市交通阻塞、混乱，污染加重，后来人们开发物流系统、广泛推行物流合理化和普遍实施系统物流管理，有效地降低了成本，合理地、节约地完成了资源配置任务，物流装备得到了全面系统地开发，装备的效率大大提高而能耗大大降低。物流对改善环境、降低污染、实施可持续发展的作用此时被发现。

第六次价值发现是在20世纪80年代，被称为物流服务价值的发现。20世纪80年代，日本的企业率先在物流领域里应用了广泛配送方式以及更先进的“准时供应系统”“零库存系统”等。这个改变得益于两个支持因素：一个是在现代信息技术下建立的稳定有效的“供应链”，另一个就是远远超出“售后服务水平”、贴近用户的服务。

第七次价值的发现是在20世纪90年代后期，又称为物流国民经济价值的发现。1997年爆发的亚洲金融危机证实了以“物流”为重要支柱产业的新加坡、中国香港有较强的抗御经济危机的能力。例如，受金融风暴影响较大的马来西亚经济增长为-6.8%，泰国为-8%，东盟为-9.4%，但中国香港为-5.1%，新加坡则实现1.5%的正增长。这说明物流不仅对于企业有非常重要的意义，同样，对于国家经济发展也起到了完善机构、提高国民经济总体质量和抗御危机的作用。

物流是增值性经济活动，从物的流转、运动等角度来说，物流可以产生时间、空间、加工附加等价值。

1. 物流创造时间价值

“物”从供给者到需求者之间存在有一定的时间差，通过改变这一时间差所创造的价值称为“时间价值”。在物流活动中，有时候需要延长时间以获取时间价值，有时候则需要缩短时间以获取时间价值。时间价值通过物流活动获得的形式有缩短时间创造价值、弥补时间差创造价值和延长时间差创造价值三种。

2. 物流创造场所价值

由于“物”的供给者和需求者往往处于不同的场所，通过物流来改变这一场所的差别，从而创造的价值称作“场所价值”。物流创造场所价值是由现代社会产业结构、社会分工所决定的。其具体形式有从集中生产场所流入分散需求场所创造价值、从分散生产场所流入集中需求场所创造价值、从低价值生产地流入高价值需求地从而创造利益价值三种。

3. 物流创造加工价值

加工是生产领域常用的手段，并不是物流的本来职能。但是，现代物流的一个重要特点就是根据自己的优势从事一定的补充性的加工活动，根据物流对象的特性，按照用户的要求进行生产辅助加工，这种带有完善、补充、增加性质的流通加工活动给“物”增添了新的附加价值。物流创造加工价值有局限性，它不能取代正常的生产活动，只是生产过程在流通领域的一种补充和完善。

总的来说，物流各环节活动是产生价值的，在产生价值的同时也伴随着成本的增加。物流的价值从其发现的角度可以归纳为：获得第三利润源泉、降低成本、提高资产使用效率、满足需求、规避风险、增强竞争力。从经济活动的角度来说，通过对“物”的运输、储存、保管、包装、流通加工等，从时间、空间和加工创造或增加“物”的价值。

第二节　物流管理理论

物流管理是指为了以最低的物流成本为用户提供满意的物流服务，对物流活动所进行的计划、组织、协调与控制。近年来，社会经济和信息技术的高速发展赋予物流管理更多的新知识、新技术、新管理思想和新的管理方法，使传统物流迅速发展成为现代物流，随之产生了现代物流管理理论。本节将重点介绍现代物流管理的相关理论知识和发展趋势。

一、主要的物流理论观点与学说

物流这一概念的形成和物流管理学科的建立只有几十年的历史，引入中国也只有十几年的时间。因此，物流这门新兴学科在理论上尚不成熟，相关理论还在不断地修正和完善。下面介绍几种国内外主要的物流理论观点与学说。

(一)“黑大陆”学说

1962年，美国著名的管理学权威专家彼得·德鲁克(Peter F. Drucker)在美国《财富》杂志上发表的《经济的黑暗大陆》一文对现代物流的发展起到了奠基作用。在这篇文章中，

德鲁克第一次提出了“流通是经济领域的黑暗大陆”。而在流通领域中，物流活动的模糊性尤为突出，是一块人类目前尚未了解和认识清楚的“黑大陆”。

所谓“黑大陆”，就是指人们尚未了解和认识清楚的事物。而在物流领域中，未知的东西还有很多，物流理论与实践都不成熟。因此，“黑大陆”学说形象地说明了物流的现状，是对物流准确而真实的评价。

(二)“物流冰山”学说

“物流冰山”学说是日本早稻田大学的西泽修教授提出来的，他在研究物流成本时发现，利用现行的财务会计制度和会计核算方法核算出来的只是企业向外支付的物流成本，而企业内部消耗的物流成本却很难核算出来，使得企业不能掌握物流费用的真实情况。因此可以说，人们对物流费用的了解还是一片空白，甚至有很大的虚假性。于是他把物流成本比作一座“冰山”，企业内部发生的物流费用如同冰山那样大部分沉在水平面以下，是我们看不到的黑色区域，我们所能看到的仅仅是露出水面的冰山一角，即企业支付给外部企业的物流费用。

西泽修教授通过对物流成本的具体分析论证了德鲁克的“黑大陆”学说，黑大陆和冰山的水下部分，对我们而言尚未了解和认识清楚，是物流尚待开发的领域，同时也是物流的潜力所在。

(三)“第三利润源”学说

“第三利润源”学说也是由日本早稻田大学的西泽修教授提出来的。企业挖掘利润的最直接的方式就是降低成本，而产品成本中最明显的成本构成就是原材料成本和劳动加工成本。因此人们把“物质资源”和“劳动力资源”分别视为“第一利润源”和“第二利润源”，通过节约物质资源和降低劳动力的消耗在生产领域中挖掘利润。当这两个利润源的潜力越来越小的时候，这两个领域所能开发的利润也就达到了一定的极限。这时，人们又发现了物流的潜力，于是把目光转向物流领域，从物流活动中挖掘利润，使其成为继节约物质资源和降低劳动消耗之后企业创造利润的第三条途径，因此把物流称为“第三利润源”。

这三个利润源分别对应于生产力的三个要素：“第一利润源”对应的是劳动对象，“第二利润源”对应的是劳动者，“第三利润源”对应的是劳动工具。

把物流作为“第三利润源”，实际上就是通过物流合理化来降低物流成本，进而为企业创造更多的利润。

(四)“效益背反”学说

“效益背反”学说指的是物流系统的各功能要素之间存在损益的矛盾，即某一个功能要素发生优化和利益的同时，必然会使另一个或另几个功能要素的利益遭受损失，这种此消彼长、此盈彼亏的现象是物流领域中经常出现的现象，是这一领域中内部矛盾的反映和表现。

物流系统的“效益背反”包括客户服务成本与物流成本的效益背反及物流各功能要素之间的效益背反。以客户服务成本和物流成本为例，客户服务成本是指由于物流服务水平不能达到客户的满意指数时所产生的隐性销售损失，即失销的成本。因此物流成本越高，物流服务水平越高，客户满意度也就越高，相反失去客户的可能性越小，由此带来的失销成本，即客户服务成本也就越小。再如运输成本和仓储成本之间也具有效益背反性，仓储的设立往往会增加仓库建设费、仓储保管费等仓储成本，但通过仓储可以将不同的产品汇集起来进行统一运输，从而极大地提高了运输效率，降低了运输成本。

在认识到物流系统存在“效益背反”的规律之后，物流科学也就迈出了认识各物流功能要素、寻求解决和克服物流各功能要素之间的效益背反现象这一步。人们把物流系统细分为运输、储存、包装、装卸搬运、流通加工、配送、信息处理等几大功能要素，通过协调具有效益背反性的功能要素的投入量，可以追求物流系统整体效益的最优化。

(五)成本中心学说

在企业经营中，物流活动会对企业营销活动的成本产生影响，使得物流成本成为企业成本的重要组成部分。因此，物流的作用不只在于支持保障其他活动，更为重要的是要通过物流活动的合理化和物流管理的有效化来帮助企业降低成本。因此，“成本中心学说”既是指物流是主要成本的产生点，又是指物流是降低成本的关注点。物流是“降低成本的宝库”等说法正是成本中心学说的形象表述。

(六)服务中心学说

服务中心学说代表了欧美国家的一些学者(如鲍尔索克斯(Bowersox.D))对于物流的认识。这些学者认为，物流活动最大的作用，并不在于为企业减少了消耗、降低了成本或增加了利润，而在于提高了企业对用户的服务水平，进而增强了企业的竞争能力。服务中心学说特别强调了物流的服务保障功能，借助于物流的服务保障功能，企业可以通过提高整体能力来压缩成本、增加利润。

目前，在国内有关物流服务性功能的研究也是一个比较热门的话题。有的从顾客满意度的角度，探讨物流服务的功能和作用及其衡量指标体系；也有的从客户关系的角度，研究客户关系管理在物流企业中的应用价值和方法。

(七)物流战略说

“物流战略说”是当前非常流行的一种说法。学术界和产业界有越来越多的人已经逐渐认识到，物流更具有战略性，是企业发展的战略，而不只是一项具体的操作性任务。比

如，华中科技大学教授马士华就从供应链管理的角度，提出了物流管理战略全局化的观念，还有的学者从供应链的角度提出了“即时物流战略”“一体化物流战略”“网络化物流战略”和“物流战略联盟”等。

“物流战略说”把物流放到了更高的位置上，认为物流会影响企业的生存和发展，决定着企业的生死存亡和兴衰成败，而不只是在某个环节搞得合理一些、省了几个钱这么简单。因此，企业应站在战略的高度看待物流对企业长期发展所带来的深远影响，将物流与企业的生存和发展紧密地联系在一起，这对促进物流的发展具有重要意义。

二、物流管理的目标和内容

物流管理的目标在于通过对物流活动的有效管理，发挥物流的“第三利润源”作用，帮助企业创造利润。因此，物流管理的内容实际上就是对运输、仓储等各项物流活动的管理，以及为实现物流管理的目标而对各项物流活动所进行的有效整合。

(一)物流管理的目标

在企业运作中，物流是将企业的原料采购、生产、销售等各环节有效衔接的桥梁与纽带。企业物流管理的目标就在于帮助企业实现以最低的总成本创造最高的客户价值，具体体现在以下几个方面。

1. 服务最优

企业实施物流管理的首要目标之一，就是实现企业各部门之间及上下游企业之间协调一致的运作，从而保证达到满意的客户服务水平，保留现有客户，吸引潜在客户，并不断地提高客户对企业的忠诚度，最终实现企业价值的最大化。

那么企业需要为客户提供怎样的服务，才能不断地增强客户的满意度呢？最重要的就是要合理规划物流流程，尽量做到物流合理化，从而为客户提供更加快捷、更加便利、更加准确的产品递送服务，避免因物流管理不当而造成的送货延迟、货物损坏、货物投递错误等现象。如“准时制物流”就体现了这种服务最优的目标。

2. 快速反应

快速反应是指按照客户的要求，把客户需要的产品快速送达指定的地点。这一目标体现着企业能否及时满足客户需求的能力，是服务性目标的延伸。现代企业之间的竞争实质上是时间的竞争，这就要求企业要尽可能地缩减不必要的物流环节，努力在最短的时间内完成物流作业，最大限度地缩短从客户发出订单到获得满意交货的时间周期，从而实现快速有效的客户反应，更快更好地满足客户需求。如“直达物流”“JIT(Just in Time)物流”就是这一目标的具体体现。

3. 总成本最低

企业提供良好的服务，不仅体现在要快速响应客户需求，让客户快捷方便地获得所需要的正确的产品，同时还要考虑让客户获得更多的实惠，也就是说要通过良好的物流管理或物流运作降低产品的成本和价格，最终让利于消费者。如沃尔玛连锁超市就是通过强大的物流配送系统的支撑，做到了“天天平价”。

需要强调的是，总成本最低化目标并不是单纯地追求运输费用最低化或库存成本最低化，而是要实现产品总成本的最低，其中包括物流成本，这就对企业的物流运作提出了更高的要求。

4. 库存合理化

库存是指为了正常生产而不间断地进行或为了及时满足客户的订货需求，而设置的必要的物品储备。按照JIT的管理思想，库存是闲置的资源，是不确定性的产物，不能立即为企业创造效益。然而，没有库存又会造成缺货，从而使企业失去客户。因此，为了及时满足客户的需求，同时又不至于造成货物的积压，企业必须设立合理的库存，即在保障供给的前提下，保持最低的库存水平。

库存合理化目标实质上就是把存货减少到与客户服务目标相一致的最低水平。这样既能满足客户需求，避免缺货，同时又能加快库存资金的周转率，使企业分摊在存货上的资金得到最充分的利用。

5. 物流质量最优

商品从生产领域进入消费领域，中间要经过多次不同情况、不同条件的运输、储存、装卸、搬运、堆码等各种物流作业，不正确、不规范的物流作业往往会导致商品发生不同程度的损坏，最终使企业花费更多的费用来完成货物的交付。因此，物流质量管理是发展和维持全面质量管理不断改善的主要组成部分。达到与保持物流质量最优的水平，也是物流管理的重要目标之一。这一目标的实现，必须从原材料、零部件供应的零缺陷开始，直至物流管理全过程、全方位质量的最优化。

(二)物流管理的内容

物流管理是指为了以最低的物流成本达到用户所满意的服务水平，对物流活动进行的计划、组织、协调与控制(《中华人民共和国国家标准物流术语》(GB/T18354—2006))。按照这一解释，物流管理应当包括需求预测、采购与供应商管理、运输管理、仓储管理、客户服务等具体内容。

1. 需求预测

需求预测是指采用一定的方法和技术估计出消费者在未来一段时间里对某种产品的需

求期望水平，从而为企业的生产计划和控制决策提供依据。企业生产经营的目的是向社会提供产品或服务，其生产决策正确与否在很大程度上取决于需求预测的准确性。同样，企业对生产经营过程中物流活动的有效计划和控制也依赖于准确的需求预测。只有对客户的未来需求做出准确的判断，才能制订出合理的库存计划或运输方案。

2. 采购与供应商管理

采购与供应是指保证原材料及时供给的各项活动。采购管理则是对从供货商到生产企业的物料流动过程进行的管理，包括采购员的选择、采购品种和数量的确定、供应商的选择、采购价格的谈判、采购时间的确定、采购方式的选择、采购合同的签订等。

供应商能否按时按量地提供高质量的原材料和零部件，直接关系着企业能否按时完成生产计划，能否以优质的产品及时满足客户的需求。由此可见，供应商管理是采购管理中非常重要的一个环节。企业不仅要根据产品特征和生产计划制定科学、严格的供应商选择标准，按标准选择合适的供应商，还要在合作的过程中持续不断地对供应商进行评估，对评估不合格的供应商可要求其改进或进行替换。

3. 运输管理

运输管理就是对物品从供给方向需求方运送过程中所进行作业活动的管理，具体包括运输方式的选择、运输车辆与人员的确定、运输路线的安排等。

据统计，运输成本是占物流总成本比例最大的一项物流费用，特别是在发展中国家，约占物流总成本的 50%。而运输成本高昂与很多不合理的运输行为有着直接关系，如无货空驶现象、迂回运输、运输工具选择不当等。这就要求企业在运输管理中，要合理选择运输方式，选择合适的运输车辆和人员，合理安排运输路线，尽量做到运输合理化，从而降低物流成本，为企业创造更多的利润。

4. 仓储管理

仓储管理是指对仓库及仓库内的物资进行的管理，是仓储机构为了充分利用所拥有的仓储资源(包括仓库、仓储机械设备、仓储保管人员、仓储资金和技术等)，提供高效的仓储服务，而对仓储活动进行的计划、组织、控制和协调的过程。其具体包括仓储资源的获得、仓库管理、仓储经营决策、仓储作业管理、仓储安全管理、仓储人员管理和财务管理等一系列管理工作。仓储管理就是要通过对这一系列工作的系统化、规范化管理，提高仓储作业的效率，降低仓储成本，实现仓储资源效用的最大化，并且能根据市场的发展变化不断创新仓储服务的理念和内容，提供适合经济发展的仓储服务，从而更好地满足客户需求。

仓储成本在物流总成本中所占的比重仅次于运输成本，是物流总成本的重要组成部分之一。反过来，物流总成本的高低又常常取决于仓储成本的大小。这是因为在物流成本中，仓储成本与运输成本具有效益背反性，企业库存的持有虽然会增加仓储成本，但却能通过规模化的生产和运输降低生产成本和运输成本，从而降低物流总成本。可见，有效的仓储管理不仅能降低仓储成本，还有助于降低生产成本和运输成本，对企业生产成本和物流成本的控制具有很大的贡献。

5. 客户服务

客户服务是一种以客户为导向的价值观和经营理念，所有能提高客户满意度的行为和信息都属于客户服务的内容。从物流管理的角度来讲，客户服务就是企业为客户提供的物流方面的服务，即物流客户服务。它要求企业整合物流系统并进行统一管理，从而为客户提供最优质的物流服务，这是一切物流活动的终极目标。

在如今竞争异常激烈的市场环境下，企业都在想方设法地保留现有客户，并争取潜在客户，客户服务由此成为企业之间强有力的竞争武器。满意的客户服务会不断增强客户对企业的信任感和忠诚度，进而留住客户。相反，当企业提供的物流服务水平不能达到客户的满意指数时，或者当客户获知了其他客户对该企业物流服务的负面评价时，都会使企业遭受一定的销售损失，这种损失不仅包括失去现有客户所带来的销售损失，还包括失去潜在客户所带来的销售损失，是很难估计和衡量的。因此，物流客户服务也是物流管理的一项重要内容。如何确定企业的物流服务水平，从而以最低的服务成本为企业留住最有价值的客户，就成为企业物流管理的一项重要任务。

6. 其他物流活动的管理

除以上内容之外，物流管理还包括配送管理、包装管理、装卸搬运管理、流通加工管理、信息管理等内容。对每一项活动进行管理都是为了合理化物流活动，进而提高物流效率、降低物流成本。这里不再一一赘述。

三、现代物流管理的特征和发展趋势

近年来，应用高新技术改造和整合传统产业所形成的“物流”这一新兴产业，正在全球范围内迅速发展，其特征和发展趋势也越来越得到广泛重视。

(一)现代物流管理的特征

现代物流是在传统物流的基础上，引入高科技手段，将运输、仓储、配送、包装、装卸搬运、流通加工、信息处理等物流活动综合起来的一种新型的集成式管理。与传统物流相区别的是，现代物流能够为客户提供多功能、综合性的服务，其具体特征主要体现在以下几个方面。

1. 物流目标系统化

现代物流强调从系统的角度统筹规划一个企业的各项物流活动，追求物流整体目标的最优化，而不是运输、仓储等单项物流活动的最优化。这就要求企业要从整体利益出发，处理好各项物流活动之间，以及各项物流活动与公司整体目标之间的关系。

2. 物流反应快速化

现代物流强调对客户服务的快速反应，即要求企业按照客户的需求，将正确的产品快速送达指定的地点。为了实现这一目标，现代物流服务的提供者对上、下游企业或客户的物流需求的反应速度越来越快，前置时间(Lead Time)越来越短，配送间隔期越来越短，配送速度越来越快，商品周转率也越来越高。

3. 物流作业规范化

现代物流强调物流作业的规范化、标准化与程序化。这就要求各物流环节尽量采用标准化的物流包装、标志和设备，各项物流作业尽量执行标准化的作业流程和规范，尽可能把复杂的物流作业简化成易于推广和考核的物流作业。

4. 物流服务系列化

现代物流强调物流服务功能的恰当定位与完善化、系列化。除了传统的运输、储存、包装、装卸搬运、流通加工、配送、信息处理等服务功能以外，现代物流还包括市场调查与预测、采购及订单处理、物流咨询、物流方案的选择与规划、物流教育培训、库存控制策略与建议、货款回收与结算等增值服务，同时还提高了这些服务对决策的支持作用。

5. 物流功能集成化

现代物流强调将物流与供应链的各个环节进行集成。例如，仓储与流通加工等物流功能的集成、物流渠道之间的集成、物流环节与生产加工环节的集成等。

6. 物流手段现代化

现代物流强调采用先进的物流技术、物流设备与物流管理理念为客户提供优质的物流服务。通常，企业规模越大、业务范围越广，对物流技术、设备及管理理念现代化的要求也就越高。随着现代物流的发展，物流技术和设备正在向自动化、标准化、专用化的方向发展，如自动化包装设备与技术、自动化分拣设备与技术的应用。物流管理理念也正在向系统化、集成化的方向发展，如共同配送。

7. 物流组织网络化

现代物流强调为客户提供快速准确的产品递送服务和全方位的物流客户服务。这就要求企业建立健全的、完善的物流网络体系，并且各网点之间的物流活动要保持系统性和统一性。这种网络体系可以使企业以最优的总库存水平，为客户提供快捷、方便的物流服务，即以最低的物流成本实现客户需求的快速反应。

8. 物流过程透明化

现代物流强调物流过程的透明化。随着信息技术的不断推广和应用，现代物流过程逐渐呈现透明化。比如，沃尔玛连锁店铺的员工在POS(Point of Sales)机终端系统上可以清楚地看到每种商品每天的销售记录和库存余额，配送中心则会根据这两项数据自动对各店铺进行补货。这就使得物流过程中的库存积压、送货不及时、延期交货、运输与库存不可控等风险大大降低，从而加强了供应商、制造商、销售商等供应链上下游企业在组织物流过程中的协调性和配合度，以及对物流过程的控制力。

(二)现代物流管理的发展趋势

随着经济全球化和信息技术的快速发展，现代物流的发展趋势也逐渐呈现出信息化、国际化、专业化、协同化和可持续化的特征。

1. 信息化

物流信息化是指物流企业为了有效控制货物的流动过程，运用现代信息技术，如条形码技术、EDI(Electronic Data Interchange，电子数据交换)、RFID(Radio Frequency Identification，射频识别)、GPS(Global Positioning System，全球定位系统)等技术，对物流过程中产生的全部或部分信息进行采集、分类、传递、汇总、识别、跟踪和查询等一系列处理活动。信息技术、网络技术在物流领域的广泛应用，使得企业与企业之间可以共享信息，实现更加方便、快捷、准确的信息传递。这样，销售商就可以根据消费者的需求情况制订订货计划，生产企业也可以根据销售商的销售情况制订合理的生产计划，供应商则根据生产企业的生产计划进行供货，从而有效衔接供应链上的各个节点，且能实现按需生产、按需供货，使整条供应链上的库存大大降低，最终帮助企业降低成本、提高效益。比如，EDI技术在物流领域的应用就大大简化了订单处理流程，使得供需方之间可以快速传递物流信息，有效地衔接了物流过程的各个环节，极大地提高了物流效率。因此可以说，信息化是现代物流的核心，也是现代物流发展的必然要求。

2. 国际化

随着全球贸易的发展及世界各国之间的经济渗透，越来越多的企业将其生产经营活动向全世界延伸，这就为物流的国际化发展奠定了重要的基础。很多大型企业，特别是跨国企业开始在全球范围内组建生产网络和营销网络，在全球范围内采购原材料和零部件，并将产品销往世界各地，企业的国际化推动了企业物流的国际化。与此同时，越来越多的物流企业都在进行兼并与联盟，这种联盟可以扩大企业的规模与业务范围，实现物流运作的规模化效应，从而为物流企业拓展国际业务和组织国际货物运输提供了条件，最终形成了物流企业的国际化发展趋势。特别是在以国际互联网为基础的电子商务的推动下，物流业更加呈现出了国际化的特点。在经济全球化的推动下，物流业的国际化发展具有广阔前景。

3. 专业化

随着市场竞争的日趋激化和社会分工的日益细化，越来越多的企业开始选择第三方物

流服务，将物流业务外包给专业的物流公司。任何企业的资源和资金都是有限的，自建物流需要投入大量的精力和资金来建设物流设施和购置物流资源，而第三方物流服务商往往具备丰富的物流资源、健全的物流网络、专业的物流人才和大量的物流业务。因此，选择第三方物流不仅可以使企业集中精力于自己的主营业务，减少对物流资源的投入，加快资金周转，同时第三方物流企业还可以发挥物流业务的规模效应，提供比企业自营更高效率、更低成本、更加专业的物流服务。目前，我国有很多大型的物流企业都在大力建设物流设施和物流信息网络，加快向综合化、专业化的第三方物流企业转轨。由此可以看出，第三方物流具有巨大的市场空间，将成为未来物流服务的主导方式。换句话说，现代物流服务正在向综合化、专业化的方向发展。

4. 协同化

为了扩大物流规模和物流业务范围，越来越多的物流企业开始走集约化、协同化的道路。在行业竞争异常激烈的市场环境下，很多实力雄厚的大型物流企业开始兼并中小企业，实力相当的物流企业也加强了相互之间的合作。通过合并、合作与联盟，不仅扩大了企业的物流规模，完善了物流服务网络，拓宽了物流业务范围，同时还极大地提高了企业自身的竞争力和实力，从而有利于物流企业实现低成本、快速扩张。由此可见，现代物流业正在全球范围内加速集中，呈现出集约化、协同化的发展趋势。共同配送就是物流协同化发展趋势的典型代表。作为一种协同化的配送模式，共同配送通过对不同配送企业的物流资源和物流业务进行合并与联盟，不仅可以减少配送资源的投入，还能缩短配送路径，从而提高配送效率、降低配送成本。

5. 可持续化

物流虽然促进了经济的发展，但物流发展的同时也给城市环境带来了很多负面影响。比如，运输车辆排放的废气、不合理的废弃物处理都给城市环境造成了极大的污染。另外，废旧物品的不规范处理也很容易造成可再生资源的浪费。因此，为了保持物流业健康、持续地发展，企业物流服务就必须建立在符合社会利益和经济可持续发展的基础之上。绿色物流、回收物流、废弃物物流都是符合物流可持续化发展趋势的新的物流理念，它们倡导的就是保护环境、节约资源的可持续发展理念。

案例 1-1：欧洲物流的“绿色变革”

欧洲物流企业高度重视环境保护和生态平衡，尽力降低二氧化碳排放量和实施具有环保功能的物流解决方案。欧盟 15 国交通运输所排放的废气相当于欧洲地区温室气体排放总量的 21%，其中还未包括国际航空和海运。而上述国家公路交通废气排放量相当于交通运输排放总量的 93%。欧盟组织所制定的可持续发展战略明确要求，从 1990—2020 年年底交通运输废气排放量必须减少 20%。物流企业也制定了有关降低二氧化碳等废气排放量的应对措施和保护生态平衡等解决方案。

1. 循环使用包装品和废品

目前德国大部分物流集团和相关服务公司均在积极开发“生态物流概念”，其主要参与者是汽车制造商和汽车零部件供应商，从产品始发地到终点客户的全过程中，按照相关环保法律法规严格实施包装品和废品管理，主要目标任务就是鼓励使用经久耐用和环保功能优异的集装箱设备。其实在生态和经济两者之间找到和谐平衡点谈何容易？一个是必须加大投入保护生态环境免遭破坏，一个是必须持续发展市场经济的生产活动不断扩大，而这一切似乎又要牺牲生态环境。严禁使用容易造成环境污染的托盘和包装材料，促进木材、纸张和金属等包装材料循环使用和废品及时回收再生，减少二氧化碳等温室气体的排放。

2. 坚持保护生态

欧洲物流企业还积极提倡二氧化碳减排的交通运输模式。世界著名的物流 TNT 集团于 2008 年年初在荷兰发起“行星与我规划”，其中包括不断扩大使用电动车辆，减少内燃机车辆，计划到 2025 年将该公司车辆二氧化碳废气排放量减少一半，进一步扩大该公司二氧化碳温室气体排放量透明度，主动要求政府、环保团体和社会公众密切监督。进一步大幅度提高物流效率，减少环境污染风险，公路和铁路一体化并用而不是各自为政，通过信息技术等高科技手段，全面实施环保的一体化公路和铁路经营理念，在物流服务全程操作中的公路和铁路运输模式不分家，所有的集装箱和托盘等货运设备全部通用于公路和铁路，至少使短途和远程等交通物流服务效率提高 50%，其中仅德国每年就至少节约 580 万张 A4 办公用纸，从根本上控制了温室气体的排放。

分析提示：

欧洲物流企业积极提倡生态物流理念，提倡使用对环境污染小的包装材料并进行循环利用，同时加强对废品的回收利用，提倡采用节能减排的交通运输模式，这些措施将大大减少可再生资源的浪费和环境污染，符合物流可持续化发展的理念和趋势。

(资料来源：张惠良. 欧洲物流的“绿色变革”[J]. 物流，2008，6：27-28.)

案例 1-2：日本拟建地下物流系统

地下物流技术在相对人口集中、国土狭小的日本得到了广泛的关注。2000 年，日本将地下物流技术列为未来 10 年政府重点研发的高新技术领域之一，主要致力于研究开通物流专用隧道并实现网络化，建立集散中心，形成地下物流系统。

日本建设厅的公共设施研究院对东京的地下物流系统进行了二十多年的研究，研究内容涉及东京地区地下物流系统的交通模拟、经济环境因素的作用分析以及地下物流系统的构建方式等诸多方面。拟建地下通道总长度达到 201 km，设有 106 个仓储设施，通过这些设施可以将地下物流系统与地上物流系统连接起来。系统建成之后能承担整个东京地区近 36%的货运，使地面车辆运行速度提高 30%左右；运输网络分析结果显示每天将会有超过 32 万辆的车辆使用该系统，成本效益分析预计，系统每年的总收益能达到 12 亿日元，其中

包括降低车辆运行成本、行驶时间和事故发生率以及减少二氧化碳和氮化物的排放量带来的综合效益。该系统规模大、涵盖范围广，其优点在于综合运用各学科知识，并与地理信息系统(GIS)紧密结合，前期研究深入、透彻，保证了地下物流系统的高效率、高质量、高经济效益以及高社会效益。

分析提示：

日本地下物流系统的建立将有效改善城市环境和交通道路情况，是建立在符合社会利益和经济可持续发展基础之上的一种新的物流运作模式。

(资料来源：佚名. 中国物流与采购网，http://www.chinawuliu.com.cn/cflp/newss/content1/200803/768_26971.html，2008.03.24)

本章小结

物流是指为了把物品高效、低成本地送达目的地，对货物、服务和相关信息在供应地和接收地之间的流动过程中施加的运输、储存、装卸、搬运、包装、流通加工、配送、信息处理等一系列功能活动。我国物流的发展自新中国成立至今大致分为四个阶段。物流功能包括运输、仓储、流通加工、包装、装卸搬运、配送和信息处理七大功能。从物流的研究范围，可以把物流分为宏观物流、中观物流和微观物流；从覆盖的地域范围，可以把物流分为国际物流和区域物流；从活动性质及范围，可以把物流分为供应物流、生产物流、销售物流、回收物流和废弃物物流；从系统的角度，可以把物流分为社会物流、行业物流和企业物流；从经营模式上，可以把物流分为自营物流和第三方物流。物流的价值自第一次由第二次世界大战美国军方物流系统的应用发现以来共经历了七次价值。物流管理是指如何以最低的物流成本为用户提供满意的物流服务，而对物流活动进行计划、组织、协调与控制。物流管理理论学说有“黑大陆”学说、“物流冰山”学说、“第三利润源”学说、“效益背反”学说、成本中心学说、服务中心学说、物流战略学说。现代物流管理的特征主要体现在物流目标系统化、物流反应快速化、物流作业规范化、物流服务系列化、物流功能集成化、物流手段现代化、物流组织网络化、物流过程透明化等方面。随着经济全球化和信息技术的快速发展，现代物流的发展趋势也逐渐呈现出信息化、国际化、专业化、协同化和可持续化的特征。

案例分析

苏宁——打造“中国的沃尔玛”

一定要成为“中国的沃尔玛”，这是苏宁电器董事长张近东多年来的梦想。

“13亿人的中国市场一定能够培育出世界500强的现代零售企业。”张近东说。窗外的

一缕阳光照在他的脸上，更添坚毅之色。

从20世纪90年代初南京宁海路上的一个小门面到今天的国内家电连锁业“航母”，苏宁用了不到20年的时间。用张近东的话来说，“苏宁正值青春期，未来不可限量”。

打造“中国的沃尔玛”并不是嘴上说说那么简单。1993年轰动全国的“空调大战”，是苏宁和8个国有商场的“战争”，更是新旧经济模式的一次正面碰撞。敢想敢干的苏宁最终站稳脚跟，并发展壮大。

截至2009年1月1日，苏宁已在国内29个省、直辖市和自治区，150多个地级以上城市拥有近850家连锁店。和他们的董事长一样，敢想敢干的12万苏宁人正在为打造“中国的沃尔玛”而努力。

2009年，苏宁又在全国新开了200多家门店，保持着每年150家左右的开店频率，并向乡、镇延伸，与乡、镇的小家电经销商合作，进一步扩大销售网络。除此之外，苏宁还推出B2C网络销售平台，吸引网络消费群体。

店面直接与消费者接触，显示的是一个“看得见的苏宁”。家电连锁发展模式如何创新？4月16日，无锡苏宁广场奠基，标志着苏宁电器“自建店”模式的落地，它将全面开启苏宁连锁平台升级的序幕。

据苏宁总裁孙为民介绍，在创业的19年发展历程中，苏宁电器历经了空调专营店、综合电器店、3C旗舰店和3C+旗舰店四代店面经营模式，其中前三代主要着眼于产品结构的调整和扩充，第四代3C+旗舰店模式，则开始将重心集中到消费者体验上来，然而，苏宁850多家连锁店，基本以租赁为主。这在发展初期能够保证连锁企业快速做大规模，完成连锁布局，但同时也带来了一些弊端，主要在于店面软硬件条件千差万别，不利于统一形象、统一标准和统一服务。而第五代自建店模式，最大的特点在于完全以顾客为导向，并且在经营标准以外加入了更加适合家电连锁经营的建筑设计标准。

如果说店面的改变是看得见的，那么，60个物流基地则在建设一个“看不见的苏宁”。“2009年，我们将投资数十亿，同步在沈阳、天津、北京、无锡、成都、重庆、徐州、苏州、上海等地建9个物流基地，共40万平方米。同时，计划开发签约16个物流基地。”孙为民说，“按照规划，最终苏宁在全国的大型现代化物流基地将达60个左右。”

物流的能力使填补市场空白成为可能。拿家电下乡来说，全国31个省份已经开展，苏宁电器已中得28个省份。目前，家电下乡产品在苏宁家电下乡门店品类销售占比高达30%，并且保持着40%～50%的增长速度。“2008年，公司实现总营业收入73.1亿美元，利润3.2亿美元，资产规模达31.5亿美元，总市值达70.4亿美元，各项指标在全球家电连锁企业中名列前茅。这充分说明，中国内需市场蕴含着巨大潜力，苏宁电器的进一步发展天高地阔。”孙为民说。

苏宁的国际化战略也已迹象初显。2009年3月28日，集团总部基地在南京徐庄软件产业园奠基。2010年落成后，它将承担起国际化集成管理中心、全球零售人才孵化中心、服务创新研发中心和供应链合作优化中心等诸多功能，标志着苏宁国际连锁步伐的开始。用

张近东的话来说，2010 年的目标是进入世界 500 强，年底进军香港实施国际化试水计划，“依托 13 亿人的中国内需市场、日益规范的市场环境以及已经逐渐建立的国际化管理平台，苏宁电器有信心也有能力打造出‘中国的沃尔玛’，并为志在全球化的‘中国制造’提供全球化的‘中国渠道’。”

(资料来源：佚名.中国物流与采购网，http://www.chinawuliu.com.cn/zixun/201001/14/107833.shtml，2010.01.14)

问题：

1. 苏宁能否成为“中国的沃尔玛”？
2. 物流基地的建设能给苏宁带来哪些好处？能否使物流成为苏宁的核心竞争力？
3. 苏宁对连锁店铺和物流基地的扩张速度如此之快，有无风险？

阅 读 资 料

沃尔玛在中国的战略转移

坐在那间不足 20 平方米的办公室里，45 岁的美籍华人陈耀昌时常会看看对面墙上的中国地图。在他“空降”至沃尔玛中国公司担任总裁兼首席执行官的一年间，贴在地图上分别代表沃尔玛门店和好又多门店的蓝、红标签，各增加了 30 个和 101 个。这是全球零售巨擘美国沃尔玛公司进入中国 12 年来，开疆拓土最为迅猛的一年。

“我们要强化沃尔玛的文化，也要适应国内市场，快速而务实地进行应变。”一年来一直对媒体保持沉默的陈耀昌披露了其首份“成绩单”，以及沃尔玛中国“改革开放”背后的战略考虑。

水土不服：“零售霸主”受困中国

从最初进入中国，1996 年在中国开设第一家山姆会员店，“零售霸主”就显现出对中国市场的认知缺乏。

据悉，沃尔玛认为自己在美国本土的成功来源于两个关键要素：①商店设在偏远的农村地区和小城镇，农村包围城市；②扩张模式，即从内向外的推进，绝不会先学跑再学走。而从内向外的推进能力才是沃尔玛的核心竞争力，天天平价和规模优势得益于出色的后勤物流配送能力(补货能力)和吸引客户忠诚的经营能力，而这些核心竞争力目前在中国还难以体现出来。

但在中国，城市人口的消费能力远远高于农村地区，走农村路线难以取得美国本土那样的发展。

同样，沃尔玛的第二个核心竞争力因为其商业网点远未形成规模优势和供应商能力不足，也难以显现出来。

据悉，沃尔玛对商品配送的要求极为严格，除了生鲜和日配供货商之外，配送中心都需要先预约——中午12点规定送到的，如果13点才去，就要重新排队。大多数本土供货商在供应链管理和网络化物流配送体系上很难与沃尔玛的时间管理相匹配。供货商延迟了送货，沃尔玛就拒收，只能再次约定、重新配送，这增加了供货商的成本。

而按照沃尔玛在美国本土的运作模式，它通常围绕一个区域性配送中心密集建店，强大的配送中心可以支撑120家门店，服务500公里半径内的店面。沃尔玛在众多小镇的密集布点能够有效地发挥物流中心的规模经济效益，从而大大降低了沃尔玛的物流成本。但截至2005年年底，沃尔玛在面积超过美国的中国才设立了两家配送中心、55家分店，布局也极为分散，物流规模效应的发挥因此受到了极大的制约。

在美国，沃尔玛依靠运营体系令商品价格比对手低15%。但在中国，由于布局区域广、密集度极低，大部分商品根本不可能统一采购，因为统一采购所增加的物流成本将远远高于其所达成的价格优势。所以，除深圳几家店统一采购之外，其他店铺大部分商品几乎完全是单店采购。

更为可怕的是，消费者的采购习惯成为沃尔玛在中国面临的最大挑战。据悉，与美国消费者不同的是，中国消费者更多属于冲动性购物而非目标性购物，另外，目前中国消费者在超市消费最多的是食品，而食品又是消费者最不愿意长期储藏的东西。

更让沃尔玛头疼的是，中国消费者更多的是将逛沃尔玛作为一种休闲式的日常生活方式，一次性购物量少但对商品的生鲜度要求很高；不仅如此，中国各地消费者的口味千差万别，统一采购的沃尔玛如何适应呢？当中国的本地零售商都打出了“天天平价”的促销招牌时，“学生都在学老师，而沃尔玛这个老师却不知道采用什么样的促销方式了”，一位原沃尔玛的高层经理说。

从“平”到“低”：战略彰显陈氏风格

2006年，沃尔玛相继撤出韩国、德国，同时，其在日本市场虽经多年拓展也业绩不佳。这使得沃尔玛总部对中国区的发展格外重视。毫无疑问，中国是沃尔玛全球战略中最重要的市场之一。然而，1996年进入中国市场的沃尔玛似乎并未显示出全球零售业老大的派头，开店速度与业绩均落后于法国零售商家乐福。中国区的发展已经走到了十字路口，陈耀昌要面临的挑战可想而知。

而有消息称，“陈耀昌是直接带着沃尔玛总部的令牌过来的”。

那么，他会不会成为沃尔玛中国革命性的人物？在沃尔玛进入中国的第11个年头，推动沃尔玛完成历史性的突破？这是业界对陈耀昌上任后的普遍猜想。

事实上，陈耀昌到任后，沃尔玛的“中国速度”初露端倪。

2005年，沃尔玛在华开店13家，2006年为15家，2007年速度大幅提升，达到23家——这一速度已基本追平家乐福在华一年的开店数。“2008年以来，我们开设时间在一年以上的商店销量增长率已经达到两位数。这比主要竞争对手快出2～3倍。”他自豪地说。

从陈耀昌对沃尔玛中国区的人事调整上，也能明显感受到其行事风格和发展战略上的变化。上任不久，他就任命了新的发展部副总裁田瑞坤，取代原发展部副总裁康斌。紧接着，原行政官孟永明调任好又多首席营运官。不久，沃尔玛中国区公司事务部副总裁李成杰、首席营运官于剑羿离职。短短几个月的时间里，陈耀昌就完成了对中国区最为核心的采购、运营、发展等部门最高负责人的更换，为其大施拳脚奠定了坚实的基础。

随后，陈耀昌开始对沃尔玛进行“瘦身”，针对门店运营部进行裁员。撤销行政部，取消所有经理，并将门店 10 个经理中的 6 个改为助理，4 个改为处长。每家门店裁员人数在 10～12 人，裁员人数最终可能达到 1000 人。这一举措将大大降低沃尔玛中国区的人力成本。用陈耀昌的话说：“人事架构要充分应对市场，沃尔玛现在进入中小城市，我们要考虑的是人事架构必须围绕门店的盈利来设定。”

“两把火”取得成效后，陈耀昌将第“三把火”烧向了价格。2007 年 7 月 5 日，陈耀昌宣布沃尔玛在华的购物广场和社区店共同推出 1000 多种特惠商品。在“天天平价”的基础上以更加优惠的价格回报消费者。这是沃尔玛在中国市场首次对商品价格做出调整。此举一出，业界哗然：一直价格策略平稳、从不像其他卖场一样促销的沃尔玛开始从“天天平价”转向了“天天低价”。

“这不是短期行为，将作为一个长期项目推广下去。我们将与更多的供应商合作，提供更多更好的特惠商品。”陈耀昌说。

从“平”到“低”，一字之改，陈耀昌的硬气赫然凸显。熟谙中国市场的陈耀昌会给沃尔玛带来什么样的惊喜呢?

整合并购：“零售老大”中国提速

2007 年 2 月，在陈耀昌刚刚履新之际，沃尔玛宣布斥资 2.64 亿美元收购好又多 35%的股权。同时，通过向好又多的其他股东提供 3.76 亿美元贷款，沃尔玛获得了另外 30%的投票权。沃尔玛计划在 2010 年 2 月前收购好又多的其余股份，从而使后者成为自己的全资子公司。

好又多由台湾诚达集团于 1996 年在大陆创办，目前在全国 34 个城市开设了 101 家商场，2007 年销售额约 140 亿元。好又多向沃尔玛出售股权，被业界认为是台资超市集体套现的又一案例，不过这也为沃尔玛在华快速扩张提供了机会。

接手好又多后，沃尔玛向好又多派出了大约 20 人的管理团队，其中包括首席运营官孟永明，孟永明曾任沃尔玛中国公司首席行政官。目前，沃尔玛逐步获得了好又多运营上的主导权，但据好又多一位内部人士介绍，双方的管理层仍在磨合中，在门店层面还看不出明显变化。

沃尔玛收购好又多初期，业内有人士认为双方在整合方面面临着较大挑战，部分原因是好又多的经营模式不同于沃尔玛，其向供应商收取的费用较多，在管理上也存在一些不够规范的地方。这与沃尔玛依靠商品进销差价获取收益、注重标准和规范的风格似乎有所冲突。

在接受记者采访时，陈耀昌表示，在整合好又多的过程中没有很多困难，两家公司在协同中存在很多机会和相互可以借鉴的地方。他举例说，好又多在商品本土化方面做得较为到位，成都、重庆的沃尔玛门店从当地的好又多门店学到了配置本地商品的经验；好又多也在学习沃尔玛的中央控制系统，使其运作更加有效。

据沃尔玛中国非食品高级总监范思睿介绍，与沃尔玛合作后，好又多已经能按时按量地向供应商支付货款，而在双方合作之前，好又多供应商最担心的就是付款问题。

2008 年 3 月，好又多 18 名台湾籍管理人员在劳动合同到期后，沃尔玛不再与其续约。这被外界解读为沃尔玛加速整合好又多的最新信号。上海辅迅企业管理咨询公司 CEO 王涛认为，在完成摸底和试探之后，今年将是沃尔玛整合好又多的关键一年，无论是人事、系统还是文化，沃尔玛都有望将好又多基本纳入自己的体系之中。

一直以来，在美国成为零售业龙头的沃尔玛并未在中国市场占得先机。身为全球零售业老大，沃尔玛近年来在众多市场上可谓是屡遭挫折，已经相继撤出中国香港、印度尼西亚、韩国、日本。虽然一直将中国内地作为发展的重心所在，但其门店规模却始终处于家乐福的下风。

如果沃尔玛最终控股好又多，其门店总数将达到 174 家，根据 2005 年的销售数据，好又多为 132 亿元，沃尔玛为 99 亿元，合计达 231 亿元，将超过家乐福(2005 年家乐福为 174 亿元)，成为国内最大的外资连锁零售商。

凭借此次并购，沃尔玛将一举超过家乐福，成为中国内地连锁门店最多、营业额最高的外资零售企业。广东连锁经营协会会长孙雄指出，好又多由于进入内地的时间较早，开店手法灵活，不仅门店规模优势明显，而且大多数选址位置较佳，在周边居民中的认知度很高。

“尤其是在沃尔玛垂涎已久却不得而入的广州市场，凭借好又多拥有的 17 家门店，将一举超过家乐福的 5 家门店的数量，在极短的时间内形成区域优势。”但就像双刃剑一样，也是关系到其能否最终实现在华成为零售业老大的夙愿，沃尔玛并购此举面临的最大挑战就在于“整合”。

从固执地坚持其原有的运作模式，到适度地进行战略调整，沃尔玛的做法耐人寻味。

(资料来源：胡宗利. 博锐管理在线网，http://www.boraid.com/darticle3/list.asp?id=92883, 2008.06.26)

自 测 题

1. 你是如何理解物流的？它包括哪些具体的功能要素？
2. 为什么说物流是“第三利润源”？如何发挥物流第三利润源的作用？试举例说明。
3. 物流管理的目标是什么？包括哪些具体的内容？
4. 与传统物流相比，现代物流管理具有什么样的特征？

第二章　供应链管理概论

【学习要点及目标】

通过本章的学习，使学生掌握供应链及供应链管理的概念，了解供应链产生的背景及供应链管理的优势，认识供应链的类型以及供应链的构建过程，理解供应链管理与物流管理的关系。

【关键概念】

供应链(Supply Chain)　供应链管理(Supply Chain Management)

【引导案例】

夏普公司的供应链管理

夏普公司是一家总部位于日本大阪、年销售收入为 887 亿日元的全球化电子消费品公司，公司共有 66 000 名员工服务于分布在全球 30 个国家的生产工厂、销售公司、技术研发机构和信贷公司。夏普公司作为推出电子计算器和液晶显示器等电子产品的创始者，始终勇于开创新领域，运用领先世界的液晶、光学、半导体等技术，在家电、移动通信、办公自动化等领域实现丰富多彩的“新信息社会”。

但是，面对竞争日益复杂的电子消费品市场，该公司越来越感觉到电子消费品市场的快速变化，特别是电子消费品的生命周期越来越短，电子消费品的市场普及率越来越接近饱和状态，企业的经营风险加大，与此同时，客户对电子消费品个性化的需求越来越高。因此，在竞争激烈和快速变化的市场中寻求一套实时的决策系统就显得尤为重要，特别是要通过提高对商品的预测准确率来降低企业的库存，减少交货期的延误，从而保住大量有价值的客户。

夏普对其整个供应链进行了全面诊断，提出了对包括订单管理、生产制造、仓库管理、运输和开票等全流程在内的整体无缝链接，并结合信息系统的实施，使夏普公司建立起供应和需求一体化的结构，尤其是通过对系统数据的分析，定时的连接和灵活的处理，使决策者能够比过去更加方便和有效地协调人员、设备资源和流程配置，以便更加准确地满足市场的需求。夏普公司通过对供应链的一体化管理，不仅降低了库存的水平，加快了库存的周转率，降低了物料管理的成本，而且大大提升了供应链上的价值。

供应链管理另外一个目标是提高客户的满意度。通过对供应链的整合，使得夏普公司对客户的交货承诺性得到很大程度的提高，货物的交付比过去更加及时和准确。同时，供应链计划体系可以充分考虑各方面因素，如运输成本、订单执行等，从而制定出资源平衡和优化的需求预测。

既然供应链管理对于降低企业的成本、提高企业的效益如此重要，那么供应链管理是如何产生的？什么是供应链？什么是供应链管理？

(资料来源：佚名. 中国物流与采购联合会，http://www.chinawuliu.com.cn/cflp/newss/content1/200806/767_27890.html，2008.06.17)

第一节 供应链与供应链管理

在经济全球化发展的今天，市场竞争不断加剧。现在企业的竞争已经不再是单个企业间的竞争，而是供应链与供应链之间的竞争，即以核心企业为首的企业群与企业群之间的竞争，了解和掌握供应链管理理论，对强化企业管理至关重要。

一、供应链

供应链一词源于英语的“Supply Chain”，目前尚未形成统一的定义。早期观点认为，供应链是制造企业从采购到生产转换，再到销售的一个内部过程，只关注企业的自身资源利用和内部操作，但其后发展起来的供应链管理理念关注核心企业与其他企业的联系，即供应链企业的外部环境。

(一)供应链管理的产生

在传统管理的基础上逐渐发展起来的供应链管理，在很多方面有着无可比拟的竞争优势，比如可以避免信息失真、提高顾客信息反馈效率，使供求有机衔接、协调一致、反应迅速等。供应链管理的产生与发展对弥补传统管理的缺陷具有重要意义。

1. 传统管理模式存在的弊端

传统的管理模式是“纵向一体化”的管理模式。从管理模式上看，企业出于对制造资源的占有要求和对生产过程直接控制的需要，传统上常采用的策略是，扩大自身规模，或参股供应商企业，与为其提供原材料、半成品或零部件的企业是一种所有关系。这就是人们所说的“纵向一体化”管理模式，我国企业(特别是过去的国有企业)一贯采取“大而全”“小而全”的经营方式，可以认为是“纵向一体化”的一种表现形式。

在20世纪40年代到60年代，企业处于相对稳定的市场环境中，这时的“纵向一体化”模式是有效的。但是在20世纪90年代，科技迅速发展、世界竞争日益激烈、顾客需求不断变化的形势下，“纵向一体化”模式则暴露出种种缺陷。

1) 增加企业投资负担

不管是投资建新的工厂，还是用于其他公司的控股，都需要企业自己筹集必要的资金。这一工作给企业造成诸多不便。首先，企业必须花费人力、物力设法在金融市场上筹集所

需要的资金。其次，资金到位后，随即进入项目建设周期。为了尽快完成基本建设任务，企业还要花费精力从事项目实施的监管工作，这样一来又消耗了大量的企业资源，由于项目有一个建设周期，在此期间内企业不仅不能安排生产，而且要按期偿还借款利息。显而易见，用于项目基本建设的时间越长，企业背负的利息负担就越重。

2)　承担丧失市场时机的风险

对于某些新建项目来说，由于有一定的建设周期，往往会出现项目建成之日，也就是项目下马之时的现象，市场机会早已在你的项目建设过程中逝去。这样的案例在我国有很多，从选择投资方向来看，决策者当时的决策可能是正确的。但是因为花在生产系统基本建设上的时间太长，等生产系统建成投产时，市场行情可能早已发生了变化，错过了进入市场的最佳时机而使企业遭受损失。因此，项目建设周期越长，企业承担的风险越高。

3)　迫使企业从事小而不擅长的业务活动

“纵向一体化”管理模式的企业实际上是“大而全”“小而全”的翻版，这种企业把产况、设计、计划、财务、会计、生产、人事、管理信息、设备维修等工作看作本企业必不可少的业务工作，许多管理人员往往花费过多的时间、精力和资源去从事辅助性的管理工作，结果是辅助性的管理工作没有抓起来，关键性业务也无法发挥出核心作用，不仅使企业失去了竞争特色，而且增加了企业成本。

4)　企业在每个业务领域都直接面临众多竞争对手

采用“纵向一体化”管理模式的企业的另一个问题是，它必须在不同业务领域直接与不同的对手进行竞争。例如，有的制造商不仅生产产品，而且还拥有自己的运输公司。这样一来，该企业不仅要与制造业的对手竞争，而且还要与运输业的对手竞争，在企业资源、精力、经验都十分有限的情况下，四面楚歌的结果是可想而知的。事实上，即使是IBM这样的大公司，也不可能拥有进行所有业务活动所必需的业务经历。因此，从20世纪80年代末期起，IBM就不再进行纵向发展，而是与其他企业建立广泛的合作关系。例如，IBM与苹果公司合作开发软件，协助MCT联营公司进行计算机基本技术研究工作，与西门子公司合作设计动态随机存储器等。

5)　加大企业的行业风险

如果整个行业不景气，采用“纵向一体化”模式的企业不仅会在最终用户市场遭受损失，而且还会在各个纵向发展的市场遭受损失。过去曾有这样一个例子，某味精厂为了保证原材料供应，建了一个辅料厂。但后来味精市场饱和，该厂生产的味精大部分没有销路。结果不仅味精厂遭受损失，与之配套的辅料厂也举步维艰。

2. 供应链管理模式的产生

鉴于“纵向一体化”管理模式的种种弊端，从20世纪80年代后期开始，国际上越来越多的企业放弃了这种经营模式，随之而来的是“横向一体化”思想的兴起。“横向一体化”就是利用企业外部资源快速响应市场需求，只抓企业发展中最核心的东西：产品方向和市场。至于生产，只抓关键零部件的制造，甚至全部委托其他企业加工。例如，福特汽车公司的 Festival 车就是由美国人设计，在日本的马自达公司生产发动机，由韩国的制造厂生产其他零件和装配，最后在美国市场上销售。制造商把零部件生产和整车装配都放在了企业外部，这样做的目的是利用其他企业的资源促使产品快速下马，避免自己投资带来的基建周期长等问题，赢得产品在低成本、高质量、早上市等方面的竞争优势。“横向一体化”形成了一条从供应商到制造商再到分销商的贯穿所有企业的“链”。由于相邻节点企业表现出一种需求-供应的关系，当把所有相邻企业依次连接起来，便形成了供应链。这条链上的节点企业必须同步、协调运行，才有可能使链上的所有企业都受益。于是便产生了供应链管理这一新的经营与运作模式。

(二)供应链的概念

供应链最早来源于彼得·德鲁克提出的“经济链”，而后经由迈克尔·波特发展成为“价值链”，最终日渐演变为“供应链”。不同学者基于研究角度的不同，对供应链给出了不同的定义。

1. 供应链的定义

2006 年，中国发布实施的《物流术语》国家标准(GB/T 18354—2006)对供应链的定义是：“生产及流通过程中，涉及将产品或服务提供给最终用户所形成的网链结构。”

由华中科技大学马士华教授编著的《供应链管理》一书中，对供应链的定义是：供应链是围绕核心企业，通过对信息流、物流、资金流的控制，从采购原材料开始，制成中间产品以及最终产品，最后由销售网络把产品送到消费者手中的将供应商、制造商、分销商、零售商，直到最终用户连成一个整体的功能网链结构模式。

通过比较以上两种供应链定义可以看出，若把供应链比喻为一棵枝繁叶茂的大树，生产企业就是树根；独家代理商则是主干；分销商是树枝和树梢；满树的绿叶红花是最终用户。在根与主干、干与枝的一个个节点下，都蕴藏着一次次的流通，遍体相通的脉络便是管理信息系统。供应链是社会化大生产的产物，是重要的流通组织形式。它以市场组织化程度高、规模化经营的优势，有机地联结生产和消费，对产品的生产和流通有着直接的导向作用。

2. 供应链的结构

一般来说，供应链由所有加盟的节点企业组成，其中一般有一个核心节点企业(可以是产品制造企业，也可以是大型零售企业)，节点企业在需求信息的驱动下，通过供应链的职能分工与合作(生产、分销、零售等)，以资金流、物流和商流为媒介实现整个供应链的不断增值。供应链的基本结构如图 2-1 所示。

3. 供应链的特征

供应链是一个网链结构，由围绕核心企业的供应商、供应商的供应商和用户、用户的

用户组成。一个企业是一个节点，节点企业和节点企业之间是一种需求与供应关系。供应链主要具有以下特征。

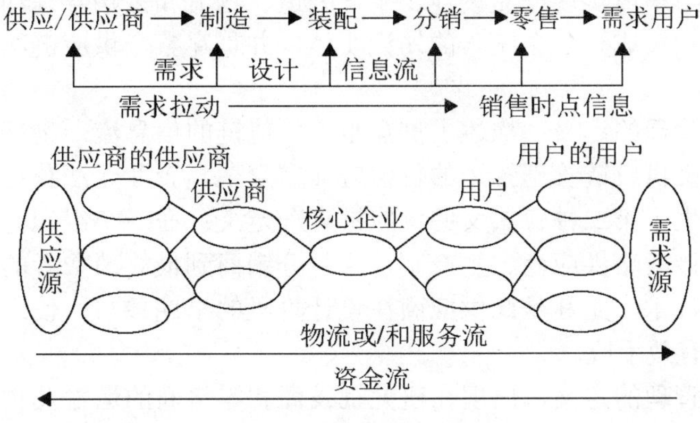

图 2-1 供应链网络结构模型

(1) 复杂性。因为供应链节点企业组成的跨度(层次)不同，供应链往往由多个、多类型、多地域的企业构成，所以供应链结构模式比一般单个企业的结构模式更为复杂。

(2) 动态性。供应链管理因企业战略和适应市场需求变化的需要，其中的节点企业需要动态地更新，这就使得供应链具有明显的动态性。

(3) 交叉性。节点企业可以是这个供应链的成员，同时又是另一个供应链的成员，众多的供应链形成交叉结构，增加了协调管理的难度。

(4) 面向用户需求。供应链的形成、存在、重构，都是基于一定的市场需求而发生的，并且在供应链的运作过程中，用户的需求拉动是供应链中信息流、产品/服务流、资金流运作的驱动源。

二、供应链管理

供应链管理作为管理学的一个新概念，已经成为管理哲学中的一个新元素。但目前并没有关于供应链管理的统一的定义。

(一)供应链管理的定义

这里给出几个对供应链管理定义的经典描述。

哈兰德将供应链管理描述成对商业活动和组织内部关系、直接采购者的关系、第一级或第二级供应商关系、客户关系和整个供应链关系的管理。斯科特与韦斯特布鲁科将供应链管理描述成一条连接制造与供应过程中每一个元素的链，包含从原材料到最终消费者的所有环节。

第一种供应链管理的广义定义，包含了整个价值链，它描述了从原材料开采到使用结束，整个过程中的采购与供应管理流程。巴茨进一步将供应链管理扩展到物资的再生或再利用过程。供应链管理主要集中在如何使企业利用供应商的工艺流程、技术和能力来提高它们的竞争力，在组织内实现产品设计、生产制造、物流和采购管理功能的协作。当价值链中的所有战略组织集成为一个统一的知识实体，并贯穿整个供应链网络时，企业运作效率会进一步提高。

第二种供应链管理的定义，描述了贯穿整个价值链的信息流、物流和资金流的流动过程。但是，由于广义供应链管理描述的价值链非常复杂，企业无法获得供应链管理提供的全部利益，因而产生了第二种较狭义的供应链管理定义：在一个组织内集成不同功能领域的物流，加强从直接战略供应商、生产制造商与分销商到最终消费者的联系，利用直接战略供应商的能力与技术，尤其是此供应商在设计阶段的早期参与，使之成为提高生产制造商效率和竞争力的有效手段。

第三种供应链管理的定义，出现在研究批发商和零售商的运输及物流文献中，它强调地理分布与物流集成的重要性。毫无疑问，物流是商业活动中一个重要的功能，而且已经发展成为供应链管理的一部分。产品的运输和库存是供应链管理最原始的应用场所，但并非供应链管理定义中至关重要的组成部分。

我国发布实施的《物流术语》国家标准(GB/T 18354—2006)中，对供应链管理定义为：“对供应链涉及的全部活动进行计划、组织、协调与控制。”

总部设于美国俄亥俄州立大学的全球供应链论坛将供应链管理定义成：“为消费者带来有价值的产品、服务以及信息的，从源头供应商到最终消费者的集成业务流程。”

(二)供应链管理的内涵

作为流通中各种组织协调活动的平台，将产品或服务以最低的价格，迅速向顾客传递为特征的供应链管理，已经成为竞争战略的中心概念。供应链管理的思想可以从以下四个方面去理解。

1. 信息管理

知识经济时代的到来，促使信息取代劳动和资本，成为劳动的主要因素。在供应链中，信息是供应链各方的沟通载体，供应链中的各个企业就是通过信息这条纽带集成起来，可靠、准确的信息是企业决策的有力支持和依据，能有效降低企业运作中的不确定性，提高供应链的反应速度。因此，供应链管理的主线是信息管理，信息管理的基础是构建信息平台，实现信息共享，如 ERP(Enterprise Resource Planning，企业资源计划)、VMI(Vendor Managed Inventory，供应商管理的库存)等系统的应用，将供求信息及时、准确地传达到供应链上的各个企业，在此基础上进一步实现供应链的管理。当今世界，通过使用电子信息技术，供应链已经结成一张覆盖全区域乃至全球的网络，从技术上实现与供应链其他成员的集成化和一体化。

2. 客户管理

在传统的卖方市场中，企业的生产和经营活动是以产品为中心的，企业生产和销售什么产品，客户就只能接受什么商品，没有多少挑选的余地。而在经济全球化的背景下，买方市场占据了主导地位，客户需求主导了企业的生产和经营活动的方向，因此客户是核心，也是市场的主要驱动力。客户的需求、消费偏好、购买习惯及意见等是企业谋求竞争优势必须争取的重要资源。

在供应链管理中，客户管理是供应链管理的起点，供应链源于客户需求，同时也忠于客户需求，因此供应链管理是以满足客户需求为核心运作的。然而客户需求千变万化，而且存在个性差异，企业对客户需求的预测往往不准确，一旦预测需求与实际需求差别较大，就很有可能造成企业库存的积压，引起经营成本的大幅增加，甚至造成巨大的经济损失，因此真实、准确的客户管理是企业供应链管理的重中之重。

3. 库存管理

库存管理是企业管理中的一件令人头疼的事情，因为库存量过多或过少都会带来损失。一方面，为了避免缺货给销售带来的损失，企业不得不持有一定量的库存，以备不时之需。另一方面，库存占用了大量资金，既影响了企业的扩大再生产，又增加了成本，在库存出现积压时还会造成巨大的浪费。因此，一直以来，企业都在为确定适当的库存量而苦恼。传统的方法是通过需求预测来解决这个问题，然而需求预测与实际情况往往并不一致，因而直接影响了库存决策的制定。如果能够实时地掌握客户需求变化的信息，做到在客户需要时再组织生产，那就不需要持有库存，即以信息代替了库存，实现库存的“虚拟化”。因此，供应链管理的一个重要使命就是利用先进的信息技术，收集供应链各方以及市场需求方面的信息，用实时、准确的信息取代实物库存，减小需求预测的误差，从而降低库存的持有风险。

4. 关系管理

传统的供应链成员之间的关系是纯粹的交易关系，各方遵循的都是“单向有利”的原则，所考虑的主要是眼前的既得利益，并不考虑其他成员的利益。这是因为每个企业都有自己相对独立的目标，这些目标与其在供应链中的上下游企业往往存在着一些冲突。例如，制造商要求供应商能够根据自己的生产需求灵活并且充分地保证它的物料需求；供应商则希望制造商能够以相对稳定的周期大批订购，即稳定的大量需求，这就在两者之间产生了目标的冲突。这种目标的冲突无疑会大大增加交易成本。同时，社会分工的日益深化使得企业之间的相互依赖关系不断加深，交易关系也日益频繁。因此，降低交易成本对于企业来说就成为一项具有决定意义的工作。而现代供应链管理理论恰恰提供了提高竞争优势、降低交易成本的有效途径，这种途径就是通过协调供应链各成员之间的关系，加强与合作伙伴的联系，在和谐的合作关系基础上进行交易，为供应链的全局最优化而努力，从而有效地降低供应链整体的交易成本，使供应链上各方的利益获得同步增加。

(三)供应链管理的目标

供应链管理的目标即是通过调和总成本最低化、客户服务最优化、总库存最少化、总周期时间最短化以及物流质量最优化等目标之间的冲突，实现供应链绩效的最大化。

1. 总成本最低化

众所周知，采购成本、运输成本、库存成本、制造成本以及供应链物流的其他成本费用都是相互联系的。因此，为了实现有效的供应链管理，必须将供应链各成员企业作为一个有机整体来考虑，并使实体供应物流、制造装配物流与实体分销物流之间达到高度均衡。从这一要求出发，总成本最低化目标并不是指运输费用或库存成本，或其他任何供应链物流运作与管理活动的成本最小，而是整个供应链运作与管理的所有成本的总和最低化。

2. 客户服务最优化

在激烈的市场竞争时代，当许多企业都能在价格、特色和质量等方面提供相类似的产品时，优质化的客户服务能带给企业独特的竞争优势。纵观当前社会经济中的每一个行业领域，从计算机、服装到汽车，消费者都有广泛而多样化的选择余地，任何企业都必须努力满足消费者的个性化需求。企业提供的客户服务水平，直接影响到它的市场份额、物流总成本，并且最终影响其整体利润。供应链管理的实施目标之一，就是通过上下游企业协调一致的运作，保证达到客户满意的服务水平，吸引并保留客户，最终实现企业的价值最大化。

3. 总库存最小化

传统的管理思想认为，库存是维系生产与销售的必要措施，因而企业与其上下游企业在不同的市场环境下只是实现了库存的转移，整个社会库存总量并未减少。按照 JIT 管理思想，库存是不确定性的产物，任何库存都是浪费。因此，在实现供应链管理目标的同时，要使整个供应链的库存控制在最低的限度。“零库存”反映的即是这一目标的理想状态。所以，总库存最小化目标的达成，有赖于对整个供应链库存水平与库存变化的最优控制，而不只是单个成员企业库存水平的最低。

4. 总周期时间最短化

在当今市场竞争中，时间已成为竞争成功最重要的因素之一。当今的市场竞争不再是单个企业之间的竞争，而是供应链与供应链之间的竞争。从市场响应速度上来说，供应链之间的竞争实质上是时间的竞争，即必须实现快速有效的客户反应，最大限度地缩短从客户发出订单到获取满意交货的整个供应链的总时间周期。

5. 物流质量最优化

企业产品或服务质量的好坏直接关系到企业的成败。同样，供应链企业间服务质量的好坏也直接关系到供应链的存亡。如果在所有业务过程完成以后，才发现提供给最终客户的产品或服务存在质量缺陷，就意味着所有成本的付出将得不到任何价值补偿，供应链物流的所有业务活动都会变为非增值活动，从而导致整个供应链的价值无法实现。因此，达到与保持服务质量的水平，也是供应链管理的重要目标，而这一目标的实现，必须从原材料、零部件供应的零缺陷开始，直至供应链管理全过程、全方位质量的最优化。

就传统的管理思想而言，上述目标相互之间呈现出互斥性：客户服务水平的提高、总时间周期的缩短、交货品质的改善必然以库存、成本的增加为前提，因而无法同时达到最优。而运用集成化管理思想，从管理系统的观点出发，改进服务、缩短时间、提高品质与减少库存、降低成本是可以兼得的。因为只要供应链的基本工作流程得到改进，就能够提高工作效率，消除重复与浪费，缩减员工数量，减少客户抱怨，提高客户忠诚度，降低库存总水平，减少总成本支出。

三、供应链管理与物流管理的关系

一般认为，供应链是物流、信息流和资金流的统一，那么，物流管理自然就成为供应链管理体系的重要组成部分。

(一)物流管理在供应链管理中的地位

供应链作为一个有机的网络化组织，在统一的战略指导下提高效率和增强整体竞争力。物流管理将供应链管理下的物流进行科学的组织计划，使物流活动在供应链各环节之间快速形成物流关系和确定物流方向，通过网络技术将与物流有关的相关信息同时传递给供应链的各个环节，并在物流实施过程中，对其进行适时协调与控制，为供应链各环节提供实时信息，实现物流运作的低成本、高效率的增值过程管理。其中，物流计划的科学性是物流成功的第一步，也是关键的一步；物流实施过程的管理是对物流运作的实时控制以及对物流计划的实时调整，是对物流活动进程的掌握，有利于供应链各环节了解物品物流动向，协调相应的各部门的计划；适时的协调与控制是对已进行的物流进行分析总结，总结成功的经验和寻求存在问题的原因，为改进物流管理提供经验与借鉴，同时也是第三方物流企业进行经营核算管理的环节。

可以说，物流管理是在某一活动中制订单一的产品流和信息流计划，并实施、控制与协调，是供应链管理的基础和导向，供应链管理是在此基础上寻求与上游供应商和下游客户的连接、合作与协调，维持供应链的稳定和发展，保证物流、信息流、资金流在供应链上的畅通，并使链上所有的参与合作者都获得利益。

(二)供应链管理体系下的物流管理特点

每个领域的管理都有其固有的运作规律，每种管理又都有其各自的运作特点，物流管理亦如此。当物流管理在供应链环境下进行运作时，又会结合供应链管理的本质，出现如下一些新的特点。

1. 快捷性

通过快捷的交通运输以及科学的物流事前管理和事中管理来实现快捷的物流。在供应链管理中，快捷的物流是供应链的基本要求，是保证高效供应链的基础。

2. 信息共享

与传统的纵向一体化物流模型相比，供应链一体化物流信息的流量大大增加。需求信息和反馈信息传递不是逐级传递，而是网络式的，企业通过因特网可以很快掌握供应链上不同环节的供求信息和市场信息，达到信息共享和协调一致。共享信息的增加和先进技术的应用，使供应链上任何节点的企业都能及时地掌握市场的需求信息和整个供应链上的运行情况，每个环节的物流信息都能透明地与其他环节进行交流与共享，从而避免需求信息的失真现象。同时，通过消除不增加价值的过程和时间，使供应链的物流系统进一步降低成本，为实现供应链的敏捷性、精细化运作提供基础性保障。

3. 多样性

在供应链管理中，物流的多样性体现在物流形式的多样性和物流物品的多样性。物流形式的多样性主要是指物流运输方式、集装工具等的多样性。

4. 人性化

物流是根据用户的要求，以多样化产品、可靠的质量来实现对客户的亲和式服务。在供应链管理中，物流既需要科学的方法来进行管理，同时又要实时适应客户需求变化，体现人性化需求的特点。现代市场环境的变化，要求企业加速资金周转，快速传递与反馈市场信息，不断沟通生产与消费的联系，提供低成本的优质产品，生产出满足顾客需求的产品，提高用户满意度。因此，只有建立敏捷而高效的供应链物流系统才能达到提高企业竞争力的要求。供应链管理将成为新时代企业发展的核心竞争力，而物流管理又成为供应链管理核心能力的主要构成部分。

(三)物流管理与供应链管理的区别与联系

虽然在供应链管理环境下，物流管理出现了一系列新的特点，但是二者并不是完全割裂开来的，既有其不同于对方的特点，又有其发展的内在联系性。

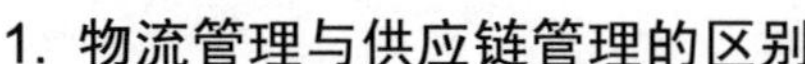

1. 物流管理与供应链管理的区别

供应链管理起初主要着眼于在物流管理的过程中，减少企业内部库存的同时也需要考虑减少合作企业之间的库存。随着供应链管理理念的越来越被重视，其视角早已拓宽，不再仅着眼于降低库存，其管理触觉伸展到了企业内外的各个环节、各个角落。玛莎·库珀(Martha Cooper)等人认为，当代对于供应链管理的理解只是少许不同于集成化的物流管理。然而，对于供应链管理更广泛的理解是：供应链管理包含提供产品、服务、信息，以及提高和增加客户价值，从供应商到终端客户所有流程的集成。不仅限于物流管理，更涵盖了广泛的要素，如信息系统集成、流程设计与重组、合作伙伴关系协调、绩效评价与活动控制等。

物流管理与供应链管理的不同主要体现在以下几个方面。

1) 存在基础和管理模式不同

任何单个企业或供应链，只要存在物的流动，就存在物流管理；而供应链管理必须以供应链导向为前提，以信任和承诺为基础。物流管理主要以企业内部物流管理和企业间物流管理这两种形式出现，主要表现为一种职能化管理模式；供应链管理则以流程管理为表现形式，它不是对多个企业的简单集合管理，而是对多个企业所构成的流程进行管理，是一种流程化的价值链管理模式。

2) 导向目标不同

物流管理的目标是以最低的成本产出最优质的物流服务。对于不存在供应链管理的环境，物流管理是在单个企业战略目标框架下实现物流管理目标；对于供应链管理环境，物流管理是指供应链物流管理，就是以供应链目标为指导，实现企业内部物流和接口物流的同步优化。而供应链管理以供应链为导向，目标是提升客户价值和客户满意度，获取供应链整体竞争优势。

3) 管理层次不同

物流管理是指对运输、仓储、配送、流通加工及相关信息等功能进行协调与管理，通过职能的计划与管理达成降低物流成本、优化物流服务的目标，属于运作层次的管理；而供应链管理则聚焦于关键流程的战略管理，这些关键流程跨越供应链上所有成员企业及其内部的传统业务功能，供应链管理是站在战略层次的高度设计、整合与重构关键业务流程，并做出各种战略决策，包括战略伙伴关系、信息共享、合作与协调等决策。

4) 管理手段不同

既然物流管理与供应链管理的管理模式和层次都存在区别，其管理手段自然也不同。物流管理以现代信息技术为支撑，主要通过行政指令或指导，运用战术决策和计划来协调和管理各物流功能；供应链管理则以信任和承诺为基础，以资本运营为纽带，以合同与协议为手段，建立战略伙伴关系，运用现代化的信息技术，通过流程化管理，实现信息共享、风险共担和利益共存。

2. 物流管理与供应链管理的联系

1) 物流管理是供应链管理的一个子集或子系统

从各种关于物流管理和供应链管理的定义来看，有一点是一致的，即物流管理承担了为满足客户需求而对货物、服务从起源地到消费地的流动和储存进行计划与控制的过程。它包含了内向、外向和内部、外部流动，物料回收以及原材料、产成品的流动等物流活动的管理。而供应链管理的对象涵盖了产品从产地到消费地传递过程中的所有活动，包括原材料和零部件供应、制造与装配、仓储与库存跟踪、订单录入与订货处理、分销管理、客户交付、客户关系管理、需求管理、产品设计与预测，以及相关的信息系统等，连接了所有的供应链成员企业。从这个意义上来讲，物流管理是供应链管理的一种执行职能，即对供应链上物品实体流动的计划、组织、协调与控制。也就是说，物流管理与供应链管理所涉及的管理范畴有很大不同，物流管理是供应链管理的一个子集或子系统，供应链管理将许多物流管理以外的功能跨越企业间的界限整合起来。

2) 物流管理是供应链管理的核心内容

物流贯穿整个供应链，是供应链的载体、具体形态或表现形式，它衔接供应链上的各个企业，是企业间相互合作的纽带，没有物流，供应链中产品的使用价值就无法得以实现，供应链也就失去了存在的价值。因此，物流管理很自然地成为供应链管理体系的重要组成部分，它在供应链管理中的地位与作用可以通过供应链上的价值分布看出，如表 2-1 所示，物流价值在各种类型的产品和行业中都占到了整个供应链价值的一半以上。所以，物流管理是供应链管理的核心，管理好物流过程，对于提高供应链的价值增值水平有着举足轻重的作用。

表 2-1 供应链上的价值分布 单位：%

产 品	采 购	制 造	分 销
易耗品(如肥皂、香精)	30～50	5～10	30～50
耐用消费品(如轿车、洗衣机)	50～60	10～15	20～30
重工业(如工业设备、飞机)	30～50	30～50	5～10

综上所述，物流管理与供应链管理在存在基础、管理模式、导向目标、管理层次以及管理手段等方面都存在较大的差别，但从管理范畴与内容上来说，物流管理是供应链管理的一个子集或子系统，同时也是供应链管理的核心内容。供应链管理是较物流管理更宽泛的一个概念，包括物流、市场营销、产品研发与设计等在内的所有业务流程的管理，其目的在于追求整个供应链系统的成本最低化、服务最优化及客户价值最大化；而物流管理是集中于货物、服务及相关信息有效率、有效益的储存与流动的计划、实施与控制，是供应链管理的一部分，其目的是通过物流这一子系统的最优化为供应链整体做出贡献。物流管理与供应链管理的关系如图 2-2 所示。

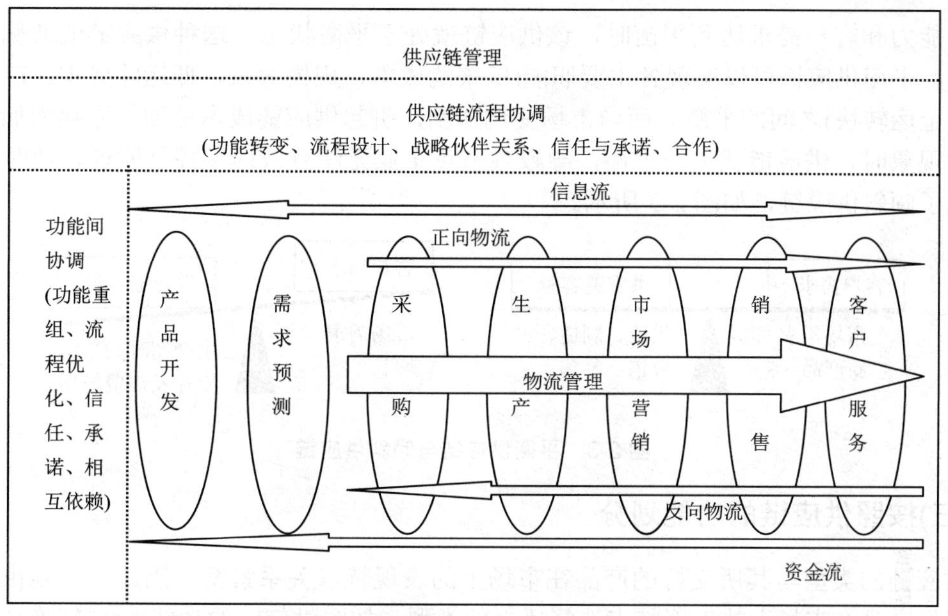

图 2-2　物流管理与供应链管理的关系

第二节　供应链的类型与构建

供应链产生和发展的历史虽然短暂，但由于它在企业经营中的重要地位和作用，以及它对提升企业竞争力的明显优势，其发展速度很快，已经形成了一系列具有明显特点的供应链模式和结构。随着研究角度和着眼点的不断变化，人们对供应链管理问题的认识逐步深入。

一、供应链的主要类型

(一)按照供应链存在的稳定状态划分

根据供应链存在的稳定状态，可以将供应链分为稳定的供应链和动态的供应链。稳定的供应链主要对应于相对稳定、单一的市场需求，基于相对频繁变化、复杂需求而组成的供应链因动态性较强，与稳定供应链相比称为动态的供应链。

(二)按照供应链容量与客户需求的关系划分

根据供应链容量与客户需求的关系，可以将供应链划分为平衡的供应链和倾斜的供应链。每个供应链都具有一定的、相对稳定的设备容量和生产能力(所有节点企业能力的综合，包括供应商、制造商、分销商和零售商等)，但客户需求处于不断变化的过程中。当供应链的生产能力和客户需求达到平衡时，该供应链就处于平衡状态，这种供应链就被称为平衡供应链。平衡供应链可以实现各主要职能(低采购成本、规模效益、低运输成本、产品多样化和资金运转快)之间的平衡。而当市场变化加剧，引起供应链成本增加、库存增加、浪费增加等现象时，供应链就失去平衡，导致各节点企业无法有效地发挥其职能，此时的供应链变成了倾斜供应链，如图 2-3 所示。

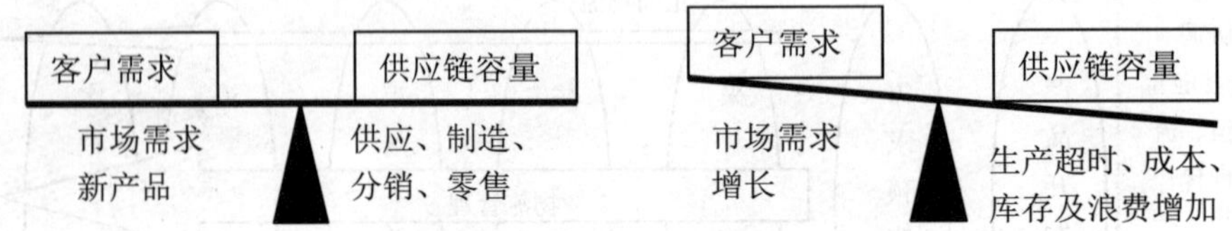

图 2-3　平衡供应链与倾斜供应链

(三)按照供应链的功能划分

供应链的类型与其所支持的产品在市场上的表现特点关系紧密，因此，实施供应链管理应根据产品在市场上的表现特点选择适当的类型。按照供应链的功能(物料转换功能和市场中介功能)可以把供应链划分为效率性供应链和响应性供应链。效率性供应链主要体现供应链的物料转换功能，即以最低的成本将原材料转化成零部件、半成品、产品，以及实现核心过程中的物流运输等。响应性供应链主要体现供应链的市场中介功能，即把产品分配到满足客户需求的市场，对未预知的需求做出快速反应等。两者的比较如表 2-2 所示。

表 2-2　效率性供应链与响应性供应链的比较

比较内容	响应性供应链	效率性供应链
基本目标	尽可能快地对不可预测的需求做出反应，使缺货、降价、库存最小化	以最低的成本供应可预测的需求
制造的核心	配置多余的缓冲库存	保持高的平均利用率
库存策略	部署好零部件和成品的缓冲库存	产生高收入而使整个链的库存最小化
提前期	大量投资以缩短提前期	尽可能短的提前期(在不增加成本的前提下)
供应商标准	以速度、柔性和质量为核心	以成本和质量为核心
产品设计策略	用模块化设计以尽可能延迟产品差别	绩效最大化而成本最小化

(四)按照供应链的反应能力划分

在实际供应链管理过程中，需要处理来自需求端与供应端两方面的不确定性问题，需求不确定性和供应不确定性对不同的行业也有不同的影响，对某些典型行业的影响如图 2-4

所示。

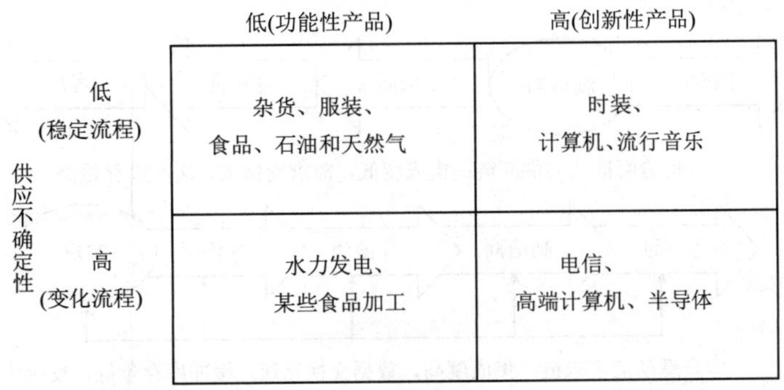

图 2-4　需求不确定性和供应不确定性对典型行业的影响

从这两个维度对供应链运作的影响出发，可以进一步将供应链的类型细分为风险规避供应链和敏捷供应链。如图 2-5 所示，从图 2-5 可看出敏捷供应链是一种综合能力最强的供应链系统，能够围绕运行环境的变化而及时反应。

供应不确定性 \ 需求不确定性	低(功能性产品)	高(创新性产品)
低(稳定流程)	效率型供应链	响应型供应链
高(变化流程)	风险规避供应链	敏捷供应链

图 2-5　考虑供应不确定性和需求不确定性的供应链类型

(五)按照供应链驱动力的来源划分

按照供应链驱动力的来源，供应链可以分为推动式供应链和拉动式供应链。推动式供应链以制造商为核心，产品生产出来后从分销商逐级推向客户，分销商和零售商处于被动接受的地位，各个企业之间的集成度较低，通常采取提高安全库存量的办法应付需求变动。因此，整个供应链上的库存量较高，对需求变动的响应能力较差。这种运作方式适用于产品或市场变动较小、供应链管理初级阶段。拉动式供应链的驱动力产生于最终客户，整个供应链的集成度较高，信息交换迅速，可以有效地降低库存，并可以根据客户的需求实现定制化服务，为客户提供更大的价值。采取这种运作方式的供应链系统库存量较低，响应

市场的速度快。但这种模式对供应链上的企业要求较高，对供应链运作的技术基础要求也较高。拉动式供应链适用于供大于求、客户需求不断变化的市场环境。这两种模式的示意图如图 2-6 所示。

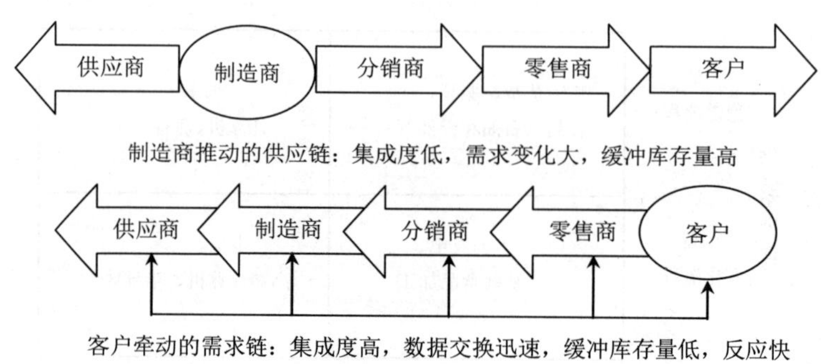

图 2-6　推动式供应链与拉动式供应链

二、供应链构建的原则与步骤

供应链构建是一项复杂而艰巨的工作，也是供应链管理的重要环节，涉及供应链组织机制、供应链成员的选择、供应链成员之间的相互关系、物流网络、管理流程的设计与规划，以及信息支持系统等多方面的内容。供应链构建必须遵循一定的设计原则，运用科学合理的方法步骤才能完成。

(一)供应链构建的原则

在供应链构建的过程中，为了使供应链管理思想得到切实的贯彻，实现供应链构建的目标，必须遵循一些基本的原则。这些原则主要有以下几个。

1. 上下结合原则

在系统建模构建方法中，存在两种构建方法，即自顶向下和自底向上的方法。自顶向下的方法是从全局走向局部的方法，自底向上的方法是从局部走向全局的方法；自上而下是系统分解的过程，而自下而上则是一种集成的过程。构建一个供应链系统，往往是先由主管高层做出战略规划与决策，然后由下级部门实施决策；下级部门在执行过程中，将发现的问题及时反馈给高层部门，在双方交流中对构建的规划、目标和细节问题进行完善。

2. 简洁性原则

为了能使供应链具有灵活、快速响应市场的能力，供应链的每个节点都应是简洁的、具有活力的，能够实现业务流程的快速组合。因此，各节点上的供应商应尽可能减少，精心选择合作伙伴，建立长期的战略伙伴关系。同时，每一个业务流程都应尽可能简洁，从

而避免无效的作业，有效地实施准时制(JIT)供应方式。

3. 集优化原则

集优化原则也称互补性原则。供应链上节点企业的选择应遵循优势互补、强强联合的原则，每个企业集中精力致力于各自核心的业务过程，就像一个独立的制造单元。这些单元化企业自我组织、自我优化、面向目标、动态运行和充满活力，能够实现供应链业务流程的快速重组，从而使各企业资源得到充分利用。

4. 协调性原则

供应链合作伙伴之间的协调程度将直接影响到供应链业绩的大小，因此构建供应链应该能充分发挥系统各成员和子系统的能动性、创造性和系统与环境的总体协调性，保证整体系统发挥最佳的功能。在组织机制和管理程序上，要从供应整体角度考虑，避免各个节点企业狭隘的、利己的本位主义影响各个节点企业之间的和谐关系，确保供应链整体始终保持协调。

5. 动态性原则

市场是不确定的，因此，供应链必须根据市场环境的变化不断地调节。只有这样，才能保证供应链的高效性。否则，供应链的运作绩效将会受到影响。因此，进行供应链构建时，对于成员企业的进入和退出，以及作业流程安排等，应保留一定的柔性。同时，需要加强成员企业间的信息透明度，确保成员企业能够及时获取市场信息，并根据市场需要及时调整。只有这样，供应链才能动态地适应市场，确保供应链的整体活力。

(二)供应链的构建步骤

马歇尔·费舍尔(Marshall Fisher)认为，供应链的构建要以产品为中心，即应构建出与产品特性一致的供应链。基于产品的供应链构建步骤可以归纳为如图 2-7 所示的形式。

1. 分析市场竞争环境

针对企业所处的市场竞争环境分析，就是分析企业特定产品和服务的市场竞争环境，了解市场需求什么样的产品和服务；市场各类主体，如用户、零售商、生产商和竞争对手的状况如何。通过专项调查，了解产品和服务的细分市场情况、竞争对手的实力和市场份额、供应原料的市场行情和供应商的各类状况、零售商的市场拓展能力和服务水准、行业发展的前景，以及诸如宏观政策、市场大环境可能产生的作用和影响等，分析和判断有关产品的重要性排列、供应商的优先级排列、生产商的竞争实力排列、用户市场的发展趋势，以确定哪些产品的供应链需要开发。

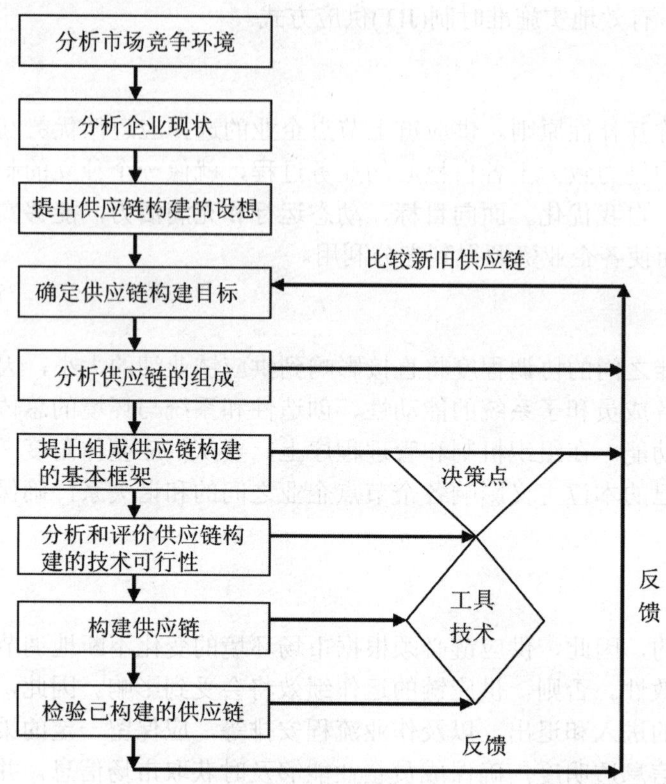

图 2-7　供应链构建的步骤

2. 分析企业现状

对企业现状的分析就是对企业现有的供应、需求管理现状进行分析和总结。如果企业已经建立了自己的供应链管理体系，则对现有的供应链管理现状进行分析，及时发现在供应链的运作过程中存在的问题，或者说哪些方式已出现或可能出现不适应市场发展的端倪，同时挖掘现有供应链的优势。分析的目的不在于评价供应链构建策略中哪些更重要和更合适，而是着重研究供应链构建的方向或者说构建定位，同时将可能影响供应链构建的各种要素分类罗列出来。

3. 提出供应链构建的设想

根据对市场环境和企业状况的分析情况，提出供应链构建的设想，分析其必要性。特别是对于原来的供应链，要认真分析是否进行重构。

4. 明确供应链构建的目标

基于产品和服务的供应链构建，其主要目标在于获得高品质的产品、快速有效的用户

服务、低成本的库存投资或者低单位成本费用投入等目标，并在多个目标之间取得平衡，最大限度地避免这几个目标之间的冲突。除此之外，还需要对以下基本的具体目标进行分析：进入新市场或者拓展旧市场，开发或调整产品，开发分销渠道，改善售后服务水平，提高用户满意程度，建立战略合作伙伴联盟，降低成本，降低库存，提高工作效率等，并分清主次，注意这些目标之间的平衡。

5. 分析供应链的组成

此阶段主要分析制造工厂、设备、工艺和供应商、制造商、分销商、零售商和用户的选择及其定位，确定选择与评价的标准并对供应链上的各类资源，如供应商、用户、原材料、产品、市场、合作伙伴与竞争对手的作用、使用情况、发展趋势等进行分析。在这个过程中，要把握可能对供应链构建产生影响的主要因素，同时对每一类因素产生的风险进行分析研究，给出风险规避的各种方案，并将这些方案按照所产生作用的大小进行排序。

6. 提出组成供应链的基本框架

分析供应链上主要的业务流程和管理流程，描绘出供应链物流、信息流、资金流、作业流和价值流的基本流向，提出组成供应链的基本框架。在这个框架中，供应链中各组成成员如生产制造商、供应商、运输商、分销商、零售商及用户的选择和定位应予以确认，同时组成成员的选择标准和评价指标应该基本上得到完善。

7. 分析和评价供应链构建的技术可能性

供应链构建框架建立之后，需要对供应链构建的技术可行性、功能可行性、运营可行性、管理可行性进行分析和评价。在各种可行性分析的基础上，结合核心企业的实际情况以及对产品和服务发展战略的要求，为开发供应链中技术、方法和工具的选择提供支持。同时，这一步还是一个方案决策的过程，如果分析认为方案可行，就可继续进行下面的构建工作；如果分析认为方案不可行，就需要重新进行构建。

8. 构建供应链

构建供应链需要解决以下关键问题：供应链的具体组成成员，如供应商、设备、作业流程、分销中心的选择与定位、生产运输计划与控制等；原材料的供应情况，如供应商、运输流量、价格、质量、提前期等方面的问题；生产构建的能力，如需求预测、生产运输配送、生产计划、生产作业计划和跟踪控制、库存管理等方面的问题；销售和分销能力构建，如销售/分销网络、运输、价格、销售规则、销售/分销管理、服务等问题；信息化管理系统软、硬平台的构建；物流通道和管理系统的构建等；在供应链构建中，需要广泛地应用许多工具和技术，如归纳法、流程图、仿真模拟、管理信息系统等。

9. 检验已产生的供应链

供应链构建完成以后，需要通过模拟一定的供应链运行环境，借助一些方法、技术对供应链进行测试、检验或试运行。如果模拟测试结果不理想，就返回第 4 步重新进行构建；如果没有什么问题，就可以实施了。

三、供应链的构建策略

基于产品协调开发的供应链构建策略就是为供应链管理设计产品(Design For Supply Chain Management，DFSCM)。其目的在于设计产品和工艺以使与供应链相关的成本和业务能得到有效的管理，也就是说，要使产品开发与设计和供应链构建、供应链管理协调起来，使产品能够较好地适应供应链管理的要求。在一些高科技型企业，如惠普公司(HP)，产品设计被认为是供应链管理的一个重要因素。DFSCM 策略的实施可以从以下几个方面考虑。

(一)适合于供应链的产品

20 世纪 80 年代，设计人员开始意识到产品和流程设计是重要的产品成本因素，尽早地在设计中考虑制造流程是使生产流程奏效的唯一方法，因而诞生了为生产制造而设计的概念。受此启发，管理者开始意识到，在产品和流程设计阶段中考虑物流和供应链管理能够更有效地运营供应链，即将产品的外形和性质等与供应链的各个环节统一考虑，设计出适合于制造、运输、搬运和储存的产品。

(二)采用新的生产方式进行产品设计与生产

一种方法是采取并行和平行工艺开发与生产产品。在产品生产的同时，对生产工艺进行修改，确保以前依序运行的步骤可以同时完成，这显然可以缩短生产周期。另外一种方法是采用延迟技术。这些技术通过设计产品和生产工艺，可以把制造何种产品和差异化的决策延迟到开始进行生产时，这样也可以缩短生产周期。要采用这种方法，通常需要对具体的产品具体分析。利用总体预测的信息，延迟产品差异设计还可以有效地改善最终需求的不确定性。

(三)适合运输和储存的产品包装

对产品包装的设计可以有效提高包装和储藏的质量与效率。如果是空间原因，而不是重量原因限制了运输设施的运输能力，那么产品装得越紧凑，运费越便宜。同样，产品包装紧凑，可以有效地储存，降低部分库存成本。在产品设计完成后不能有效地设计包装时，就必须对产品本身进行重新设计。大批量地运送货物通常可以直到仓库甚至零售商处才进行最终包装，有时甚至可以使最终包装延迟到产品实际最终销售时，这样可以节约运输费用，提高运送物品的效率。

第三节 供应链管理策略

由于供应链管理下物流环境的改变，使新的物流管理与传统的物流管理相比有许多不同的特点。这些特点反映了供应链管理思想的要求和企业竞争的新策略。

一、采购管理策略

有效的货物或服务的采购对企业的竞争优势具有极大的作用，通过采购管理可以保证供应链中产品的供应质量，同时也将供应链成员紧密地联结在一起。

(一)供应链下的采购管理

传统的采购方式是以钱易货，主要目标是降低买进价以降低成本。现在采购已经成为一个专门学科，是供应链管理的主要内容，这就需要对供应链管理下的采购管理不断地进行深入研究，但首先要了解的是传统采购的模式和特点。

1. 传统采购的模式类型

传统的采购模式有询价采购、比价采购和招标采购三种。

1) 询价采购

所谓询价采购，就是向选定的若干个供应商发询价函件，获取各供应商的还价，然后采购商根据各个供应商的还价而选定供应商进行采购的方法。

2) 比价采购

比价采购是指物资供应部门在自己的资源市场成员内对三家以上的供应商提供的报价进行比较，按照最理想的报价作为订货价格，以确保价格具有竞争性的采购方式。这种采购方式，适合市场价格较乱或价格透明度不高的单台小型设备、工具及批量物资的采购。

3) 招标采购

招标采购是通过在一定范围内公开购买信息，说明拟采购物品或项目的交易条件，邀请供应商或承包商在规定的期限内提出报价，经过比较分析后，按既定标准确定最优惠条件的投标人并与其签订采购合同的一种高度组织化采购方式。招标采购是在众多的供应商中选择最佳供应商的有效方法。它体现了公平、公开和公正的原则。企业采购通过招标程序，可以最大限度地吸引和扩大招标方之间的竞争，从而使招标方有可能以更低的价格采购到所需要的物资或服务，更充分地获得市场利益。招标采购方式通常用于比较重大的建设工程项目、新企业寻找长期物资供应商、政府采购或采购批量比较大等场合。

2. 传统采购模式的主要特点

传统的采购模式表现出以下四个特点。

1) 传统采购过程是典型的非信息对称博弈过程

选择供应商在传统的采购活动中是一个首要的任务。在采购过程中，采购方为了能够从多个竞争性的供应商中选择一个最佳的供应商，往往会保留私有信息，因为如果给供应商提供的信息越多，供应商的竞争筹码就越大，这样对采购方不利。因此采购方尽量保留私有信息，而供应商也在和其他的供应商竞争中隐瞒自己的信息。这样，采购、供应双方都不进行有效的信息沟通，这就是非信息对称的博弈过程。

2) 验收检查是采购部门的一个重要的事后把关工作

质量控制与交货期是采购方要考虑的另外两个重要因素，但是在传统的采购模式下，要有效控制质量和交货期只能通过事后把关的办法。因为采购方很难参与供应商的生产组织过程和有关质量控制活动，相互的工作是不透明的。因此需要通过各种有关标准如国际标准、国家标准等，进行检查验收。缺乏合作的质量控制会导致采购部门对采购物品质量控制的难度增加。

3) 供需关系是短时期且竞争的关系

在传统的采购模式中，供应与需求之间的关系是临时性的，或者是短时性的合作，而且竞争多于合作。由于缺乏合作与协调，采购过程中各种抱怨和扯皮的事情比较多，很多时间消耗在解决日常问题上，没有更多的时间用来做长期性预测与计划工作，供应与需求之间这种缺乏合作的气氛增加了许多运作中的不确定性。

4) 响应用户需求能力迟钝

由于供应与采购双方在信息的沟通方面缺乏及时的信息反馈，在市场需求发生变化的情况下，采购方也不能改变供应方已有的订货合同，因此采购方在需求减少时库存增加，需求增加时出现供不应求。重新订货需要增加谈判过程，因此供需之间对用户需求的响应没有同步进行，缺乏应付需求变化的能力。

3. 供应链管理环境下采购的特点

从以上的分析中可以看出，随着供应链管理的出现，采购发生了很多变化，下面我们再从不同的角度对这些变化加以分析。

1) 从采购性质来看

供应链管理环境下的采购是一种基于需求的采购，需要多少就采购多少，什么时候需要就什么时候采购。采购回来的货物直接送到需求点进行消费。而传统的采购则是基于库存的采购，采购回来的货物直接进入库存，等待消费。这也是前面所讲的从为库存而采购转变成为需求而采购。

2) 从采购环境来看

供应链管理的采购是在一种友好合作的环境下进行的。而传统采购是一种利益互斥、对抗性竞争环境。这是两种采购制度的根本区别。由于采购环境不同，导致了需求方与供应方在许多观念上、操作上的不同，具备各自的特点。供应链采购的根本特征就是有一种

友好合作的供应链的采购环境，这是它根本的特点，也是它最大的优点。

3) 从信息情况看

供应链管理环境下采购的一个重要的特点就是供应链企业之间实现了信息互通、信息共享。供应商能随时掌握用户的需求信息，能够根据用户的需求情况和需求变化情况。主动调整自己的生产计划和送货计划。供应链各个企业可以通过计算机网络进行信息沟通和业务活动。这样，企业足不出户就可以很方便地协调活动，进行相互之间的业务处理活动，例如，发订货单、发发货单、支付货款等。

当然，信息传输、信息共享，首先要求每个企业内部的业务数据要信息化、电子化，也就是要用计算机处理各种业务数据、存储业务数据。没有企业内部的信息网络，也就不可能实现企业之间的数据传递和数据共享。因此，供应链采购的基础就是要实现企业的信息化、企业间的信息共享，也就是要建立企业内部网络 Intranet，企业外部网络 Extranet，并且和因特网连通，建立起企业管理信息系统。

4) 从库存情况看

供应链管理环境下的采购是由供应商管理用户的库存。用户没有库存，即零库存，这意味着，用户无须设库存、无须关心库存。这样做的好处：第一，用户零库存可以大大节省费用、降低成本、专心致志地搞好工作，发挥核心竞争力，提高效率，因而可以提高企业的经济效益，也可以提高供应链的整体效益；第二，供应商掌握库存自主权后可以根据需求变动情况，适时地调整生产计划和送货计划，既避免盲目生产造成的浪费，也可以避免库存积压、库存过高所造成的浪费以及风险。同时由于这种机制把供应商的责任(产品质量好坏)与利益(销售利润的多少)相联系，因此加强了供应商的责任心，自觉提高用户满意水平和服务水平，供需双方都获得了效益。而传统的采购由于卖方设置仓库、管理库存，很容易一方面造成库存过高积压，另一方面又可能缺货、不能保证供应，同时还会造成精力分散、工作低效率，服务水平、工作效率、经济效益都会受到严重影响。

5) 从送货情况看

供应链管理环境下的采购是由供应商负责送货，而且是连续小批量多频次地送货，这种送货机制可以大大降低库存，实现零库存。因为它送货的目的是直接满足需要，需要多少就送多少，什么时候需要就什么时候送，不多送，也不早送，这样就没有多余的库存。这样，既可以降低库存费用，又可以保证满足需要不缺货，同时可以根据需求的变化，随时调整生产计划，不多生产、不早生产，因而节省了原材料费用和加工费用；同时由于紧紧跟踪市场需求的变化，所以能够灵活适应市场变化、避免库存风险。而传统采购是大批量少频次地订货进货，所以库存量大、费用高、风险大。

(二)即时采购与供应链管理

即时制采购(JIT 采购)是在 20 世纪 90 年代受即时制生产管理思想的启发而出现的。即时制生产方式最初是由日本丰田汽车公司在 20 世纪 60 年代率先使用的。在 1973 年爆发的危机中，这种生产方式使丰田公司渡过了难关，因此得到日本国内和其他国家生产企业的重视，并逐渐引起欧洲和美国的日资企业及当地企业的效仿，并获得了一定的成功。近年来，JIT 模式不仅作为一种生产方式，也作为一种采购模式开始流行起来。

1. 即时制采购的概念及意义

1) 即时制采购的概念

即时制(JIT)采购是一种先进的采购模式，它的基本思想是：在恰当的时间、恰当的地点，以恰当的数量、恰当的质量提供恰当的物品。它是从即时生产发展而来的，是为了消除库存和不必要的浪费而进行的持续性改进。要进行即时化生产必须有即时的供应，因此即时制采购是即时化生产管理模式的必然要求。它和传统的采购方法在质量控制、供需关系、供应商的数目、交货期的管理等方面有许多不同之处，其中关于供应商的选择、质量控制是其核心内容。

2) 即时制采购的意义

即时制采购对于供应链管理思想的贯彻实施具有重要的意义。从前面的论述中可以看到，供应链环境下的采购模式和传统的采购模式的不同之处，在于采用订单驱动的方式，订单驱动使供应与需求双方都围绕订单运作，也就实现了即时化、同步化运作。当用户需求发生改变时，制造订单又驱动采购订单发生改变，这样一种快速的改变过程，如果没有即时的采购方法，供应链企业很难适应这种多变的市场需求，因此即时采购增加了供应链的柔性和敏捷性。同时，即时制采购策略也体现了供应链管理的协调性、同步性和集成性，供应链管理需要即时制采购来保证供应链的整体同步化运作。

2. 即时制采购的优点

JIT 采购是关于物资采购的一种全新的思路，企业实施 JIT 采购具有重要的意义，根据资料统计，JIT 采购在以下几个方面已经取得了令人满意的成果。

1) 大幅度减少原材料和外购件的库存

根据国外一些实施 JIT 采购策略的企业的测算，JIT 采购可以使原材料和外购件的库存降低 40%～85%。原材料和外购件库存的降低，有利于减少流动资金的占用，加速流动资金的周转，同时也有利于节省原材料和外购件库存占用的空间，从而降低库存成本。从成本的角度来看，采取单源供应比多头供应好，一方面，对供应商的管理比较方便，而且可以使供应商获得内部规模效益和长期订货，从而可使购买的原材料和外购件的价格降低，有利于降低采购成本；另一方面，单源供应可以使制造商成为供应商的一个非常重要的客户，因而加强了制造商与供应商之间的相互依赖关系，有利于供需之间建立长期稳定的合作关系，质量上比较容易保证。是否能选择到合格的供应商是 JIT 采购能否成功实施的关键，合格的供应商具有较好的技术、设备条件和较高的管理水平，可以保障采购的原材料和外购件的质量，保证即时按量供货。

2)　提高采购物资的质量

实施 JIT 采购后，企业的原材料和外购件的库存会很少，甚至为零。因此，为了保障企业生产经营的顺利进行，采购物资的质量必须从根源上抓起。也就是说，购买的原材料和外购件的质量保证，应由供应商负责，而不是企业的物资采购部门。JIT 采购就是要把质量责任返回给供应商，从根源上保障采购质量。为此，供应商必须参与制造商的产品设计过程，制造商也应帮助供应商提高技术能力和管理水平。

在现阶段，我国主要是由制造商来负责监督购买物资的质量，验收部门负责购买物资的接收、确认、点数统计，并将不合格的物资退给供应商，因而增加了采购成本。实施 JIT 采购后，从根源上保证了采购质量，购买的原材料和外购件就能够实行免检，直接由供应商送货到生产线，从而大大减少了购货环节，降低了采购成本。一般来说，实施 JIT 采购，可以使购买的原材料和外购件的质量提高 2～3 倍。而且，原材料和外购件质量的提高，又会导致质量成本的降低。

3)　降低原材料和外购件的采购价格

由于供应商和制造商的密切合作以及内部规模效益与长期订货，再加上消除了采购过程中的一些浪费(如订货手续、装卸环节、检验手续等)，就使得购买的原材料和外购件的价格得以降低。例如，生产复印机的美国施乐公司，通过实施 JIT 采购策略，使其采购物资的价格下降了 40%～50%。

此外，推行 JIT 采购策略，不仅缩短了交货时间，节约了采购过程所需资源(包括人力、资金、设备等)，而且提高了企业的劳动生产率，增强了企业的市场适应能力。

3. 即时采购实施的步骤

开展即时制采购同其他工作一样，需遵循计划、实施、检查、总结提高的基本思路，具体而言包括以下步骤。

1)　创建即时制采购团队

世界一流企业的专业采购人员有三个责任：寻找货源、商定价格、发展与供应商的协作关系并不断改进。因此专业化的高素质采购队伍对实施即时制采购至关重要。为此，首先要成立两个团队，一个是专门处理供应商事务的团队，该团队是认定和评估供应商的信誉、能力，或与供应商谈判签订即时制订货合同，向供应商发放免检签证等，同时要负责供应商的培训与教育。另外一个团队专门负责消除采购中的浪费，这些团队中的人员应该对即时制采购的方法有充分的了解和认识，必要时要进行培训。如果这些人员本身对即时制采购的认识和了解都不彻底，就不可能指望供应商的合作了。

2)　分析现状、确定供应商

首先根据采购物品的分类模块选择价值量大、体积大的主要原材料及零部件为出发点，结合供应商的关系，优先选择伙伴型或优先型供应商进行即时制采购的可行性分析，确定实施供应商。分析采购物品及供应商情况时要考虑的因素有原材料或零部件的采购量、年采购额、物品的重要性(对本公司产品生产、质量等的影响)、供应商的合作态度、供应商的地理位置、物品的包装及运输方式、物品的存储条件及存放周期、供应商现有供应管理水平、供应商参与改进的主动性、该物品的供应周期、供应商生产该物品的生产周期及重要原材料采购周期、供应商现有的送货频次、该物品的库存量等。然后要根据现状，进一步分析问题所在以及导致问题产生的原因。

3) 设定目标

针对供应商目前的供应状态，提出改进目标。改进目标包括供货周期、供货频次、库存等，改进目标应有时间要求。

4) 制订实施计划

计划要明确主要的行动点、行动负责人、完成时间、进度检查方法及时间、进度考核指标等，其中包括本公司内的主要行动。

第一，将原来的固定订单改为开口订单，订单的订购量分成两部分：一部分是已确定的、供应商必须按时按量交货的部分；另一部分是可能因市场变化而增减的，供应商准备原材料、安排生产计划参考的预测采购量。两部分的时间跨度取决于本公司的生产周期、供应商的生产交货周期、最小生产批量等。

第二，调整相应的运作程序及参数设置，在公司内相关人员之间进行沟通、交流，统一认识、协调行动。

第三，确定相应人员的职责及任务分工等。

第四，在供应商方面，需要对供应商进行沟通、培训，使供应商接受即时制采购的理念，确认本公司提出的改进目标，包括缩短供应时间，增加供应频次，保持合适的原材料、在制品及成品的库存等，同时供应商也相应地认可有关的配合人员的责任、行动完成时间等。

5) 改进行动实施

改进行动实施的前提是供应原材料的质量改进和保障，同时为改进供应要考虑采用标准、循环使用的包装、周转材料与器具，以缩短送货的装卸、出入库时间。改进实施的主要环节是将原来的独立开具固定订单改成滚动下单，并将订单与预测结合起来。

6) 绩效衡量

衡量即时制采购实施绩效要定期检查进度，以绩效指标(目标的具体化指标)来控制实施过程。采购部门或即时制采购实施改进小组要定期(如每月)对照计划检查各项行动的进展情况、各项工作指标、主要目标的完成情况，并用书面形式采用图表等方式报告出来，对于未如期完成的部分应重新提出进一步的跟进行动，调整工作方法，必要时调整工作目标。

二、库存控制

库存是在企业运行生产和物流渠道中由各点暂时存放起来用于将来目的的资源，以原材料、在制品、半成品、成品的形式存在于供应链的各个环节，每年耗费的成本占库存物

品价值的 20%～40%，因此供应链中的库存控制十分重要。

(一)供应链管理环境下的库存问题

对供应链管理环境下的库存问题进行研究，需要从库存控制问题的分析、供应链中的不确定性与库存两个方面来进行。

1. 库存控制问题分析

供应链管理模式下的库存控制问题主要有信息类问题、供应链运营问题和供应链的战略与规划问题三大类，主要存在缺乏供应链的系统观念、对客户服务水平理解上有偏差、信息传递系统效率低和忽视不确定性对库存的影响等问题。

1) 缺乏供应链的系统观念

虽然供应链的整体绩效取决于各个供应链节点的绩效，但是各个部门都是各自独立的单元，都有各自独立的目标与使命。有些目标和供应链的整体目标是不相干的，甚至有可能是冲突的。因此，这种各自为政的行为必然导致供应链整体效率的低下。比如，美国北加利福尼亚的计算机制造商采用每笔订货费作为绩效评价的指标，该企业集中精力放在降低订货成本上。这种政策对于一个单一企业无可厚非，但是它没有考虑对供应链体系中其他制造商和分销商的影响，结果一些制造商不得不维持较高的库存量。

大多数供应链系统都没有建立针对全局供应链的绩效评价指标，这是供应链中普遍存在的问题。有些企业采用库存周转率作为供应链库存管理的绩效评价指标，但是没有考虑对客户的反应时间与服务水平。实际上，客户满意度应该始终是供应链绩效评价的一项重要指标。

2) 对客户服务水平理解上的偏差

供应链管理的绩效好坏应该由客户来评价，或者用对客户的反应能力来评价。但是，由于对客户服务水平理解上的差异，导致客户服务水平上的差异。许多企业采用订货满足率来评估客户服务水平，虽然这是一种比较好的客户服务考核指标，但是订货满足率本身并不能保证运营问题。如一家计算机工作站的制造商要满足一份包含多产品的订单需求，产品来自各个不同的供应商，客户要求一次性交货，制造商就要在各个供应商的产品都到齐后才一次性装运给客户。这时，应用总的订货满足率来评价制造商的客户服务水平是恰当的，但是，这个评价指标并不能帮助制造商发现是哪家供应商的交货迟了或早了。

3) 低效率的信息传递系统

在供应链中，各个供应链节点企业之间的需求预测、库存状态、生产计划等都是供应链管理的重要数据，这些数据分布在不同的供应链节点企业之间，要实现快速有效地响应客户需求，必须实时传递这些数据。为此，需要改善供应链信息系统模型，通过系统集成的方法，使供应链中的库存数据能够实时、快速地传递。但是，目前许多企业的信息系统并没有实现集成，当供应商需要了解客户需求信息时，获得的常常是延迟的信息和不准确的信息。由于信息延迟而引起的需求预测的误差和对库存量精确度的影响，都会给短期生产计划的实施造成困难。例如，企业为了制订一个生产计划，需要获得关于需求预测、当前库存状态、供应商的运输能力、生产能力等信息，这些信息需要从不同的供应链节点企业数据库中获得，数据调用的工作量很大。数据整理完后制订主生产计划，然后运用相关管理系统软件制订物料需求计划，这样一个过程一般需要很长的时间。时间越长，预测误差越大，制造商对最新订货信息的有效反应能力也就越差，生产出过时的产品和造成过高的库存也就不足为奇了。

4) 忽视不确定性对库存的影响

供应链运营过程中存在诸多不确定因素，如订货的前置时间、货物的运输状况、原材料的质量、生产过程的时间、运输时间、需求的变化等。为减少不确定性对供应链的影响，首先应了解不确定性的来源和影响程度。很多企业并没有认真研究和确定不确定性的来源和影响，而错误估计供应链中物料的流动时间，造成有的物品库存增加，而有的物品库存不足的现象。

2. 供应链中的不确定性与库存

1) 供应链中的不确定性

从需求放大现象中我们看到，供应链的库存与供应链的不确定性有很密切的关系。从供应链整体的角度来看，供应链上的库存无非有两种：一种是生产制造过程中的库存，另一种是物流过程中的库存。库存存在的客观原因是为了应付各种各样的不确定性，保持供应链系统的正常性和稳定性。但是，库存在另一方面也同时产生和掩盖了管理中的问题。供应链上不确定性的表现形式有以下两种。

一种是衔接不确定性。企业之间(或部门之间)的不确定性，可以说是供应链的衔接不确定性，这种衔接的不确定性主要表现在合作性上，为了消除衔接的不确定性，需要加强企业之间或部门之间的合作性。

另一种是运作不确定性。系统运行不稳定是组织内部缺乏有效的控制机制所致，控制失效是组织管理不稳定和不确定性的根源。为了消除运行中的不确定性，需要增加组织的控制，提高系统的可靠性。

2) 供应链的不确定性与库存的关系

供应链运行中的两种不确定性对供应链库存的影响是指衔接不确定性与运作不确定性对库存的影响。

(1) 衔接不确定性对库存的影响。

传统的供应链中的信息是逐级传递的，即上游供应链企业依据下游供应链企业的需求信息作为生产或供应的决策。在集成的供应链系统中，每个供应链企业都能够共享顾客的需求信息，信息不再是线性的传递过程，而是网络的传递过程和多信息源的反馈过程。建立合作伙伴关系的新型的企业合作模式，以及跨组织的信息系统为供应链的各个合作企业提供了共同的需求信息，有利于推动企业之间的信息交流与沟通。企业有了确定的需求信息，在制订生产计划时，就可以减少为了吸收需求波动而设立的库存，使生产计划更加精确、可行。对于下游企业而言，合作性伙伴关系的供应链或供应链联盟可为企业提供综合的、稳定的供应信息，无论上游企业能否按期交货，下游企业都能预先得到相关信息而采取相应的措施，这样企业无须过多地设立库存。

(2) 运作不确定性对库存的影响。

供应链企业之间的衔接不确定性通过建立战略伙伴关系的供应链联盟或供应链协作体而得以削减，同样，这种合作关系可以消除运作不确定性对库存的影响。当企业之间的合作关系得以改善时，企业的内部生产管理也可以大大地得到改善。因为企业之间的衔接不确定性因素减少时，企业的生产控制系统就能摆脱这种不确定性因素的影响，使生产系统的控制达到实时、准确，也只有在供应链的条件下，企业才能获得对生产系统有效控制的有利条件，消除生产过程中不必要的库存现象。

在不确定性较大的情形下，为了维护一定的用户服务水平，企业也常常维持一定的库存，以提高服务水平。在不确定性存在的情况下，高服务水平必然会带来高库存水平。

(二)供应链管理环境下的库存控制策略

供应链管理是一项综合性的复杂工程，其中包括许多相互联系、相互冲突的地方，供应链系统的库存控制策略是其中非常重要的内容。供应链管理环境下的库存控制策略要结合具体的实施环境而定，但总体而言主要包括以下几种策略。

1. 供应商管理库存策略

近年来，在国外出现了一种新的供应链库存管理方法——供应商管理库存(Vendor Managed Inventory，VMI)，这种库存管理策略打破了传统的各自为政的库存管理模式，体现了供应链的集成化管理思想，适应市场变化的要求，是一种新的有代表性的库存管理思想。

1) VMI 的基本思想

传统来讲，库存是由库存拥有者管理的。因为无法确切知道用户需求与供应的匹配状态，所以需要库存，库存设置与管理是由同一组织完成的。这种库存管理模式并不总是有最优的。例如，一个供应商用库存来应付不可预测的或某一用户(这里的用户不是指最终用户，而是分销商或批发商)不稳定的需求，用户也设立库存来应付不稳定的内部需求或供应链的不确定性。虽然供应链中每一个组织独立地寻求保护其各自在供应链的利益不受意外干扰是可以理解的，但不可取，因为这样做的结果是，影响了供应链的优化运行。供应链的各个组织根据各自的需要独立运作，导致重复建立库存，因而无法达到供应链全局的最低成本，整个供应链系统的库存会随着供应链长度的增加而发生需求扭曲。VMI 库存管理系统就能够突破传统的条块分割的库存管理模式，以系统的、集成的管理思想进行库存管理，使供应链系统能够获得同步化的运作。

2) VMI 的实施方法

实施 VMI 策略，首先要改变订单的处理方式，建立基于标准的托付订单处理模式。首先，供应商和批发商一起确定供应商的订单业务处理过程所需要的信息和库存控制参数，然后建立一种订单的处理标准模式，如 EDI 标准报文，最后把订货、交货和票据处理各个业务功能集成在供应商一边。

库存状态透明性(对供应商)是实施供应商管理用户库存的关键。供应商能够随时跟踪和检查到销售商的库存状态，从而快速地响应市场的需求变化，对企业的生产(供应)状态做出相应的调整，为此需要建立一种能够使供应商和用户(分销、批发商)的库存信息系统透明连接的方法。

供应商管理库存的策略可以分如下几个步骤来实施。

(1) 建立顾客情报信息系统。

要有效地管理销售库存，供应商必须能够获得顾客的有关信息。通过建立顾客的信息库，供应商能够掌握需求变化的有关情况，把由批发商(分销商)进行的需求预测与分析功能集成到供应商的系统中。

(2) 建立销售网络管理系统。

供应商要很好地管理库存，必须建立起完整的销售网络管理系统，保证自己的产品需求信息和物流顺畅。为此，首先保证自己产品条码的可读性和唯一性，其次解决产品分类、编码的标准化问题，最后解决商品存储运输过程中的识别问题。

目前已有许多企业开始采用 MRPII 或 ERP，即企业资源计划系统，这些软件系统都集成了销售管理的功能。通过对这些功能的扩展，可以建立完善的销售网络管理系统。

(3) 建立供应商与分销商(批发商)的合作框架协议。

建立协议就是与供应商和销售商(批发商)一起通过协商，确定处理订单的业务流程以及控制库存的有关参数(如再订货点、最低库存水平等)、库存信息的传递方式等。

(4) 组织机构的变革。

这一点也很重要，因为 VMI 策略改变了供应商的组织模式。过去，一般由会计经理处理与用户有关的事情，在引入 VMI 策略后，订货部门产生了一个新的职能，即负责用户库存的控制、库存补给和服务水平。

一般来说，适合实施 VMI 策略的情况有：零售商或批发商没有 IT 系统或基础设施来有效管理他们的库存；制造商实力雄厚并且比零售商市场信息量大；有较高的直接存储交货水平，因而制造商能够有效地规划运输。

2. 联合库存管理策略

在供应链企业之间的合作关系中，更强调双方的互利合作，联合库存管理就体现了战略供应商联盟的新型企业合作关系。

1)　JMI 的基本思想

联合库存管理(Joint Managed Inventory，JMI)是一种基于协调中心的库存管理方法，是为了解决供应链体系中的牛鞭效应，提高供应链的同步化程度而提出的。联合库存管理是一种风险分担的库存管理模式。

联合库存管理是解决供应链系统中由于各节点企业的相互独立库存运作模式导致的需求放大现象，提高供应链的同步化程度的一种有效方法。联合库存管理和供应商管理用户库存不同，它强调双方同时参与，共同制订库存计划，使供应链过程中的每个库存管理者(供应商、制造商、分销商)都从相互之间的协调性考虑，使供应链相邻的两个节点之间的库存管理者对需求的预期保持一致，从而消除了需求变异放大现象。任何相邻节点需求的确定都是供需双方协调的结果，库存管理不再是各自为政的独立运作过程，而是供需连接的纽带和协调中心，如图 2-8 所示为基于协调中心联合库存管理的供应链系统模型。

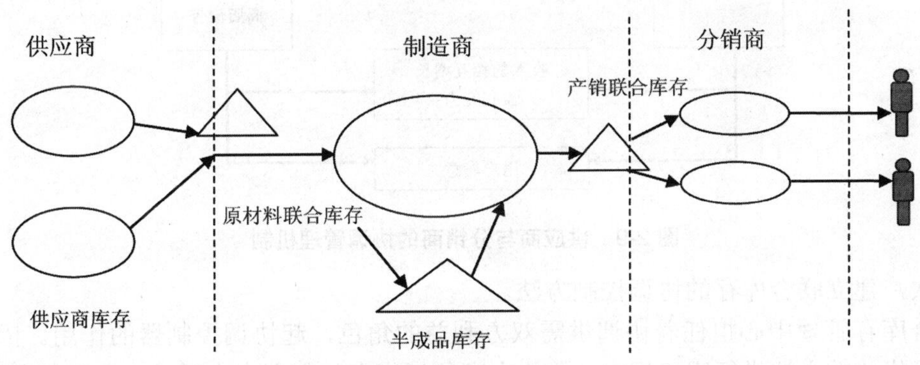

图 2-8　基于协调中心联合库存管理的供应链过程模型

2)　JMI 的实施策略

(1)　建立供需协调管理机制。

为了发挥联合库存管理的作用，供需双方应从合作的精神出发，建立供需协调管理的机制，明确各自的目标和责任，建立合作沟通的渠道，为供应链的联合库存管理提供有效的机制。如图 2-9 所示为供应商与分销商协调管理机制模型。没有一个协调的管理机制，就不可能进行有效的联合库存管理。

建立供需协调管理机制，要从以下几个方面着手。

首先，建立共同合作目标要建立联合库存管理模式。

供需双方必须本着互惠互利的原则，建立共同的合作目标。为此，要理解供需双方在市场目标中的共同之处和冲突点，通过协商形成共同的目标，如用户满意度、利润的共同增长和风险的减少等。

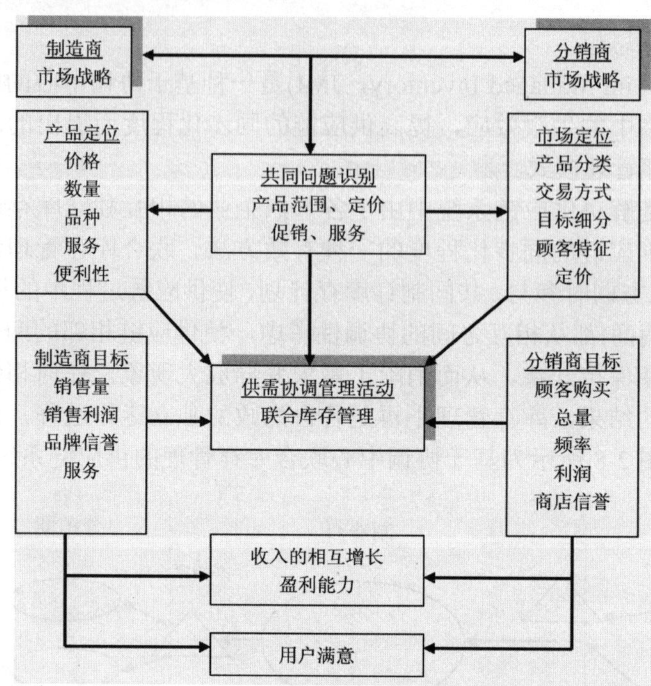

图 2-9　供应商与分销商的协调管理机制

其次，建立联合库存的协调控制方法。

联合库存管理中心担任着协调供需双方利益的角色，起协调控制器的作用。因此，需要对库存优化的方法进行明确规定。这些内容包括库存如何在多个需求方之间调节与分配，库存的最大量和最低库存水平、安全库存的确定、需求的预测等。

再次，建立一种信息沟通的渠道。

为了提高整个供应链的需求信息的一致性和稳定性，减少由于多种预测导致的需求信息扭曲，应增加供应链各方对需求信息获得的及时性和透明性。为此应建立一种信息沟通的渠道或系统，以保证需求信息在供应链中的畅通和准确性。要将条码技术、扫描技术、POS 系统和 EDI 集成起来，并且要充分利用互联网的优势，在供需双方之间建立一个畅通的信息沟通桥梁和联系纽带。

最后，建立利益的分配、激励机制。

要有效运行基于协调中心的库存管理，必须建立一种公平的利益分配制度，并对参与协调库存管理中心的各个企业(供应商、制造商、分销商或批发商)进行有效的激励，防止机会主义行为，增强协作性和协调性。

(2)　发挥两种资源计划系统的作用。

为了发挥联合库存管理的作用，在供应链库存管理中应充分利用目前比较成熟的两种资源管理系统：MRPII 和 DRP。原材料库存协调管理中心应采用制造资源计划系统 MRPII，

而在产品联合库存协调管理中心则应采用物资资源配送计划 DRP，这样可以在供应链系统中把两种资源计划系统很好地结合起来。

(3) 发挥第三方物流系统的作用。

第三方物流系统是供应链集成的一种技术手段，也叫作物流服务提供者，它为用户提供各种服务，如产品运输、订单选择、库存管理等。第三方物流系统的产生是由一些大的公共仓储公司通过提供更多的附加服务演变而来的，另外一种产生形式是由一些制造企业的运输和分销部门演变而来。

把库存管理的部分功能代理给第三方物流系统管理，可以使企业更加集中精力于自己的核心业务，第三方物流系统起到了供应商和用户之间联系的桥梁作用，可以使企业获得诸多好处，如图 2-10 所示。

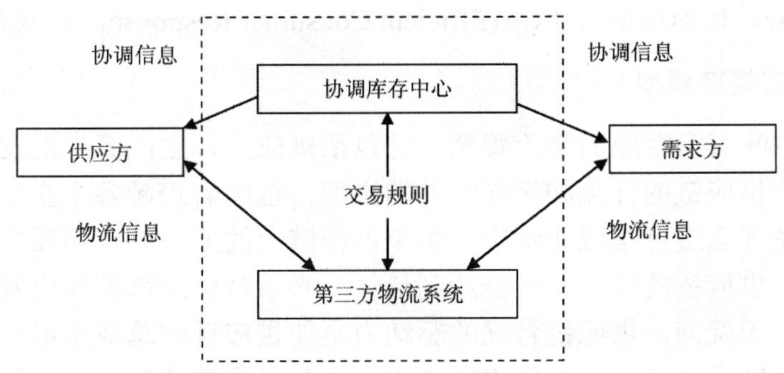

图 2-10　第三方物流系统在供应链中的作用

三、供应链管理中的物流管理

供应链管理的核心在于控制供应链每一层次之间的物料流和信息流，使供应链的效率最大化，最终达到用户需求的目的。供应链管理中的物流管理更强调用户与供应商之间的接口、合作、融合、集成等问题。

(一)物流管理的原理

所谓物流管理的基本原理，主要源于对现代物流管理的特征、运作模型等方面的基本认识，而运作模型的实施又必须建立在对物流管理特征充分认识的基础之上，故对物流管理原理的基本认识首先从其特征开始。

1. 供应链物流管理的特征

供应链物流管理注重总的物流成本与客户服务水平之间的关系，利用系统理论和集成思想，把供应链成员内各职能部门以及成员间相关职能部门有机地结合在一起，从而最大限度地发挥出供应链的整体优势，增强供应链整体的竞争力，最终达到供应链成员整体获益的目的。与一般物流管理相比较，供应链物流管理具有以下几个特征。

(1) 分析问题的角度不同。供应链物流管理是从整个供应链的角度出发，寻求供应链物流成本与客户服务之间的均衡。

(2) 管理的内容不同。供应链物流管理涉及整个供应链所有的成员组织，管理内容包括从初始供应物流到终端的分销物流及反向物流。

(3) 侧重点不同。供应链物流管理更侧重于供应链成员企业间接口物流活动的管理优化，这也是供应链物流管理的利润空间所在。

(4) 管理难度更高、管理思想和方法更丰富。供应链物流管理涉及众多成员企业的协调与合作，无论是从纵向(长度)还是横向(宽度)考虑，供应链物流管理更复杂，难度更高。因此，供应链物流管理需要应用更多的管理思想和方法，如系统理论与集成思想、JIT、QR(Quick Response，快速反应)、ECR(Efficient Consumer Response，有效客户反应)等。

2. 供应链物流管理模型

供应链管理意味着跨企业的物流管理，它包括供应商、生产商、批发商和零售商等不同企业在内的整个供应链的计划和运作活动的协调，意味着跨越各个企业的边界，在整个供应链上应用系统观念进行集成化管理。如果供应链上的所有企业都孤立地优化自己的物流活动，那么整个供应链的物流不可能达到最优，必须从供应链整体出发来协调各成员企业的物流活动。毫无疑问，供应链管理的驱动力是使供应链的总成本最小化。由供应链结构可以知道，供应链上的库存主要集中在“成员企业组织的边界”上，即企业与企业之间的接口，也就是供应链物流管理的利润空间所在。供应商行为和客户行为的不确定性均会导致企业囤积缓冲库存。为了提高整个供应链的竞争优势，增加共同利益，供应链成员之间需要从系统管理和集成化管理的思想出发，实现集成化供应链物流管理。

由于供应链构成的复杂性，要想有效地实现供应链物流管理，就要抛弃传统的管理思想，将供应链各成员企业的订货处理、采购、制造、装配、库存控制、分销等作为一个整体流程，实现对供应商的供应商、供应商、制造商、分销商、零售商、客户，以及客户的客户整个供应链物流的集成化管理，才能创造新的整体竞争优势。供应链物流管理的模型如图2-11所示。从图2-11中可以看出，现代信息与网络技术是供应链物流管理实现的基础前提。Internet/Intranet的出现与普及运用，为供应链物流的信息共享与信息交互提供了基础平台。EDI、ERP(Enterprise Resource Planning，企业资源规划)、CRM(Customer Relationship Management，客户管理关系)，这些技术的不断完善与广泛应用，也为供应链物流管理提供了技术保障。

现代管理思想与方法是实现有效供应链物流管理的理论保证，通过BPR(Business Process Reengineering，业务流程再造)，能够消除各职能部门以及供应链成员企业的自我保护主义，实现供应链物流组织的集成与优化；通过JIT、QR、ECR、TQM(Total Quality Management，全面质量管理)等管理思想与技术方法的综合运用，实现供应链物流管理方法

的集成；通过资源整体优化配置，有效运用价值链激励机制，寻求非增值活动及相应结构的最小化，实现供应链物流管理效益的优化与集成。可以说，合作竞争时代的到来，竞争无国界与企业相互渗透的趋势越来越明显，市场竞争的实质已不是单个企业之间的竞争，而是供应链与供应链之间的竞争。而物流是将产品或服务提供给最终客户，实现产品或服务价值增值的关键性活动。因此，只有实现供应链物流管理集成化、一体化，增强供应链的竞争力，才能让企业在获得最大收益的同时也为客户提供优良的产品和服务，这正是供应链管理所要达到的最终目标。

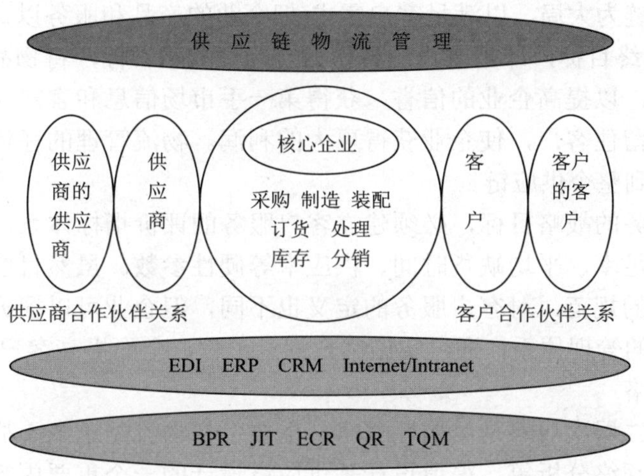

图 2-11 供应链物流管理的模型

(二)供应链管理中的物流管理策略

物流管理策略主要集中在对不同功能要素的实现上，在供应链管理环境下，更需要实现不同功能要素的紧密联系与无缝衔接。这些就需要在战略目标非常明确的情况下才可以实施，所以选择物流管理策略的前提是对物流管理战略的分析和认识。

1. 供应链管理中的物流管理战略

战略是企业生存和发展的保证。没有战略的企业是不会长久发展的企业，没有战略眼光的企业家是不称职的企业家。

物流为企业产品打入市场架桥铺路，为生产源源不断地输送原材料，没有通畅而敏捷的物流系统，企业就无法在市场竞争中站稳脚跟。供应链上成员企业多、跨越幅度大，所处的市场竞争环境复杂多变，物流管理需要运筹与决策，要为提高供应链的竞争力提供有力保证，因此物流战略在供应链管理战略中有着举足轻重的意义和作用。供应链管理的战略思想就是要通过成员间的有效合作，建立一种低成本、高效率、响应性好、敏捷度高的经营机制，使企业从成本、质量、时间、服务、灵活性等方面显著提高竞争优势，加快企业产品进入市场的速度，最终获得一种超常的竞争优势。这种战略思想的实现需要供应链物流系统从供应链战略的高度去规划与运筹，并把供应链管理战略通过物流战略的贯彻实施得以落实。

供应链管理中的物流管理从战略上可以分为以下四个层次。

1) 全局性战略

全局性战略是物流管理战略的顶层，定义客户服务为全局性战略目标。物流是供应链管理的组成部分，它影响着供应链的每个环节，物流对整个供应链具有重要影响，物流管理必须以整个供应链为大局，以满足客户需求(把企业的产品和服务以最快的方式、最低的成本交付客户)为最终目标，即把客户服务作为全局性战略目标，将物品以最快的速度、最低的成本送达客户，以提高企业的信誉，获得第一手市场信息和客户需求信息，增加企业和客户的亲和力并留住客户，使企业获得更大的利润。物流管理的任何问题都将会影响到物流，并最终影响到整个供应链。

要实现客户服务的战略目标，必须建立客户服务的评价指标体系，应含有一些如平均响应时间、订货满足率、平均缺货时间、供应率等硬性参数。虽然目前对于客户服务的指标还没有一个统一的规范，对客户服务的定义也不同，但企业可以根据自己的实际情况建立提高客户满意度的管理体系，通过实施客户满意工程，全面提高客户服务水平。

2) 结构性战略

物流管理的第二层次战略是结构性战略，主要包括物流配送中心战略布局、物流渠道战略决策与设计和网络分析等。渠道设计是供应链设计的一个重要内容，包括重构物流系统、优化物流渠道等。通过优化渠道，提高物流系统的敏捷性和响应性，使供应链获得最低的物流成本。通过对物流配送中心、物流渠道、工具和托盘结构进行优化组合，从而提高物流系统的敏捷度和效率。

网络分析是物流管理中另一项很重要的战略工作，为物流系统的优化设计提供参考依据。网络分析的内容主要包括：库存状况的分析；客户服务的调查分析；运输方式和交货状况的分析；物流信息及信息系统的传递状态分析；合作伙伴业绩的评估和考核等。对物流管理系统的结构性分析的目标是要不断地减少物流环节，消除供应链运作过程中不增加价值的活动，提高物流系统的效率。

3) 功能性战略

物流管理第三层次的战略为功能性战略，包括物料管理、仓库管理、运输管理三个方面。其主要内容有：运输工具的使用与调度(运输、储存、装运、包装)，采购与供应、库存控制的方法与策略，仓库的作业管理，信息处理等。

物料管理与运输管理是物流管理的主要内容，必须不断地改进管理方法，使物流管理向零库存这个极限目标努力，同时还要降低库存成本和运输费用，优化物流路线，保证准时送达，实现物流的高效率运作。

4)　基础性战略

物流管理第四层次的战略是基础性战略，主要作用是为保证物流系统正常运行提供基础性保障。

物流管理基础性战略主要是指信息系统、组织系统、政策以及交通基础设施管理战略。信息系统是物流管理最重要的基础，是物流系统中传递物流信息的桥梁，它是物流快捷、准确、高效的最基本条件，物流的整个运作过程需要信息系统来支持。因此必须从战略的高度去规划和管理，才能保证物流系统高效运行。组织系统是指物流管理及运作机构，科学的组织系统对物流的运作具有积极的推动作用。政策则是最重要的社会环境基础，由于物流存在地域性，因此，政策因素会对物流在广阔地域环境的运作有重要影响，这需要国内、国际以及地方政策的支持。交通基础设施战略则是指道路交通状况、物流配送中心建设等，这是物流管理中需要考虑的既现实又长远的因素。

2. 物流服务商的选择

供应链管理中所指的物流服务商最主要的就是第三方物流服务商。生产企业和商业企业选择第三方物流服务商时首先要考虑其作业质量，其次是综合物流满足能力和物流运作的经济性。企业在风险和收益的权衡过程中需要考虑第三方物流服务商的实力，选择第三方物流服务商时要考虑的主要因素为价格、质量、服务商的声誉、业务范围和过去的经验等。总体来说，物流服务商的选择有以下几种方法。

1)　服务质量比较

客户在付出同等运费的情况下，总希望得到最好的服务，因此，服务质量往往成为客户选择不同运输服务商的首要标准。

运输所体现的价值是把货物从一个地点运送到另一地点，完成地理上的位移，而无须对货物本身进行任何加工。但如果运输保管不当，就会对货物的质量产生影响。不同的运输方式有不同的指标来衡量其服务质量，以海运为例，我们可以考虑从以下几方面来衡量其运输质量：该航运公司提供的运输工具(如船舶的船龄、状态、集装箱新旧程度等)；该公司所雇用的装卸公司的服务质量；该公司所雇用的船员的经验及工作责任心，船员丰富的经验及高超的船艺是保证货物安全运输的首要条件；该公司的货物运输控制流程等。

随着服务运输质量的提高，客户对服务的要求也越来越高，因此在考虑不同运输服务商服务质量的同时，也要考虑其服务理念，如运输的准班率、航班或铁路运输的发车间隔、单证的准确率、信息查询的方便程度、货运纠纷的处理等。

2)　运输价格比较法

运输服务商为了稳定自己的市场份额，都在努力提高服务质量，而随着竞争的日趋激烈，对于一些货物来说，不同的运输服务商所提供的服务质量已近乎相同，因此运价很容易成为最后的竞争手段。于是客户在选择运输方式时，如果面对几乎相同的服务质量，或者有些客户对服务质量要求不高时，运输价格就成为一个重要的决策依据。

3) 综合因素法

很多时候，客户在选择运输服务商时会同时考虑多个因素，如服务质量、运输价格、服务商的品牌、服务商的经济实力和服务网点数等。可以借助以下公式表示：

$$S=(K_1\times Q)/(K_2\times P)+K_3\times B+K_4\times C+K_5\times N+\cdots+K_n\times O$$

式中：S——综合因素；

K_n——不同因素的权数，n=1,2,3,…,n；

Q——服务质量；

P——运输价格；

B——运输服务商的品牌；

C——运输服务商的总资产状况；

N——运输服务商的网点数；

O——其他因素。

对 Q、P、B、C、N 分别请专家打分，客户还可根据自己的需要进行调整，最后得分最高的为优先选用的运输服务商。

4) 层次分析法

一般情况下，物流系统的评价属于多目标、多判据的系统综合评价。如果仅仅依靠评价者的定性分析和逻辑判断，缺乏定量分析依据来评价系统方案的优劣，显然是十分困难的，尤其是物流系统的社会经济评价很难做出精确的定量分析。1973 年，美国运筹学家匹兹堡大学教授萨蒂(T. L. Saaty)提出了一种层次权重决策分析方法(Analytical Hierarchy Process，AHP)，该方法主要用于解决多目标、多准则、多因素、多层次的复杂问题，它综合了人们的主观判断，是一种简明、实用的定性与定量分析相结合的多目标决策分析方法。国内外已有学者通过 AHP 法来对物流服务商进行最优化考核，以帮助企业优选出满意的第三方物流服务商。

3. 物流中的运输决策问题

运输问题是物流系统中的核心问题之一，运输成本往往在企业物流成本中所占比重最大。如何加强运输的科学决策以提高运输绩效，是摆在供应链管理者面前急需解决的课题。运输决策包括承运人选择、运输方式选择、运输路线选择和车辆调度几个方面。

1) 承运人选择

由于运输成本在企业物流总成本中所占比重极大，许多企业在考虑承运人时，往往把运输服务的费用作为考虑的第一要素。然而，在现代企业中，供应链管理者渐渐感到与承运人(有时是专业的第三方物流公司)建立良好的长期战略伙伴关系，比便宜的货运更为重要，追求企业与承运人的双赢局面是运输决策的原则之一，这是由供应链中各环节之间相互紧密关联这一事实所决定的。企业决策者在运输中关心的是运输价格、速度和可靠性，三个方面缺一不可。承运人如果报价过低，其服务水平及可靠性将难以保证，这时企业势必要增加货物库存，因而不得不增加库存成本，甚至总体物流成本。如果接收方不是企业内部部门，而是企业的客户，那么情况可能会更糟糕。运输的速度慢和波动性大，将迫使客户花费更多的成本在增加库存上，客户便会寻找别的企业，以求降低物流成本。与之相反，如果企业的承运人收取适当的运费来支撑其优势的运输服务，到头来会帮助企业减少总体物流成本，争取到更多的客户。这里也告诉我们供应链管理的一个普遍规律，就是在考虑供应链某一环节的管理时，要把该环节放到整体供应链的高度加以综合考虑。

2) 运输方式选择

运输方式的选择是物流系统决策中的一个重要环节，是物流合理化的重要内容。企业对于货物的进出必须选择最适合的运输方式，选择运输手段的判断标准包括：货物的性质、运输时间、交货时间的适用性、运输成本、批量的适应性、运输的机动性和便利性、运输的安全性和准确性。对货主来说，运输的安全性和准确性、运输费用的低廉性及缩短运输总时间等因素是其考虑的重点。

具体来说，在选择运输手段时，第一要考虑的是运输物品的种类，第二考虑运输量，第三考虑运输距离，第四考虑运输时间，第五考虑运输费用。众所周知，常见的运输方式有五种：铁路、公路、管道、水运和空运。不同的运输方式具有不同的特点，如铁路运输价格低、速度慢，适用于长距离，大宗低价位货物或原材料的运输；公路运输具有方便快捷、运送频率高的特点，常用于小批量货物的近距离运输；水运价格低，承载最大，但速度慢等。

在物流网络两个节点之间，经常有多种运输方式可供选择，在考虑各种运输方式的运输能力、费用、距离等因素的基础上如何选择最佳的运输方式完成特定的运输任务是运输方式选择模型要解决的问题。在运输方式选择模型中，下列几个主要因素需要考虑：服务的效率、速度、中转时间、中转时间的波动性、费用、可利用性、安全、准确和客户服务。

3) 运输路线选择

选择运输路线与选择运输方式实际上是同时进行的运输决策内容，选择运输路线的最基本的原则是：要尽一切可能缩短订货周期，减少库存积压或短缺的情况发生，提高运输服务质量，同时要尽可能缩短运输总里程，避免相向或迂回运输，以减少运输费用。因此，运输路线的选择问题就是解决怎样找到最省钱的运输路线的问题，根据给定运输起止点的不同，可以用不同的数学模型来解。

(1) 起止点不同的单一路径问题。

这类问题在计算机科学中被称为最短路径问题，比如，从洛杉矶到纽约可以有不同的路径，如何选择最短路径的问题。目前，对这类问题有比较成熟的解决方法。

(2) 起止点不同的运输网络问题。

这种问题在实际生活中最普遍。供应链上存在许多供应商、生产设施和配送中心，货物从一个地点被运输到另一个地点，怎样去寻找运输成本最小的路程呢？可以采用线性规划的方法来解决，许多商业软件都可以运用来处理这类问题。

(3) 起止点重合的问题。

这是一类非常经典的数学难题，也叫“旅行推销员”(Traveling-salesmen)问题。例如，某企业的一辆大货车去送货，从配送中心出发，要把货物送到七八个不同的客户那里，再返回到该配送中心。问题是如何确定访问这些客户的顺序，使得该货车的整个行驶路程最短，或者说运输成本最低。这类问题初看起来简单，但求其精确值的运算量会随着客户数目的上升呈几何级数上升。在大规模的“旅行推销员”问题求解时，最快的计算机也无法在可以接受的时间内求得精确值。随着工业工程和运筹学的不断发展，一些启发算法已能在短时间内取得令人满意的近似值，并在商业软件上大量运用。

4) 车辆调度

运输路线的选择问题是一个静态问题，是根据空间位置来安排路线。但现实生活中，运输管理与时间是息息相关的，考虑时间要求来安排运输路线时称为车辆调度。通常见到一些限制条件包括交货只能在特定时间内(如早 8 点到中午 12 点)，驾驶员就餐时间(如中午 12 点到下午 1 点)等。限制条件的增加使得我们求解的过程变得更加困难，但通过扫描法(Sweep Approach)、节约法(Saving Approach)等启发算法，也有许多商业软件能为客户提供近似于最优的可行方案。

总的来说，供应链管理思想赋予了现代物流管理新的内涵，需要我们从供应链的角度对物流管理进行认识和策略选择，确保企业能够在实时的、多变的需求信息下，快速响应市场要求，组织生产资源，进行各环节的计划、运作、协调、增值和高效，实现整个供应链的总成本最小化、总利润最大化和服务最优化，同时也提高企业在新竞争环境下的竞争优势。

本章小结

本章主要介绍了三节内容，即供应链与供应链管理、供应链的类型与构建、供应链管理策略。其中，第一节供应链与供应链管理是对其基本概念和内涵的分析。供应链是指生产及流通过程中，涉及将产品或服务提供给最终用户所形成的网链结构。而供应链管理则是对供应链涉及的全部活动进行计划、组织、协调与控制。第二节则是对供应链的类型和构建进行分析。供应链的类型主要从供需关系、功能及驱动力三个角度进行分类。供应链的构建策略主要包括基于成本的供应链构建策略及基于产品的供应链构建策略，但二者的构建都依据一定的原则和步骤。第三节则是对供应链管理策略进行分析，重点是针对供应链环境下的采购管理、库存控制及物流管理进行分析。

案例分析

以家乐福为例的超市库存控制策略探讨

家乐福(Carrefour)成立于1959年，是大卖场业态的首创者，欧洲第一大零售商，世界第二大国际化零售连锁集团。该集团以三种主要经营业态引领市场：大型超市、超市以及折扣店。此外，家乐福还在一些国家发展了便利店和会员制量贩店，业务范围遍及世界30个国家和地区。2012年，家乐福在《财富》杂志编排的全球500强企业中排名第39位，2013年三季度营业收入为286亿美元。

家乐福于1995年进入中国，目前已成功地进入中国的25个省市，北至哈尔滨，南至海口，西至乌鲁木齐，东至上海。截止到2013年12月31日，家乐福在中国大陆地区拥有门店236家。家乐福的经营理念是以低廉的价格、卓越的顾客服务和舒适的购物环境为广大消费者提供日常生活所需的各类消费品。其“开心购物家乐福”“一站式购物”在中国深入人心并受到广大消费者的青睐。

目前，家乐福在中国各地区超市物流采取的是组合供应商的物流系统的方法，即充分依托供应商的物流系统。一方面可以大大地降低自己的营运成本，另一方面可以配合在不同地区的开店适时地组织商品供应和配送，赢得在中国内地市场的发展速度。家乐福的选址绝大部分都集中于上海、北京、天津及内陆各省会城市，强调以“充分授权，以店长为核心”的运营模式，商品的配送基本都以供应商直送为主。

家乐福超市的库存管理

家乐福公司和雀巢公司在确定了亲密伙伴关系的基础上，自1999年开始采用各种信息技术，由雀巢为家乐福管理所生产产品的库存。为此雀巢专门引进了一套VMI信息管理系统，家乐福及时为雀巢提供其产品销售的POS数据和库存情况，通过集成双方的管理信息系统，经由Internet/EDI交换信息，及时掌握客户的真实需求。

家乐福的订货业务情况为：每天9:30以前，家乐福把货物售出与现有库存的信息以电子形式传送给雀巢公司；在9:30—10:30，雀巢公司将收到的数据合并至供应链管理SCM系统中，并产生预估的订货需求，系统将此需求量传输到后端的ERP系统中，依实际库存量计算出可行的订货量，关系到建议订单；在10:30，雀巢公司再将该建议订单用电子形式传送给家乐福；在10:30—11:00，家乐福公司确认订单并对数量与产品项目进行必要的修改之后回传至雀巢公司；在11:00—11:30，雀巢公司依照确认后的订单进行拣货与出货，并按照订单规定的时间交货。这样做的好处是，可大幅改进供货商面对市场的响应时间，较早地得知市场确实销售情报，降低供货商与零售商的不必要库存，也可提早引进与生产市场所需的商品，降低缺货率。

但在实际实施与运用上，因供货商与零售商的价格对立关系以及系统和运作方式的不同，需要一段较长的时间来合作运用。经过半年的VMI实际运作后，雀巢公司对家乐福配

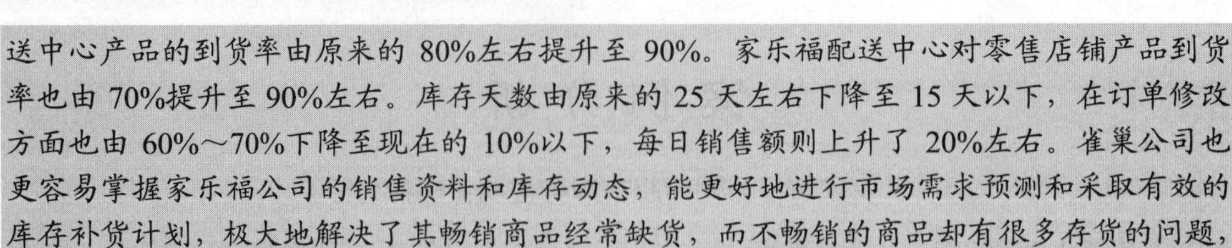

送中心产品的到货率由原来的80%左右提升至90%。家乐福配送中心对零售店铺产品到货率也由70%提升至90%左右。库存天数由原来的25天左右下降至15天以下，在订单修改方面也由60%～70%下降至现在的10%以下，每日销售额则上升了20%左右。雀巢公司也更容易掌握家乐福公司的销售资料和库存动态，能更好地进行市场需求预测和采取有效的库存补货计划，极大地解决了其畅销商品经常缺货，而不畅销的商品却有很多存货的问题，降低了成本。

家乐福超市库存管理中的问题

(1) 与供应商信息传递不透明。家乐福与供应商之间的关系尚不够协调，信息传递尚不够透明。在这样的情况下，超市不得不维持一个较高的安全库存，并为此付出了较高的代价。

(2) 库存管理系统不够完善。目前家乐福超市的库存管理系统还不具备专业性，功能也并不强大，各个区域系统相互独立，口径不统一，造成资源的极大浪费。虽然仓库里面有货架，但负责搬卸、移动货物的升降式叉车很少，只能靠人工搬卸，叉车也都只是手动搬运叉车。这样使库房的空间不能够得到充分利用，使单位储藏成本居高不下。同时由于库房管理人员的素质较低、工作随意性强，对货物码放的专业知识了解较少，从而使货物的码放往往处于一种无序的状态，缺乏明显的分类。

(3) 库存控制过于简单。目前家乐福超市对其所有的物品均采用统一的库存控制策略，物品的分类没有反映供应与需求中的不确定性。在这种传统的库存控制策略中，多数超市采用的信息基本上来自企业内部，不能根据不同的供应商制定不同的措施，其库存控制没有体现供应链管理的思想。

家乐福超市库存管理对策

(1) 使用供应商管理库存方法(VMI)。VMI是指供应商在用户的允许下，管理用户的库存，由供应商决定每一种商品的库存水平和维持这些库存水平的策略。这种方法是建立在零售商——供应商伙伴关系的基础上，能使供需双方有效地实现信息共享，从而降低整条供应链的库存水平，降低库存成本，还能促使供应商为家乐福超市提供更高水平的服务，加速自身资金和物资周转，使供需双方能共享利益，实现双赢。

(2) 联合库存管理方法。联合库存管理是建立在经销商一体化基础之上的一种风险分担的库存管理模式，强调供需双方同时参与，共同制订库存控制计划，使供需双方能相互协调。与传统的库存管理方法不同，联合库存管理是由制造商安装一个基于计算机的信息系统，通过该系统超市就可以与制造商的其他经销商建立联系，还可以通过该系统查看其他经销商的库存，超市在库存短缺时可以在制造商的协调下，就近与其他经销商达成补货协议，使超市的库存成本降低。

(3) 创新条码技术。创新条码技术与仓库信息管理系统作业相配合，以提高工作效率，降低作业强度，同时也极大地提高商品收发作业的准确率，实现仓库管理的全面自动化。

(4) 注重新设备在库存管理中的应用。根据自身特点与管理现状，加快内部物流设施

设备的更新，推广高新技术在库存管理中的应用，同时要对设备进行必要的维护、保养与维修，储存一定数量的备件，保证设备持续正常地运转。

(5) 加快超市信息系统建设。超市建立健全有效的信息系统，对商品的需求做出及时合理的分析，完成订单的编制，同时供应商通过该系统也可以快速准确地了解超市的销售及库存情况，保证第一时间向超市提供商品，满足顾客的需求。

(6) 全体员工自觉参与库存控制。对员工经常进行库存控制的培训，使全体员工自觉参与到库存控制与管理工作中，促使员工的工作从对顾客的要求做出被动反应转变为对顾客需求进行积极的预测，以向顾客提供全方位的商品和服务。

加强库存管理，需要协调超市供应链中的各个环节，确定最优平衡点，实现资源的最佳整合利用，为超市创造更大的财富。

(资料来源：赢商网，中国物流与采购网转载，

http://www.chinawuliu.com.cn/xsyj/201401/22/274271.shtml，2014.01.22，并经作者修改)

问题：

1. 库存控制策略一般有哪些？
2. 本案例中，家乐福超市是如何进行库存控制的？

阅读资料

戴尔供应链管理的谜团

尽管戴尔被近日的“邮件门”事件弄得有些纷扰，但这并不妨碍它继续我行我素地进行着别人难以模仿的直销、标准化以及独到的供应链管理。

从表面上看，戴尔通过电话、网络以及面对面的接触，和顾客建立起直接的沟通和服务支持渠道。通过网络平台，利用电子数据交换连接，戴尔使上游的零件供应商能够及时准确地知道公司所需零件的数量和时间，从而大大地降低了库存。

而进一步看，其商业模式的成功离不开供应链的有效管理。供应链管理原来是对商品、信息和资金在由供应商、制造商、分销商和顾客组成的网络中的流动管理，然而戴尔的供应链中没有分销商、批发商和零售商，而是直接由公司把产品卖给顾客，既去掉了中间商所赚取的利润，也降低了成本，并准确快速地获取了订单信息，还通过网上支付解决了现金流问题，使其几乎无须用自有现金来支持运转。另外，戴尔还采取把服务外包的办法，又降低了一部分运营成本。供应商、戴尔和服务商三者共同形成了一个完整链条。

按需生产动态平衡

从戴尔在厦门的中国客户中心可以管窥供应链管理的效率。据中国客户中心总经理李元均介绍，戴尔把重点放在为客户把市场上性价比最优的资源进行组合，并与一流合作伙

伴无缝整合，因此这里不叫工厂，而是“客户中心”。

一般情况下戴尔产品 7 天就能送到用户手上，而传统一层层的产品从厂商抵达用户需要 30 天，现在 IT 成本降价平均每周在 0.5%左右波动，低库存周期可以尽量保证客户买到由最低价零部件组成的整机。

在 valuechain.dell.com 网站上，戴尔公司和供应商共享包括产品质量和库存清单在内的一整套信息。用户也可以在线订购，并且随时监测产品制造及送货过程。李元均表示：“戴尔在统一平台上可以看到供应商的工厂备料及仓库情况，每个信息环节都同时平行，通过一定的流程来和供应商之间进行不断的数据调整，这样就维持了供应链的动态供需平衡。戴尔会定期预测市场需求及评估产量，让供应链中各成员的风险减低。”

从狭义的内部供应链管理来看，戴尔最与众不同的就是定制化按单生产，因为在生产线生产的每个东西都是“名花有主”，通常生产出来之后就由第三方物流送到客户手上。而一般的链条式生产线，每个操作员只负责加入某个零件的单一环节，弹性比较差。

记者在中国客户服务中心看到，戴尔的每个操作员面前都有装满各种各样零件及不同规格要求的盒子，一个人要完成整个机子的装配，然后再送到检验环节，经专门软件进行 2～10 小时的自动测试，然后包装，最后再送到特定区域分区配送，货柜满载后就从专门的闸门出货。通常，生产材料在戴尔车间停留的时间非常短，只有几个小时就从零件变成了产品。

从广义的供应链管理上看，戴尔的工作不再是产品的设计和制造，而是根据市场定义新产品，后面的阶段几乎都由上游的合作厂商来完成。戴尔非常了解在大陆设厂的大致环境，所以在设厂地点方面也配合客户的要求，因此戴尔几乎主导着台商到大陆来设厂的脚步快慢以及地点选择。

戴尔的标准化服务

戴尔的服务模式与其营销模式一样，都是直接的。而没有标准化，就没有直销。

为了进一步改善对中国市场的企业级服务，2004 年 9 月戴尔在厦门成立了中国企业服务指挥中心(ECC)，如今已成为中国内地及港澳地区服务器与存储产品服务的“中枢神经”，可以 7×24×365 实现客服电话、技术人员以及各部门运作情况的实时追踪，并实时监测整个服务的过程，处理关键性的故障，甚至主动发现故障隐患，协助客户有效缩短系统待机的时间。

目前 ECC 共有 400 名工程师，每月处理 1000 多个个案，一线的技术支持人员平均具有 2～3 年的工作经验，并获得专业认证，二线工程师有 3～8 年的工作经验，能对疑难问题进行诊断，此外还与其他国际品牌合作，针对成批的产品问题进行技术支持。记者看到，ECC 的工作人员通过可视的图像化监控工具来跟踪、管理全国各地的服务订单，Call Center 中的大部分是男性，据介绍他们都是有本科教育背景的工程师，目前有 78%的问题都通过电话解决，而现场服务一次性解决率达 99.8%，备件服务的及时响应率达 98%，可在中国 2149 个市县提供上门服务和技术支持，4 小时现场响应服务的覆盖范围也扩大到 50 个市县。

不过，记者也了解到，目前针对个人服务的指标还不能做到像企业级服务这样及时监测。因为一旦将这种在大客户市场占据优势地位的模式扩展到中小客户，运营成本会飞速提高。

针对不同的客户，从初级的安装到高级的金牌企业服务，戴尔具有多种不同层次的服务方案。其中高级企业服务包括白金、金牌、银牌和铜牌四个等级，“单一联络人”负责制强化了服务的兑现，从而实现“最佳客户体验”。同样是出于成本考虑，目前对上门维修服务，在内地分包给 5 个本地服务提供商，但一些核心的高端服务器的维护则直接由戴尔自己的工程师来做。不过，他们对故障的解决进展情况都通过 ECC 实时调度监控，加强了现场的沟通与协作，甚至连发生热带风暴这样的紧急情况都可以及时调度处理。在紧急状况会商室，戴尔员工可以通过电话会议或直接讨论等将微软、甲骨文和 EMC 等各个专家团队集中在一起，确定协助客户处理此类紧急事故的最佳途径和最快行动。

(资料来源：仝新顺. 郑州轻工业学院物流管理概论精品课程. http://jp.zzuli.edu.cn/wlgl/UploadFiles/anli/15.doc，2009.10.12)

自 测 题

1. 什么是供应链？什么是供应链管理？
2. 物流管理与供应链管理的区别是什么？
3. 供应链的主要类型有哪些？
4 供应链环境下的库存控制策略有哪些？
5. 供应链管理中的物流管理战略有哪几个层次？

第三章　供应链管理中的物流信息技术

【学习要点及目标】

通过本章的学习，使学生理解信息、物流信息、物流信息系统等概念及它们之间的区别和联系，掌握物流信息系统的功能以及现代物流信息技术条码技术、EDI 技术、RFID 技术、GIS 技术和 GPS 技术的基本知识及其工作原理，并了解它们的系统构成，熟悉这几种技术在物流中的应用。

【关键概念】

条码技术(Barcode)　电子数据交换(EDI)　无线射频技术(RFID)　地理信息系统(GIS)　全球定位系统(GPS)

【引导案例】

联邦快递核心竞争优势：现代物流信息技术

成立于 1907 年的美国联邦快递公司(FedEx)是世界上最大的配送公司，其业务分布在全球 200 多个国家。联邦快递之所以能在激烈的竞争中保持活力，其中最大的原因就是，联邦快递公司把自己的业务与先进的信息技术结合在一起，不断地根据自己的业务需求完善自己的管理系统，使整个公司业务在有条不紊的环境下不断发展。

20 世纪 80 年代初，联邦快递公司以其大型的棕色货车车队和及时的递送服务，控制了美国陆路的包裹快递市场。然而，到了 20 世纪 80 年代后期，随着竞争对手利用不同的定价策略以及跟踪和开单的创新技术对联邦快递的市场进行蚕食，联邦快递的收入开始下滑。许多大型托运人希望通过单一的服务来源提供全程的配送服务，进一步地，顾客们希望通过掌握更多的物流信息，以利于自身控制成本和提高效率。随着竞争的白热化，这种服务需求变得愈来愈迫切。正是基于这种服务需求，联邦快递公司从 20 世纪 90 年代初开始了致力于物流信息技术的广泛应用和不断升级。今天，提供全面物流信息服务已经成为包裹快递业务中的一个至关重要的核心竞争要素。

联邦快递公司通过应用三项以物流信息技术为基础的服务提高了竞争能力。

第一，条码和扫描仪使联邦快递公司能够有选择地每周 7 天、每天 24 小时地跟踪和报告装运状况，顾客只需拨打免费电话，即可获得“地面跟踪”和航空递送这样的增值服务。

第二，联邦快递公司的递送驾驶员现在携带着以数控技术为基础的笔记本电脑到排好顺序的线路上收集递送信息。这种笔记本电脑使驾驶员能够用数字记录装运接受者的签字，以提供收货核实。通过电脑协调驾驶员信息，减少了差错，加快了递送速度。

第三，联邦快递公司最先进的信息技术应用，是创建于 1993 年的一个全美无线通信网

络，该网络使用了55个蜂窝状载波电话。蜂窝状载波电话技术使驾驶员能够把适时跟踪的信息从货车上传送到联邦快递公司的中央电脑。无线移动技术和系统能够提供电子数据储存，并能恢复跟踪公司在全球范围内的数百万笔递送业务。通过安装卫星地面站和扩大系统，到1997年适时包裹跟踪成为现实。

以联邦快递为代表的企业应用和推广的物流信息技术是现代物流的核心，是物流现代化的标志。尤其是飞速发展的计算机网络技术的应用使物流信息技术达到了新的水平，物流信息技术也是物流技术中发展最快的领域，从数据采集的条码系统，到办公自动化系统中的微机、互联网，各种终端设备等硬件以及计算机软件等都在日新月异地发展。同时，随着物流信息技术的不断发展，产生了一系列新的物流理念和新的物流经营方式，推进了物流的变革。

联邦快递公司通过在三方面推广物流信息技术，发挥了核心竞争优势。

在信息技术上，联邦快递已经配备了第三代快递资料收集器Ⅲ型DIAD，这是业界最先进的手提式计算机，几乎可以同时收集和传输实时包裹传递信息，也可以让客户及时了解包裹的传送现状。这台DIAD配置了一个内部无线装置，可在所有传递信息输入后立即向联邦快递数据中心发送信息。司机只需扫描包裹上的条码，获得收件人的签字，输入收件人的姓名，并按动一个键，就可同时完成交易并送出数据。Ⅲ型DIAD的内部无线装置还在送货车司机和发货人之间建立了双向文本通信。专门负责某个办公大楼或商业中心的司机可缩短约30分钟的上门收货时间。每当接收到一条信息，DIAD角上的指示灯就会闪动，提醒司机注意。这对消费者来说，不仅意味着所寄送的物品能很快发送，还可随时“跟踪”到包裹的行踪。通过这一过程速递业真正实现了从点到点、户对户的单一速递模式，除了为客户提供传统速递服务外，还包括库房、运输及售后服务等全方位物流服务，从而大大地拓展了传统物流概念。

在信息系统上，联邦快递将应用在美国国内运输货物的物流信息系统，扩展到了所有国际运输货物上。这些物流信息系统包括署名追踪系统及比率运算系统等，其解决方案包括：自动仓库、指纹扫描、光检技术、产品跟踪和决策软件工具等。这些解决方案从商品原起点流向市场或者最终消费者的供应链上帮助客户改进了业绩，真正实现了双赢。

在信息管理上，最典型的应用是联邦快递在美国国家半导体公司(National Semiconductor)位于新加坡仓库的物流信息管理系统，该系统有效地减少了仓储量及节省货品运送时间。如今我们可以看到，在联邦快递物流管理体系中的美国国家半导体公司新加坡仓库，一位管理员像挥动树枝一样将一台扫描仪扫过一箱新制造的电脑芯片。随着这个简单的举动，他启动了几乎像魔术般的高效和自动化送货程序。这座巨大仓库是由联邦快递的运输奇才们设计建造的。联邦快递的物流信息管理系统将这箱芯片发往码头，而后送上卡车和飞机，接着又是卡车，在短短的12小时内，这些芯片就会送到国家半导体公司的客户——远在万里之外硅谷的个人电脑制造商手中。

由此可见，物流信息技术通过切入物流企业的业务流程来实现对物流企业各生产要素(车、仓、驾等)进行合理组合与高效利用，降低了经营成本，直接产生了明显的经营效益。

它有效地把各种零散数据变为商业智慧，赋予了物流企业新型的生产要素——信息，大大地提高了物流企业的业务预测和管理能力，通过“点、线、面”的立体式综合管理，实现了物流企业内部一体化和外部供应链的统一管理，有效地帮助物流企业提高了服务质量，提升了物流企业的整体效益。具体地说，它有效地为物流企业解决了单点管理和网络化业务之间的矛盾、成本和客户服务质量之间的矛盾、有限的静态资源和动态市场之间的矛盾，以及现在和未来预测之间的矛盾等。

以现代物流信息技术为核心竞争力基础的联邦快递已经在我国北京、上海、广州开办了代表处。1996 年 6 月，联邦快递与中方合作伙伴中国外运集团共同在北京成立其在中国的第一家合资企业。就此，世界物流业巨头联邦快递公司参与到了中国快递行业正方兴未艾的激烈竞争中来。

(资料来源：佚名. 中国建筑文摘. http://www.archdig.com/transportation/transportlogistic/200612/27718.html，2006.12.19)

第一节　物流信息技术概述

每天在全球范围内会发生数以百万计的交易，每一笔交易的背后都伴随着有形商品的流动(物流)以及信息的流动(信息流)。供应链上的合作伙伴都需要这些信息以便对产品进行发送、跟踪、分拣、接收、提货、仓储等。随着信息数量的增加，供应链上合作伙伴的组织费用、数据处理费用以及管理费用都在大幅度增加。因此，对信息进行精确、可靠及快速的采集和传送变得日益重要。在供应链管理中采用先进的物流信息技术，就是为了帮助企业优化业务运作流程，改善供应链上的薄弱环节，提高运作效率，降低运作的成本和费用，建立快速反应策略，实现物流与信息流一体化的供应链管理，从而能更好地面对竞争激烈、变幻莫测的市场环境，获得竞争优势。供应链结构模型及其信息技术应用如图 3-1 所示。

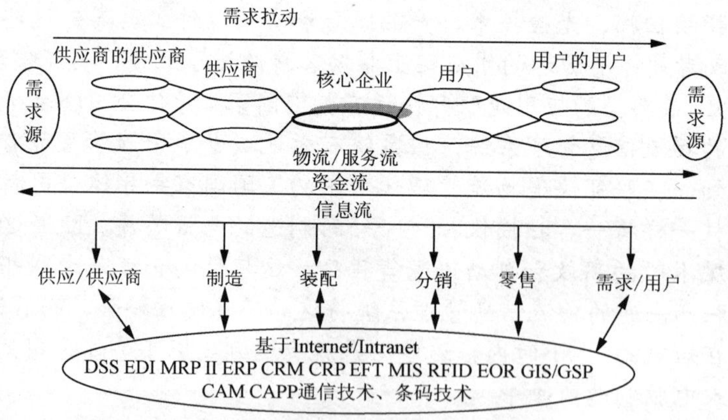

图 3-1　供应链结构模型及其信息技术应用

一、物流信息

(一)信息

提到信息不得不先说一下数据，数据是人们用以反映客观事物而记录下来的可以识别的符号，它通过有意义的组合来表达客观存在的某些属性和特征。通过对客观事物的数据化抽象处理，人们可以方便地对事物进行记忆、识别、存储和加工处理。它可以是数字、字符、文字、图像、声音等。例如你到商店买一件衣服，需要支付 59.8 元，其中，一、件、衣、服、5、9、8、元都是数据，单个的数据可能没什么意义，但合起来通过对这些数据的描述、解释，可以形成对这个人的清晰印象，此时即成为信息。因此，数据是对现实世界事物的客观反映，是形成信息的源泉。

有人形象地把数据和信息之间的关系比喻成原材料与产品之间的关系，即可以说信息是经过加工的数据，如图 3-2 所示。

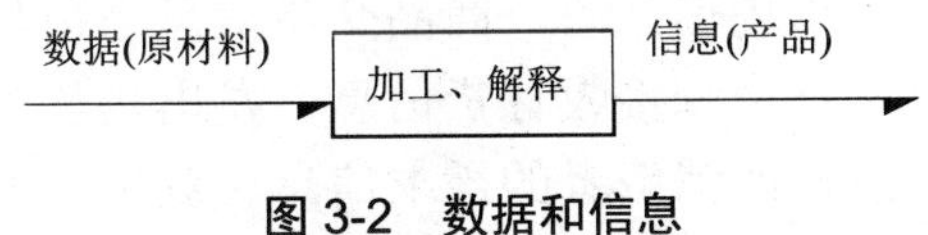

图 3-2　数据和信息

信息和数据不是绝对的，对某个人来说是信息而对另一个人来说可能是数据，而且不同的学科，从不同的角度、不同的侧面、不同的层次对信息的概念也有不同的解释。比较经典的有以下几个。

信息论的创始人香农在《通信的数学理论》中指出：“信息就是一种对不确定性的消除。”事物的不确定性被消除得越彻底，信息量就越大。这是从通信科学的角度论述信息的概念。

控制论的创始人维纳认为：“信息就是我们在适应外部世界，并且使这种适应在作用于外部世界的过程中，同外部世界进行交换的内容的名称。”

从数据和信息的关系方面去论述，信息是经过加工、解释后的数据。数据是人们从自然现象和社会现象中收集的原始材料，根据使用数据的目的按一定的形式加以处理，找出其中的联系，就形成了信息。即信息=数据+处理。

从以上几个典型定义以及人们对信息的理解，可以得出以下结论。

(1)　信息的本质是物质的属性，信息是表现事物特征的一种普遍形式。

(2)　信息不是事物本身，而是由事物发出的数据、消息中所包含的意义。

(3)　信息具有认知知识的功能，即减少不确定性的能力。

也就是说，信息客观上是反映某一客观事物的现实情况的，主观上是可以接受、利用，并指导我们行动的。

(二)物流信息的概念、特点、分类和作用

物流信息(Logistics Information)是反映物流各种活动内容的知识、资料、图像、数据、

文件的总称，我们主要从物流信息的概念、特点、分类和作用几个方面对其进行简单介绍。

1. 物流信息的概念

物流信息是物流活动中各个环节生成的信息，一般是随着从生产到消费的物流活动而产生，与物流过程中的运输、储存、装卸、包装等各种职能有机地结合在一起，是整个物流活动顺利进行所不可缺少的。

物流信息包含的内容和对应的功能可从狭义和广义两方面考虑。

狭义的物流信息是指与物流活动(运输、装卸、搬运、包装、流通加工等)相关的信息。在物流活动的管理与决策中，如运输工具的选择、运输路线的确定、每次运送批量的确定、在途货物的追踪、仓库的有效利用、最佳库存数量的确定、库存时间的确定、订单管理、如何提高顾客服务水平等，都需要详细和准确的物流信息，因为物流信息对运输管理、库存管理、订单管理、仓库作业管理等物流活动具有支持保障的功能。

广义的物流信息则不仅包括与物流活动直接相关的信息，而且包括与构成活动间接相关的信息，如商品交易信息和市场信息等。商品交易信息是指与买卖双方的交易过程有关的信息，如销售和购买信息、订货和接收订货信息、发出货款和收到货款信息等。市场信息是指与市场活动有关的信息，如消费者的需求信息、竞争者或竞争性商品的信息、销售促进活动信息、交通通信的基础设施信息等。在现代经营管理活动中，物流信息与商品交易信息、市场信息相互交叉、融合有着密切的联系。例如，零售商根据对消费者需求的预测以及库存状况制订订货计划，向批发商或者直接向生产厂家发出订单。批发商在接到零售商的订货信息后，在确认现有库存水平能满足订单要求的基础上，向物流部门发出发货配送信息；如果发现现有库存水平不能满足订单要求，则马上向生产厂家发出订单。生产厂家接到订单后，如果发现现有库存不能满足订单的要求则马上组织生产，再按订单上的数量和时间要求向物流部门发出发货配送信息。因此，广义的物流信息不仅可以起到连接从生产厂家经批发商和零售商到消费者的整个供应链的作用，而且在应用现代物流信息技术(EDI、RFID、Barcode、GIS、GPS 等)的基础上提高了整个供应链活动的效率。

由于物流信息具有这些功能，使得其在现代企业经营战略中占有越来越重要的地位。建立物流信息系统，提供迅速、准确、及时、全面的物流信息是现代企业获得竞争优势的必要条件。

2. 物流信息的特点

1) 物流信息量大、分布广

由于物流是一个大范围的活动，物流信息源也分布于一个大范围内，所以物流信息伴随着物流活动而大量产生。多品种少量生产，多频度小数量配送，使库存、运输等物流活动信息大量增加。随着企业间合作的进一步加强和信息技术的发展，物流的信息量将会越来越大。

2)　物流信息动态性强，信息价值衰减速度快，时效性强

由于物流的各种作业活动频繁发生，物流信息的动态性增强，这就对物流信息的更新速度提出了新的要求。

3)　物流信息种类多、使用难度大

物流信息的来源多种多样，包括企业内部的物流信息、企业间的物流信息和物流活动中各环节的信息。随着企业间信息交换和共享的深入，信息来源会更加复杂多样，这就加大了物流信息的使用难度。

4)　物流信息技术手段配套利用，发挥综合效果

在信息日新月异发展的时代，各种新的信息技术和手段如雨后春笋般层出不穷。要将各种信息技术和手段配套利用，除将物流信息技术和物流软件技术并用外，还应该与物流硬件设施，如仓库、配送中心、集装箱、托盘、自动分类分拣系统等相匹配。

3. 物流信息的分类

1)　按信息产生和作用的领域分类

按信息产生和作用的领域，物流信息可分为物流活动所产生的信息和其他信息源产生的供物流使用的信息。一般而言，在物流信息工作中，前一类是发布物流信息的主要信息源，其作用是不但可以知道下一个物流循环，还可以提供于社会，成为经济领域的信息；后一类信息则是信息工作收集的对象，是其他经济领域、工业领域产生的对物流活动有用的信息，主要用于指导物流活动。

2)　按物流信息作用的不同分类

按物流信息作用的不同，物流信息可分为计划信息、控制及作业信息、统计信息和支持信息四类。有人也将其分为控制信息、作业信息和辅助信息。

(1)　计划信息。计划信息是指尚未实现的但已当成目标确认的一类信息，如物流量计划、仓库吞吐量计划、与物流活动有关的国民经济计划等信息，只要尚未进入具体业务操作的，都可归入计划信息之中。这种信息的特点是带有稳定性，信息更新速度较慢。计划信息常常是战略决策或大的业务决策必不可少的依据。

(2)　控制及作业信息。这种信息是物流活动过程中发生的信息，带有很强的动态性，是掌握物流现实活动状况不可缺少的信息，如库存量、载运量、运输工具状况等。这种信息的特点是动态性强，更新速度快，信息的时效性很强。其主要作用是控制和调整正在进行的物流活动和指导下一步要进行的物流活动，以实现对过程的控制和对业务活动的微调。

(3)　统计信息。这种信息是物流活动结束后，针对整个物流活动归总的一种终结性、归纳性信息，它是一种恒定不变的信息。其主要作用是正确掌握过去的物流活动规律，指导物流战略发展和制订计划。

(4)　支持信息。这种信息是指与物流计划、业务、操作有关的文化、科技、产品、法律、教育、民俗等方面的信息。这些信息不但对物流战略发展有价值，而且可以对控制、

操作起到指导、启发的作用，是可以从整体上提高物流水平的一类信息。

3) 按活动领域分类

由于物流活动的性质不同，所以物流信息也有所不同，按活动领域分类，有采购供应信息、仓库信息、运输信息等，甚至更细化地分成集装箱信息、托盘交换信息、库存量信息、汽车运输信息等。

另外还有不同的分类方法，比如按物流活动环节不同，物流信息可分为运输信息、库存信息、包装信息和加工信息等，按照信息加工的程度，物流信息可以分为原始信息和加工信息，按照信息来源，物流信息可分为内部信息和外部信息，按照信息的变动，物流信息可分为固定信息和流动信息。

4. 物流信息的作用

物流信息在物流活动中具有十分重要的作用，通过物流信息的收集、传递、存储、处理、输出等，成为决策依据，对整个物流活动起着指挥、协调、支持和保障的作用，其主要作用如下。

(1) 沟通联系。通过各种指令、文件、数据、报表、凭证等物流信息，沟通生产厂、批发商、零售商、物流服务商和消费者，满足各方的需要。因此，物流信息是沟通物流活动各环节之间联系的桥梁。

(2) 引导和协调。物流信息随着物资、货币及物流当事人的行为等信息载体进入物流供应链中，同时信息的反馈也随着信息载体反馈给供应链上的各个环节，依靠物流信息及其反馈可以引导供应链结构的变动和物流布局的优化；协调物资结构，使供需之间平衡；协调人、财、物等物流资源的配置，促进物流资源的整合和合理使用等。

(3) 管理控制。通过移动通信、计算机信息网、电子数据交换(EDI)、全球定位系统(GPS)等技术实现物流活动的电子化，如货物实时跟踪、车辆实时跟踪、库存自动补货等，用信息化代替传统的手工作业，实现物流运行、服务质量和成本等的管理控制。

(4) 缩短物流管道。如果能够实时地掌握供应链上不同节点的信息，如知道在供应管道中，什么时候、什么地方、多少数量的货物可以到达目的地，那么就可以发现供应链上的过多库存并进行缩减，从而缩短物流链，提高物流服务水平。

(5) 辅助决策分析。物流信息是制定决策方案的重要基础和关键依据，物流管理决策过程的本身就是对物流信息进行深加工的过程，是对物流活动的发展变化规律性认识的过程。

(6) 支持战略计划。作为决策分析的延伸，物流战略计划涉及物流活动的长期发展方向和经营方针的制定，如企业战略联盟的形成、以利润为基础的顾客服务分析以及能力和机会的开发和提炼，作为一种更加抽象、松散的决策，它是对物流信息进一步提炼和开发的结果。

(7) 价值增值。物流信息本身是有价值的，而在物流领域中，流通信息在实现其使用价值的同时，其自身的价值又呈现增长的趋势，即物流信息本身具有增值特征。

二、物流信息技术

(一)信息技术

信息技术(Information Technology，IT)是指有关信息的获取、传递、处理、再生和利用等的技术。它由计算机技术、通信技术、信息处理技术和控制技术等构成，是目前各种高新技术的基础和核心。

当今时代是知识经济时代，即信息时代。信息时代的主要特征之一是：谁能获取信息技术的优势，谁就能在全球性激烈的竞争中占据主动地位，与此相反，则会被远远地抛在后面。正是基于这个事实，各国纷纷把发展信息技术作为社会经济发展的一项重大战略目标。在信息化的社会里，信息成为政治、经济、军事以及社会一切领域的基础。在这场信息革命中，以知识为基础的经济得以迅猛发展，知识在生产和经济发展中起了决定性的推动作用。

(二)物流信息技术的概念、应用和作用

1. 物流信息技术的概念

物流信息技术是指现代信息技术在物流各个作业环节中的应用，是物流现代化的重要标志。物流信息技术也是物流技术中发展最快的领域，主要由通信、软件、面向行业的业务管理系统三大部分组成，包括基于计算机、网络以及各种通信方式基础上的全球定位系统(Global Positioning System，GPS)、地理信息系统(Geographic Information System，GIS)、条码(Barcode)、射频技术(Radio Frequency Identification System，RFID)、电子数据交换技术(Electronic Data Interchange，EDI)等现代尖端科技。在这些尖端科技的支持下，形成以移动通信资源管理、监控调度管理、自动化仓储管理、业务管理、客户服务管理、财务管理等多种信息技术集成的一体化现代物流管理系统。

其中 Barcode 和 RFID 主要用于物流数据的快速采集，GPS 和 GIS 主要用于物流信息的实时跟踪，EDI 主要用于供应链中各参与方之间物流数据的交换和处理。关于这些科技的详细内容将在接下来的几节中进行详细介绍。

2. 物流信息技术的应用

据国外统计，物流信息技术的应用，可为传统的运输企业带来明显实效：降低空载率15%～20%；提高在途车辆的监控能力，有效保障货物安全；网上货运信息发布及网上下单可增加商业机会 20%～30%；无时空限制的客户查询功能，可有效满足客户对货物在运情况的跟踪监控，可提高业务量 40%；对各种资源的合理综合利用，可减少运营成本 15%～30%。

3. 物流信息技术的作用

物流信息技术的应用对传统仓储企业带来的实效表现在：配载能力可提高 20%～30%；库存和发货准确率可超过 99%；数据输入误差减少，库存和短缺损耗减少；可降低劳动力成本约 50%，提高生产力 30%～40%，提高仓库空间利用率 20%。

物流信息技术通过切入物流企业的业务流程来实现对物流企业各生产要素(车辆、仓库、驾驶员等)的合理组合与高效利用，降低经营成本，直接产生明显的经营效益。它有效地把各种零散数据变为商业智慧，赋予了物流企业新型的生产要素——信息，大大地提高了物流企业的业务预测和管理能力。通过“点、线、面”的立体式综合管理，实现了物流企业内部一体化和外部供应链的统一管理，可以有效地帮助物流企业提高服务质量，提升物流企业的整体效益。

(三)现代物流的特点

现代物流的特点可以概括为以下几个方面。

1. 物流进一步专业化、高科技化

表现为现代技术在物流活动中得到了广泛的应用，例如分拣，又可以分成条码技术、识别技术、分路传送技术等。运输又可以分成车辆驾驶、信息反馈、卫星定位技术等。正是因为这样的高度专业化，才使得每项物流作业都提高了技术和水平。

2. 物流一体化

物流一体化的一个重要表现是供应链(Supply Chain)概念的出现。物流管理以整个供应链为基本单位，而不再是单个的功能部门，可以实现不同企业的物流业务的联合化、共同化处理，可以大大提高资源利用率，节省车次，节省物流工作量，降低物流成本，提高经济效益。另外，不同物流功能、物流环节的集成化运用，也是物流一体化的一个体现，能简化和减少物流环节、减少物流作业量、降低物流成本，能提高资源利用率和数据利用率，提高作业处理速度和处理效率。

3. 物流信息化

物流作业处理能及时地通过相应的物流信息反映出来，进行及时的信息处理，根据信息处理的结果进行及时的决策，并用决策信息及时参与、指导和控制物流作业的运作。

4. 物流网络化

网络化即系统化，包括空间结构的网络化和逻辑结构的网络化。空间结构的网络有物流配送网络、分销网络、计算机系统网络等；逻辑结构的网络有物流信息系统的功能结构、处理逻辑结构等。

5. 物流社会化

突出表现为第三方物流与物流中心的迅猛发展。随着社会分工的深化和市场需求的日益复杂，众多工商企业逐渐认识到依靠企业自身的力量不可能在每个领域都获得竞争优势，它们更倾向于将本企业不擅长的物流环节交由专业物流公司，或者在企业内部设立相对独立的物流专业部门，而将有限的资源集中在自己真正的优势领域。

6. 物流活动国际化

在产业全球化的浪潮中，跨国公司普遍采取全球战略，在全世界范围内选择原材料、零部件的来源，选择产品和服务的销售市场。因此，其物流的选择和配置也要超出国界，着眼于全球大市场。

通过对物流信息技术以及现代物流特点的介绍可以看出：物流信息化是整个社会信息化的必然需求。现代物流高度依赖于对大量数据、信息的采集、分析、处理和即时更新。在信息技术、网络技术高度发达的现代社会，从客户资料取得和订单处理的数据库化、代码化，物流信息处理的电子化和计算机化，到信息传递的实时化和标准化，信息化渗透至物流的每一个领域。从某种意义上来说，现代物流竞争已成为物流信息的竞争。

第二节 条码技术的应用

条码技术又称条形码技术，条码最早出现在 20 世纪 40 年代的美国，但得到实际应用和发展还是在 20 世纪 70 年代左右。条码技术是在计算机应用中产生和发展起来的一种数据采集、自动识别技术，是集条码理论、光电技术、计算机技术、通信技术、条码印制技术于一体的综合性技术，现已广泛应用于商业、邮政、图书管理、仓储、工业生产过程控制、交通等领域，被广泛应用于物流领域的出库、入库、上架、分拣、运输、仓储管理等过程中，是物流自动跟踪的最有力工具。条码技术具有制作简单、信息收集速度快、准确率高、信息量大、成本低和条码设备应用方便等优点，所以从生产到销售的流通转移过程中，条码技术起到了准确识别物品信息和快速跟踪物品历程的重要作用，它是整个物流信息管理工作的基础。条码技术在物流的数据采集、快速响应、运输的应用方面极大地促进了物流业的发展。

一、条码概述

(一)条码的概念构成与分类

1. 条码的概念

条码(Barcode)是由一组按一定编码规则排列的条、空以及对应的字符、数字及符号组成的标记。“条”是指对光线反射率较低的部分，“空”是指对光线反射率较高的部分。这些条和空组成的数据条形码表达了一定的信息，并能够用特定的设备识读，转换成与计算机兼容的二进制和十进制信息。为了方便大家对条码概念有一个更清晰的认识，下面从条码的构成和分类两个方面对条码做进一步介绍。

2. 条码的构成

一个完整的条码的组成次序为静区(前)、起始符、数据符、中间分割符(主要用于 EAN 码)、符号校验符、终止符、静区(后)，如图 3-3 所示，其中两个空白区对应前后两个静区。

图 3-3　条码的构成

静区，是指条码左右两端外侧与空的反射率相同的限定区域。它可以使阅读器进入准备阅读的状态。当两个条码的距离较近时，静区则有助于对它们加以区分。静区的宽度通常应不小于 6mm(或 10 倍模块宽度)。

起始/终止符，是指位于条码开始和结束处的若干条与空，标志条码的开始和结束，阅读器以此确定开始处理扫描脉冲和停止处理，同时提供码制识别信息和阅读方面的信息。

数据符，位于条码中间的条、空结构，它包含条码所表达的特定信息。

构成条码的基本单位是模块，模块是指条码中最窄的条或空，模块的宽度通常以 mm 或 mil(千分之一英寸)为单位。构成条码的一个条或空称为一个单元，一个单元包含的模块数是由编码方式决定的，有些码制中，如 EAN 码，所有单元由一个或多个模块组成；而另一些码制中，如 39 码，所有单元只有两种宽度，即宽单元和窄单元，其中的窄单元即为一个模块。

3. 条码的分类

(1) 按照码制进行分类。常见的条码有二十多种码制，其中包括：Code39 码(标准 39 码)、Codabar 码(库德巴码)、Code25 码(标准 25 码)、ITF25 码(交叉 25 码)、Matrix25 码(矩阵 25 码)、UPC-A 码、UPC-E 码、EAN-13 码(EAN-13 国际商品条码)、EAN-8 码(EAN-8 国际商品条码)、中国邮政编码(矩阵 25 码的一种变体)、Code11 码、Code93 码、ISBN 码、ISSN 码、Code128 码(Code128 码，包括 EAN128 码)、Code39EMS(EMS 专用的 39 码)、PDF417 等条码。不同的编码规则不同，编码组织不同，主要的应用领域也有所不同。

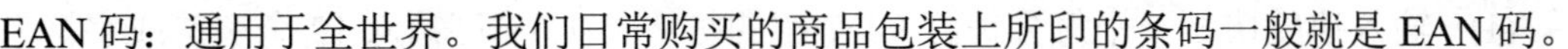

EAN 码：通用于全世界。我们日常购买的商品包装上所印的条码一般就是 EAN 码。

UPC 码：UPC 码是美国统一代码委员会制定的一种商品用条码，主要用于美国和加拿大地区，在美国进口的商品上可以看到。

39 码：39 码是一种可表示数字、字母等信息的条码，主要用于工业、图书及票证的自动化管理，如表示产品序列号、图书编号等。

25 码：主要应用于包装、运输以及国际航空系统的机票顺序编号等。

库德巴(Codabar)码：库德巴码也可表示数字和字母信息，主要用于医疗卫生、图书情报、物资等领域的自动识别，如血库、图书馆、包裹等的跟踪管理。

除此以外，还有许多条码码制在使用。所以，我们在使用某种条码时，一定要搞清它是哪一种码制。

(2) 按照维数进行分类。按照维数进行分类，条码可分为一维条码、二维条码和多维条码。

一维条码：只是在一个方向(一般是水平方向)表达信息，而在垂直方向则不表达任何信息，其一定的高度通常是为了便于阅读器的对准。

二维条码：在水平和垂直方向的二维空间存储信息的条码，称为二维条码(2-dimensional bar code)。

一维条码所携带的信息量有限，如商品上的条码仅能容纳 13 位(EAN-13 码)阿拉伯数字，更多的信息只能依赖商品数据库的支持，离开了预先建立的数据库，这种条码就没有意义了，因此在一定程度上也限制了条码的应用范围。基于这个原因，在 20 世纪 90 年代人们发明了二维条码。

多维条码：在多维空间存储信息的条码。日本公司“Content Idea of Asia” 研发出一种三维条码。这种条码实际由 24 层颜色组成，能够承载的信息是 0.6～1.8 MB。这样的容量足以容纳一首 MP3 或者一段小视频。这给我们带来很大的想象空间，假设你的手机有一个摄像头，将商品上的这个条码扫描一下，然后用专门的软件将上面的数据释放出来，你的手机就能获得一段 MP3 或者视频，你可以通过手机来欣赏这个 MP3 或者广告视频。

(二)条码技术

条码技术是在计算机应用实践中产生和发展起来的一种自动识别技术。它通常是研究如何把计算机所需要的数据用条码符号表示出来，即条码的编码技术、印刷技术；以及如何将条码符号所表示的数据转变成计算机可自动采集的数据，即识读条码技术。要制作条码符号，首先要有编码规则，然后采用多种印刷方法或专用的条码印刷机印刷出条码。要阅读条码符号所含的数据，需要一个扫描装置和译码装置。当扫描器扫过条码符号时，根据光电转换原理，条和空的宽度就变成了电流波，被译码器译出，转换成计算机可读数据。

由此可见，条码技术是光电技术、通信技术、计算机技术和印刷技术相结合的产物。

条码是迄今为止最经济、实用的一种自动识别技术。条码技术具有以下几个方面的优点。

(1) 输入速度快。一个每分钟打 90 个字的打字员 1.6 s 可输入 12 个字符或字符串，而使用条码做同样的工作只需要 0.3 s，与键盘输入相比，条码输入的速度是键盘输入的 5 倍，并且能实现“即时数据输入”。

(2) 可靠性高。键盘输入错误率约为千分之三，而利用光学字符识别技术条码输入的错误率约为十万分之六，如果再加上校验码则出错率仅为千万分之一。

(3) 采集信息量大。利用传统的一维条码一次可采集几十位字符的信息，二维条码更可以携带数千个字符的信息，并有一定的自动纠错能力。

(4) 灵活实用。条码标识既可以作为一种识别手段单独使用，也可以和有关识别设备组成一个系统实现自动化识别，还可以和其他控制设备连接起来实现自动化管理。

另外，条码标签易于制作，对设备和材料没有特殊要求，识别设备操作容易，不需要特殊培训，且设备也相对便宜。

(三)条码识别

条码识别是指如何将条码表示的数据转变为计算机可以自动采集的数据，通过条码识读装置可以实现此功能。识读装置由扫描器和译码器组成，扫描器只是把条码符号转换成数字脉冲信号，而译码器是把数字脉冲信号转换成条码符号所表示的信息。从光源使用上来看，目前常用的条码扫描器有以下几类。

1. 笔式扫描器

笔式扫描器(Wand，俗称光笔)是一种外形像笔的扫描器，使用时以机就物，即移动光笔去扫描物体上的条码。光笔的价格大众化，但扫描的长度稍受限制，大约 32 个字元，较适合一般小商店及个人使用。

2. 固定式扫描器

固定式扫描器(Fix-mount Scanner)是一种体积较大、价格较高的扫描系统，使用时以物就机，即机器固定，以物品的移动来扫描解码，适用于输送带或一般大型超市。

3. CCD 扫描器

CCD(Change Coupled Device，光耦合装置)扫描器采用发光二极体的泛光源照明整个条码，再透过平面镜与光栅将条码符号映射到由光电二极体组成的探测器阵列上，经探测器完成光电转换，再由电路系统对探测器阵列中的每一光电二极体依次采集信号，辨识出条码符号，完成扫描。CCD 扫描器的优点是操作方便，不直接接触条码也可辨读，性能较可靠，寿命较长，且价格较镭射扫描器便宜，如图 3-4 所示。

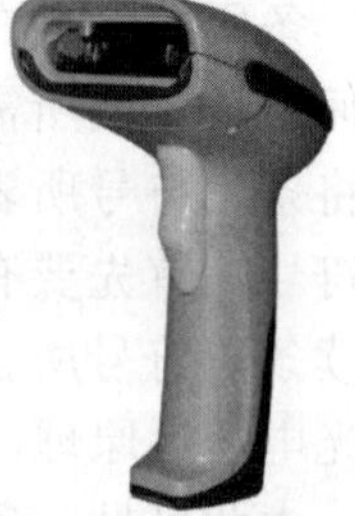

图 3-4　CCD 扫描器

4. 镭射扫描器

镭射扫描器(Laser Scanner)借由镭射光束的扫描来读取条码的资料，由于它和光笔式扫描器一样，可自由移动到物体处扫描，因此条码的长度在容许的范围下并不会受到限制，不过光笔一定要接触到条码的表面才能辨读。镭射扫描器的扫描距离较光笔、CCD 要远，故在扫描时可悬空划过条码。

二、物流条码

物流条码是在物流过程中的以商品为对象、以集合包装为单位使用的条码，用在商品装卸、仓储、运输和配送过程中的识别符号，通常印在包装外箱上，用来识别商品种类及数量，亦可用于仓储批发业销售现场的扫描结账。

物流条码符号的应用面向国内储运业界(制造商、批发商、零售商)。零售店以配送包装单位当作销售单位时(如家电或整箱销售的商品)，即可用外箱上的物流条码扫描结账；批发业或零售业在进货、点货或库存盘点作业时，对以配送单位包装的商品可扫描物流条码，对以零售单位包装的商品则扫描原印条形码。总之，其应用的场合包括自动装卸货、拣货、分货、进出货自动登录及传输以及订单收货作业。

国际上通用的和公认的物流条码码制有三种：储运单元条码(ITF-14 条码)、贸易单元条码(EAN-128 条码)及通用商品条码(EAN-13 码)。这三种条码标准或码制基本上可以满足物流领域的条码应用需求。

(一)通用商品条码

通用商品条码(EAN 码)是由国际物品编码协会制定的国际通用商品代码，是一种模块组合型条码，它和美国统一编码委员会(UCC)制定的通用商品代码 UPC 码相互兼容。EAN/UPC 码作为一种消费单元代码，可以在全球范围内唯一标识一种商品。标准码是由 13 位数字码及相应的条码符号组成，如图 3-5(a)所示，在较小的商品上也采用 8 位缩短数字码及其相应的条码符号，如图 3-5(b)所示。

(a) EAN-13

(b) EAN-8

图 3-5 EAN 码

标准版 EAN 码由 13 位数字和条码符号组成，其代码结构由前缀码、厂商识别代码、

商品项目代码和校验码组成。厂商识别代码为7～9位数字。通常，EAN-13码的结构如下。

P1 P2 P3　　M1 M2 M3 M4　　I1 I2 I3 I4 I5　　C

其中，P1～P3是前缀码，由国际物品编码协会分配给它的成员国家或地区代码，即各会员国的代码。

“Pl P2 P3 M1 M2 M3 M4”是厂商识别代码，是EAN编码组织在EAN分配码的基础上分配给厂商的代码。我国的厂商识别代码由中国物品编码中心分配给申请企业，统一分配、注册，一厂一码。

“I1 I2 I3 I4 I5”是商品项目代码，代表具体的商品项目，通过它能标识不同的商品属性、规格、价格等。由厂商自主分配，可标识0～99 999共10万种商品。

“C”是校验码，使用Mod10校验位计算法校验前面条码的正误，防止扫描阅读错误。

缩短版EAN由8位数字及条码符号组成。其结构如下。

P1 P2 P3　　I1 I2 I3 I4　　C

其中，P1～P3是前缀码；I1～I4是商品项目代码，在我国，由中国物品编码中心分配给每项需要缩短码的商品；C是校验码，用来校验条码的正误。

(二)ITF-14条码

ITF-14 条码是一种定长、连续，具有自校验功能，且条空都表示信息的双向条码。它的条码字符集、条码字符的组成和交叉二五码相同。ITF-14 条码由矩形保护框、左侧空白区、条码字符和右侧空白区组成，如图3-6所示。

图3-6　ITF-14条码

IFF-14条码的编码结构如表3-1所示。

表3-1　1TF-14条码的编码结构

定量储运单元包装指示符	定量消费单元代码	校 验 码
V	X_1 X_2 X_3 X_4X_5 X_6X_7 X_8 X_9 X_{10} X_{11} X_{12}	C

V表示定量储运单元包装指示符，其赋值区间为1～8，用于表示定量储运单元的包装级别；X_1～X_{12}是定量消费单元代码。

在物流系统中，常用ITF-14标识商品装卸、仓储、运输等储运单元，通常印在包装外箱上，用来识别商品种类与数量；亦可用于仓储批发业销售现场的扫描结账。若有以重量计算的商品，还可以追加六位加长码，称为ITF-6条码。也就是说，ITF-14和ITF-6条码结合构成变量储运单元条码，其结构如表3-2所示。

表 3-2　变量储运单元的编码结构

主代码			附加码	
变量储运单元包装指示符	厂商识别代码与商品项目代码	校验码	商品数量	校验码
L1	$X_1\ X_2\ X_3\ X_4 X_5\ X_6 X_7\ X_8\ X_9\ X_{10}\ X_{11}\ X_{12}$	C1	$Q_1\ Q_2\ Q_3\ Q_4\ Q_5$	C2

L1 指示在主代码后面有附加码，其值为 9。厂商识别代码是标识厂商的代码，由中国物品编码中心统一分配。商品项目代码标识组成储运单元的产品种类。附加码是指包含在变量储运单元内，按照确定的基本计量单位计量取得的商品数量。

(三)贸易单元 128 条码

通用商品条形码与储运单元条码都属于携带信息少的标识码，在物流配送过程中，如果需要将生产日期、有效日期、运输包装序号、重量、体积、尺寸、送出地址、送达地址等重要信息条码化，以便扫描输入，就可以使用 EAN-128 码。

EAN-128 码可携带大量的信息，所以其应用领域非常广泛，包括制造业的生产流程控制、批发物流业或运输业的仓储管理、车辆调配、货物追踪、医院血液样本的管理、政府对管制药品的控制追踪等。

EAN-128 是根据 UCC/EAN-128 码的定义标准将数据转变成条码符号。为识别所携带信息的意义，采用不同的应用识别码进行识别。编码时，应用识别码定义其后码的意义，而信息码则是固定或可变长度的数字。EAN-128 码如图 3-7 所示。

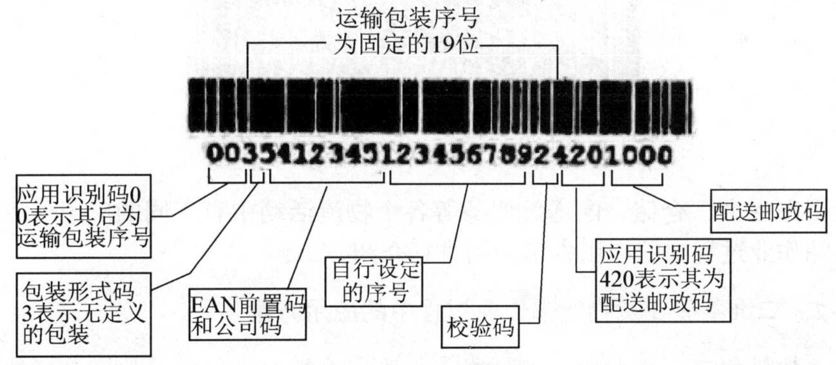

图 3-7　EAN-128 码

上述三种条码是物流条码中常用的码制，选用条码时，要根据不同的货物和不同的商品包装，采用不同的条码码制。单个大件商品，如电视机、电冰箱、洗衣机等商品的包装箱往往采用 EAN-13 码。储运包装箱常常采用 ITF-14 码或 UCC/EAN-128 码应用标识条码，包装箱内可以是单一商品，也可以是不同的商品或多件商品小包装。

(四)物流条码的发展

随着信息量的增加，物流条码会逐步从一维条码向二维条码、复合码等包含更多信息的复杂结构条码发展。

1. 二维条码

二维条码除了具有一维条码的优点外，同时还有信息量大、可靠性高、保密、防伪性强等优点。目前二维条码主要有 PDF417 码、Code49 码、Code 16K 码、Data Matrix 码、MaxiCode 码等，主要分为堆积或层排式和棋盘或矩阵式两大类。 二维条码作为一种新的信息存储和传递技术，从诞生之日起就受到了国际社会的广泛关注。

二维条码依靠其庞大的信息携带量，能够把过去使用一维条码时存储于后台数据库中的信息包含在条码中，可以直接通过阅读条码得到相应的信息，并且二维条码还有错误修正技术及防伪功能，增加了数据的安全性。二维条码可把照片、指纹编制在其中，可有效地解决证件的可机读和防伪问题，因此，可广泛地应用于护照、身份证、行车证、军人证、健康证、保险卡等。另外在海关报关单、长途货运单、税务报表、保险登记表上也都有使用二维条码技术来解决数据输入及防止伪造、删改表格的例子。PDF417 二维条码如图 3-8 所示。

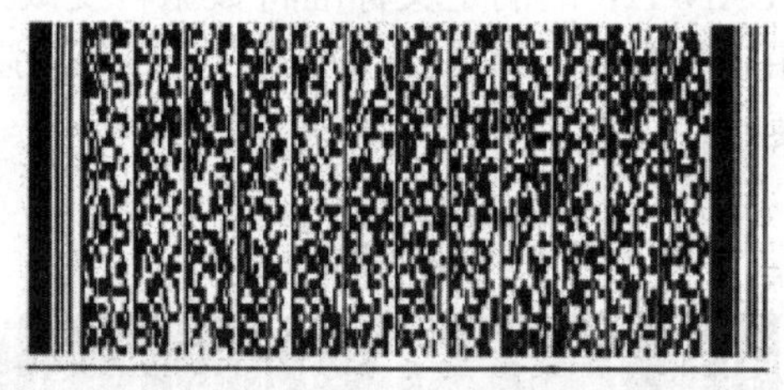

图 3-8 PDF417 二维条码

二维条码在生产、仓储、配送、服务等各个物流活动中有不同的应用，下面以二维条码在货物运输作业过程中的应用方案为例进行介绍。

案例 3-1：二维条码在货物运输作业过程中的应用方案

在货物运输过程中，作业的基本过程是承运、运输和交付，其他还包括装卸、保管、查询、赔付等。在货物运输作业中，货流和信息流产生，两者一对一对应时，例如在货物发生装卸、交接，货物在终到站的交付时，条码都将发挥作用。

可以使用一维条码表示货物运输作业过程中所需的数据，如始发站、中转站、终到站、发送件数等信息，使用一维条码识读设备扫描货票、货签上的条码信息，就可以快速、准确地采集货物运输中作业状态的变化信息，使计算机信息系统中的货物信息流与货物运输的货物流同步对应起来，自动更新计算机系统中的有关信息，使其保持一致性。在货物运输完成，向货主交付时，可以采用二维条码，提取出货物交付时所需的诸如含有取货人密约的详细信息。 因此在货物受理时，应该针对不同货物运输作业的要求，生产 EAN-128 码和 PDF147 二维条码，如图 3-9 所示。

在货物装卸和中转交接过程中，可以利用条码识读设备扫描货物包装上的一维条码，核对是否按票装卸车。在装卸车时利用条码复核出入库待装卸的货物，可以简化人工作业时的烦琐和重复录入数据的过程，简化装卸交接凭证填写；利用条码在货物票据交接正确并转运发送后，可更新货物信息系统中货物的运输状态信息，提高货物运输生产过程的效率，加快货物中转、交接的速度；在货物保管时的入库、出库过程中，可以利用货物上的条码信息简化办理货物保管时的手续和过程。

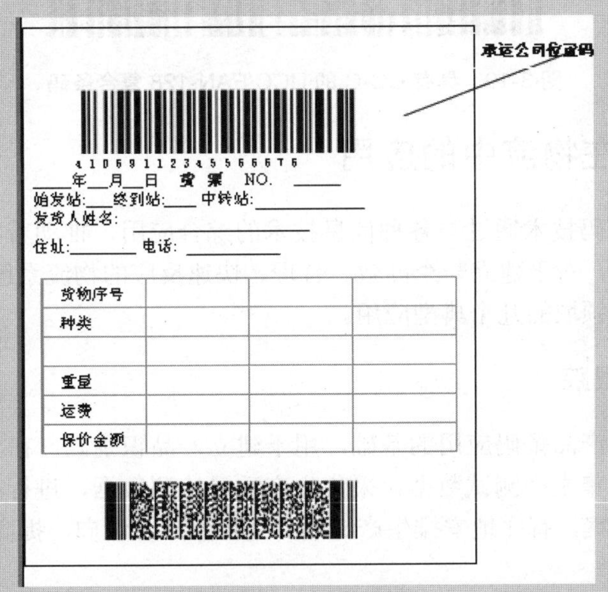

图 3-9 货票示意图

向货主交付货物时，可以利用条码识读设备扫描货票和取货人持有的取货凭证中的二维条码，如核对发货人与取货人的密约、取货人的身份，完成货物的交付，并更新到达交付货物数据库的信息，减少错领冒领的可能性，甚至可以取消取货凭证，通过取货密约，简化取货程序，加快货物交付速度，改善货物运输的服务形象。

英国 CityLink 为一家 24 小时速递公司采用此技术实现了包裹的全程追踪，不再需要手工重复录入数据，不需要和数据库连接就可随时获取客户的详细信息，带来高品质服务。

(资料来源：欧阳文霞. 物流信息技术[M]. 北京：人民交通出版社，2002.)

2. 复合条码

复合条码是将线性符号(即一维条码)和 2D(二维条码，包括行排式和矩阵式)复合成分组合起来的一种码制。线性组分对项目的主要标识进行编码。相邻的 2D 复合组分对附加数据，如批号和有效日期进行编码。

随着物流行业的发展，传统的条码技术已经不太能适应形式的发展与需要，特别是当越来越多的信息需要表达而条码技术受空间限制无法得到突破时，传统的条码技术尤其显得力不从心。结合一维条码和二维条码优点的新的条码技术复合码可以解决物流行业的快速发展与传统条码的缺陷之间的冲突，如图 3-10 所示。

图 3-10　具有 CC-C 的 UCC/EAN-128 复合条码

三、条码技术在物流中的应用

在物流领域，条码技术通过与各种信息技术的综合应用，推动着物流系统信息化、自动化和网络化的步伐，对于建立一个高效、合理、快速反应的物流系统发挥着巨大的作用。下面介绍条码在物流领域的几个典型应用。

(一)生产过程跟踪

条码生产管理是产品条码应用的基础，用于建立产品识别码。在生产中应用产品识别码可以监控生产，采集生产测试数据，采集生产质量检测数据，进行产品完工检查，建立产品识别码和产品档案，有序地安排生产计划，监控生产及流向，提高产品的下线合格率。管理步骤如下。

(1) 制定产品识别码格式。

(2) 建立产品档案。

(3) 通过生产线上的信息采集点来控制生产的信息。

(4) 通过产品标识码条码在生产线采集质量检测数据，以产品质量标准为准绳判定产品是否合格，从而控制产品在生产线上的流向及是否建立产品档案，打印合格证。

(二)物料管理

现代化生产物料配套的不协调极大地影响了产品的生产效率，杂乱无序的物料仓库、复杂的生产备料及采购计划的执行几乎是每个企业都会遇到的难题。条码技术主要解决的问题如下。

(1) 对采购的生产物料按照行业及企业规则建立统一的物料编码，从而杜绝因物料无

序而导致的损失和混乱。

(2)　对需要进行标识的物料打印其条码，以便于在生产管理中对物料的单件进行跟踪，从而建立完整的产品档案。

(3)　利用条码技术，对仓库进行基本的进、销、存管理，有效地降低库存成本。

(4)　通过产品编码，建立物料质量检验档案，产生质量检验报告，与采购订单挂钩建立对供应商的评价。

(三)货物运输跟踪

货物承运人根据运输计划，在向货主取货，在物流中心重新集装运输以及向客户配送交货时，均利用条码扫描设备获取承运货物的相关信息，并通过各种通信方式和总部信息中心交换各种物流信息，从而可以实时跟踪有关货物运输状态的信息(包括货物品种、数量、发货地点、货主、在途情况、到达地点、交货时间、送货车辆及责任人员等)，提高物流运输服务水平。

(四)仓库系统

商品入库时，识读商品上的条码标签，与库存计划核对，登录相关库存信息，并输入相关的入库区位、货架、货位的指令信息；商品出库时，扫描商品上的条码，对出库商品的信息进行确认，同时更改其库存状态；存货盘点时，通过手持终端扫描物品条码，收集盘点商品信息，然后将收集到的信息由计算机进行集中处理，从而形成盘点报告。对于具有自动分拣系统的仓库，条码扫描设备只读需分拣的商品条码信息，完成分拣信号的输入。另外，在商品进出仓时读取这些货物上的条码信息，从而建立仓储管理数据库，为决策部门提交及时准确的仓储信息，管理者可以根据该系统随时掌握各类货物进出仓和库存情况，制定合理的决策。

(五)货物配送

配送前，将配送商品资料和客户订单资料分别下载到移动条码终端；到达配送客户后，打开移动终端，调出相应的客户和商品信息，挑选货物，并验证其条码标签；确认配送完一个客户的货物后，移动条码终端自动校验配送情况并做出相应的提示。

(六)产品销售

通过在销售、配送过程中采集产品的单品条码信息，根据产品单件标识条码记录产品的销售过程，完成产品销售链跟踪，可以防止违规的批发商以较低的地域价格名义取得产品后，将产品在地域价格较高的地方低价倾销，扰乱市场。

另外在零售商店的销售点，POS 系统首先对商品进行编码，将商品信息存入数据库中，待出售的商品贴上条码标签。在销售结算时，利用收款机作为终端与主计算机相连，同时通过条码扫描器读取商品的条码信息，计算机自动从数据库中查询该商品的信息，显示出商品名称、价格、数量、总金额，反馈给收款机开出收据，迅速准确地完成结算过程。通过在零售环节应用条码技术，可以节省顾客购买结算的时间。同时销售点可以精确地实时跟踪每种库存商品的出售数，掌握进、销、存的相关数据，也可以向渠道内的所有成员提供及时、准确的战略数据，如商品制造商可以及时了解产品销售情况，及时调整生产计划，生产适销对路的商品。

(七)产品售后跟踪服务

随着市场竞争的加剧，大件商品或一些耐用消费品的售后服务水平往往决定着其市场销售情况和市场占有率。因此，这些商品的生产者都努力提高其客户管理及售后服务水平。利用条码技术进行客户管理和售后服务管理，只要在产品出厂前进行赋码，各代理商、分销商在销售时就可以读取产品上的条码，向厂商及时反馈产品流通的信息和客户信息，从而建立客户管理和售后服务管理系统。

通过产品的售后服务信息采集与跟踪，可以为企业产品的售后保修服务提供依据，同时能够有效地控制售后服务带来的困难——销售产品重要部件被更换而造成的保修损失；销售商虚假的修理报表等。

案例 3-2：海尔集团物流信息化条码的应用

一、数据终端采集系统在海尔配送中心的应用

海尔集团在全国各地建有 42 个配送中心，这 42 个配送中心构成了海尔集团服务市场和客户需求的重要物流网络。为确保配送中心实现高效运转，并为管理系统提供及时、准确的物流数据，配送中心的日常作业必须改变传统手工作业的方式，建设一套高效和准确的数据采集系统。经过多方面的对比和考核，海尔集团最终选定北京南开戈德自动识别技术公司作为战略合作伙伴。针对海尔配送中心的业务特点，借鉴国外先进制造企业的经验，海尔集团决定在各地的配送中心，全面应用便携式数据终端设备，在配送中心的入库、出库、盘点、移库等作业环节，实现高效、准确、及时的数据采集和管理功能。

美国 Symbol 公司的 SPT1800 系列便携式数据终端作为集成条码扫描和移动计算功能的高科技产品，其产品坚固耐用、便于携带，可摆脱线缆的束缚。它在物流作业和数据采集方面具有独特的优势，目前已在海尔各地的配送中心取得了良好的应用效果。

在配送中心的入库作业环节，数据终端从主机系统下载有关的入库数据后，操作人员通过在数据终端上输入相应的入库单据编号，便可获得详细的入库数据，具体包括入库产品条码、单位、数量等。操作人员通过对实际入库产品条码的扫描，并将实收数据与应收数据核对，实现了对入库数据的高效采集和流程控制功能。最后，数据终端上采集的数据被上传到主机系统中，供物流管理系统做进一步的处理和分析。

在配送中心的出库作业环节，在数据终端下载主机系统的出库数据之后，操作人员在数据终端上输入相应的出库单据号，便可获得当前批次出库的产品条码和数量。依据数据终端中的出库数据，操作人员可实现对出库产品的扫描、核对和确认，从而实现了对出库作业的严密管理。最后，数据终端的实际出库数据被上传到主机系统中。

在仓库盘点作业中，在数据终端下载由主机系统生成的盘点数据之后，操作人员便可在数据终端的操作提示下，对库存商品进行逐项扫描、清点和确认，待盘点数据上传到主机系统之后，便可获得库存的盘点差异数据。

在库位移动作业中，待数据终端从主机系统下载移库指令后，操作人员便可在数据终端的操作指示下，将某个库位的商品转移到目的库位，待所有移库操作完成后，再将数据终端上传至主机系统，实现移库作业的确认。

此外，在海尔集团的物流管理系统中，所有的物流资源包括作业人员、物流托盘、物流容器和作业表单等，都通过条码实现了数字化标识，并由数据终端扫描后实现数据采集，从而由物流信息系统实现了作业统计、流程控制、作业调度等功能，并实现了整个物流系统和资源的高效运作和管理。

二、无线数据终端在海尔生产基地装车中的应用

随着海尔集团对条码识别和数据终端技术应用的深入，无线数据终端开始走进海尔的视野。无线数据终端产品在普通的数据终端产品上增加了无线网络功能，使数据终端在作业过程中可与主机系统进行实时通信、交换数据、获得指令。这使得操作人员免去了数据上传和下载的环节，缩短了作业时间，提高了劳动生产率，能够更有效地服务于大业务量的作业环境。经过综合考虑，海尔集团最终与北京南开戈德自动识别技术公司合作，将无线数据终端应用于海尔生产基地的装车系统。

在海尔集团的各个生产基地，当产品制造完毕后，这些产品将根据业务需要发送给各地配送中心或其他生产基地。根据发送目的地的不同，生产基地装车作业分为发送给各地配送中心的直发货装车作业，以及发送给其他生产基地的倒短发货装车作业。同时，还包括与此相关的退货和换货作业。生产基地的装车作业具有作业工作量大、工作效率要求高的特点，某些生产基地在高峰时期每天必须装车的产品数量多达数万件。

为加强在制品装车、退货和换货过程中的作业管理和数据采集，海尔集团最终采用了美国 Symbol 公司的无线数据终端设备，通过在作业现场搭建无线局域网络，实现了数据终端与主机 SAP 系统的实时连接。以具体的装车作业为例，操作人员通过扫描或手工输入装车单据号，通过无线数据终端实时提交到后台主机的 SAP 系统，SAP 系统便实时将装车单据的明细数据发送给无线数据终端，具体包括产品编码、产品描述、送达方、应发数量、单位等。然后，操作人员根据这些详细的装车数据，开始扫描待装车产品的条码，并通过无线网络与 SAP 系统进行实时通信，以对装车产品进行核对。当操作人员将扫描完毕的一批产品装车后，便可通过无线数据终端向后台主机的 SAP 系统进行实时提交，从而使 SAP 系统及时、准确地记录装车产品的实发数量、扫描开始时间和扫描结束时间，并进行进一

步的统计和处理。基于无线数据终端的作业管理系统，还便于后台主机系统根据实际作业进度，合理安排工作任务，实现了对物流资源的统一调度，实现了物流管理和运作的最优化。

(资料来源：佚名. 中国物流产品网，http://www.56products.com/zxzx/wlal1.asp?id=74，2009.09.16)

第三节 EDI 技术

物流信息由有关公司作业的实时数据组成，包括进口物料流程、生产状态、产品库存、顾客装运以及新来的订货等。从外界的角度来看，公司需要与买主或供应商、金融机构、运输承运人和顾客交流有关订货装运和开单的信息，而内部功能则有可能用于交换有关生产计划和控制等数据。传统的以纸为媒介的信息内外传递显然已经不能满足现代物流的发展要求，电子数据交换技术在物流领域开始充分发挥其作用。

电子数据交换(Electronic Data Interchange，EDI)是现代计算机技术和远程通信技术相结合的产物。近年来，EDI 的应用范围开始从订货业务向其他业务扩展，如 POS(Point of Sale)销售信息传送业务、库存管理业务、发货送货信息和支付信息的传送业务等。EDI 技术由于在物流领域中的广泛应用，被称为物流 EDI。EDI 在物流系统中的应用，主要表现在用计算机网络来传递信息，包括日常查询、计划、询价、合同等信息的交换等。

一、EDI 概述

(一)EDI 概念及标准

不同组织从不同的角度为 EDI 下的定义是不同的，本节从最常见的 EDI 概念出发对其进行介绍。

1. EDI 的概念

EDI 是由国际标准化组织推广使用的国际标准，是一种通过电子信息手段，在贸易伙伴之间传递商务交易元素的方法和标准。例如，国际贸易中的采购订单、装箱单、提货单、收据、发票、付款凭证和财务报表等数据的交换。EDI 具有信息标准化、传输电子化、计算机处理等特点。

EDI 是一种计算机应用技术。国际标准化组织将 EDI 定义为：将商业或行政事务，按照一个公认的标准，形成结构化的事务处理或报文数据格式，从计算机到计算机的电子数据传输。联合国国际贸易法委员会 EDI 工作组对 EDI 的法律定义为：EDI 是用户的计算机系统之间的对结构化的、标准化的信息进行自动传送和自动处理的过程。

从以上两个概念中我们可以看出，EDI 应用有其自己特定的含义和条件。

(1) EDI是交易双方之间的文件传递。为了成功传输和接收数据，交易双方需有同等的通信能力，一般采用EDI第三方服务或者增值网作为通信中介。

(2) 交易双方传递的文件是特定的格式，采用的是报文标准。EDI强调的是机器阅读的方式，而不是人工阅读的书面格式。因此双方传递的内容必须以预定义的格式表示，这就需要各方之间有通用的标准。类似于电子邮件那种自由格式的信息是不被允许的。

(3) 双方均有自己的计算机系统(或计算机管理信息系统)。双方的系统能够发送、接收和处理符合约定标准的交易电文的数据信息。

(4) 双方计算机之间有网络通信系统，信息传输是通过该网络通信系统实现的，信息处理是由计算机自动进行的，无须人工干预和人为介入。

2. EDI的国际标准

EDI的标准有四种：企业专用标准、行业标准、国家标准和国际标准。企业专用标准仅局限于公司、企业或集团的内部。行业标准是一个行业内的企业共同遵守的标准。国家标准是适用于一个国家内部各个行业的标准。目前世界上通用的EDI标准有两个：一个是由美国国家标准局主持制定的X,12数据通信标准；另一个是由联合国推出的EDIFACT标准。

(二)EDI系统的结构及组成

在EDI中，称EDI参与者所交换的信息客体为报文。在交换过程中，如果接收者从发送者所得到的全部信息都包括在所交换的报文中，则认为语义完整，并称该报文为完整语义单元(CSU)。CSU的生产者和消费者统称为EDI的终端用户。

在EDI工作过程中，所交换的报文都是结构化的数据，整个过程都是由EDI系统完成的。EDI系统包括软件、硬件及通信网络三大要素，整个系统结构如图3-11所示。

EDI各个模块的具体功能如下。

1. 用户接口模块

用户接口模块是EDI系统与EDI用户的界面，用户通过该模块实现EDI的各种功能以及对数据的查询、统计等操作，帮助用户了解本单位的情况，打印和显示各种统计报表，及时了解市场变化，调整策略。

2. 内部接口模块

内部接口模块是EDI系统和本单位内部其他信息系统及数据库的接口，一份来自外部的EDI报文，经过EDI系统处理之后，大部分相关内容都需要经内部接口模块送往其他信息系统，或查询其他信息系统才能给对方EDI报文确认的答复。

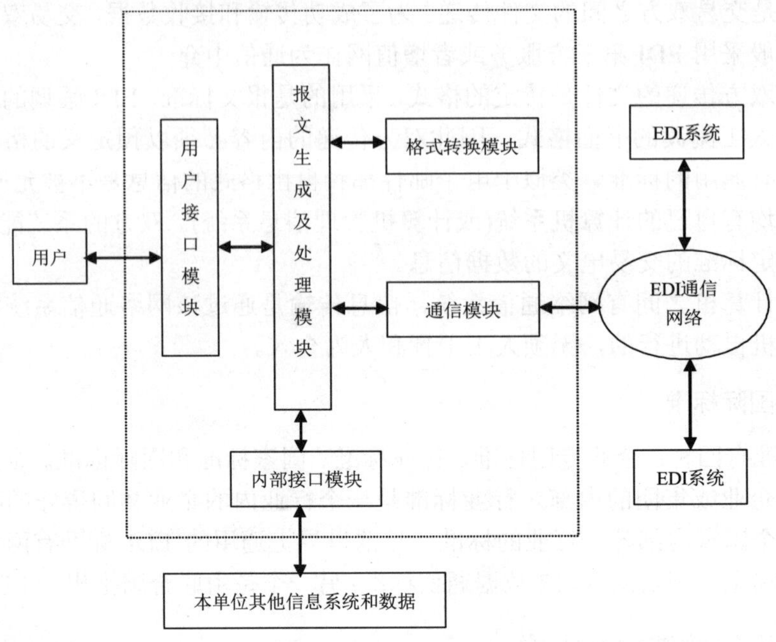

图 3-11　EDI 系统结构

3. 报文生成及处理模块

报文生成及处理模块有以下两个功能。

(1) 接收来自用户接口模块和内部接口模块的命令和信息，按照 EDI 标准生成订单、发票等各种 EDI 报文和单证，经格式转换模块处理后，由通信模块经 EDI 网络发给其他 EDI 用户。

(2) 自动处理由其他 EDI 系统发来的报文。根据不同的报文类型，应用不同的程序进行处理，如合同处理、发票处理等。在处理过程中要与本单位信息系统相连，获取必要的信息给其他 EDI 系统答复，同时将报文中的有关信息送至相关的信息系统中。

4. 格式转换模块

格式转换模块将各种 EDI 报文按照 EDI 结构化的要求做结构化处理，按照 EDI 的语法规则进行压缩、嵌套和代码转换，并加上必要的 EDI 语法控制字符提交给通信模块，发送给其他 EDI 用户；或者将通信模块收到的结构化的 EDI 报文进行解析，以便信息系统或数据库做进一步处理。在格式转换过程中要进行语法检查，对于语法出错的 EDI 报文应该拒收，并通知对方重发。

5. 通信模块

通信模块是 EDI 系统与 EDI 通信网络的接口，执行呼叫、应答、地址转换、自动重发、

合法性和完整性检查、出错报警、自动应答、通信记录、差错校验等功能。

(三)EDI 的工作过程

EDI 的工作过程就是用户将相关数据从自己的计算机信息系统传送到有关交易方的计算机信息系统的过程，该过程因用户应用系统以及外部通信环境的差异而有所不同。在 EDI 增值服务的条件下，该实现过程可分为以下几个步骤，如图 3-12 所示。

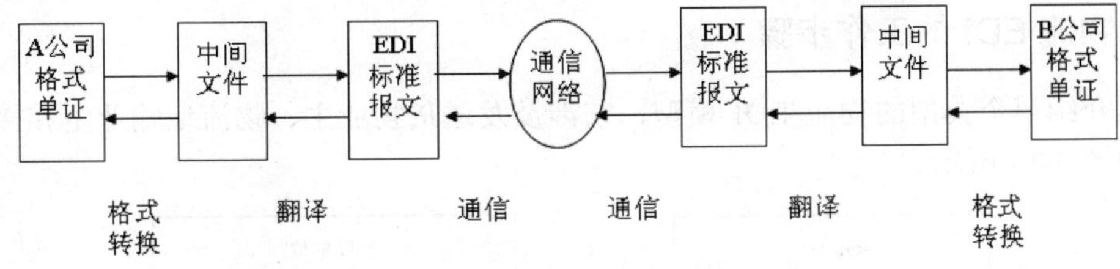

图 3-12　EDI 工作过程

(1)　发送方将要发送的数据从信息系统数据库提出，转换成中间文件。

(2)　将中间文件翻译成标准的 EDI 报文。

(3)　发送 EDI 报文。

(4)　接收方从 EDI 信箱中收取信件。

(5)　将 EDI 信件拆开并翻译成中间文件。

(6)　将中间文件转换并送到接收方信息系统中进行处理。

二、物流 EDI

(一)物流 EDI 的概念

所谓物流 EDI，是指货主、承运业主以及其他相关的单位之间，通过 EDI 系统进行物流数据交换，并以此为基础实施物流作业活动的方法。物流 EDI 的参与单位有货主(如生产厂家、贸易商、批发商、零售商等)、承运业主(如独立的物流承运企业等)、协助单位(政府有关部门、金融企业等)和其他的物流相关单位(如仓库业务、配送中心等)。

EDI 是现代物流的重要发展方向，其含义是商业贸易伙伴之间，将按标准协议规范化和格式化的经济信息通过电子数据网络，在单位的计算机系统之间进行自动交换和处理。它是电子商业贸易的一种工具，将商业文件按统一的标准制成计算机能识别和处理的数据格式，在计算机之间进行传输。现代物流中所用的电子数据交换主要是应用于单证的传递、货物送达的确认等。应用电子数据交换传输的单证种类有采购单、采购变更单、询价单、采购订单、提单、发票、到货通知单、交货确认单等。

应用物流 EDI 给企业带来的利益在于：物流业组成各方基于标准化的信息格式和处理

方法通过 EDI 共同分享信息，提高了流通效率，降低了物流成本。物流 EDI 通过更快的信息传输即减少信息登录的冗杂工作来改善生产率，通过减少数据登录的次数和个体数来提高精确性。通过物流 EDI 进行数据的内部传输与处理，可以大大提高内部生产率；通过同外部信息的传递能改善渠道关系，提高外部生产率，降低作业成本。由于 EDI 是遵循一定的语法规则和国际标准，自动进行数据投递、传输、处理，计算机应用程序对它自动响应，从而减少了人工介入和贸易过程中的纸面文件，因此，EDI 又被称为“无纸贸易”。

(二)物流 EDI 的工作步骤

下面介绍一个典型的物流 EDI 模型，它涉及发送货物业主、物流运输业主和接收货物业主，如图 3-13 所示。

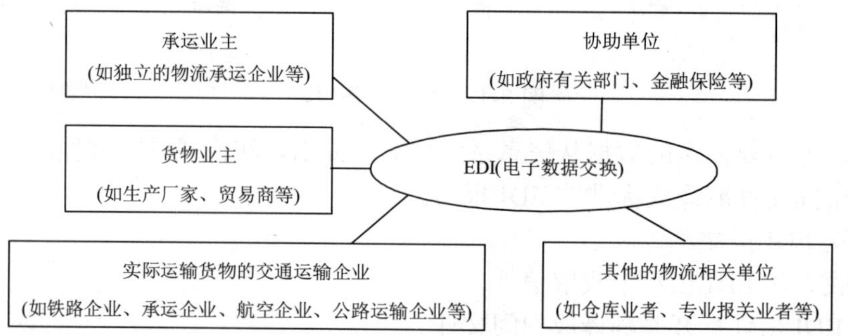

图 3-13 典型的 EDI 模型

EDI 模型的运作方式如下。

(1) 发送货物业主(如生产厂家)在接到订货后制订货物运送计划，并把运送货物的清单及运送时间安排等信息通过 EDI 发送给物流运输业主和接收货物业主(如零售商)，以便物流运输业主预先制订车辆调配计划和接收货物业主制订货物接收计划。

(2) 发送货物业主依据顾客订货的要求和货物运送计划下达发货指令、分拣配货、打印出物流条形码的货物标签(即 SCM 标签，Shipping Carton Marking)并贴在货物包装箱上，同时把运送货物的品种、数量、包装等信息通过 EDI 发送给物流运输业主和接收货物业主，依据请示下达车辆调配指令。

(3) 物流运输业主在向发送货物业主取运货物时，利用车载扫描读数仪读取货物标签的物流条码，并与先前收到的货物运输数据进行核对，确认运送货物。

(4) 物流运输业主在物流中心对货物进行整理、集装，做成送货清单并通过 EDI 向收货业主发送发货信息。在货物运送的同时进行货物跟踪管理，并在货物交纳给收货业主之后，通过 EDI 向发送货物业主发送完成运送业务信息和运费请示信息。

(5) 收货业主在货物到达时，利用扫描读数仪读取货物标签的物品条码，并与先前收到的货物运输数据进行核对确认，开出收货发票，货物入库。同时通过 EDI 向物流运输业主和发送货物业主发送收货确认信息。

物流 EDI 的优点在于：供应链组成各方基于标准化的信息格式和处理方法通过 EDI 共同分享信息、提高流通效率、降低物流成本。应用传统的 EDI 成本较高，一是因为通过 VAN 进行通信的成本高，二是制定和满足 EDI 标准较为困难。但近年来，互联网的迅速普及，为物流信息活动提供了快速、简便、廉价的通信方式，所以，互联网将为企业实施物流 EDI 提供坚实的基础。

三、EDI 技术在物流企业中的应用

EDI 技术在物流行业中主要应用在采购、配送、制造、运输等过程中，涉及供应链中的制造商、批发商、运输商等各个参与方。现代物流中所用的电子数据交换主要是应用于单证的传递、货物送达的确认等。那么在应用电子数据交换技术时就不可避免地会引入各种形式的单证，引入的单证种类有采购单、采购变更单、询价单、采购订单、提单、发票、到货通知单、交货确认单等。

EDI 在不同类型物流企业中的应用有三种不同的目的，这些目的直接影响到 EDI 的功能、人力、成本以及引入的单证种类等。具体情况如表 3-3 所示。

表 3-3　EDI 在不同物流企业中的应用情况

目　的	数据传输	改善作业	企业再造
功能	维持订单 减少人工输入 降低错误 降低费用	与业务系统集成 缩短作业时间 及早发现错误 提高传输可靠性	提高竞争力
参与人员	作业人员	业务主管	决策主管
初期成本	小	较小	
引入时间	1 个月	2～4 个月	1 年
条件	计算机	管理信息系统	管理信息系统

(一)配送中心的应用

配送中心扮演了连接供应商与客户的角色，它对调节产品供需、缩短流通渠道、解决不经济的流通规模及降低流通成本起到了极大的作用。由图 3-14 可以看出配送中心的交易过程。

(1) 在配送中心使用 EDI 传输数据，进行出货单的接收，可以大大降低成本。

(2) 在配送中心使用 EDI 一次引入各单证，并与企业内部信息系统集成，可以逐步改善接单、配送、催款等作业流程。

(3) 在配送中心还可以借助 EDI 对企业流程进行再造。

(二)生产企业的应用

相对于物流公司而言，生产企业与其交易伙伴间的商业行为大致可分为接单、出货、催款及收款作业，其间往来的单据包括采购进货单、出货单、催款对账单及付款凭证等。

(1) 生产企业引入 EDI 是为了在传输数据时，可选择低成本的方式引入采购进货单，接收客户传来的 EDI 订购单报文，将其转换成企业内部的订单形式。

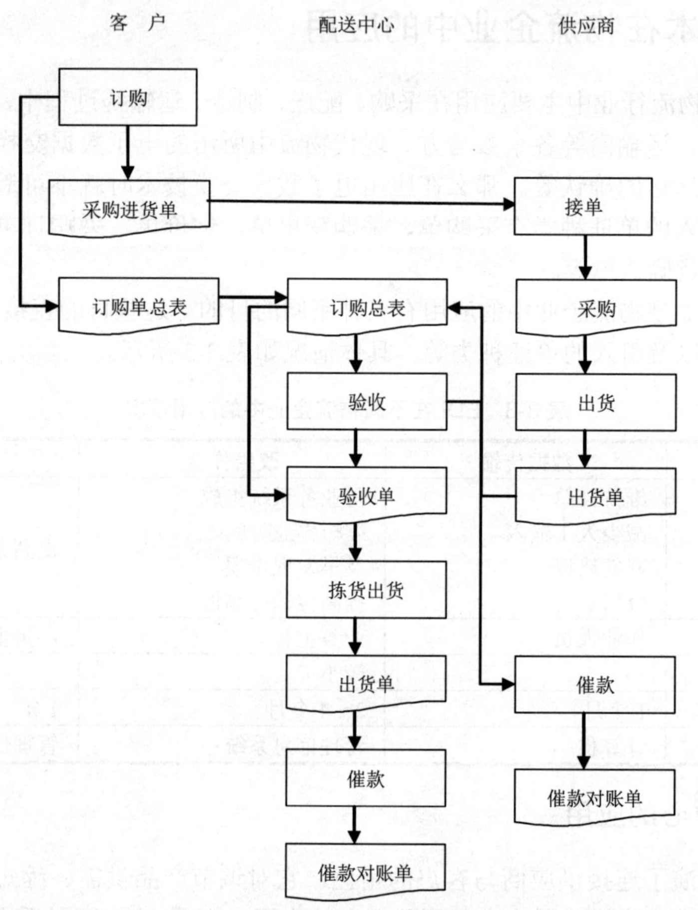

图 3-14　配送中心的交易过程

(2) 如果生产企业应用 EDI 的目的是改善作业，可以同客户合作，依次引入采购进货单、出货单及催款对账单，并与企业内部的信息系统集成，逐渐改善接单、出货、对账及收款作业。

(三)批发商中的应用

批发商因其交易特性，其相关业务包括向客户提供产品以及向厂商采购商品。

(1) 批发商如果是为了数据传输而引入EDI，可选择低成本方式。

(2) 批发商若为改善作业流程而引入EDI，可逐步引入各项单证，并与企业内部信息系统集成，逐步改善接单、出货、催款的作业流程，或改善订购、验收、对账、付款的作业流程。

(四)在运输企业的应用

运输企业以其强大的运输工具和遍布各地的营业点在流通业中扮演着重要的角色。

(1) 运输企业若为数据传输而引入EDI，可选择低成本方式。先引入托运单，接收托运人传来的EDI托运单报文，将其转换成企业内部的托运单格式。

(2) 运输企业若引入EDI是为改善作业流程，可逐步引入各项单证，且与企业内部信息系统集成，逐步改善托运、收货、送货、回报、对账、收款等作业流程。

近年来，我国政府和物流企业积极推广EDI，形成了EDI发展的良好局面。但我国物流企业在应用EDI的过程中也存在一系列问题，如多数企业反映EDI应用的实际效益不佳或不明显；EDI系统未能和企业计算机信息管理系统结合，给企业造成了额外负担；多数物流企业反映EDI的使用成本较高，难以承受。根据这些问题可以采取一些相应的对策，如采用基于Internet的XML/EDI，大幅度降低使用成本；借鉴国外经验，对实施EDI的行业和企业制定优惠政策。国外在推行EDI的过程中，经常是政府出面，或是由一些中立组织、港口、海关牵头，成立专门机构，进行组织协调，并制定有关EDI的专门法律，作为推行EDI的法律保障。例如，新加坡港推行EDI到“必行”阶段时，如企业仍不采用EDI，港口对其进出港箱货采取罚款措施，到“封闭”阶段，如还不采用EDI，则不允许其集装箱进出入港口；澳大利亚的悉尼港，海关对采用EDI报关的不另外收取费用，而对采用纸面单证报关的收取附加费用，并规定用户的文件需按海关提供的格式标准化后，才能把信息传输到海关，因此，这些国家推行EDI，都把港口和海关等卡口作为强制的制约手段来实施。此外，还利用经济杠杆和其他强制手段推行EDI，也值得我们借鉴。

案例3-3：神龙公司基于EDI和Internet的信息组织模式

1. 概述

神龙汽车有限公司由东风汽车集团、法国雪铁龙汽车集团、法国国民银行和法国兴业银行共同出资，于1992年年初成立于湖北省武汉市(中方投资占70%)。随着国内轿车市场竞争越来越激烈，该公司感到原有管理方法已严重钳制了企业的发展，尤其是在和合作企业的信息沟通上，存在着较大的问题。

神龙公司的信息管理存在一些影响供应链运作效率的问题。生产计划中所需的关键数

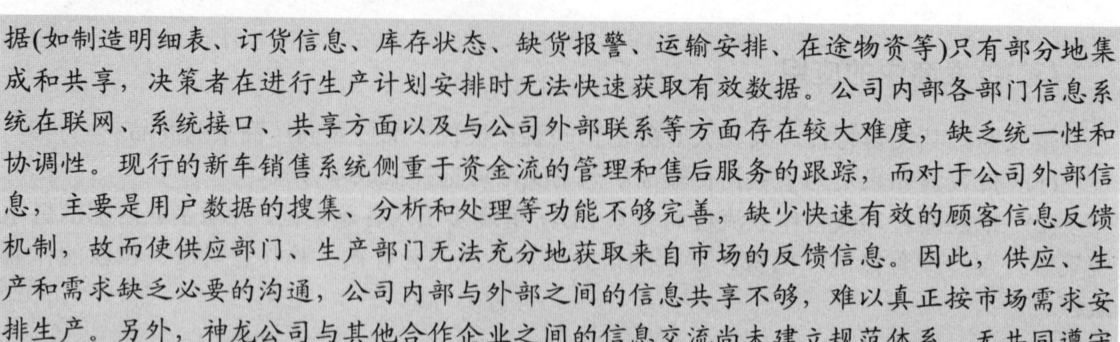

据(如制造明细表、订货信息、库存状态、缺货报警、运输安排、在途物资等)只有部分地集成和共享，决策者在进行生产计划安排时无法快速获取有效数据。公司内部各部门信息系统在联网、系统接口、共享方面以及与公司外部联系等方面存在较大难度，缺乏统一性和协调性。现行的新车销售系统侧重于资金流的管理和售后服务的跟踪，而对于公司外部信息，主要是用户数据的搜集、分析和处理等功能不够完善，缺少快速有效的顾客信息反馈机制，故而使供应部门、生产部门无法充分地获取来自市场的反馈信息。因此，供应、生产和需求缺乏必要的沟通，公司内部与外部之间的信息共享不够，难以真正按市场需求安排生产。另外，神龙公司与其他合作企业之间的信息交流尚未建立规范体系，无共同遵守的工作准则。

2. 解决问题的途径

在激烈的市场竞争中，神龙公司认识到应以自身为核心，与供应商、供应商的供应商乃至一切向前的关系，与用户、用户的用户乃至一切向后的关系组建一个链网结构，建立战略合作伙伴关系，委托链网上的每一个个体完成一部分业务工作，那么神龙公司则可轻装上阵，集中精力和各种资源，通过技术程序重新设计，做好本企业能创造特殊价值的、比竞争对手更擅长的关键性业务工作，从而极大地提高神龙公司的竞争力，取得期望的经济效益。

这就是神龙公司采用供应链管理模式的初衷。神龙公司作为供应链上的核心企业，发挥着信息处理中心的作用，向供应商产生层层需求信息，供应商向神龙公司反馈供应信息，由分销商产生需求信息，再向分销商提供供货信息。只有通过改变原有的企业信息系统模型，建立面向供应链管理的企业信息系统，才能保证供应链生产计划同步化和实现企业之间的信息共享，这也是实施供应链管理模式的前提和保证。

(1) 组织结构重组，职能部门集成神龙公司需围绕核心业务对物流实施集成化管理，对组织实行业务流程重组，实现职能部门的优化集成，避免不同部门条块分割或职能相互渗透。根据神龙公司的核心业务活动流程，从职能可以划分为产品开发与设计、供应、生产作业、销售、财务结算、信息组织六大部分。物料供应部门与供应商的管理部门集成、销售商务部门与销售商管理部门的集成有利于对供应商、经销商的管理和考核。生产作业部门与设备能源部门的集成有利于生产能力和设备能力的协调，而信息组织部门与财务结算部门则宜相对独立，这样，也便于物流、信息流、资金流的管理，协调公司内部各职能部门之间的合作关系。

(2) 生产计划和控制系统的集成从供应链中节点企业的供需关系分析，神龙公司采取订单驱动其他企业的活动，如供应部门围绕订单而动，生产部门围绕制造订单而动，销售部门围绕商业订单而动，这就是订单驱动原理。

(3) 建立 EDI 和 Internet 相融合的信息组织模式，将 EDI、Internet 和企业的信息系统集成起来能提高企业的经营管理水平。如法国雪铁龙汽车集团与美国通用电气公司建立了长期合作伙伴关系，雪铁龙通过 EDI 与供应商实现了订单、发票、发货信息电子文件传输

方式。欧洲汽车行业都遵守统一的商业操作模式，采用 GALIA 标准的报文形式和传输方式。在 EDI 传输系统中，通过翻译软件正向与反向的翻译功能实现 GALIA 报文与企业内局域网数据模式的相互转换。到 2000 年雪铁龙与欧洲各汽车行业将从 GALIA 标准过渡到 EDIFACT 标准，EDIFACT 是美、日等国家使用的标准，这将促使全球 EDI 报文的标准化。

神龙公司于 1997 年年底建立了 GEIS 专线，1998 年 4 月份开始在进口件采购业务中使用 EDI 技术，采用 GALIA 标准与雪铁龙公司进行要货令、发票、发货通知等数据交换。

3. 效果

采用 EDI 技术是神龙公司按件供应的前提。如果不采用 EDI 技术，雪铁龙与神龙公司对 1000 多种零件需将要货令、发货、发票信息手工维护到自己的系统中，不仅周期长，且无法保证准确性。而采用 EDI 技术则使工作变得得心应手。神龙公司发出要货令电子文件 2 小时之内，雪铁龙便可在它的终端上接收，经翻译后转化为其系统的数据文件而直接使用。通过系统的分析，可以迅速地检查各种差异，并通过 Internet 及时反馈给神龙公司，有效地保障了工作质量。

采用 EDI 技术大大地减少了纸质单据的传递，据估算，每月发货对应的发票、发货通知、装箱单等纸质文件(一式六份)就重达几百千克，而所有信息通过 EDI 技术进行交换，大大地减少了纸质单据的传递工作量，节省了信息传递的时间。在神龙和雪铁龙的国际贸易中采用 EDI 技术，使订单、发货通知、发票等大量的数据、文件信息传递变得可靠和通畅，减少了低效工作和非增值活动，并使双方快速获得信息，更方便地进行交流和联系，提高了相互的服务水平。

随着网络技术的发展，神龙公司供应链管理采用基于 Internet/EDI 的运作模式成为必然。对于大部分国内的供应商或分销商来说，最经济、最实用的方式就是通过建立 Internet 来达到电子商务、同步作业、资源共享的目的。

(资料来源：佚名. 通用国际咨询. http://www.gci-corp.com/Article/qyzl/200612/83076.html，2006.12.13)

第四节　RFID 技术

目前，条码是我国物流行业用于产品识别的主要手段，但条码存在许多无法克服的缺点：条码是只读的，信息内容不可变更；承载的信息内容相对较少；条码标签特有的抗污染能力差；低成本的标签容易脱落且容易破损；长期使用耗材费用高等。更重要的是，目前全世界每年生产超过 5 亿种商品，而全球通用的商品条码(由 12 位数字排列出来的条码)号码将很快被分配完，无法满足不断出现的新产品的需求。

RFID(无线射频识别)是一种可擦写的、使用时不需对准标的、同时可读取多个、全天候使用、不需人力介入操作的自动识别技术。可以预见，RFID 标签将高速发展，它将替代部分条码并与条码长期共存。RFID 作为换代性标识技术，在欧美等发达国家已经表现出了高度的专业性与普及趋势，RFID 技术可应用在供应链管理、库存管理、配送等涉及产品流转的各个环节，大大地提高了物流信息化水平，加快了商品流通的速度，增强了整个物流行业的竞争力。以 RFID 为代表的新技术正在深刻地影响着仓储管理系统，甚至孕育着一场“物流革命”。

一、RFID 技术概述

RFID 是英文 Radio Frequency Identification(无线射频识别技术)的缩写，俗称电子标签。RFID 射频识别是一种非接触式的自动识别技术，通过射频信号自动识别目标对象并获取相关数据，在阅读器和电子标签之间进行非接触双向数据传输，以达到目标识别和数据交换的目的。识别工作无须人工干预，可工作于各种恶劣环境。RFID 技术可识别高速运动物体并可同时识别多个标签，操作快捷方便。短距离射频产品不怕油渍、灰尘污染等恶劣的环境，可在这样的环境中替代条码，如用在工厂的流水线上跟踪物体。长距射频产品多用在交通上，识别距离可达几十米，如自动收费或识别车辆身份等。

RFID 技术是一种无线电通信技术，其基本原理是电磁理论，是利用电磁能量实现自动识别与数据采集技术，电磁能量是自然界存在的一种能量形式。

近年来，无线射频识别技术在国内外发展很快，RFID 是当前自动识别领域最热门的技术。RFID 产品种类很多，像 TI、Motorola、Philips、Microchip 等世界著名厂家都生产 RFID 产品，并且各具特点，自成系列。RFID 已被广泛应用于工业自动化、商业自动化、交通运输控制管理等众多领域，如汽车或火车等的交通监控系统、高速公路自动收费系统、物品管理、流水线生产自动化、门禁系统、金融交易、仓储管理、畜牧管理、车辆防盗等。随着电子标签成本的下降和 RFID 标准化的实施，RFID 技术将会得到更全面的发展和应用。

二、RFID 的组成与工作原理

本节从 RFID 系统组成出发，对 RFID 系统的工作原理进行简单的说明。

(一)RFID 系统组成

一套完整的 RFID 系统由电子标签(TAG)、读写器(Reader)、天线(Antenna)和数据交换与管理系统四部分组成，如图 3-15 所示。

1. 电子标签

电子标签(或称射频卡、应答器、信号发射器等)是 RFID 系统的真正载体，由标签天线和标签专用芯片组成，如图 3-16 所示。每个电子标签具有唯一的电子编码附着在目标物体对象上，用来存储需要识别和传输的信息，相当于条码技术中的条码符号。

电子标签有很多种类，按供电方式划分为有源电子标签和无源电子标签；按功能划分为只读标签、可重写标签、微处理器标签和传感器标签；按调制方式划分为主动式标签和被动式标签，主动式标签利用自身的射频能量主动发送能量供读写器读取数据，被动式标签必须利用读写器的载波调制自己的信号发射数据。

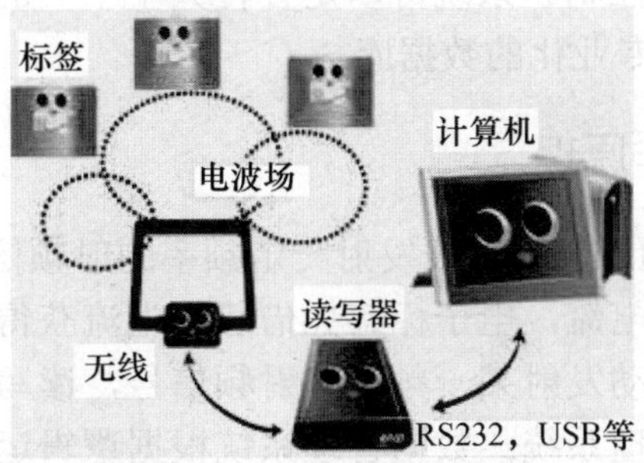

图 3-15　RFID 系统组成

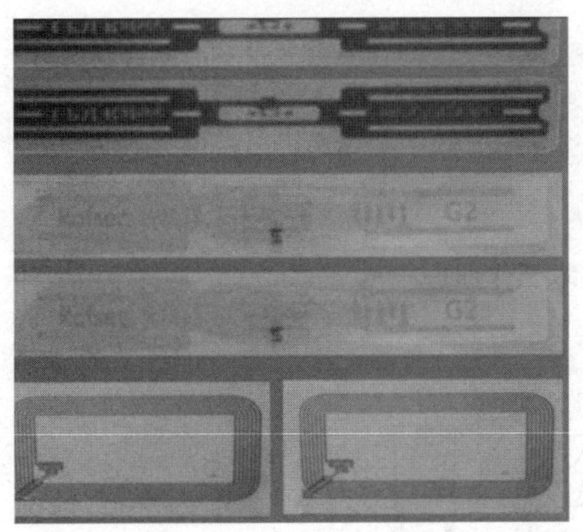

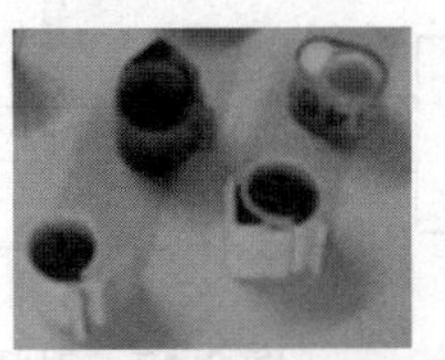

射频鸽子环

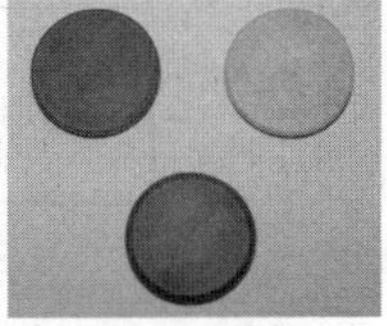

圆柱形射频标签

射频透明卡

图 3-16　RFID 电子标签

2. 读写器

读写器，有时也被称为查询器、阅读器或读出装置，主要由无线收发模块、天线、控制模块及接口电路等组成，用以产生发射无线电射频信号并接收由电子标签反射回的无线电射频信号，经处理后获取标签数据信息，有时还包含写入标签信息的设备。根据支持的标签类型不同与完成的功能不同，阅读器的复杂程度有显著不同。其基本功能是提供与标签进行数据传输的途径，将数据管理系统的读写命令传送到电子标签，再把从数据管理系统发往电子标签的数据加密，将电子标签返回的数据解密后送到数据管理系统。

3. 天线

天线是标签与阅读器之间传输数据的发射、接收装置，用于在标签和读取器之间传递射频信号。一个 RFID 系统至少应包含一根天线(不管是内置还是外置)以发射和接收射频信号。

4. 数据交换与管理系统

数据交换与管理系统由硬件驱动程序、控制程序和数据库等组成，完成数据信息的存储、管理和电子标签的读写控制。系统可以是各种大小不一的数据库或供应链系统，也可以是面向特定行业的、高度专业化的数据库。

(二)RFID 系统的工作原理

RFID 工作时，读写器通过发射天线发射一定频率的射频信号，随着标签的目标对象进入天线工作区域时产生感应电流，电子标签凭借感应电流获得能量，发射存储在芯片中的数据信息，或者电子标签主动发射某一频率的射频信号，读写器对接收到的载波信号进行解调和解码后传输到数据管理系统；数据管理系统根据逻辑运算判断电子标签的合法性，针对不同的设置做出相应的处理和控制，如图 3-17 和图 3-18 所示。

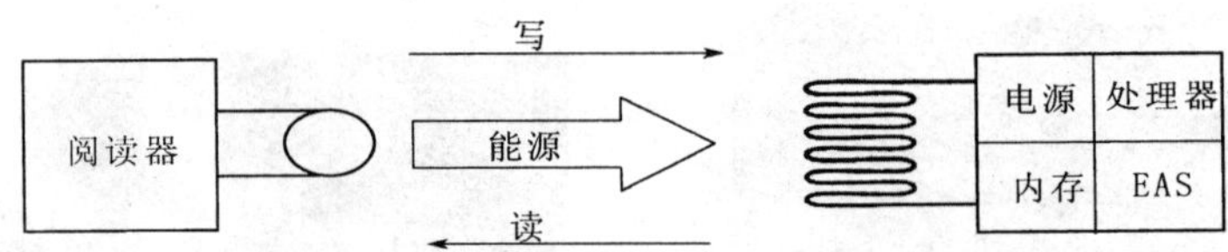

图 3-17 射频识别技术工作原理

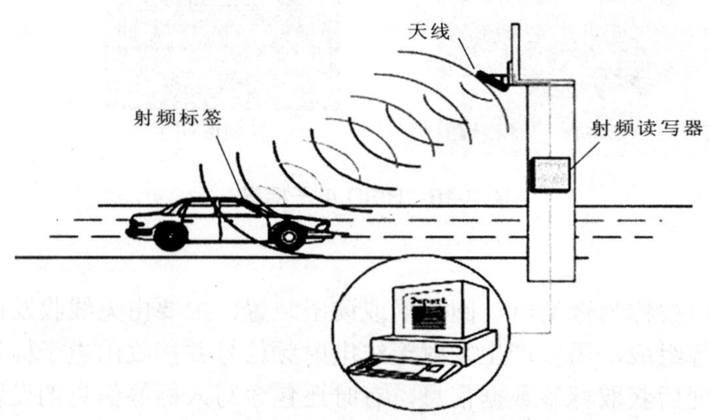

图 3-18 射频识别工作示意图

通常情况下，RFID 阅读器发送的频率称为 RFID 系统的工作频率或载波频率。RFID 载波频率基本上有三个范围：低频(30～300 kHz)、高频(3～30 MHz)和超高频(300 MHz～300 GHz)。常见的工作频率有低频 125 kHz 与 134.2 kHz、高频 13.56 MHz、超高频 433 MHz、860～930 MHz、2.45 GHz。

三、RFID 系统的分类

按功能可把 RFID 系统分成四种类型：EAS 系统、便携式数据采集系统、物流控制系统和定位系统。

(一)EAS 系统

电子商品防盗系统(Electronic Article Surveillance，EAS)是一种设置在需要控制物品出入的门口的 RFID 技术。这种技术的典型应用场合是商店、图书馆、数据中心等地方，当未被授权的人从这些地方非法取走物品时，EAS 系统会发出警告。在应用 EAS 技术时，首先在物品上粘上 EAS 标签，当物品被正常购买或者合法移出时，在结算处通过一定的装置使 EAS 标签失活，物品就可以被取走。物品经过装有 EAS 系统的门口时，EAS 装置能自动检测标签的活性，发现活性标签后 EAS 系统会发出警告。EAS 技术的应用可以有效防止物品被盗，不管是大件商品，还是很小的物品。应用 EAS 技术，物品不用再锁在玻璃橱柜里，可以让顾客自由地观看、检查商品，这在自选超市日益流行的今天有着非常重要的现实意义。典型的 EAS 系统一般由三部分组成：附着在商品上的电子标签，电子传感器；电子标签灭火装置，以便授权商品能正常出入；监视器，在出口造成一定区域的监视空间。

(二)便携式数据采集系统

便携式数据采集系统使用带有 RFID 阅读器的手持式数据采集器采集 RFID 标签上的数据。这种系统具有比较大的灵活性，适用于不宜安装固定式 RFID 系统的应用环境。手持式阅读器(数据输入终端)可以在读取数据的同时，通过无线电波数据传输方式(RFDC)实时地向主计算机系统传输数据，也可以暂时将数据存储在阅读器中，再一批一批地向主计算机系统传输数据。

(三)物流控制系统

在物流控制系统中，RFID 阅读器被分散布置在既定的区域，阅读器直接与数据管理信息系统相连，而信号发射机是移动的，一般安装在移动的物体、人上面。当物体、人经阅读器时，阅读器自动扫描标签上的信息并传送到数据管理信息系统以供存储、分析和处理，达到控制物流的目的。

(四)定位系统

定位系统用于自动化加工系统中的定位以及车辆、轮船等的运行定位。阅读器放置在移动的车辆、轮船上或者自动化流水线中移动的物料、半成品、成品上，信号发射机嵌入到操作环境的地表下面。信号发射机上存储有位置识别信息，阅读器一般通过无线或有线的方式连接到主信息管理系统上。

四、RFID 在物流中的应用

RFID技术在物流领域各个环节的应用有效地解决了供应链上各项业务运作资料的输入与输出、业务过程的控制与跟踪，以及减少出错率等难题，从质量控制、自动化管理到装箱销售、出口验证、到港分发、零售上架等各个物流环节都因 RFID 的应用出现了难以置信的便利和高效。RFID 在物流领域的应用主要体现在以下几个方面。

(一)生产方面

无线射频技术在生产方面主要应用于自动化生产线运作。在自动化生产过程中通过应用 RFID 技术，利用标签快速准确地从种类繁多的库存中找出适当工位所需的适当的原材料和零部件，并结合运输系统及传输设备，实现物料的转移，从而实现对原材料、零部件、半成品以及最终成品在整个生产过程中的识别与跟踪，降低人工识别成本和出错率，从而提高生产效率和提高企业效益。一方面，应用 RFID 技术还能对生产过程实现自动监控，及时根据生产进度发出补货信息，从而协助生产管理人员实现对流水线均衡协调，确保稳步生产；另一方面，也可以加强对产品质量的控制与追踪。

(二)存储方面

无线射频技术在存储方面主要应用于存取货物与库存盘点，将标签贴在每个货物的包装上或托盘上，在标签中写入货物的相关信息。同时在货物进出仓库时可在标签中写入货物存取的相关信息，在仓库内和各经销管道设置阅读器，以实现货物存取控制与库存盘点。即 RFID 系统可以自动记录入库、出库信息，入库时仓储管理系统会给出一个适当的储存位置，出库时仓储管理系统可以知道货物出自哪个存储位置、由哪辆车运走。利用标签中提供的相关产品现有库存情况的准确信息，管理人员可由此快速地识别并统计现有库存状况，从而实现快速盘点。同时可以使商品的登记自动化，在盘点时无须人工的检查或条码扫描的过程，使盘点工作更加快速准确。因此，应用 RFID 技术既增强了作业的准确性和快捷性，提高了服务质量，降低了成本，又节省了劳动力和库存空间。

(三)运输方面

很多货物运输需要准确地知道它的位置，像运钞车、危险品、高值物品等。在途运输的货物和车辆贴上 RFID 标签，沿线安装的 RFID 设备可跟踪运输的全过程，有些还可结合 GPS 系统实施对物品的有效跟踪。

物流公司收到生产供应商的货物，通过手持读写器，不用打开包装，就能读取产品上 RFID 标签的信息，马上和生产供应商发来的数据进行比较，立即就能知道来货是否有误，

是否差数，就可以采取拒收或查验等措施，从而避免货物的丢失和发错货。同时，更新标签上的信息(如商品存放地点和状态)，把更新后的信息传回中央数据库，并进行记录，就可以随时了解货物的实际位置，以及其他相关信息。

(四)配送方面

在配送环节，采用射频技术的主要目的是加快配送的速度和提高拣选与分发过程的效率及准确率，并能减少人工，降低配送成本。如果到达中央配送中心的所有商品都贴有 RFID 标签，在进入中央配送中心时，托盘通过一个阅读器，读取托盘上所有货箱上的标签内容。系统将这些信息与发货记录进行核对，以检测出可能的错误，然后将 RFID 标签更新为最新的商品存放地点和状态。

(五)销售方面

RFID 可以改进零售商的库存管理，实现适时补货，有效跟踪运输与库存，提高效率，减少出错。同时，智能标签还能对某些时效性强的商品的有效期限进行监控。在销售方面，商店还能利用 RFID 系统在付款台实现自动扫描和计费，从而取代人工收款。

集中式数据中心货物流转过程中所发生的每个位置变化被传回中央数据库，并进行记录，可实时了解货物的实际位置，并可全程追踪所有的流转环节。“全程追踪”可改善丢货、错货的问题，节省相关成本，从而赢得市场空间。而且“全程追踪”可使企业实时了解商品的销售、仓储等动态数据。

(六)回收方面

当发现缺陷或不合格的产品时，就可以很容易地找到问题的来源，便于回收有问题的产品。例如，当顾客买到一件不合格的商品时，他可以拿着这件商品来到零售商处要求换成合格的商品。零售商通过查询该商品的生产地，就可以将这个不合格的商品退回到生产商处。生产商通过产品路径跟踪系统，就可以查询出该产品在哪个工序出了问题，从而对该产品进行改造，也可以使生产商避免犯同样的错误。

(七)交通领域

RFID 技术在交通领域也有许多应用。

(1) 电子停车收费系统。应用 RFID 技术，通过路侧阅读器与车载电子标签之间的专用短程通信，在不需要司机停车和其他收费人员采取任何操作的情况下，就可自动完成收费处理全过程。

(2) 海关码头电子车牌系统。该系统通过对往来的车辆发放车载电子标签，并在关键的出入监控点安装 RFID 识读设备，可以使安装电子车牌的监管车辆在通过监控通道时被准确及时地识别，实现对车辆数据的采集，完成车辆身份的确认以及查询、统计和调度等功能。

(3) 车辆调度管理系统。该系统利用 RFID 技术实现对货运车进出场的信息自动、准确、远距离、不停车采集，准确掌握运输车辆进出的实时动态信息，对此信息进行分析，可以掌握车辆运用规律，从而有效地提高车辆管理水平。

案例 3-4：天津港 RFID 系统使集装箱进港效率大幅提高

为了提高集装箱进港运输的效率，2008 年，天津港建成了港口 RFID 管理系统，从此原本主要依靠人工操作的货运数据写入，到港数据采集、核对都由该系统自动完成，极大地提高了港口的工作效率。

记者在天津港看到，在集装箱堆场，待装船的集装箱在被拖车运进港口以前，工作人员会将“装箱单”信息录入计算机，然后通过专用设备写入射频电子标签，并将同样的电子信息通过网络传送到码头。射频电子标签将被安装在运输集装箱的拖车上，其信息内容包括车辆信息和“装箱单”的基本信息两部分。

与此同时，港口的码头公司根据收到的电子“装箱单”信息，提前进行场地策划，预先安排码头箱位。当司机开着安装了电子标签的拖车进入港口闸口时，闸口工作人员通过电子标签读写器进行信息采集，并与预先收到的“装箱单”信息进行核对，由计算机给出码头场位后放行。这样只需很短暂的停留，拖车就可以直接开赴码头目的地，方便而且快捷。

记者注意到，车辆通过电子标签读写器控制的车道时，读写器会自动以非接触、远距离的方式，瞬间取得该车电子标签内的信息。通过获取的信息，计算机系统就可以做出车辆是否放行的指令并进行信息自动登记。由于全部由计算机自动处理，整个过程非常迅速，避免了人工验放、登记容易造成的车辆积压和信息录入错误。在同一过程中，每辆车的货运和进出港记录都在系统中实时记录，可供相关人员随时通过互联网等方式查阅。

为确保 RFID 系统万无一失，天津港还在监控闸口设置了 RFID 监控系统，进行室内、室外双重监控，保证了港口业务通畅进行。由于该港包含多个货场，每个货场的所属单位又不相同，因此他们采用了两种手段将数据提供给不同的单位所开发的货场管理系统，一个是将详细信息保存在 RFID 标签中，另一个是将与 RFID 读写器控制以及标签读写相关的软件编写成标准控件，由不同的系统调用。

据工作人员介绍，与传统的纸制单据容易涂改、伪造相比，射频电子标签设有密码，其中储存的电子信息在传送途中是不可见的，数据的更改也需要专用设备，这就使得货运数据在运输途中无法被更改、伪造，保证了数据的安全和准确。

(资料来源：经济日报，中国国际海运网转载，
http://info.shippingchina.com/bluenews/index/detail/id/59926.html，2009.10.28)

从以上几个方面的 RFID 技术应用可以看出，在物流领域推广和使用 RFID 技术对物流活动是有益的。通过应用 RFID 技术，企业可以增强对整个物流活动过程货物信息采集的准确性和及时性，便于企业对物流活动的管理，减少了企业在人力、物力和财力方面的投入，降低了成本。同时也可以看出，实际上在整个供应链环节中，从最初的采购到销售和服务等所有的过程都是货物转移流动的过程，在这个过程中都可以应用 RFID 技术，在各个货物上贴上标签，从而完成对货物的实时跟踪与管理。

尽管 RFID 有很多优点，但在物流领域的应用也存在着很多亟待解决的问题，如成本过高(主要是电子标签价格高)、侵犯隐私；安全可靠性差(开放性使得非法用户也可以接收以及部分标签的无法识别问题)；缺乏统一标准(美国、欧洲使用 EFCGLOBAL 标准，日本使用 UID 标准，我国很多企业持观望态度，另外，频率无法统一也是一个大问题)。

虽然目前的价格过高和标准不统一的问题暂时阻碍了 RFID 技术在我国物流业的广泛应用，但 RFID 技术的实现所带来的优势对物流行业具有很大的诱惑。随着构建 RFID 系统成本的降低和相关标准的确定，RFID 技术将会给物流业带来革命性的变革。

第五节　GIS 与 GPS 技术

物流活动常处于运动和非常分散的状态，为了对物流活动的空间数据进行有效的管理，通常采用 GIS(Geographic Information System，地理信息系统)技术和 GPS(Global Positioning System，全球定位系统)技术。GIS 是在吸收和融合相关学科(地理学、地图学、测量学和计算机科学等学科)和信息技术的基础上丰富和发展起来的，它利用计算机图形和数据库技术来采集、存储、编辑、显示、转换、分析和输出地理图形及其属性数据，为用户提供图文并茂的信息，以便其进行分析和决策。GPS 是利用导航卫星进行测时和测距，能够计算出地球上任何地方的用户所处的方位的一种系统，提供的位置信息是实时或者接近实时的。随着 GIS 技术和 GPS 技术的广泛应用及不断完善，其强大的地理信息分析和处理功能将使整个物流过程不断优化，使企业提高工作效率、降低物流成本，并提高企业的服务水平。

一、GIS 技术

(一)GIS 的概念

地理信息系统是以地理空间数据为基础，采用地理模型分析方法，提供多种空间和动态的地理信息，为地理研究和地理决策服务的计算机技术系统。

(二)GIS 的功能

GIS 的基本功能是将表格型数据转换为地理图形显示，然后对显示结果进行浏览、操作

和分析。其显示范围可以从洲际地图到非常详细的街区地图，显示对象包括人口、销售情况、运输线路以及其他内容。GIS 功能的框架如图 3-19 所示。

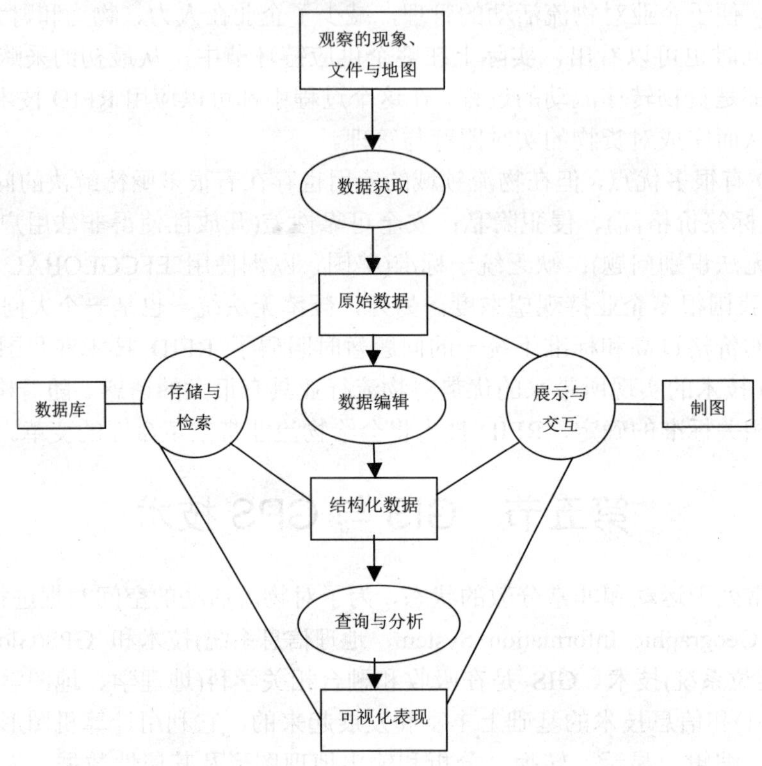

图 3-19　GIS 功能的框架

地理信息系统的核心问题可归纳为五个方面的内容：位置、条件、变化趋势、模式和模型。依据这些问题，可以把 GIS 功能分为以下几个方面。

1. 数据采集与输入

获取数据，保证地理信息系统数据库中的数据在内容与空间上的完整性、数值逻辑一致性与正确性等，也就是将地图、文字报告、物化数据、统计数据等转换为计算机可以识别的数据。一般而言，地理信息系统数据库的建设占整个系统建设投资的 70%或更多。用于数据采集的技术主要有手扶跟踪数字化仪。目前，自动化扫描输入与遥感数据集成最受人们所关注。

2. 数据编辑与更新

数据编辑主要包括图形编辑和属性编辑。属性编辑主要与数据库管理结合在一起完成；图形编辑主要包括拓扑关系建立、图形编辑、图形整修、图幅拼接、投影变换以及误差校

正等。数据更新则要求以新记录的数据来替代数据库中相对应的数据项或记录。由于空间的实体都处在发展进程中，获取的数据只反映某一瞬时或一定时间范围内的特征。随着时间的推移，数据会随之改变。数据更新可以满足动态分析之需。

3. 数据存储与管理

数据存储与管理是建立地理信息系统数据库的关键步骤，涉及空间数据和属性数据的组织，主要提供空间与非空间数据的存储、查询、修改和更新。其中最为关键的是如何将空间数据与属性数据融合为一体。目前大多数系统都是将二者分开存储，通过公共项(一般定义为地物标识码)来连接。

4. 空间查询与分析

空间查询与分析是地理信息系统最核心的功能。空间查询是地理信息系统以及许多其他自动化地理数据处理系统应具备的最基本的分析功能；而空间分析是地理信息系统的核心功能，也是地理信息系统与其他计算机系统的根本区别。模型分析是在地理信息系统支持下，分析和解决现实世界中与空间相关的问题，它是地理信息系统应用深化的重要标志。

5. 图形交互与显示

图形交互与显示同样是一项重要功能。地理信息系统为用户提供了许多用于地理数据表现的工具，其形式既可以是计算机屏幕显示，也可以是诸如报告、表格、地图等硬拷贝图件，尤其要强调的是地理信息系统的地图输出功能。一个好的地理信息系统应能提供一种良好的、交互式的制图环境，以供地理信息系统的使用者能够设计和制作出高质量的地图。

(三)GIS 的组成

GIS 由五个主要的元素所构成：硬件、软件、数据、方法和人员，如图 3-20 所示。

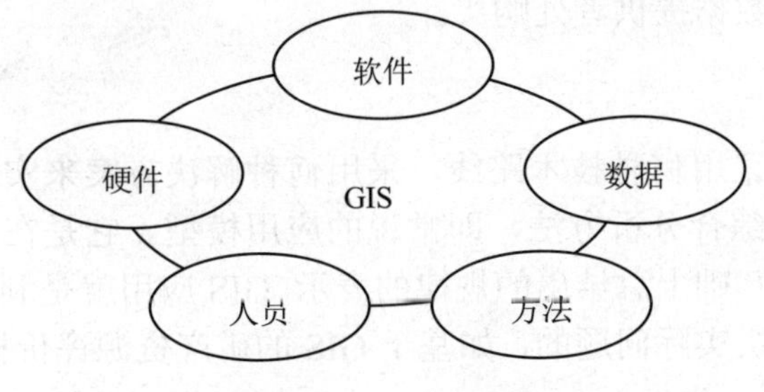

图 3-20　GIS 的构成

1. 硬件

硬件是 GIS 所操作的计算机。今天，GIS 软件可以在多种类型的硬件上运行，从中央

计算机服务器到桌面计算机，从单机到网络环境。一个典型的 GIS 硬件系统除计算机外，还包括数字化仪、扫描仪、绘图仪、磁带机等外部设备，如图 3-21 所示。

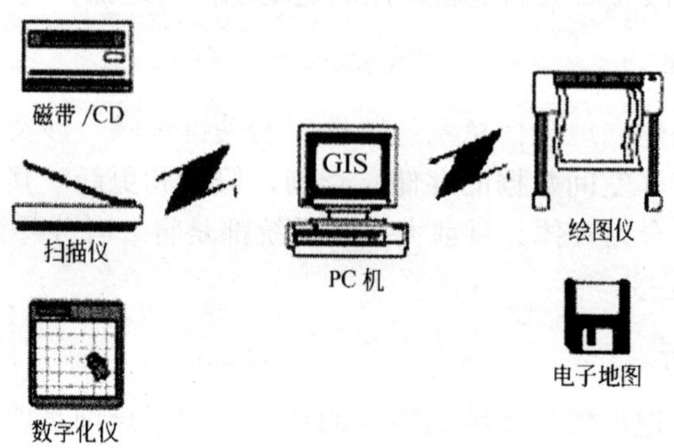

图 3-21　典型的 GIS 硬件配置

2. 软件

GIS 软件提供所需的存储、分析和显示地理信息的功能和工具。其主要的软件部件如下。

(1)　输入和处理地理信息的工具。

(2)　数据库管理系统(DBMS)。

(3)　支持地理查询、分析和视觉化的工具。

(4)　容易使用这些工具的图形化界面(GUI)。

3. 数据

数据是一个 GIS 应用系统的最基础的组成部分。空间数据是 GIS 的操作对象，是现实世界经过模型抽象的实质性内容的数据反映。一个 GIS 应用系统必须建立在准确合理的地理数据基础上。一个 GIS 系统中最重要的部件就是数据了。地理数据和相关的表格数据可以自己采集或者从商业数据提供者处购买。

4. 方法

方法是指系统需要采用何种技术路线，采用何种解决方案来实现系统目标。这里的方法主要是指空间信息的综合分析方法，即常说的应用模型。它是在对专业领域的具体对象与过程进行大量研究的基础上总结出的规律的表示。GIS 应用就是利用这些模型对大量空间数据进行分析综合来解决实际问题的，如基于 GIS 的矿产资源评价模型、灾害评价模型等。

5. 人员

人员是 GIS 中的重要构成因素，GIS 不同于一幅地图，而是一个动态的地理模型，仅有系统软、硬件和数据构不成完整的 GIS，需要人员进行系统组织、管理、维护和数据更新、

系统扩充完善、应用程序开发，并采用地理分析模型提取多种信息，为地理学研究和地理决策服务。作为 GIS 系统的能动部分，人员的技术水平和组织管理能力是决定系统建设成败的重要因素。

二、GPS 技术

(一)GPS 的概念

全球定位系统(Global Positioning System，GPS)是美国从 20 世纪 70 年代开始研制，历时 20 年，耗资 200 亿美元，于 1994 年全面建成，具有在海、陆、空进行全方位实时三维导航与定位能力的新一代卫星导航与定位系统。开始时只用于军事目的，现在已经广泛地应用在商业和科学研究上。GPS 具有全能性、全球性、全天候、精度高(50km 以内可达 10^{-6}，100～500 km 可达 10^{-7}，1000 km 可达 10^{-9})的特点。

目前，全球定位系统有四个：美国研制的 NAVSTAR 系统、俄罗斯所拥有的 GLONASS 系统、欧洲的“伽利略”卫星导航系统和中国的“北斗”卫星导航系统。

(二)GPS 的组成

GPS 系统由空间部分、控制部分和用户部分三部分组成，如图 3-22 所示。

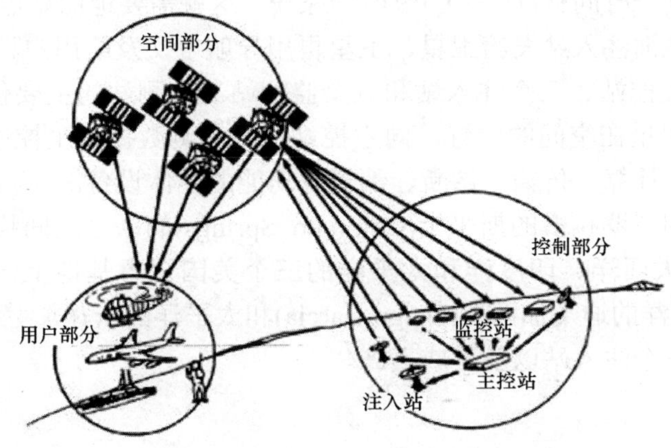

图 3-22　GPS 系统

1. 空间部分——空间导航卫星星座

GPS 的空间部分由 21 颗工作卫星组成，它位于距地表 20 200 km 的上空，均匀分布在 6 个轨道面上(每个轨道面 4 颗)，轨道倾角为 55°，运行周期为 12 小时。此外，还有 3 颗有源备份卫星在轨运行，卫星星座如图 3-23 所示。卫星的分布使得在全球任何地方、任何时间都可观测到 4 颗以上的卫星，平均同时可观测到 6 颗卫星，最多可达 11 颗，并能在卫星中预存导航信息。当卫星入轨后，星内机件靠太阳能电池和镉镍蓄电池供电，每个卫星有一个推力系统，以便使卫星轨道保持在适当的位置。GPS 的卫星因为大气摩擦等问题，随着时间的推移，导航精度会逐渐降低。

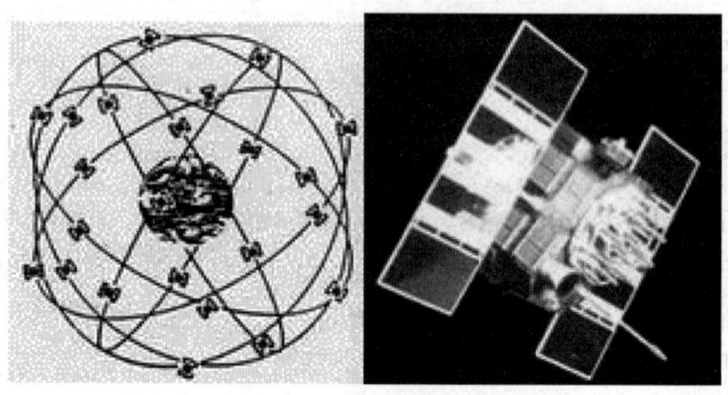

图 3-23 卫星星座图

2. 地面监控部分

卫星位置是依据卫星发射星历——描述卫星运动及其轨道参数算得的。每颗 GPS 卫星所播发的星历，由地面监控系统提供。卫星上各种设备是否正常工作，以及卫星是否一直在预定轨道上运行，都要由地面设备进行监测和控制。地面监控系统的另一个重要作用是保持各颗卫星处于同一时间标准——GPS 时间系统。这就需要地面站监测各颗卫星的时间，求出钟差。然后由地面注入站发给卫星，卫星再用导航电文发给用户设备。GPS 工作卫星监控系统包括一个主控站、三个注入站和五个监测站。监测站的主要任务是对每颗卫星进行观测，精确测定卫星在空间的位置，向主控站提供观测数据。主控站拥有大型电子计算机，作为数据采集、计算、传输、诊断、编辑等功能的主体设备。

主控站位于美国科罗拉多的斯平士(Colorado Springs)的联合空间执行中心(CSOC)，三个注入站分别设在大西洋、印度洋和太平洋的三个美国军事基地上，即大西洋的阿松森(Ascension)岛、印度洋的迪戈加西亚(Diego Garcia)和太平洋的卡瓦加兰(Kwajalein)，五个监测站设在主控站和三个注入站以及夏威夷岛。

3. 用户部分

用户部分包括用户组织系统和根据要求安装相应的设备，但其中心设备是 GPS 接收机。它是一种特制的无线电接收机，用来接收导航卫星发射的信号，并以此计算出定位数据。GPS 信号接收机能够捕获到按一定卫星高度截止角所选择的待测卫星的信号，并跟踪这些卫星的运行，对所接收到的 GPS 信号进行变换、放大和处理，以便测量出 GPS 信号从卫星到接收机天线的传播时间，解译出 GPS 卫星所发送的导航电文，实时地计算监测站的三维位置，甚至三维速度和时间。

根据不同性质的用户和要求的功能，要配置不同的 GPS 接收机。其结构、尺寸、形状

和价格也大相径庭。例如，航海和航空用的接收机，要具有与存有导航图等资料的存储卡相接口的能力；测地用的接收机就要求具有很高的精度，并能快速采集数据；军事上用的，要附加密码模块，并要求能高精度定位。

三、GIS 和 GPS 在物流领域的应用

GIS 和 GPS 在物流领域的应用分别介绍如下。

(一)GIS 在物流领域的应用

GIS 的基本功能是将表格型数据转换为地理图形显示，然后对显示结果浏览、操作和分析。其显示对象包括人口、销售情况、运输线路以及其他内容。目前 GIS 在物流方面的应用主要通过 G1S 在智能运输系统体现出来。GIS 强大的地理数据功能为实现物流数据分析提供了强有力的支持。一个完整集成 GIS 的智能运输系统一般可以实现如下功能。

1. 车辆和路线最优化功能

在一个起点到多个终点的货物运输中决定使用多少辆车、每辆车的最优化路线等。

2. 节点间配送最优化功能

在由多个物流节点组成的网络中，寻求最有效的分配货物路径问题，如将货物从 N 个仓库运往 M 个商店，每个商店都有固定的需求量，因此需要确定由哪个仓库提货送给哪个商店，所耗的运费最小。

3. 分配集合功能

可以根据各个要素的相似点把同一层上的所有或部分要素分为几个组，用以解决确定服务范围和销售市场范围等问题。如某一公司要设立 X 个分销点，要求这些分销点要覆盖某一地区，而且要使每个分销点的顾客数目大致相等。

4. 节点定位功能

根据供求的实际需要并结合经济效益等原则，在既定区域内确定一个或多个节点的位置及规模，以及节点之间的流量等问题。

(二)GPS 在物流领域的应用

GPS 在物流领域的应用主要体现在导航、车辆跟踪、货物配送路线规划、信息查询、话务指挥和紧急援助六个方面。

1. 导航

三维导航既是 GPS 的首要功能，也是它最基本的功能。汽车导航系统是在 GPS 的基础上发展起来的一种新技术，也是在物流运输配送中应用最广的一项技术。

2. 车辆跟踪

GPS 导航系统与 GIS 技术、无线移动通信系统(GSM)及计算机车辆管理信息系统相结合，可以实现车辆跟踪功能。利用 GPS 和 GIS 技术可以实时显示出车辆的实际位置，并任意放大、缩小、还原、换图；可以随目标移动，使目标始终保持在屏幕上；还可以实现多窗口、多车辆、多屏幕同时跟踪，利用该功能可对重要车辆和货物进行跟踪运输。其中 GPS 信号接收机接收卫星发回的信号，并利用相关软件精确计算出当前的经度值和纬度值，将此位置数据与 GIS 系统集成通过可视化技术即可清晰地展示当前物流运输设备所在的位置，如图 3-24 所示。

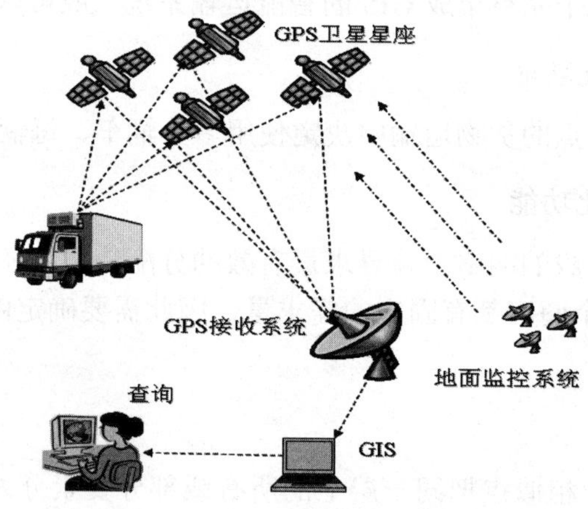

图 3-24 GPS/GIS 跟踪物流状态

目前，已开发出把 GPS/GIS/GSM 技术结合起来对车辆进行实时定位、跟踪、报警、通信等的技术，能够满足掌握车辆基本信息、对车辆进行远程管理的需要，从而有效避免车辆的空载现象，同时客户也能通过互联网技术，了解自己的货物在运输过程中的细节情况。

3. 货物配送路线规划

货物配送路线规划是 GPS 导航系统的一项重要的辅助功能，包括以下两方面。

自动线路规划。由驾驶员确定起点和终点，由计算机软件按照要求自动设计最佳行驶路线，包括最快的路线、最简单的路线、通过高速公路路段次数最少的路线等。

人工线路设计。由驾驶员根据自己的目的地设计起点、终点和途经点等，自动建立线路库。线路规划完毕后，显示器能够在电子地图上显示设计线路，并同时显示汽车运行路径和运行方法。

4. 信息查询

为客户提供主要物标，如旅游景点、宾馆、医院等数据库，用户能够在电子地图上根据需要进行查询。查询资料可以文字、语言及图像的形式显示，并在电子地图上显示其位置。

5. 话务指挥

指挥中心可以监测区域内车辆的运行状况，对被监控车辆进行合理调度。指挥中心也可随时与被跟踪目标通话，实行管理。

6. 紧急援助

通过 GPS 定位和监控管理系统可以对遇有险情或发生事故的车辆进行紧急援助。监控台的电子地图可显示求助信息和报警目标，规划出最优援助方案，并以报警声、光提醒值班人员进行应急处理。

为了促进 GPS 的发展，人们把 GPS 与互联网结合起来，产生了网络 GPS。网络 GPS 是指在互联网上建立起来的一个公共 GPS 监控平台，它同时融合了卫星定位技术、GSM 数字移动通信技术以及国际互联网技术等多种目前世界上先进的科技成果。它的产生给人们带来了很多便利。

(1) 可以通过互联网界面直接显示 GPS 动态跟踪信息，更加方便地实现 GPS 的功能。
(2) 节省了设置监控中心的大量费用，包括各种硬件和管理软件费用。
(3) 利用互联网可以实现无地域限制的跟踪信息显示。
(4) 利用互联网可设置不同权限，做到信息的保密。

总之，网络 GPS 可以降低 GPS 的使用门槛，提高普及率，它可以使物流企业从中受益，从而大大推动物流业的发展。

案例 3-5：白沙烟草物流公司烟草配送 GIS 及线路优化系统

白沙物流烟草配送 GIS 及线路优化系统是基于集成了国际上发展成熟的网络数据库、Web/GIS 中间件、GPS、GPRS 通信技术，采用金启元科技发展(北京)有限公司的地图引擎中间件(GS-GMS-MapEngine for Java)产品为核心开发技术平台，结合白沙物流的实际，开发设计的集烟草配送线路优化、烟草配送和烟草稽查车辆安全监控、烟草业务(访销、CRM 等)可视化分析、烟草电子地图查询为一体的物流 Web/GIS 综合管理信息系统。该系统利用 Web/GIS 强大的地理数据功能来完善物流分析，及时获取直观可视化的第一手综合管理信息，既可直接合理调配人力、运力资源，求得最佳的送货路线，又能有效地为综合管理决策提供依据。系统中使用的 GPS 技术可以实时监控车辆的位置，根据道路交通状况向车辆发出实时调度指令，实现对车辆进行远程管理。

白沙烟草物流开发使用 GIS 线路优化系统后，将实现以下六大应用功能。

(1) 烟草配送线路优化系统：选择订单日期和配送区域后自动完成订单数据的抽取，根据送货车辆的装载量、客户分布、配送订单、送货线路交通状况、司机对送货区域的熟悉程度等因素设定计算条件，系统进行送货线路的自动优化处理，形成最佳送货路线，保证送货成本及送货效率最佳。线路优化后，允许业务人员根据业务具体情况进行临时线路的合并和调整，以适应送货管理的实际需要。

(2) 烟草综合地图查询：能够基于电子地图实现客户分布的模糊查询、行政区域查询和任意区域查询，查询结果实时在电子地图上标注出来。通过使用图形操作工具如放大、缩小、漫游、测距等，来具体查看每个客户的详细情况。

(3) 烟草业务地图数据远程维护：提供基于地图方式的烟草业务地图数据维护功能，还可以根据采集的新变化的道路等地理数据及时更新地图。对烟户点的增、删、改；对路段和客户数据的综合初始化；对地图图层的维护操作；对地图服务器系统的运行故障修复和负载均衡等功能。

(4) 烟草业务分析：实现选定区域、选定时间段的烟草订单访销区域的分布，进行复合条件查询；在选定时间段内的各种品牌香烟的销量统计和地理及烟草访销区域分布；配送车组送货区域的地图分布。通过在各种查询统计、分析现有客户分布规律的基础上，通过空间数据密度计算，挖掘潜在客户；通过对配送业务的互动分析，扩展配送业务(如第三方物流)。

(5) 烟草物流 GPS 车辆监控管理：通过对烟草送货车辆的导航跟踪，提高车辆的运作效率，降低车辆的管理费用，抵抗风险。其中车辆跟踪功能是对任一车辆进行实时的动态跟踪监控，提供准确的车辆位置及运行状态、车组编号及当天的行车线路查询。报警功能是当司机在送货途中遇到被抢被盗或其他紧急情况时，按下车上的 GPS 报警装置向公司的信息中心报警。轨迹回放功能是根据所保存的数据，将车辆在某一历史时间段的实际行车过程重现于电子地图上，随时查看行车速度、行驶时间、位置信息等，为事后处理客户投诉、路上事故、被抢被盗提供有力证据。

(6) 烟草配送车辆信息维护：根据车组和烟草配送人员的变动及时在这一模块中进行车辆、司机、送货员信息的维护操作，包括添加车辆和对现有车辆信息的编辑。

白沙物流烟草配送 GIS 及线路优化系统的上线运行，标志着白沙物流的信息化建设迈上了一个新的台阶，必定会在规范日常运作，提升公司形象，打造数字化的跨区物流企业的进程中起到巨大的推动作用。

这种“多点配送路径优化应用系统” 同样非常适用于国家专卖食盐配送，家电配送，易变质食品(乳制品)、冷冻食品、高级时令果品蔬菜的多点配送，城市大面积工作配餐以及加油站油品(危险品)配送等。

(资料来源：天极网，CISCO 与华为技术网转载，http://www.vlan9.com/cio/all/u135171.html，2007.12.07)

第六节　物流信息系统

随着物流系统的发展，物流信息量会变得越来越大，物流信息更新的速度也越来越快，如果仍对信息采取传统的手工处理方式，则会造成一系列信息滞后、信息失真、信息不能共享等信息处理瓶颈，从而影响整个物流系统的效率。因此，建立基于计算机和通信技术的物流信息系统是提高物流系统整体效率的有力保证。

另外，本章前几节介绍了目前物流中应用较广泛的几种物流信息技术，无论哪一种信息技术都会对物流活动产生巨大的影响，这些信息技术是先进的，也许有些技术还是革命性的，但单独运用这些技术的作用都是有限的，要实现这些信息技术在物流管理中的应用也必须依赖于物流信息系统。因为信息管理包括信息的采集、存储、加工处理、传递和运用等环节，信息技术都是对其中某个或者某几个环节发挥作用，而物流信息系统则是所有环节的中心。或者从技术上来说，物流信息系统就是合理地运用各种先进的信息技术来帮助物流企业进行物流活动管理。因此，我们说物流信息系统是信息技术在物流中应用的核心，当然也是物流管理的核心。

一、物流信息系统的概念

物流信息系统可以看作是管理信息系统的一部分，因此我们从管理信息系统的概念出发对物流信息系统的概念进行说明。

(一)管理信息系统

管理信息系统是 20 世纪 80 年代逐渐形成的一门新学科，至今尚无统一的定义。从管理的角度我们给管理信息系统下的定义如下：管理信息系统是用系统科学的理论建立起来的，以信息技术为基本信息处理手段，为企业管理决策提供信息服务的人机系统。从管理信息系统的概念上我们可以看出它具有如下几个特点：为管理决策服务、人机系统、系统性、管理和技术相结合的系统、多学科交叉的边缘学科。

(二)物流信息系统

物流信息系统简单地说就是管理信息系统在物流领域的应用。信息技术的发展给物流管理带来了革命性的变化，物流信息系统是为了适应物流发展的需要而发展起来的，在物流管理中发挥着核心作用。

目前物流信息系统还没有统一的定义，现实中存在着不同类型的物流信息系统，有物流企业的管理信息系统，有商品流通信息系统等。从管理信息系统的概念和物流的相关理论，我们可以认为物流信息系统是管理科学理论与信息技术在物流领域的应用，运用计算机、网络通信以及信息处理等信息技术对物流信息的收集、传递、存储、加工、维护和使用进行管理的人机系统。

物流信息系统作为管理信息系统的一个分支，也必然有管理信息系统的特点，不过作为管理信息系统在物流领域的应用，物流信息系统也有自身的特点：动态性(物流动态过程)、网络性(不是单机)、实时性(实时跟踪)和开放性(与客户进行沟通)。

二、物流信息系统的组成

物流信息系统由硬件、软件、数据库与数据仓库、人员等基本要素构成。

(一)硬件

硬件包括计算机、网络通信设备等，它是物流信息系统的物理设备、硬件资源，是实现物流信息系统的基础，它构成了系统运行的硬件平台。

(二)软件

软件包括系统软件和应用软件两大类，其中系统软件主要用于系统的管理、维护、控制及程序的装入和编译等工作；应用软件则是指挥计算机进行信息处理的程序或文件，它包括功能完备的数据库系统、实时的信息收集和处理系统、实时的信息检索系统、报告生成系统、经营预测、规划系统、经营监测、审计系统及资源调配系统等。

(三)数据库与数据仓库

数据库技术将多个用户、多种应用所涉及的数据，按一定的数据模型进行组织、存储、使用、控制和维护管理，数据的独立性高、冗余度小、共享性好，能进行数据完整性、安全性、一致性的控制；数据库系统面向一般的管理层的事务性处理。

数据仓库是面向主题的、集成的、稳定的、不同时间的数据集合，用以支持经营管理中的决策制定过程。基于主题而组织的数据便于面向主题分析决策，它所具有的集成性、稳定性及时间特征使其成为分析型数据，为决策层提供决策支持。数据仓库系统也是一个管理系统，它由三部分组成：数据仓库、数据仓库管理系统和数据仓库工具。

(四)人员

人员包括系统分析人员、系统设计人员、系统实施和操作人员，以及系统维护人员、系统管理人员、数据准备人员与各层次管理机构的决策者等。

三、物流信息系统的功能

物流信息系统是物流管理的神经系统，存在于物流系统的各个层次和各个方面。

(一)从层次上分

物流信息系统从层次上可以分为日常业务管理系统、管理控制系统、辅助决策系统和战略管理系统。其功能层次结构如图 3-25 所示。由于物流信息系统层次的特点，日常业务管理系统的功能是最多的，而战略管理系统的功能是最少的，因此是典型的金字塔结构。

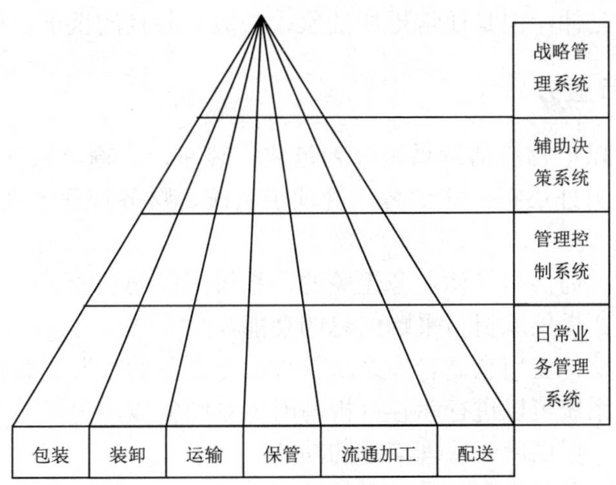

图 3-25 物流信息系统的金字塔结构

1. 日常业务管理系统

日常业务管理系统最基本的作用是保证物流活动过程中信息收集的质量和及时准确性，包括记录订货内容、安排存货任务、作业程序选择、装船、运输、配送、发货、开发票以及客户查询等。交易系统的特征是：格式规则化、通信交互化、交易批量化以及作业程序化。物流信息管理系统管理控制、决策分析以及战略计划制订的强化需要以强大的日常业务管理系统为基础。

2. 管理控制系统

管理控制系统可以根据客户需求，制订合理的采购计划、库存计划和运输计划等，并对与这些计划相关联的流程进行控制，保证了物流活动的正常进行。管理控制涉及评价过去的功能和鉴别各种可选方案。当物流信息系统有必要报告过去的物流系统功能时，物流信息系统是否能够在其被处理的过程中鉴别出异常情况也是很重要的。

3. 辅助决策系统

辅助决策系统主要把精力集中在决策应用上，协助管理人员鉴别、评估和比较物流战略和策略上的可选方案。例如，策略方面可以帮助管理人员进行车辆日常运营情况的分析、库存管理的分析等，在战略方面可以帮助高层管理者选址，进行客户分析和市场分析等。决策分析与管理控制不同的是，决策分析的主要精力集中在评估未来策略上的可选方案，并且它需要相对的灵活性，以便做范围很广的选择。

4. 战略管理系统

战略管理系统主要的精力集中在信息支持上，以期开发和提炼物流战略。这类决策往往是决策分析层次的延伸，但是通常更加抽象、松散，并且注重于长期。

(二)从物流环节上分

从物流环节上可以把物流信息系统分为包装、装卸、运输、保管、流通加工、配送等各个环节的子系统，另外还有一些如客户管理子系统、财务管理子系统等辅助系统，各系统有自己特有的功能。

(1) 管理子系统：提供与具体业务无关的，系统所需的功能。

(2) 采购子系统：提供原材料采购信息的功能。

(3) 仓储管理系统：使用仓储管理系统管理储存业务的收发、分拣、摆放、补货、配送等，同时仓储管理系统可以进行库存分析与财务系统集成。

(4) 库存子系统：提供库存管理信息的功能。

(5) 生产子系统：提供生产产品信息的功能。

(6) 销售子系统：提供产品销售信息的功能。

(7) 配送子系统：是指根据商品的配送类型做分类后，再按照商品重量与体积等各因素拟订的派车计划、体积装载计划以及配送行程计划等作业系统。

(8) 运输子系统：提供产品运输信息的功能。

(9) 财务子系统：提供财务管理信息的功能。

(10) 客户管理子系统：提供客户信息的功能，有的系统将其划到销售子系统中。

(11) 决策支持子系统：使物流信息系统达到一个更高的层次。

案例 3-6：某运输公司的物流信息系统

某运输公司位于上海外高桥保税区内，公司具有中国外经贸批准的海、陆国际一级货代经营权，是集国际贸易、国际货代、报关报检、海陆联运、保税仓储等于一体的综合性国际储运公司。作为保税区内的成长型企业，要在发展中不断地提升企业管理水平、增强企业竞争力、成功地向国际性物流企业转型，就必须实现物流流程的合理化和物流服务的规范化，提高自身的经营管理水平和物流服务质量，从而使企业真正具有独特的市场竞争

能力。信息技术就成为该公司实现这一转型的基础。

该公司选择上海某软件公司的物流信息系统。针对该公司长期采用人工操作的管理办法，物流管理无法实现细化和量化，而且当货流量大时，手工操作的出错率较高，成本增加，企业效益得不到提高的问题，软件公司提出了一套包括集中处理、进出货作业、报关业务、库存管理、物流计费、运输管理的良好的物流信息系统。这套系统首先解决了该运输公司人工管理物流信息无法量化的问题，建立了货主及货主客户的档案资料，可对货主或货主客户提供满足货主要求的服务，为货主提供进、出、存精细化管理，可对货物进出库和库存情况进行实时查询和跟踪。对不同的货主可设定不同的物流计费策略，提供各种物流作业计费的设定功能，从而进行物流自动计费。在进出库管理模块、库存管理模块中使用先进的无线通信技术和激光识别条码技术，使仓库货物的进库、出库、装车、库存盘点、货物的库位调整、现场库位商品查询等数据实现实时双向传送，做到快速、准确、无纸化，大大地提高了效率，使人为的出错率降到最低，从而降低仓储的成本。在物流计费模块中增加了应收应付功能，可对货主的代垫费用进行记录和管理，并将相关数据传输至财务系统，从而大大地提高了财务人员的工作效率。使用运输管理模块后，通过设置车辆的基本资料、记录车辆的业务情况和运行中发生的各种费用，从而实现对车辆的有序管理，减少流转过程、提高营运效率、紧缩人员编制、降低营运成本。

通过使用该物流信息系统，公司已与国际运输方式接轨，实现国际国内“门到网”的物流服务，现已通过 ISO9002 质量体系国际认证。目前，公司提供的仓储物流服务的客户中多数为德国巴斯夫、美国杜邦、法日埃尔夫阿托等世界500强企业。受马士基物流公司、道康宁公司的委托，公司还输出管理服务，提供从换单、报关、进库到运输至客户的一条龙服务。

(资料来源：王学峰. 物流信息技术[M]. 上海：上海交通大学出版社，2007.)

本章小结

现代物流的发展需要许多现代化信息技术以及物流信息系统的支撑，而且这些技术还在不断地发展。本章介绍了物流信息，物流信息技术以及物流信息系统的基本概念、特点、功能等一些基本知识，重点介绍了现代物流信息技术条码技术、EDI 技术、RFID 技术、GIS 技术和 GPS 技术的概念、构成、工作原理等基本知识以及这几种技术在物流中的应用。其中，物流信息系统是物流管理和各种现代物流信息技术的核心，因此物流信息系统的正确应用是提高物流整体效率的根本保证。

案例分析

法国物流信息化的发展

一、法国物流基本情况

1. 法国的物流业已成为国家经济中具有举足轻重作用的产业

据资料介绍，2002年全国物流市场规模大约为1200亿欧元，占其GDP的8%。全国有5400家物流企业。法国的物流专业化程度比较高，物流外包占全国物流营业额的38%，在欧洲各国仅次于英国，居第二位。法国在地理上处于欧洲的中心位置，拥有欧洲最大的公路网，连接欧洲所有国家和主要城市；有8500公里的河流运输网络，与欧洲其他国家的内陆河相连；拥有27个空港，其中7个国际机场，每年可以运载120万吨货物。因此，法国具备物流业较好发展的基础条件。

2. 法国物流信息化的发展

法国物流信息化发展总体处于世界中等水平，特别是信息化应用和普及程度还不是很高。据介绍，法国仓储领域中运用信息管理系统的不到5%，与国内水平差不多，与物流先进国家美国、日本等国相比还有较大差距。但近几年来，法国的物流业年均增长速度在5%左右，而物流信息化发展速度年均达到10%。物流信息化应用程度比较高的行业主要集中在汽车制造业与部分物流企业。

二、法国物流信息化发展的主要特点

1. 物流信息化的目标模式是以提高效率为核心，而不仅仅是追求单纯的效益

例如，雷诺汽车公司设计的物流系统，目标定位在通过信息化管理，使对客户的供货期由现在的35天缩短至15天。系统的各个物流单元都是围绕着如何缩短供货时间，提高供货效率来设计解决方案，从而整合成一个高效率的物流系统。把提高效率视为企业提升核心竞争力的关键环节。在这个过程中，由于增加了投入，物流成本也可能会增大，但赢得了时间和空间，提升了竞争力，扩大了市场份额，效益也就在其中了。因此，法国的业内人士对推广物流信息化的一个基本的理念就是“效率是目标，效益是结果”。

2. 物流信息化的内涵是对物流的组织与管理

在法国，随着物流信息化的推广与应用，人们对物流的作用也有了新的认识。过去人们把物流仅仅理解为物品在移动过程中提供的某种服务形式。但当信息技术飞速发展使得供应链管理得以实现的时候，人们对物流的认识也得到了提升。“现代物流不仅仅是一种服务，而且更重要的是一种新兴的管理模式”，而物流信息化恰恰是对管理创新的实现。

3. 信息化建设起点较高

近几年来，法国许多大型制造业企业通过运用信息化手段，引入供应链管理，由上下游的企业共同参与，信息共享，目标一致，共同协调，风险与利益共担，将信息管理的范

围扩大到供应商和客户，并将信息化的实施与先进的管理理念、流程的优化、客户的服务结合起来考虑。其结果是优化了流程，提高了效率、效益与客户满意度，增强了企业的竞争力。如法国的 Faurecia 公司，它是世界上最大的汽车配件供应商之一，负责向沃尔沃、标致、丰田、大众、尼桑、雪铁龙等汽车公司提供零配件，2009 年营业额达 99 亿欧元。该公司通过分别对外部(上游的厂商供货)与内部物流(工厂内部的零配件供应)进行流程分析与优化重组，合理制定上游供货厂商送货和工厂内部配送的频率、时间、数量，设定库存，改善包装，建立了新的物流管理模式 EX WORD，即由本厂统一采购、统一供货，对分散的供应商进行集成管理、优化，使每个产品形成一个说明书(标准，流程)，采用集中配送。这一供应链管理模式不仅使公司的物流管理费用在营业额中所占的比重下降到 4.3%(不含仓储费用)，更主要的是大大地提高了对市场的反应速度，把原来 15 天的供货期缩短到 7 天，增加了顾客的满意度，同时也为下游企业提高物流效率创造了条件。

4. 信息技术和信息系统的标准化程度较高

一些成熟的物流信息管理软件实用性很强，包括仓库管理软件(WMS)、运输管理软件(TMS)、货代业务系统、港口管理软件、舱位管理软件等。特别值得一提的是法国 KN 公司。它在全球 98 个国家，600 个城市开展物流业务，即在没有轮船、汽车，也不拥有飞机的情况下，通过自行设计开发的全程物流信息系统，对世界各地的物流资源进行组织，使空运做到世界第五，每周运输量 1.9 万次，海运业务位居世界第一。2002 年该公司的毛利为 19.1 亿瑞士法郎，相当于 40 亿欧元。该公司开发的全程跟踪信息系统包括六个层次的信息服务，第一层做到跟踪集装箱，跟踪一批货，第二层增加了一些信息服务，第三层次能够确定订货单在什么地方。第一层到第三层都是跟踪批货的，从第四层开始跟踪到每个物体。第五层是物流方面的优化服务，第六层是能够实现物流配送，信息系统能够做到传导图像资料，如发票、过关资料等可通过信息系统在荧光屏上看到。这六个层面的信息系统可以根据客户的需要来定制。

当然，法国物流信息化建设中也还存在一些问题，如物流信息系统的普及面仍不够高，比起物流先进国家如美国、日本等仍存在较大的差距。特别是由于信息系统的巨大投入，使财力单薄的中小企业面临信息系统是否投入与何时投入的艰难选择；公用物流信息平台尚未健全，存在信息孤岛的现象，企业之间的信息难以共享，影响相互间的信息及时、准确地利用；不断变化的物流业务发展，以及 IT 技术与产品的更新换代，造成新投资与原有投资之间的矛盾等。

三、体会与启示

法国相当一部分企业通过实施信息化，实现供应链管理，收到明显的成效，增强了企业的效率、效益与竞争力。世界经济趋于全球化，国际物流企业也开始进入中国运营，供应链管理对国内企业而言并不遥远，而是十分迫切的需要，尤其是对制造业来说更是十分现实的。如果国内的企业没有应有的紧迫感与实际行动，将在今后的物流领域竞争中丧失优势。

物流信息化的内涵是管理创新。法国企业物流信息化的案例再次说明，信息化是一个管理工具，在实施信息化的过程中对企业的业务流程进行分析、优化，删除多余的环节，建立工作流程的规范化，再以信息化的形式固定下来，并在运作中不断地调整与优化。换言之，要用信息化去反映先进的管理理念，体现先进的运作流程，而不是用信息化去维持现有流程甚至是落后的流程。因此，物流的信息化是与管理的现代化密不可分的。

开展信息化与供应链管理，不能仅仅停留在效益的角度，而要更多地从效率的角度去考虑，通过提高效率来增加效益，效益的增加是效率提高的一个必然结果。

此外，公用物流信息平台的建设，也应作为物流信息化发展的重点。

(资料来源：彭扬. 信息技术与物流管理案例与习题[M]. 北京：中国物资出版社，2010，有删改)

问题：

1. 分析法国物流信息化发展的特点。
2. 结合案例，谈谈法国物流信息化对我国的启示。

阅读资料

中国物流业信息化的五大瓶颈

我国物流信息化尚处在起步阶段，物流信息化在我国具有巨大挖掘潜力和长期的发展前景，但“中小物流企业的信息化程度很低、缺乏拥有自主知识产权的物流信息系统、物流软件开发商难以盈利、基础信息和公共服务的平台发展缓慢以及缺乏物流信息化发展战略”仍是制约物流信息化发展的五大瓶颈。如何突破这些瓶颈，是目前急需 IT 厂商和物流企业共同思考的问题。

(1) 中小企业信息化程度低是首要瓶颈。中国物流与采购联合会副会长戴定一告诉记者，在制约物流信息化发展的五大瓶颈中，中小物流企业的信息化程度低是首要瓶颈。2003年的调查数据显示，北京地区物流企业采用信息系统进行管理的不到 30%。主要问题是大多数系统的成本较高，而中小企业的起点很低，市场上缺少适合中小企业起步的信息系统。

(2) 缺乏拥有自主知识产权的物流信息系统是我国物流信息化的第二大瓶颈。目前国内的研发能力无法和国际同行竞争，物流信息系统的标准较为混乱，不成体系，难以互联互通，难以实现信息共享。

(3) 第三大瓶颈是软件开发商难以盈利。物流软件是管理软件，需求的个性化和生产的批量化是难以统一的，因此造成开发成本极高。对开发商来讲，不能批量生产，成本就高居不下。解决这个问题的关键是如何规范信息技术和开发模式，加强咨询服务，以满足企业个性化需求。

(4) 第四大瓶颈是提供基础信息和公共服务的平台发展缓慢。GPS(全球卫星定位系

统)、GIS(地理信息系统)技术服务在大型企业的应用比例为 23%，在大型物流企业的应用仅为 12.5%，在中小企业基本是空白。基础技术服务应用比例过少，整个行业的整合就相对困难。

(5) 第五大瓶颈是物流信息化发展战略暂属空白。我国的物流信息化发展还需要一个培养人才、培养需求、培养管理技术的过程，但多数系统开发商缺乏战略眼光，未提出我国物流信息化长期发展的战略目标。

戴定一表示，整个物流业的发展应分以下三个层次。

(1) 第一个层次是基础设施。

(2) 第二个层次是服务平台，比如交通运输、仓储、报关等。

(3) 第三个层次是真正的物流个性化、定制化的服务。

基于这五大瓶颈，在物流三层结构的框架下，其信息化相应也有三层要求：最底层信息化要有一些标准的编码、协议、网络等基础设施建设。第二层是要有一些信息服务平台的要求，包括运营的平台、开发的平台、服务的平台。第三层才是定制化的服务，包括商业智能、知识管理、数据库挖掘等。

(资料来源：佚名. CAD 教育网，http://www.cadedu.com/jishuwenzhang/xiandaiguanli/2010-02-10/31584.html, 2010.02.10)

自 测 题

1. 什么是物流信息？物流信息的作用是什么？物流信息技术包括哪些？
2. 什么是条码技术？简述条码技术在仓库系统中的应用。
3. EDI 技术在物流行业中是如何应用的？
4. 简述 GPS 和 GIS 的功能。GIS 和 GPS 在物流中是如何结合起来应用的？
5. 简述物流信息系统的组成及功能。

第四章　物流设施选址

【学习要点及目标】

通过本章的学习，使学生初步了解物流的基础设施；理解物流设施选址的意义；了解物流选址的影响因素及一般程序；掌握物流设施选址方法和评价方法的应用，并能够解决一些实际问题。

【关键概念】

物流(Logistics)　选址(Location)　评价方法(Evaluation Method)

【引导案例】

沃尔玛超市选址要求

沃尔玛是全球最大的零售业公司，它拥有先进的管理理念，它对选址的要求独特而细致。

一、对商圈的要求

(1) 在项目1.5公里范围内人口达到10万以上为佳，两公里范围内常住人口可达到12万～15万人。

(2) 须邻近城市交通主干道，至少双向四车道，且无绿化带、立交桥、河流、山川等明显阻隔为佳。

(3) 商圈内人口年龄结构以中青年为主，收入水平不低于当地平均水平。

(4) 项目周边人口兴旺，道路与项目衔接比较顺畅，车辆可以顺畅地进入停车场。

(5) 核心商圈内无经营面积超过5000平方米的同类业态为佳。

二、对物业的要求

(1) 物业纵深在50米以上为佳，原则上不低于40米，临街面不低于70米。

(2) 层高不低于5米，净高在4.5米以上。

(3) 楼板承重在每平方米800千克以上。

(4) 柱距间要求在9米以上，原则上不低于8米。

(5) 正门至少提供两个主出入口，免费外立面广告至少三个。

(6) 每层有电动扶梯相连，地下车库与商场之间有竖向交通相连。

(7) 商场要求有一定面积的广场。

三、对停车场的要求

(1) 至少提供300个以上地上或地下顾客免费停车位。

(2) 必须为供应商提供20个以上的免费货车停车位。

(3) 如商场在社区边缘，需做到社区居民与商场客流分开，同时为商场供货车辆提供物流专业场地。

四、其他

(1) 市政电源要满足商场营运及广告等设备的用电需求，备用电源应满足应急照明、收银台、冷库、监控等的用电要求，并提供商场独立使用的高低压配电系统、电表、变压器，备用发电机、各回路独立开关箱。

(2) 配备完善的给排水系统，提供独立的给排水接口并安装独立水表，给排水系统应满足商场及空调系统日常用水量及水压使用要求，储水满足市政府停水一天的商场用水需求。

(3) 安装独立的中央空调系统。

(4) 物业租赁期限一般为20年或以上，不低于15年并提供一定免租期。

沃尔玛正是通过这样严格细致的选址要求，为其盈利奠定了基础。

(资料来源：佚名. 新浪博客网，http://blog.sina.com.cn/s/blog_6235acba0100f2ia.html，2009.09.17)

第一节 物流基础设施概述

物流产业对基础设施的依赖性很高，没有完善的基础设施，现代物流产业的发展和物流效率的提高都是不可能的。

一、物流基础设施的含义

物流基础设施主要包括仓库、运载设施和计算机及信息通信设备等。

(一)仓库

仓库是物资储存的设施，一般是指以库房、货场及其他设施、装置为劳动手段的，对商品、货物、物资进行收进、整理、保管和分发等工作的场所。

从物流角度看仓库主要是承担保管的功能，是物流网络中一种以储存为主要功能的节点。仓库具有储存保管、调节物资供需、调节货物运输能力、物资配送和流通加工等功能。

现代仓库的主要设备包括：①储存容器；②储存设备，包括自动仓储设备、重型货架和多品种少量储存设备；③搬运设备，包括自动化搬运设备、机械搬运设备、输送带设备、分类输送设备、堆卸托盘设备和垂直搬运设备、手推车、平板推车等；④订货拣取设备；⑤流通加工设备，是完成流通加工任务的专用机械设备，包括裹包集包设备、外包装配合设备、印花条码标签设备和称重设备以及一些原料加工设备等；⑥物流周边配合设备，包括楼层流通设备、装卸平台、装卸载设施、废料处置设施等。

(二)运载设施

运输是指用设备工具将物品从一个地方运送到另一个地方的物流活动。运输是物流活动中一项重要的组成部分，对物流的顺利进行起着决定性作用。

运输的方式主要有铁路运输、公路运输、水上运输、航空运输以及管道运输。

- 铁路运输，特点是运输能力大、连续性强，在长距离运输中的速度仅次于航空运输，主要分为车皮运输和集装箱运输。
- 公路运输，特点是机动灵活、投资小，受自然条件限制少，能够实现门到门的服务，对铁路、水运、空运起集散作用。
- 水上运输，主要承担大数量、长距离的运输，是在干线运输中起主力作用的运输形式。
- 航空运输，具有航线直、速度快的特点，可以飞跃各种天然障碍，能保证贵重、急需、时间性要求很强的小批物品的运输，但成本较高。
- 管道运输，是输送气体、液体、粉末状固体的一种运输方式。

运载设施主要有装卸搬运机械，包括起重机、叉车、集装箱装卸搬运设备和托盘的装卸搬运设备；运输机械包括各种载重卡车、火车、船舶、飞机、管道等。

(三)计算机及信息通信设备

随着物流信息化、网络化和系统化的发展，计算机、信息网络技术在物流管理中起着举足轻重的作用。物流企业都在积极关注物流信息化、网络化技术的发展，积极开发或引进基于互联网的物流信息平台，以求把企业的业务活动提高到新的水平，并且尽快融入一体化的全球物流网络。

信息通信设备一般包括电话、电报、无线发射塔等。这些通信设备保证了信息及时快速的传递，缩短了时空距离，提高了物流效率。

二、物流基础设施的作用

物流是指物质资料从供应者到需求者的物理性流动，是创造时间和空间价值的经济活动。在物流活动中，物流基础设施起着重要的作用。

(一)提高物流效率

物流通过不断地输送产品来保证生产的正常进行，物流能够有效地提供给生产者物资就是由于物流基础设施提高了物流效率。运载机械提高了物料搬运的效率，而各种通信设备能及时提供信息，也大大提高了物流的效率。

(二)降低物流成本

仓库能保管物资，调节物资的供应，这样的功能减少了物资的浪费，节约了成本。交通运输的建设和发展，节约了运输的时间成本；计算机及通信设备的发展则节约了空间成本。

(三)改善物流条件

发达的交通设施、现代化的仓库、先进的通信设备都大大地改善了物流的条件。

(四)保证物流质量

仓库储存能有效地减少物料的损耗，而发达的交通运输也能最大限度地保证物料的质量，这些都充分证明了物流的基础设施保障了物流的质量。

三、现代物流基础设施的建设

物流基础设施作为物流业发展的载体，在近年来物流热的推动下，其发展也得到各方面的关注，各地纷纷制定发展物流基础设施的措施和方法，一些物流基础设施建设项目也已经启动。

(一)现代交通基础设施的建设

我国自改革开放以后，大大加快了交通设施的建设，其中公路以“五纵七横”12 条国道主干线为主骨架，同时高速公路的建设也快速发展。铁路也建成了连接各大城市的网络，同时高速铁路的建设也在不断发展。在水运方面，三峡工程的竣工使得长江的通航能力显著地增强，而港口的现代化建设也在不断地推进。

(二)配送中心及物流园区的网络建设

配送中心可以分为自用型和社会化两种主要类型。自用型配送中心有制造商经营的，有零售商经营的，主要是为自己的产品销售或对自有的商店供货。社会化的配送中心，也称为第三方物流，是独立于制造商和零售商之外的其他经营者经营的，在现代信息技术手段的支撑下，适应现代物流业专业化、标准化、多功能化发展的要求，一些发达国家的社会化的配送中心近年来发展较快。

物流园区是一家或多家物流中心在空间上集中布局的场所，是具有一定规模和综合服务功能的物流集结点，政府为了缓解城市功能紊乱，缓解交通拥挤，减轻环境压力，顺应物流业发展的趋势，在郊区或城乡边缘带主要交通干道附近专辟用地，通过逐步配套完善各项基础设施、服务设施，提供各种优惠政策，吸引大型物流中心在此聚集，使其获得规模效益，降低物流成本，同时减轻大型配送中心在市中心分布所带来的种种不利影响。

从主要功能上说，物流园区可以分为以下四个：国际物流园区，主要指靠近港口、机场和陆路口岸，与海关监管通道相结合的大型转运枢纽；全国枢纽型物流园区，是多种运输方式骨干线网交会的中转枢纽；区域转运物流园区，是跨区长途运输和城市之间配送体系的转运枢纽；城市配送型物流园区，指保障商贸和城市生产的物流园区。

物流园区大都分布在市区或中心区边缘交通方便、用地充足的地方；为吸引配送中心等物流企业在此聚集，物流园区在空间布局时还要考虑物流市场的需求、地价、交通设施、劳动力成本、环境等经济、社会、自然多方面的因素。

我国各级政府对物流设施的建设都极为关注。对物流基础设施的投资建设也在如火如荼地展开。上海构建亚太物流中心的步伐越来越快，外高桥物流园区、浦东空港物流园区、西北综合物流园区已初具规模，国内物流业的航母——中海物流集团也在上海宣告成立。广州市计划到2015年年初步建成整合珠江三角洲、服务华南、辐射大西南和东南亚、面向全国以至全球，国内和国际双向物流整合和海陆空物流相结合的中国南方国际现代物流基地，使现代物流成为广州市主要基础产业和重要支柱产业。北京建设了全国第一个超大型的物流园区——华通物流园区。

我国加入WTO后，随着国内商贸竞争的日益加剧，源自财力雄厚的国外物流业巨头的压力与日俱增，为提升我国国民经济的核心竞争力，各地纷纷加快了建设物流园区的步伐。

第二节 物流设施选址的意义及其影响因素

物流设施的选址在实际生活中是十分重要的，它直接关系到一个企业或组织的利益。另外，设施的选址要受到多方面因素的制约，要在综合考虑各方面的因素后才能找到合适的位置。

一、物流设施选址的意义

物流设施选址是物流设施规划的重要环节，也是物流网络规划的重要内容。物流设施选址决定了企业物流网络的构成，它不仅影响企业的物流能力，而且还影响企业实际物流营运效率与成本，对企业来说是非常重要的物流战略规划问题。特别是进入21世纪以后，生产全球化、资本全球化和市场全球化，跨国公司跨越国界的经济活动使物流设施的选址已经超越了国界，而可以在全球范围内的物流设施选址决策就显得更为重要。物流设施选址对企业物流系统构建来说具有非常深远的意义。

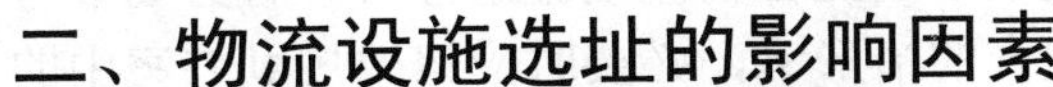

二、物流设施选址的影响因素

(一)地区选择应考虑的因素

地区选择主要考虑宏观的因素，由于制造与服务业的设施考虑不一样，因此要充分考虑不同设施的不同性质和特点。一般而言，地区选择主要考虑以下因素：目标市场情况、供应商分布、交通条件、土地条件、自然条件、政策条件等。下面针对这些因素进行说明。

1. 销售目标市场及客户分布

选址时首先要考虑的是目标市场所服务客户的分布，不论是制造业还是服务业，设施的地理位置一定要和客户接近，越近越好；要考虑地区对产品和服务的需求情况，消费水平要和产品及其服务相适应。因为如果产销两地接近，运输成本减少，就会大大降低总成本。例如零售商型配送中心，其主要客户是超市和零售店，这些客户大部分分布在人口密集的地方或大城市，配送中心为了提高服务水平及降低配送成本，应多建在城市边缘靠近客户分布的地区。

2. 资源市场及供应商分布条件

在工业设施选址中，不同的制造行业对资源有不同的要求，如纺织厂应建在棉花产区；发电、食品酿酒都需要大量用水，必须建在水资源有保障的地区。因此在工厂设施地区选择中应该注意考虑原材料、燃料、动力、水资源等资源条件。

对供应型配送中心而言，应该考虑的因素是供货资源分布，即供应商的分布情况。因为物流的商品全部是由供应商供应的，那么配送中心越接近供应商，则商品的安全库存就越能控制在较低的水平。但是因为国内一般进货的运输成本是由供应商负担的，因此有时不重视此因素。

3. 交通便利条件

交通便利条件是影响物流成本及效率的重要因素之一。交通运输的不便将直接影响车辆配送的进行，因此必须考虑对外交通运输的通路，以及未来交通与邻近地区的发展状况等因素。地址的选择应紧邻重要的运输通路，以利于运输配送作业的进行。考虑交通方便程度的条件有：高速公路、国道、铁路、快速道路、港口、交通限制规定等几种。一般配送中心应尽量选择在交通方便的高速公路、国道及快速道路附近的地方，如果以铁路或轮船作为运输工具，则要考虑靠近火车站、港口等。

4. 土地条件

土地与地形的限制。对于土地的使用，必须符合相关的法律规章及城市规划的限制，尽量选在物流园区、工业园区或经济开发区。用地的形状、长宽、面积与未来扩充的可能性，则与规划内容及实际建制的问题有密切的关系。因此在物流设施选址时，有必要参考规划方案中物流设施的设计内容，在无法完全配合的情形下，必要时应修改规划方案中的内容。

另外，土地的大小与地价也是要考虑的因素。在考虑现有地价及未来增值的状况下，配合未来可能扩充的需求程度，决定最适合的面积大小；还有土地征用、拆迁、平整等费用，不同的选址所花的费用也不相同，对我国来说应尽量选用不适合耕作的土地作为物流设施的地址，而不应占用农业生产用地。

5. 自然条件

在物流用地的选择上，自然条件也是必须考虑的，事先了解当地的自然环境有助于降低建构的风险，例如湿度、盐分、降雨量等自然条件。有的地方靠近山边湿度比较高，有的地方靠近海边盐分比较高，这些都会影响商品的储存品质，尤其是服饰和电子产品对这些因素的敏感度较高，应特别注意。

6. 人力资源条件

在仓储配送作业中，最主要的资源需求为人力资源。由于一般物流作业仍属于劳动密集型的作业形态，在配送中心内部必须要有足够的作业人力，因此在决定物流设施位置时必须考虑工人的来源、技术水平、工作习惯、工资水平等因素。

7. 社会环境及政策条件

在国外建设施时更应注意当地的政治环境是否稳定，是否邻近自由贸易区等。政策条件方面是物流设施选址的评估重点之一，尤其是物流用地取得比较困难的情况下，如果有政府政策的支持，将更有助于物流经营者的发展。政策条件包括企业优待措施(土地提供、减税)、城市计划(土地开发、道路建设计划)、地区产业政策等。最近在许多交通枢纽城市，如深圳、武汉等地都在规划设置现代物流园区，其中除了提供物流用地外，也有关于赋税方面的减免，有助于降低物流经营者的运营成本。

8. 其他条件

除了交通便利条件外，道路、邮电通信、动力、燃料管线等基础设施对建立物流设施投资的多少也有着重要的影响。

(二)对具体地点位置的影响因素

除了考虑上述因素外，在实际决定物流设施具体地点位置时，还需要考虑下列因素。

1. 城市的大小

城市的大小将影响交通运输、员工的取得、劳务设施的利用、工资水平、地价等诸多因素。

2. 地价、用地的政策限制及发展

对于土地的使用，必须符合相关的法律规章及城市规划的限制。在考虑现有地价及未来增值状况下，配合用地的形状、长宽、面积与未来扩充的可能性，决定最合适的面积大小。

3. 与外部的衔接

对于特定区域内可用的运输方式必须进行调查，如与主要道路的连接顺畅程度、货运公司的多少、大宗邮寄的能力、短程转运的计费方式等问题。应尽量使场内铁道方便地与附近车站接轨，缩短和高速公路的衔接，且不需进行复杂的土方工程。

4. 场址周边自然地理环境

场址周边自然地理环境主要是指场址地点的地形、地貌、土壤情况、风向及地下水等。如果场址内地势不平，则土建施工费用必然会大大增加，且新添土质松软，将增加基础施工的困难。风向可能会因排出废气烟尘及噪声影响住宅区居民。地下水会腐蚀混凝土及钢材，对地下建筑物及基础有破坏作用。另外有江湖的地方还要考虑防洪防灾问题。

5. 居民的态度

决定特定区域时，附近居民的接受程度，将影响土地的取得、员工的雇用及企业形象等问题。

第三节 物流设施选址的一般程序

物流设施的选址是一项重要而复杂的活动，也有一定的规律可循，它的选址程序分为三个阶段，即准备阶段、地区选择阶段和具体地点选择阶段。

1. 准备阶段

准备阶段的主要工作是对选址目标提出要求，并提出选址所需要的技术经济指标。这些要求主要包括产品、生产规模、需要的物料和人力资源，以及相应于各种要求的各类技术经济指标，如每年需要的供电量、运输量和用水量等。

2. 地区选择阶段

地区选择阶段的主要工作是调查研究收集资料，如走访主管部门和地区规划部门征询选址意见，在可供选择的地区内调查社会、经济、资源、气象、运输、环境等条件，对候选地区作分析比较，提出对地区选择的初步意见。

3. 具体地点选择阶段

在具体地点选择阶段要对地区内若干候选地址进行深入调查和勘测，查阅当地的有关气象、地质、地震、水文等部门调查和研究的历史统计资料，收集供电、通信、给排水、交通运输等资料，研究运输线路以及公用管线的连接问题，收集当地有关建筑施工费用、地方税制、运输费用等各种经济资料，经过研究和比较后提出数个候选厂址。

各阶段都要提出相应的报告，尤其在最后的阶段要有翔实的报告和资料，并附有各种图样以便领导和管理部门决策。小型物流设施的选址工作可以简化，阶段可以合并。服务业也是如此。

物流设施选址的一般程序如图 4-1 所示。

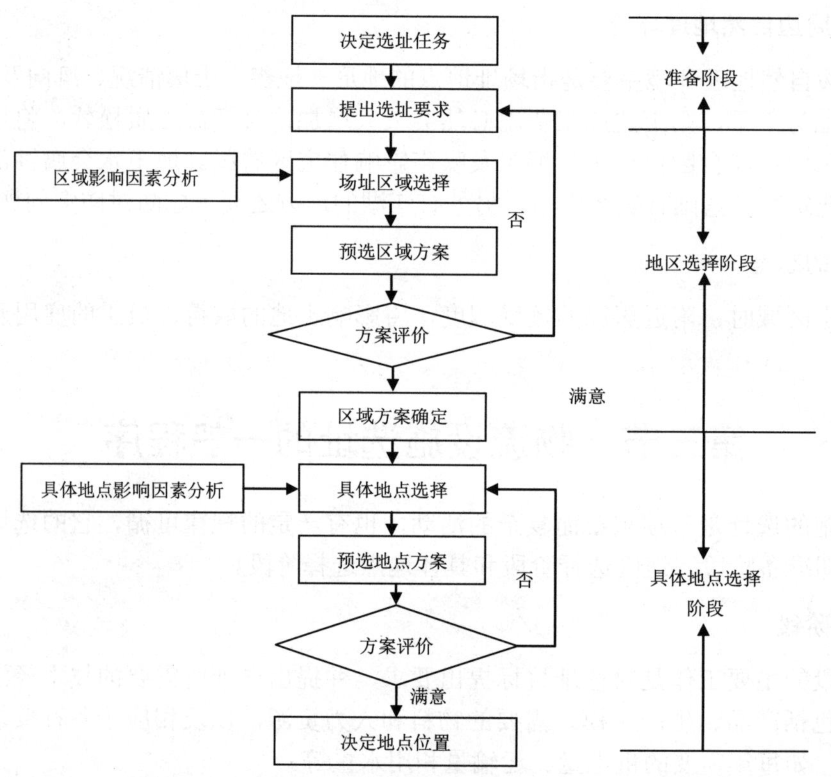

图 4-1　物流设施选址的一般程序

第四节　物流设施选址方法

物流设施的选址是一项复杂的活动，需要运用多种方法，主要分为单一设施选址和多设施选址，下面来分别介绍。

一、单一设施选址

(一)单一设施选址模型

1. 重心法

单一设施选址最常用的一个模型是重心法，该模型可用来为工厂、车站、仓库或零售服务设施选址。这种方法考虑的因素较少，只包括运输费率和该点的运输量，所以该方法比较简单。数学上该模型可被归为静态连续选址模型。

设有一系列的点分别代表生产地和需求地，各自有一定量货物需要以一定的运输费率运向一个位置待定的仓库，或从仓库运出，那么仓库该位于何处呢？我们以该点的运量乘以到该点的运输费率，再乘以到该点的距离，求出上述乘积之和也就是总运输成本，再求出总运输成本最小的点。即

$$\min \text{TC} = \sum V_i R_i d_i \tag{4-1}$$

式中：TC——总运输成本；

V_i——i 点的运输量；

R_i——到 i 点的运输费率；

d_i——从位置待定的仓库到 i 点的距离。

对两边微分并令其等于零，解两个方程，可以得到工厂位置的坐标值，其精确重心的坐标值为

$$X = \sum (V_i R_i X_i / d_i) / (V_i R_i / d_i) \qquad Y = (V_i R_i Y_i / d_i) / (V_i R_i / d_i) \tag{4-2}$$

式中：X、Y——位置待定的仓库坐标；

X_i、Y_i——产地和需求地的坐标。

距离 d_i 可由下式估计得到：

$$d_i = k\sqrt{(X_i - X)^2 + (Y_i - Y)^2} \tag{4-3}$$

式中，k 代表一个度量因子将坐标轴上的一单位指标转换为更通用的距离度量单位，如英里或公里。求解过程包括下面七个步骤。

(1) 确定各产地和需求地点的坐标值，同时确定各点货物运输量和直线运输费率。

(2) 不考虑距离因素 d_i，用重心公式估算初始选址点。

$$X = \sum V_i R_i X_i \Big/ \sum V_i R_i \text{，} \quad Y = \sum V_i R_i Y_i \Big/ \sum V_i R_i \tag{4-4}$$

(3) 根据式(4-3)，用步骤(2)得到的 X、Y 计算 d_i，注意，此处无须使用度量因子 k。

(4) 将 d_i 代入式(4-2)，解出修正的 X、Y 坐标值。

(5) 根据修正的 X、Y 坐标值，再重新计算 d_i。

(6) 重复步骤(4)和步骤(5)，直至 X、Y 的坐标值在连续迭代过程中都不再变化，或变

化很小，以至继续计算没有意义。

(7) 如果需要，利用式(4-1)计算最优选址的总成本。

在许多实际问题中，采用重心法通过迭代可以计算出一个接近最优解的选址，得出最小成本解的近似值，而且当各点的位置、货物运输量及相关的成本完全对称时，还可得出最优解。

【例 4-1】 A 公司有两个工厂向仓库供货，由仓库供应三个需求中心。两个工厂 P_1、P_2 的坐标分别为(3, 8)、(8, 2)，市场 M_1、M_2、M_3 的坐标分别为(2, 5)、(6, 4)、(8, 8)，产品 b 由 P_1 供应，产品 c 由 P_2 供应。这些产品随后被运到市场，货物运输量和运输费率如表 4-1 所示。

表 4-1 货物运输量和运输费率

地 点	总运输量/吨	运输费率/(元/吨公里)
P_1	20	5
P_2	30	5
M_1	25	7.5
M_2	10	7.5
M_3	15	7.5

利用式(4-4)可以得到

$$X = 5.16，Y = 5.18$$

再由式(4-3)求 d_i 得，$d_1 = 35.52$，$d_2 = 42.63$，$d_3 = 31.36$，$d_4 = 14.48$，$d_5 = 40.02$，单位为公里。

我们将该解作为式(4-2)的初始解，利用上面的结果可以得到第一次迭代的坐标位置。

$$X = 5.038，Y = 5.057$$

该问题经过 11 次迭代以后坐标变化将很小，迭代的结果为

$$X = 4.915，Y = 5.055$$

2. 因素评分法

因素评分法由于简单易用，是使用比较广泛的一种方法。它将各种不同的因素综合起来给每一个备选地点综合评分，通过最后分值进行选取。具体步骤如下。

(1) 决定一组相关的选址决策因素。

(2) 对每一因素赋予一个权重以反映这个因素在所有权重中的重要性。每一因素的分值根据权重来确定，而权重则要根据成本的标准差来确定。

(3) 对所有因素的打分设定一个共同的取值范围，一般是 1～10 或 1～100。

(4) 对每一备选地址，对所有的因素按设定范围打分。

(5) 用各个因素的得分与相应的权重相乘，并把所有因素的加权值相加，得到每一个备选地址的最终得分。

(6) 选择具有最高总得分的地址作为最佳的选址。

3. 选址度量法

该方法是一种既考虑定量因素又考虑定性因素的选址方法。具体使用步骤如下。

(1) 明确必要因素。在分析研究影响设施位置的各种因素时，首先明确哪些因素是必要的。凡是不符合任何一个必要因素的方案，都先被筛选掉。

(2) 对因素进行分类。将各类因素进行分类，将与成本有关且可以用货币表示的因素均归为客观因素，其他则归为主观因素。同时要规定客观因素和主观因素的比重。设 X 为主观因素的比重，若越靠近1，则主观因素显得越重要。

(3) 计算客观度量值。对每一个可行性位置方案，计算它的客观度量值。计算方法如下：

$$C_i = \sum C_{ij} M_{oj} = \left[C_i \sum (1/C_i) \right]^{-1} \tag{4-5}$$

式中：C_i——第 i 行可行性位置方案的总成本；

C_{ij}——第 i 行可行性位置方案中的第 j 项成本；

M_{oj}——第 i 行可行性位置方案的客观度量值；

$\sum(1/C_i)$——各可行性位置方案的总成本的倒数之和。如将各可行性位置的度量值相加，则其和为1。

(4) 确定主观因素评价值。鉴于各种主观因素多数为定性因素，很难用量化值直接进行比较。但可以采用其他的方法，将它们间接转化为数量值表示，如采用强迫选择法衡量各个值的优劣。这种方法针对每一项主观因素，将每一个可行方案分别进行对比，较佳状态方案的比较值定为1，较差方案的比较值定为0，然后根据各位置方案所得到的比重值和总比重值，求出某一主观因素在某一可行方案中的主观评价值。可按下列公式计算：

$$S_{ik} = W_{ik} \big/ \sum W_{ik} \tag{4-6}$$

式中：S_{ik}——第 i 行可行性位置对第 k 项主观因素的评比值；

W_{ik}——第 i 行可行性位置在第 k 项因素中的比重；

$\sum W_{ik}$——第 k 项因素的总比重值。

主观评比值是一个数字化的比较值，可以利用此数值来比较各可行位置的优劣。此数值位于 (0,1) 范围内，最接近1则说明该位置优于其他位置。

(5) 计算主观因素度量值。在评价时，主观因素可能超过一个。同时，各主观因素的重要性也可能不完全一样。因此对多项主观因素综合评价时，还应确定各主观因素的重要性指数。这种指数的确定方法也可应用上述的强迫选择法。然后，根据每一因素的主观评比值和该因素的重要性指数，分别计算每一可行性位置的主观度量值，计算公式如下：

$$M_{x,i} = \sum (l_k S_{ik}) \tag{4-7}$$

式中：$M_{x,i}$——第 i 可行性位置的主观度量值；

l_k ——第 k 项主观因素的重要性指数；

S_{ik} ——第 i 可行性位置对第 k 项主观因素的评比。

(6) 确定位置度量值。位置度量值是对某一可行性位置方案的综合评价。计算公式为

$$M_{l,i} = XM_{x,i} + (1-X)M_{o,i} \tag{4-8}$$

式中：$M_{l,i}$ ——第 i 类方案的位置度量值；

X ——主观类因素的比重值。

(7) 决策从多种可行性位置方案中选择位置度量值最大的可行性位置方案为最优。

(二)单一设施选址模型的推广

重心法具有连续选点特性，而且其原理和操作都很简单，因此不论是作为一个选址模型，还是作为更复杂方法的子模型，这种方法都很受欢迎，同时也鼓舞着研究者对此模型的功效进行拓展。重心模型有许多推广模型，其中主要有考虑客户服务和收入，解决多设施选址问题，引入非线性运输成本等。

二、多设施选址

对大多数企业而言，其面临的问题往往是必须同时决定两个或多个设施的选址，多设施选址问题有时有数量限制，有时没有。虽然问题更加复杂，却更加接近实际情况。多设施选址问题很普遍，因为除了非常小的公司外，所有公司的物流系统中都有一个以上的仓库。由于这些仓库不仅在经济上是相互独立的，而且可能的选址布局方案相当多，因而问题十分复杂。对于企业设施选址问题，可以归结为以下的基本命题。

(1) 物流网络中应该有多少个仓库？这些仓库应该有多大的规模，位于何处？

(2) 哪些客户指定由仓库负责供应？哪些仓库指定由各工厂、供应商或港口负责供应？

(3) 各个仓库应该存放哪些产品？哪些产品应该从工厂、供应商或港口直接运送到客户手中？

近几十年来，选址理论发展迅速，选址方法也越来越多，特别是计算机的广泛应用，促进了物流系统选址问题的研究。众多的选址方法可以分为三大类：解析法、模拟法和启发法等。

(一)解析法

解析法是指那些能够通过数学模型保证得到选址问题的数学最优解，或者至少是精确度已知条件下的解的那些方法。解析法在很多方面堪称解决选址问题的理想方法，但该类方法将导致计算机运算时间很长，要求的内存空间巨大，而且在解决实际问题时并非所有

因素都能做到精确把握。因此，这种方法在实际应用中也受到了一定的限制。采用微积分原理的多重心法和数学规划模型都属于这类方法，下面将一一进行介绍。

1. 多重心法

如果我们在多点布局时使用多重心法，就可以发现多设施选址问题的特点。我们知道重心法是一种以微积分为基础的模型，用来找出起讫点之间使运输成本最小的中介设施的位置。如果要确定的点不止一个，就有必要将起讫点预先分配给位置待定的仓库。这就形成了个数等于待选址仓库数量的多个起讫点群落。之后，再找出每个起讫点群落的精确重心。针对仓库进行起讫点分配的方法很多，尤其是在考虑多个仓库问题涉及众多起讫点时。方法之一就是把相互间距离最近的点组合起来形成群落，找出各群落的中心位置，再将各点重新分配到这些位置已知的仓库，找出修正后的各群落新的重心位置，继续上述过程，直到不再有任何变化。这样就完成了特定数量仓库选址的计算。该方法也可以针对不同数量的仓库重复计算过程。

随着仓库数量的增加，运输成本会下降，与此相反，物流体系中总固定成本和库存持有成本会上升。最优解就是所有这些成本之和最小的解。若能评估所有分配起讫点群落的方式，这个方法就是最优的。但是考虑到实际问题的规模，计算是不现实的。即便将大量的客户分配给很少的几个仓库，也是一件极其复杂的工作。

2. 混合-整数线性规划

随着计算工具的发展，在选址问题中引入数学方法也越来越普遍，人们希望求解方法对问题的描述足够宽泛，使其在解决常见的大型、复杂的选址问题时有实际意义，同时可以得出数学上的最优解。这些方法包括目标规划法、树形搜索法、动态规划法及其他方法。其中最有前景的是混合-整数线性规划法，它也是商业选址模型中最受欢迎的方法。

该方法具有其他方法所没有的优点，它能把固定成本以最优的方式考虑进去。线性规划在整个网络需求分配过程中的优势是众所周知的，这也是该方法的核心所在。虽然这种方法的优点相当突出，但缺点也同样存在，那就是除非可以利用个别问题的特殊属性，否则计算机运行的时间将很长，需要的内存空间也非常大。除非对所有可能的方案进行评估，否则无法保证得到的是最优解，即使得到最优解，数据上的微小差距也会导致大量的计算过程。

仓库选址有多种不同的形式，人们对用整数规划法研究某个仓库选址的问题是这样描述的：某几家工厂生产数种产品，其中这些工厂的生产能力已知，每个消费区对每种产品的需求量已知，产品经由仓库运往消费区，满足需求，而每个消费区由某个仓库独家供货。

各个仓库能承受的年总吞吐量有上限和下限的要求。仓库可能的位置已知，但最终需用哪个地点要做出选择，以达到总分拨成本最低的目标。仓库成本表示为固定成本加上线性可变成本。运输成本被看成是线性的。

这样问题就转化为应该使用哪个仓库位置，在每个选定的位置，仓库的规模有多大，各个仓库该服务哪些消费区，各种产品的运输流模式是怎样的。所有这些都要在工厂生产能力和分拨系统仓库布局的约束条件下，实现以最小的分拨成本满足需求的目标要求。把这一问题用描述性语言描述如下。

找出物流网络中仓库的数量、规模和位置，使通过这样的物流网络的产品的固定成本和线性可变成本在下列约束条件下降至最低。

(1) 不能超过每个工厂的供货能力。

(2) 所有产品的需求必须得到满足。

(3) 各个仓库的吞吐量不得超过其吞吐能力。

(4) 必须达到最低吞吐量仓库才能开始运营。

(5) 同一消费区需要的所有产品必须由同一仓库供给。

该问题可以用计算机计算求解。以前即便是最先进的计算机，也无法对这类实际问题进行求解。但现在人们往往用这样一些方法，如将一个多产品问题按产品类别分成若干个子问题，去掉与解无关的部分，然后估计出近似的数据关系，弥补缺陷，使计算机能够进行计算解决问题。现在，有的研究者声称他们已经可以大大扩展可建模的网络层级数量，能将多个时期考虑进模型，并慎重处理非线性函数。

另一种方法是 P-中值法。该方法不如前一种方法复杂，但是功能也不如前一种强大。该方法是通过协调点来确定需求和供给点的位置。仓库则被限制在这些需求或供给点之中。影响选址的成本是：可变运价和备选仓库的年固定成本。待选址仓库的数量在求解之前就确定下来了。求解过程就是要从备选仓库中选出该特定数量的仓库位置。

混合-整数线性规划非常有吸引力，但是它的缺点也很明显，还需要研究人员进一步研究。

(二)模拟法

虽然真正提供数学最优解的选址模型看起来最好，但要知道针对实际选址问题的最优解可能并不比模型对实际问题的描述更好。况且，这样的优化模型通常很难理解，需要许多管理人员掌握他们并不具备的技能。因此，一些人认为应首先对问题进行准确描述，这些倡导者通常使用模拟方法进行规划。他们强调对问题的准确描述，宁愿接受改良的最优解，也不要对问题进行笼统描述的最优解。

模拟设施选址模型是指以代数和逻辑语言做出的对物流系统的数学表达，在计算机的帮助下可对模型进行处理。只要有经济或统计关系的现实表述，就可以使用模拟模型来评估不同布局方法的效果。

模拟模型与算术选址模型不同，它要求管理人员必须明确网络中需要的特定设施。根据这些被挑出来的等待评估的个别仓库和它的分配方法判断这是最优的，还是接近最优的选址方式。

算术模型寻求的是最佳的仓库数量、位置、规模，而模拟模型测试图在给定的多个仓库、多个分配方案的条件下，反复用模型找出优化的网络设计方法。分析结果的质量和效率取决于人们选择分析地点的技巧和洞察力。当前用于仓库选址的经典模拟模型是亨氏公司开发的，后来又用于雀巢公司的分拨问题。该模拟模型为基本的仓库选址问题提供了答案，且可涉及多达 4000 个客户、40 个仓库、10～15 个工厂，与许多解析模型相比，该模型适用性更为广泛。下面对该模型进行介绍。

1. 亨氏模型中的主要分拨成本要素

亨氏公司模拟模型中的主要分拨成本要素有以下几个。

1) 客户影响分拨成本的因素

(1) 客户的位置。

(2) 年需求量。

(3) 购买的产品类型。不同的产品属于不同的货物等级，会有不同的运价要求。当产品组合存在地区差异时，就不能对所有商品按平均运价进行计算。

(4) 订单大小的分布。运输批量规模不同，也会导致适用不同的费率。

2) 仓库影响成本的因素

(1) 公司对自有仓库的固定投资。有些公司喜欢用公用仓库，这样固定投资就相对较少。

(2) 年固定运营和管理成本。存储、搬运、库存周转和数据方面的可变成本。

3) 工厂

工厂的选址和各工厂的产品供应能力是影响分拨成本的重要因素。工厂内的某些存储和搬运费用也对分拨成本有一定的影响，但这些成本大部分与仓库的分布位置无关，可以不作分析。

4) 运输成本

产品从工厂运到仓库产生的成本费用被称为运输成本。它取决于相关的工厂、仓库的位置、运输批量的大小、产品的货物等级。

5) 配送成本

产品从仓库运到客户手中的成本称为配送成本。它取决于运输批量的大小、仓库和客户的位置、产品的货物等级等。

2. 模型的应用过程

在应用这一模型时，输入数据的处理过程可分为以下两部分。

首先，预处理程序把通过仓库就能履行的客户订单与那些货量足够大，由工厂就能履行的更经济的订单区分开来。

然后，测试程序依据经纬度坐标计算出从客户到仓库和从工厂到仓库的距离。该坐标系的实际距离与计算距离之间的误差限制在 2%左右。

选择向客户供货的指定仓库时要先检验最近的五家仓库，然后选择从仓库到客户的配送成本、仓库的搬运和储存成本、工厂到仓库的运输成本最低的仓库。接着在仓库系统产品流向已知，测试程序确定地理信息的条件下，用计算机运行必要的计算来评估特定的仓库布局方案。还要利用线性规划法求解工厂生产能力的限制。

如果需要评估多个仓库布局的方案，重复进行此测试。图 4-2 是模型运行的流程图。

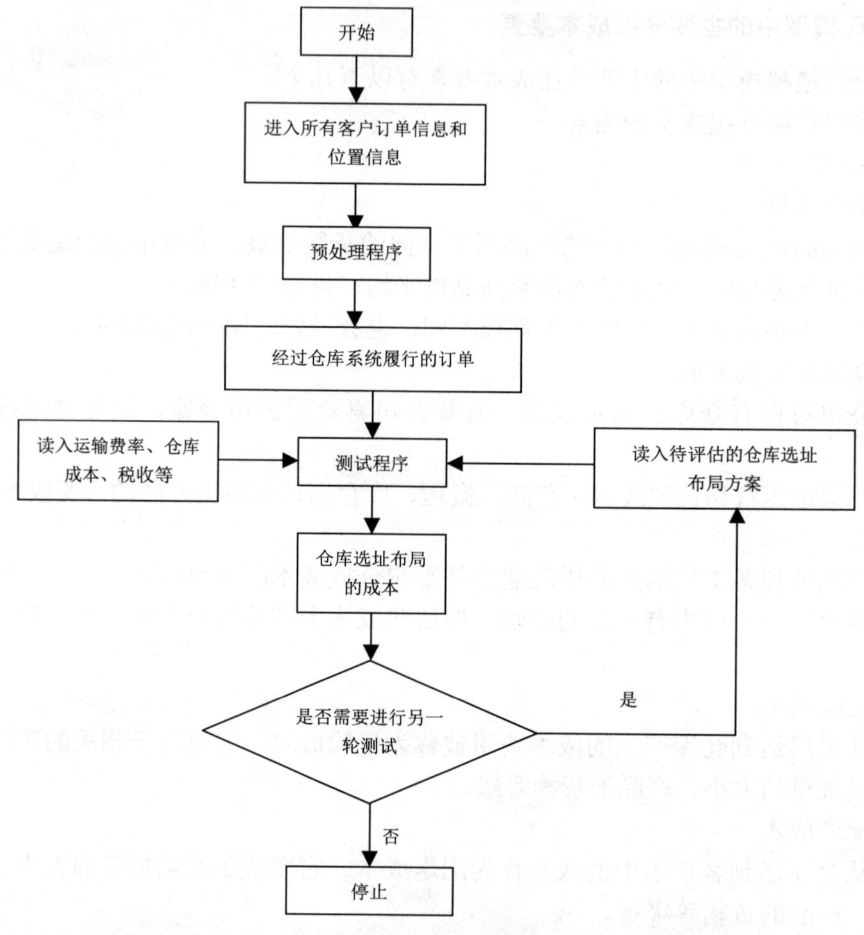

图 4-2　模型运行流程图

目前，模拟模型在仓库选址中依然起着重要作用。一方面，这些模型的潜在优势是它们既能够考虑库存时间方面的问题，也能够考虑库存地理分布问题。

另一方面，使用该方法面临的问题是需要大量的数据信息和较长的计算机运算时间。虽然如此，对现实情况的精确描述依然是这一模型吸引人的首要原因。

模拟选址模型存在的主要问题是使用者可能无法确定所选择的仓库布局与最优值究竟

有多大的差距，但我们知道选址问题的总成本曲线一般具有“平坦的底部”。因此最优区域内的两个十分接近的方案之间成本变化很小。只要已经对一定数量的经过慎重选择的仓库布局进行了评估，我们就完全可以相信我们至少找到了一个令人满意的方案。

(三)启发法

启发法有助于减少求解的平均时间。有时用启发法表示指导问题解决的经验原则。当经验原则用在选址问题上时，这类积累的求解过程的经验可迅速地从大量的备选方案中找出好的解决方案。虽然启发法不一定能保证得到最优解，但由于使用该方法可以带来合理的计算机运算时间和内存的要求，可以很好地表现实际情况，以达到令人满意的解，所以仓库选址时人们仍然考虑使用该方法。

库恩和汉伯格建立的启发法是一种用于仓库选址问题的经典方法，并一直沿用至今，已成为仓库选址中的常用方法之一。

为帮助理解适用于解决现实问题的启发模型的类型，我们来看一下实际中经常会遇到的选址问题的特点。

选址问题实际就是对选址有关的成本进行的一种权衡，这些成本主要包括以下因素。

(1) 生产、采购成本。

(2) 仓储和搬运成本。

(3) 仓库固定成本。

(4) 仓库持有成本。

(5) 仓库订单和客户订单处理成本。

(6) 仓库内向、外向运输的成本。

每一成本类别都会反映出地理位置的差异、货物数量和运输批量特征、政策差异、规模经济的特点。这里就涉及成本悖反规律。库存、仓储和固定成本与出入库运输成本之间存在直接的悖反关系。生产成本与订单处理成本之间也存在悖反关系。选址模型的任务就是在给定客户服务水平和其他实际条件的限制下，找出使总的相关成本最低的布局。

运输成本随着分拨系统内仓库数量的增加而下降，这在一般情况下是符合实际的，因为到达仓库的内向运输通常比离开仓库的外向运输批量更大、费率更低。当系统内仓库的数量增多时，仓库距顾客更近，因而内向运输成本上升，但外向运输成本下降比例更大。这样运输成本曲线持续下降，直到系统内仓库数量过多以至于实际上无法保证到达所有仓库的运输都达到整车批量。从该点开始运输成本曲线会上升。

随着系统内仓库数量的增加，库存持有成本和仓储成本曲线上升的速度渐趋缓慢。这主要是由企业的库存政策、政策执行方式和网络固定成本增加所导致的。仓库数量增多，系统中安全库存量就会成倍增加。如果企业以经济订货批量的方法来控制库存，就会导致平均库存和库存持有成本曲线呈递减趋势。其他的库存政策则会导致库存持有成本和仓储成本曲线略有不同。如果仓库是企业自有的或租赁的，每个仓库每年都会产生一笔固定费用。这样，系统总固定成本也会随仓库数量的增加而上升。

1. 部分评估

启发法可从其他方法中推出，比如多重心法。该法要解决的是特定数量仓库的选址问题。由于该方法只考虑运输成本，因此可能要增加诸如库存和仓库固定成本等以产生一个更具代表性的总成本。通过不同仓库数量下反复求解的过程，我们能找出最佳仓库数量和位置。

选择性评估法是启发法的一种，这是因为：第一，多重心法包括一些用于确定仓库初始位置的原则，这可能导致最终结果的次优。第二，只有仓库位置确定之后，才能把固定成本和可变成本加在运输成本上，这样做不如在确定仓库位置的过程中就综合考虑这些成本，使得到的结果更好。

2. 指导线性规划

在开发用于解决实际问题的严格的启发法时，一般都会将线性规划作为求解方法的一部分。这种方法的优点在于能在得出最优结果的同时考虑仓库处理能力的限制。然而要使线性规划法真正有效，还应解决固定成本和非线性库存成本的问题。这就需要用启发法来对线性规划进行指导，以达到我们期望的效果。

应用启发法的步骤如下。

(1) 定义一个计算总费用的方法。

(2) 拟定判定准则。

(3) 规定方案改进的途径。

(4) 给出初始方案。

(5) 迭代求解。

无论是单一产品还是多产品，都可以应用此方法求解，只不过考虑多种产品时需要进行调整，即仓库的固定成本应根据各仓库的吞吐量由各产品分摊。

(四)其他方法

除了上面介绍的几种方法，人们还针对某些实际问题的特殊性，设计出了相应的处理方法，这样可以获得事半功倍的效果。下面就介绍两种常用的方法。

1. CFLP 方法

CFLP(Capacitated Facilities Location Problem，有容量限制的设施选址问题)方法是根据设施的规模有限的情况提出的。这种方法只需运用运输规划求解，从而使计算工作大为简化。CFLP 方法的思路是：首先假定设施布局方案已确定，即给出一组初始设施设置地址。

根据初始方案按运输规划模型求出各初始设施的供货范围，然后在各个供货范围内分别移动设施到其他备选地址上，以使各供货范围内的总成本下降，找到各供货范围内总成本最小的新设施设置地址，再用新设施设置地址代替初始方案，重复上述过程直至各供货范围内总成本不再下降为止。

为简单起见，以图 4-3 所示的物流网络结构为对象来介绍该方法的处理过程。

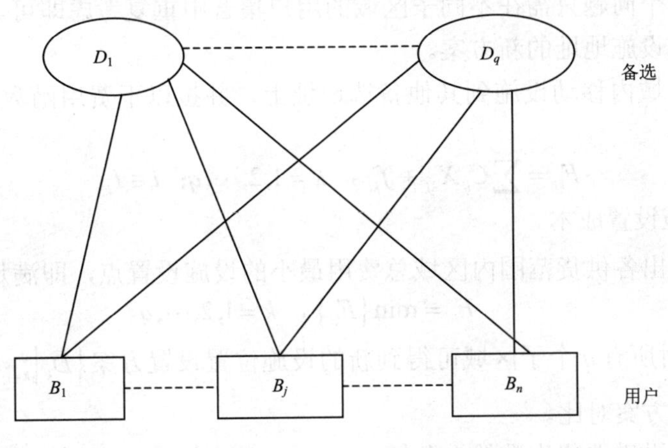

图 4-3 CFLP 方法

下面介绍 CFLP 方法的基本步骤。

假定某计划区域内设施备选地址已确定，需从这些备选地址中选取 q 个点作为设置设施。

步骤一：给出设施地址的初始方案。

通过定性分析，根据备选设施的中转能力和商品需求的分布情况，恰当地选择 q 个点作为设置设施的初始方案。初始方案选择得是否恰当，将直接影响整个计算过程的收敛速度。

步骤二：确定各设施的供货范围。

用解运输问题的方法确定暂定物流设施的供货范围。

设暂定的物流设施为 $D_k(k=1,2,\cdots,q)$，其中最大可能设置的规模为 d_k。如果有 n 个需求用户，各用户的需求量为 $b_j(j=1,2,\cdots,n)$ 。以运输成本 F 最低为目标，即可构成运输规划模型：

$$\min F=\sum C_{kj}X_{kj}\text{，}\ \sum X_{kj}\leqslant d_k\text{，}\ \sum X_{kj}\geqslant b_j\text{，}\ X_{kj}\geqslant 0$$

式中：C_{kj} ——备选设施网点向用户供货的单位商品运输成本；

X_{kj} ——备选设施网点 K 向用户 j 的供货数量；

d_k ——最大可能设置的规模；

b_j ——用户 j 的需求量。

求解出此运输问题，即可求得各暂定设施的供货范围。

如果考虑设施的进货成本，上述公式则应为转运问题模型。解转运模型，除了得到设施的供货范围外，同时还确定了设施与资源点之间的供货关系。用 $I_k(k=1,2,\cdots,q)$ 和 J_k 分别表示各供货子区域内的设施备选地址和用户集合。

求解出运输问题的结果可能出现同一用户同属于不同的子区域，但对整个问题的解决并无影响，因为这个问题只需在不同子区域的用户集合中重复考虑即可。

步骤三：寻求设施地址的新方案。

在各供货子区域内移动设施到其他备选地址上，并按以下费用函数计算子区域内的区域总费用。

$$F_{ki}=\sum C_{ij}X_{kj}+f_{ki}\text{，}\quad k=1,2,\cdots,q;\quad i\in I_k \tag{4-9}$$

式中：f_{ki}——设施设置成本。

在此基础上找出各供货范围内区域总费用最小的设施设置点，即满足

$$F_k=\min\left\{F_{ki}\right\}\text{，}\quad k=1,2,\cdots,q$$

的设施地址 D_k，对所有 q 个子区域可得到新的设施位置设置方案 $\left\{D_k\Big|_{k=1}^{q}\right\}$。

步骤四：新旧方案对比。

为便于区别，引进迭代次数的上角标 n，$n=0$ 时为初始方案。对于 $\{D_k^{\ 1}\}$ 和 $\{D_k^{\ 2}\}$ 新旧两个方案，分析不等式：

$$\sum F_k^{\ 1}\leqslant\sum F_k^{\ 0} \tag{4-10}$$

如果 $\{D_k^{\ 1}\}$ 和 $\{D_k^{\ 2}\}$ 完全相同，式(4-9)中必有等式成立，说明已获最终解，$\{D_k^{\ 1}\}$ 即是满意的设施布局地址。否则，将新方案代替旧方案，重复步骤二至四，直至 $\{D_k^{\ n}\}$ 和 $\{D_k^{\ n-1}\}$ 完全相同为止。

按以上步骤得到的最终解，虽然在理论上没有证明是最优的，但从式(4-10)中可以看出，系统的总费用为

$$F=\sum F_k^{\ n} \tag{4-11}$$

对 $\{D_k\Big|_{k=1}^{q}\}$ 是单调下降的，因此，我们可以相信所得到的解是满意解。

2. 运输规划法

假设多设施布局问题如图 4-4 所示。

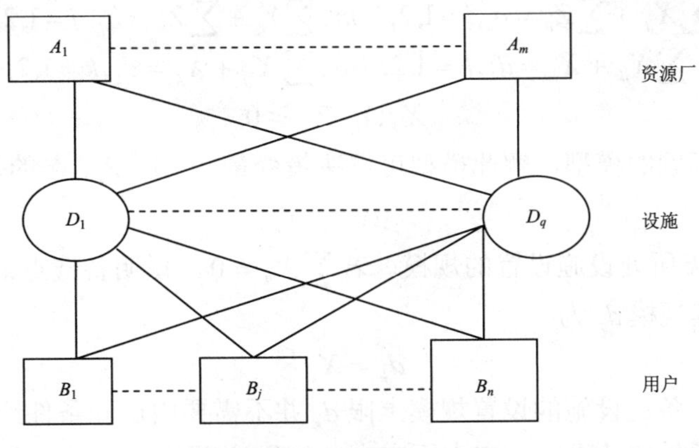

图 4-4　多设施布局问题

图 4-3 中有 m 个资源点 A_i，各个资源点的资源量为 a_i；有 n 个需求点 B_j，各个需求点的需求量为 b_j；有 q 个可能设置网点的备选地址 $D_k(k=1,2,\cdots,q)$；需求点可以从设置网点中转进货，当然也可以从资源点直接进货。如果不考虑设施建设投资成本的问题，多设施选址，布局模型公式可以表示成如下形式：

$$\min F=\sum\sum C_{ik}X_{ik}+\sum\sum C_{kj}Y_{ij}+\sum\sum C_{ij}Z_{ji}+\sum\sum C_{k}X_{ik}\text{，}k=1,2,\cdots,q \tag{4-12}$$

$$\sum X_{ik}+\sum Z_{ij}\leqslant a_i,\ i=1,2,\cdots,m\text{；}\sum Y_{kj}+\sum Z_{ij}\geqslant b_j,\ j=1,2,\cdots,n\text{；}\ X_{ik},Y_{kj},Z_{ij}>0$$

式中：X_{ik} ——备选网点 k 从资源厂 i 进货的数量；

Y_{kj} ——用户 j 从备选网点 k 中转进货数量；

Z_{ij} ——用户 j 从资源厂 i 直达进货数量；

C_{ik} ——备选网点 k 从资源厂 i 进货的单位商品进货费；

C_{kj} ——用户 j 从备选网点 k 进货的单位商品进货费；

C_{ij} ——用户 j 从资源厂 i 直达进货的单位商品进货费；

C_k ——备选网点 k 中转单位商品的仓库管理费；

a_i ——资源厂 i 的资源量；

b_j ——用户 j 的需求量。

该模型的目标函数中第一项和第四项可以合并。公式中第三组约束方程两边表示备选设施 k 的设置规模，若假定各备选设施均有一个足够大的设置规模上限 d_k，则此约束方程可以改写成下面的两个等式：

$$\sum X_{ik}+X_k=d_k\text{，}\sum X_{kj}+X_k=d_k\text{，}\ k=1,2,\cdots,q$$

式中：X_k ——备选设施 k 的闲置能力。

经过上面的整理，假定计划区域内的总资源等于总需求，模型式(4-12)就变成：

$$\min F=\sum\sum(C_{ik}+C_k)X_{ik}+\sum\sum C_{kj}Y_{ij}+\sum\sum C_{ij}Z_{ji}\text{，}k=1,2,\cdots,q$$

$$\sum X_{ik}+\sum Z_{ij}=a_i, i=1,2,\cdots m, \sum Y_{kj}+\sum Z_{ij}=b_j, j=1,2,\cdots,n$$
$$\sum X_{ik}+X_k=d_k, k=1,2,\cdots q, \sum X_{kj}+X_k=d_k, k=1,2,\cdots q$$
$$X_{ik},Y_{kj},Z_{ij}\geqslant 0 \tag{4-13}$$

这是一个转运问题的模型，解此模型可得决策变量X_{ik},Y_{kj},Z_{ij},X_k的数值，且

$$X_{ik}=X_{kj}$$

X_{ik}表示备选点k所处设施设置的规模。若$\sum X_{ik}=0$，说明备选点k处不应设置设施，否则k点被选中，其规模d_k为

$$d_k=X_k \tag{4-14}$$

应该指出的是，备选设施的设置规模上限d_k并不需要由已知条件给出，而只需根据计划区域内的商品流通量估计设定，宜大不宜小。如果d_k设定过大，由公式(4-14)可以看出，大部分在优化求解后通过闲置容量X_k表示出来，对所求方案无任何影响。

综上所述，对不考虑设施设置成本的设施布局问题，用转运问题的模型很容易得到解决。当然，这种情况是不现实的。对此，可对上述方法进行必要的修正。修正的方法可以采用“撤销比较法”。具体做法为：假定多设施布局方案已确定，令这一方案中的某个设施取消，那么这个设施的设置成本被节约，但是该设施的所属用户必须改由其他设施供货，这势必增大其他费用。用节约的设置投资成本与增加的其他费用相比较，即可判断该设施是否该撤销。反复运用这种方法进行比较，直至总成本不能再下降为止。这种方法在计算机上比较容易实现。

第五节　物流设施选址的评价方法

影响物流设施选址的因素有很多，归纳起来可以将这些因素分为与产品成本有直接关系的成本因素以及与成本因素无关的非成本因素两大类。下面我们就介绍几种常用的物流设施选址的评价方法。

一、加权因素法

此方法适合于比较各种非经济因素，由于各种因素的重要程度不同，需要采用加权方法，并按以下步骤实施。

(1) 针对设施选址的基本要求和特点列出考虑的各种因素。

(2) 按照各因素的相对重要程度，分别规定各因素相应的权重。通过征询专家意见或其他的方法来决定各因素的权重。

(3) 对各因素分级定分，即将每个因素从优到劣分成等级，如最佳、较好、一般、较差，并规定各等级的分数为4、3、2、1。

(4) 将每个因素中各方案的排队等级系数乘以该因素的相应权数，最后比较各方案的总得分，总分数最高者为入选方案。

【例 4-2】 对某一设施的选址有 K、L、M、N 四种方案，影响选址的主要因素有位置、面积、运输条件等 8 项，并设每个因素在方案中的排队等级为 A、E、I、O、U 五个等级。现设定：A=4 分，E=3 分，I=2 分，O=1 分，U=0 分。各原始数据及评分结果如表 4-2 所示。

表 4-2 加权因素法选址举例

序 号	考虑因素	权 重 数	各方案的等级及分数			
			K	L	M	N
1	位置	8	A/32	A/32	I/16	I/16
2	面积	6	A/24	A/24	U/0	A/24
3	地形	3	E/9	A/12	I/6	E/9
4	地质条件	10	A/40	E/30	I/20	U/0
5	运输条件	5	E/15	I/10	I/10	A/20
6	原材料供应	2	I/4	E/6	A/8	O/2
7	公用设施条件	7	E/21	E/21	E/21	E/21
8	扩建可能性	9	I/18	A/36	I/18	E/27
	合计		163	171	99	119

应用此方法的关键是对各因素确定合理的权数和等级，应该征求各上级管理部门的意见并取其平均值。

二、因次分析法

这是一种将各候选方案的成本因素和非成本因素同时加权并加以比较的方法。列举各种影响因素，将这些因素分为客观因素和主观因素两类，客观因素能用货币来评价；主观因素是定性的，不能用货币表示。确定主观因素和客观因素的比重，用以反映主观因素与客观因素的相对重要性。确定客观量度值，再确定主观评比值和主观量度值，最后将客观量度值和主观量度值进行加权平均，得到位置量度值，即是选址方案的整体评估值，最大者入选。具体实施步骤如下。

(1) 研究要考虑的各种因素，从中确定哪些因素是必要的。如某一选址无法满足一项必要因素，应将其删除。如饮料厂必须依赖水源，因而不能考虑缺乏水源的选址。确定必要因素的目的是将不适宜的选址排除在外。

(2) 将各种必要因素分为客观因素和主观因素两大类。同时要决定主观因素和客观因素的比重，用以反映主观因素与客观因素的相对重要性。如主观因素和客观因素同样重要，则比重均为 0.5。主观因素的比重值可通过征询专家意见决定。

(3) 确定客观量度值。对每一可行选址可以找到一个客观量度值，此值大小受选址的

各项成本的影响。其计算公式可表示为

$$\mathrm{OM}_i = \left[C_i \sum 1/C_i \right]^{-1} \tag{4-15}$$

式中：C_i——各项成本 C_{ij} 之和；

$\sum 1/C_i$——各选址方案总成本的倒数之和；

OM_i——第 i 项选址方案的客观度量值。

(4) 确定主观评比值。各主观因素因为没有一量化值作为比较，所以用强迫选择法作为衡量各选址优劣的比较。强迫选择法是将每一选址方案和其他选址方案分别做出成对的比较。令较佳的比重值为1，较差的比重值则为0。此后，根据各选址方案所得到的比重与总比重的比值来计算该选址的主观评比值 S_{ik}。

主观评比值为一量化的比较值。可以利用此数值来比较各选址方案的优劣。此数值的变化在0～1之间，愈接近1，则代表选址方案比其他选址方案愈优越。

(5) 确定主观量度值。主观因素常常不止一个，同时各主观因素间的重要性也各不相同。所以我们首先对各主观因素配上一个重要性指数 I_k。I_k 的分配方法可用步骤(4)中所述的强迫选择法来确定，然后再以每个因素的主观评比值与该因素的重要性指数 I_k 相乘，分别计算每一选址方案的主观量度值。可用下式表示：

$$\mathrm{SM}_i = \sum I_k S_{ik} \tag{4-16}$$

(6) 确定位置量度值。位置量度值 LM_i 为选址方案的整体评估值，其最大者为最佳选择方案。其计算公式为

$$\mathrm{LM}_i = X\,\mathrm{SM}_i + (1-X)\mathrm{OM}_i \tag{4-17}$$

式中：X——主观比重值；

SM_i——第 i 项选址的主观度量值；

OM_i——第 i 项选址的客观度量值。

【例 4-3】 筹建一农副产品加工厂，可供选择的候选厂址有D、E、F三处，因为地址不同，所以加工成本也有区别，各厂址每年的加工成本费用如表4-3所示。此外，为决定厂址还考虑了一些重要的非成本因素，如当地竞争能力、气候变化和周围环境是否适合农副产品加工等。对于竞争能力而言，F最强，E、D相等；对于气候，F最好，D比E好；对于环境，E最好，F、D次之。如果各主观因素的重要性指数 a、b、c 依次为0.6、0.3和0.1，要求用因次分析法评定最佳厂址在何处。

表 4-3 各候选厂址每年的加工成本费用 单位：千元

项 目	成 本		
	D	E	F
工资	250	230	248
运输费用	181	203	190

续表

项 目	成 本		
	D	E	F
租金	75	83	91
其他费用	17	9	22
C_i	523	525	551

解：首先计算D、E、F三处的位置度量值，然后再比较。

$$\mathrm{OM_D} = [523 \times (1/523 + 1/525 + 1/551)]^{-1} = 0.3395\text{，}\ \mathrm{OM_E} = 0.3382\text{，}\ \mathrm{OM_F} = 0.3223$$

下面计算S_{ik}。

① 竞争能力比较见表4-4。

表4-4 竞争能力比较

厂 址	F	E	D	比 重	S_{ia}
D	0	0		0	0
E	0		0	0	0
F		1	1	2	1

② 气候比较见表4-5。

表4-5 气候比较

厂 址	F	E	D	比 重	S_{ib}
D	0	1		1	0.33
E	0		0	0	0
F		1	1	2	0.67

③ 环境见表4-6。

表4-6 环境比较

厂 址	F	E	D	比 重	S_{ic}
D	0	0		0	0
E	1		1	2	0.67
F		0	1	1	0.33

根据各主观因素的重要性指数I_k和各选址位置的主观评比值S_{ik}，可以计算每一行位置上的主观度量值SM_j。

将各个主观因素作评比总结，各候选厂址的评比值见表4-7。

表 4-7　各候选厂址评比值

因素 k		D	E	F	重要性 I_k
a	$S_{i,a}$	0	0	1	0.6
b	$S_{i,b}$	0.33	0	0.67	0.3
c	$S_{i,c}$	0	0.67	0.33	0.1

计算可得 $\mathrm{SM_D}=0.099$，$\mathrm{SM_E}=0.067$，$\mathrm{SM_F}=0.834$。

由于题中没有给出主观因素和客观因素的比重，现假设两者相等，故主观比重值 $X=0.5$。

$\mathrm{LM_D}=0.21925$，$\mathrm{LM_E}=0.2026$，$\mathrm{LM_F}=0.57815$

根据各位置 LM_i 的大小，F 最高，所以 F 作为建厂厂址。

三、层次分析法

层次分析法是 1973 年由美国运筹学家 T. L. Saaty(萨蒂)针对现代管理中存在的许多复杂、模糊不清的相关关系如何转换为定量分析的问题而提出的一种层次权重决策分析法，这是一种简明、实用的定性分析与定量分析相结合的系统分析与评价的有效方法。这种方法在物流系统的分析评价中也得到了广泛应用。

层次分析法的基本思路如下。

1. 建立递阶层次结构

在对面临的选址问题进行深入分析后，将问题中所包括的因素分为不同的层次，用框图形式说明递阶结构与因素的从属关系。

2. 构造判断矩阵

建立递阶层次结构以后，上下级之间的隶属关系就被确定了。设因素 C_k 下属的几个因素为 $A_1,A_2,\cdots,A_n$；让评价人员以会议讨论或德尔菲法的方式对下层因素 A_i 和 A_j $(i,j=1,\cdots,m)$ 进行两两比较，根据其相对重要程度赋予比例标度。比例标度的意义如表 4-8 所示。

表 4-8　比例标度

标 度 值	两个因素相比，一个比另一个的重要程度
1	同样重要
3	稍微重要
5	明显重要
7	强烈重要
9	绝对重要

2，4，6，8 为上述相邻判断的中值。

若 A_i 与 A_j 比较得 a_{ij}，则 A_j 与 A_i 相比得 $a_{ji}=1/a_{ij}$。

由此，可以得到 C_k 下的判断矩阵 $A=(a_{ij})_{n\times n}$，如表 4-9 所示。

表 4-9　判断矩阵

C_k	A_1	A_2	…	A_n
A_1	1	A_{12}	…	A_{1n}
A_2	A_{21}	1	…	A_{2n}
…	…	…	…	…
A_n	A_{n1}	A_{n2}	…	1

3. 计算排序权重

这里采用幂法求解特征值的问题。

$$AW=\lambda_{\max W} \tag{4-18}$$

步骤如下。

(1) 设与判断矩阵同阶的正规化初始量 $W^0=[1/n,1/n,\cdots,1/n]^T$。

(2) 对于 $k=0,1,2\cdots,n$，计算 $W^{k+1}=AW^k$。

(3) 令 $\beta=\sum_{i=1}^{n}W^{k+1}$，计算 $W^{k+1}=W^{k+1}/\beta$。

(4) 对于预先给定的精确度 ε，当 $\lambda_{\max}=\left[\sum_{i=1}^{n}\left(W_i^{k+1}/W_i^k\right)\right]\Big/n$ 时，W 即为 $A_1,A_2,\cdots,A_n$ 在 C_k 下的排序权重。

4. 一致性检验

人们对复杂的各因素进行两两比较时，不可能做到判断完全一致，而存在估计误差，这必然导致特征值和特征向量也有偏差。因此，为了应用层次分析法得到结论的合理性，需要判别矩阵的一致性，所以要进行一致性检验。具体步骤如下。

(1) 计算一致性指标 CI。

$$\mathrm{CI}=(\lambda_{\max}-n)/(n-1) \tag{4-19}$$

(2) 查表 4-10 得到平均随机一次性指标 RI，RI 是多次(>500 次)重复进行随机判断矩阵特征值的计算后取算术平均值得到的。

表 4-10　重复计算 1000 次的 RI

n	1	2	3	4	5	6	7	8	9	10	11	12
RI	0.00	0.00	0.52	0.89	1.12	1.26	1.36	1.41	1.46	1.49	1.52	1.54

(3) 计算一致性比例 $\mathrm{CR}=\mathrm{CI}/\mathrm{RI}$，当 $\mathrm{CR}<0.1$ 时，一般认为 A 的一致性是可以接受的，

否则需要调整 A，直至达到满意的一致性为止。

重复上述计算过程，便可确定各项评价因素的权重。

本章小结

对大多数企业而言，设施选址问题是最重要的物流战略规划问题。本章介绍了物流设施选址的一般方法，便于大家运用于实际问题的解决。从第一节介绍物流设施的基本概念开始，让大家了解物流设施的基本情况；之后又阐述了物流设施选址的意义，说明了物流设施选址的重要性；接着是物流设施选址的影响因素，使大家对选址有一个初步的认识；再接着是物流设施选址的程序，展示解决这类问题的一般步骤；接下来最重要的内容是物流设施选址的方法，分为单设施和多设施的选址问题，使得大家对简单选址问题有一个深入的认识；最后，阐述了物流设施选址的评价方法，分别介绍了加权因素法、因次分析法和层次分析法。

总之，通过本章的介绍可以使读者对物流设施选址的问题有一个全面的认识，并会利用常用的方法解决一些实际的选址问题。

案例分析

超级医疗设备公司

超级医疗设备公司生产的电子设备，是用在MRI、CAT扫描仪、PET扫描仪及其他医疗诊断设备中的零部件。超级公司在亚利桑那州的菲尼克斯和墨西哥的蒙特雷设有生产厂。需要这些零部件的客户位于美国和加拿大的某些地方。目前堪萨斯州堪萨斯城的一家仓库负责接收工厂生产出来的所有零部件，随后再分拨给客户。

由于竞争加剧、客户销售水平的变化，公司的销售额有所下降，公司管理层开始考虑仓库的选址问题。现有仓库的租赁期即将届满，管理层希望能够考察一下是对现有仓库再续租还是另换地点。如果续租仓库租金为每年每平方英尺2.75美元，仓库面积为20万平方英尺。据估计，若在其他地点租用同等规模的仓库，租金为3.75美元/平方英尺。

新租约或续租的期限为五年。转移库存、主要人员的搬迁费用以及其他选址费用将导致一次性支出30万美元。各地的仓库运营的成本估计基本相同。

最近一年，超级公司的销售额达到近7000万美元。从各工厂到堪萨斯仓库的运输费用为2 162 535美元，从仓库到客户的运输费用为4 819 569美元。仓库租赁费为每年100万美元。

为研究仓库选址问题而搜集的数据如表4-11和表4-12所示。

表 4-11　最近一年从工厂到堪萨斯城仓库整车运输的运量、费率、距离及坐标值数值

工厂位置	年运量/担	运输费率/(美元/担)	距离/英里	X坐标	Y坐标
菲尼克斯	61 500	16.73	1.163	3.60	3.90
蒙特雷	120 600	9.40	1.188	6.90	1.00
总计	182 100				

表 4-12　最近年份从堪萨斯城仓库到客户用 5000 磅卡车运输的运量、费率、距离及坐标值数据

工厂位置	年运量/担	运输费率/(美元/担)	距离/英里	X坐标	Y坐标
西雅图	17 000	33.96	1858	0.90	9.10
洛杉矶	32 000	30.43	1146	1.95	4.20
丹佛	12 500	25.75	598	5.60	6.10
达拉斯	9 500	18.32	560	7.80	3.60
芝加哥	29 500	25.24	504	10.20	6.90
亚特兰大	21 000	19.66	855	11.30	3.95
纽约	41 300	26.52	1340	14.00	6.55
多伦多	8 600	26.17	1115	12.70	7.80
蒙特利尔	10 700	27.98	1495	14.30	8.25
总计	182 100				
堪萨斯城				8.20	6.00

尽管运输成本一般并不表示为美元/担/英里，但已知最近一年的外向运输成本为 4 819 569 美元，加权平均运距为 1128 英里，年运量为 182 100 担，可估计出以仓库为起点的外向运输平均费率为 0.0235 美元/担/英里。

(资料来源：佚名. 华人物流咨询网，http://www.hrconsult.com.cn/BBS/showtopic-1238.aspx, 2009.09.07)

问题：

1. 根据今年的信息，堪萨斯城是否为仓库的最佳选址点？若不是，更好选址点的坐标是什么？

2. 若到第五年，仓库外向运输费率上升 25%，仓库的内向运输费率上升 15%。你会改变仓库的选址吗？

3. 若采用重心法来分析数据为仓库选址，这样做的优缺点是什么？

阅读资料

麦当劳、肯德基选址“圣经”

麦当劳的选址“圣经”

一、只选择在适合汉堡包生存的地方开店

麦当劳在我国的发展步伐无疑是飞速的，而如今也几乎没有孩子不知道麦当劳叔叔。有人说，这是麦当劳的本土化策略带来的结果。确实有这方面的原因，麦当劳会根据当地人的口味适当调整自己的配方，但只是一小部分，不管到哪里，它都把汉堡包作为自己的特色。但本土化只是它成功的一个方面，麦当劳最成功的地方在于选址，它只选择在适合汉堡包生存的地方开店，所以它的每个店都非常成功。

“应该说，正因为麦当劳的选址坚持通过对市场的全面资讯和对位置的评估标准的执行，才能够使开设的餐厅，无论是现在还是将来，都能健康稳定地成长和发展。”麦当劳的工作人员表示。

二、以先标准后本土的思想

以先标准后本土的思想建立的麦当劳，首先应寻找适合自己定位的目标市场作为店址，再根据当地情况适当调整。他们不惜重金，不怕在选址上浪费更多的时间。但他们一般不会花巨资去开发新的市场，而是去寻找适合自己的市场；不会认为哪里都有其发展的空间，而是选择尽可能实现完全复制母店的店址。用一个形象的比喻来说，他们不会给每个人量体裁衣，他们需要做的只是寻找能够穿上他们衣服的人。

三、核心秘诀：“选址，选址，还是选址”

连锁企业发展的标志就是规模扩张，它的前提是总部统一控制发挥整体优势，而实现这一目标的第一步就是通过选择合适的店址，进行最大限度的复制，使分店更加标准化，使总部经营管理更加简单化。麦当劳连锁经营发展成功的三个首选条件是“选址、选址、选址”，他们就是要选择目标市场以加快连锁经营的步伐。

四、选址步骤

据了解，麦当劳的选址主要分为如下步骤。

首先，市场调查和资料信息的收集。包括人口、经济水平、消费能力、发展规模和潜力、收入水平以及前期研究商圈的等级和发展机会及成长空间。

其次，对不同商圈中的物业进行评估。包括人流测试、顾客能力对比、可见度和方便性的考量等，以得到最佳的位置和合理选择。在了解市场价格、面积划分、工程物业配套条件及权属性质等方面的基础上进行营业额预估和财务分析，最终确定该位置是否有能力开设一家麦当劳餐厅。

最后，商铺的投资是一个既有风险又能够带来较高回报的决策，所以还要更多地关注市场定位和价格水平，既考虑投资回报的水平，也注重中长期的稳定收入，这样才能较好

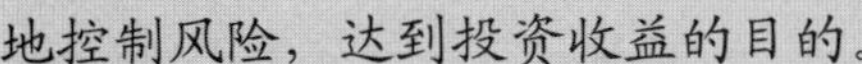

地控制风险，达到投资收益的目的。

肯德基的选址“圣经”

地点是饭店经营的首要因素，餐饮连锁经营也是如此。连锁店的正确选址，不仅是其成功的先决条件，也是实现连锁经营标准化、简单化、专业化的前提条件和基础。因此，肯德基对快餐店的选址是非常重视的，选址决策一般是两级审批制，通过两个委员会的同意，一个是地方公司，另一个是总部。其选址成功率几乎是百分之百，是肯德基的核心竞争力之一。

肯德基选址按以下几个步骤进行。

一、商圈的划分与选择

1. 划分商圈

肯德基计划进入某城市，就先通过有关部门或专业调查公司收集这个地区的资料。有些资料是秘密的，有些资料需要花钱去买。把资料买齐了，就开始规划商圈。

商圈规划采取的是计分的方法，例如，这个地区有一个大型商场，商场营业额在1000万元算一分，5000万元算5分，有一条公交线路加多少分，有一条地铁线路加多少分。这些分值标准是多年平均下来的一个较准确的经验值。

通过打分把商圈分成好几大类，以北京为例，有市级商业型(西单、王府井等)、区级商业型、定点(目标)消费型，还有社区型、旅游型等。

2. 选择商圈

即确定目前重点在哪个商圈开店，主要目标是哪些。在商圈选择的标准上，一方面要考虑餐馆自身的市场定位，另一方面要考虑商圈的稳定度和成熟度。餐馆的市场定位不同，吸引的顾客群不一样，商圈的选择也就不同。

肯德基与麦当劳的市场定位相似，顾客群基本上重合，所以在商圈选择方面也是一样的。可以看到，有些地方同一条街的两边，一边是麦当劳，另一边是肯德基。

商圈的成熟度和稳定度也非常重要。比如规划局说某条路要开，在什么地方设立地址，将来这里有可能成为成熟商圈，但肯德基一定要等到商圈成熟稳定后才进入。例如说这家店3年以后效益会多好，对现今没有帮助，这3年难道要亏损？肯德基投入一家店要花费好几百万元，当然不会冒这种险，一定是比较稳健的原则，保证开一家成功一家。

二、聚客点的测算与选择

1. 要确定这个商圈内，最主要的聚客点在哪

例如，上海的淮海路是很成熟的商圈，但不可能淮海路上任何位置都是聚客点，肯定有最主要的聚集客人的位置。肯德基开店的原则是：努力争取在最聚客的地方和其附近开店。

过去古语说“一步差三市”。开店地址差一步就有可能差三成的买卖，这跟人流动线(人流活动的线路)有关，可能有人走到这，该拐弯，则这个地方就是客人到不了的地方，差不

了几步路，但生意差很多，这些在选址时都要考虑进去。

人流动线是怎么样的，在这个区域里，人从地铁出来后是往哪个方向走等，这些都派人去掐表、去测量，有一套完整的数据之后才能据此确定地址。

2. 选址时一定要考虑人流的主要流动线会不会被竞争对手截住

例如某个社区的马路边有一家肯德基店，客流主要自东向西走。如果往西一百米，竞争者再开一家西式快餐店就不妥了，因为主要客流是从东边过来的，再在西边开，大量客流就会被肯德基截住，效益就不会好。

(资料来源：佚名．生意网，http://china.toocle.com/forum/threads-857540.70141.1.html，2008.08.25)

自 测 题

1. 物流基础设施包括哪些？物流基础设施的作用是什么？

2. 物流设施选址的意义是什么？选址的影响因素有哪些？

3. 物流设施选址的一般步骤是什么？

4. 某计划区域内有两个资源场(A1、A2)向四个需求用户(B1、B2、B3、B4)供应某种物资，拟定 D1、D2、D3 为设施网点的备选地址，各点资源量、需求量和相互之间的运价系数如表 4-13 所示，不考虑网点建设投资，试制订该区域的网点布局方案。

表 4-13 各点资源量、需求量和相互之间的运价系数

费用系数	D1	D2	D3	B1	B2	B3	B4	资源量/吨
A1	1	2	3	4	5	4	3	4000
A2	6	4	3	7	6	3	5	6000
D1				5	3	1	3	
D2				1	2	3	4	
D3				8	7	6	5	
需求量/吨	5500	5500	5500	2000	3000	1500	3500	

第五章　物流运输管理

【学习要点及目标】

通过本章的学习，掌握运输的概念、运输的作用及功能；熟悉运输的分类；掌握五种基本的运输方式及特点；了解运输方式的选择原则、运输方式选择的评价方法；掌握单一不同起讫点问题决策的最短路线法；了解常见的不合理运输的形式；掌握影响运输合理化的因素和实现运输合理化的途径。

【关键概念】

运输(Transportation)　运输管理(Transportation Management)　运输合理化(Transport rationalization)

【引导案例】

罗非鱼苗种长途运输案例

罗非鱼是一种热带鱼类，具有生长快、肉质好、没有肌间刺的特点，所以深受广大消费者的欢迎。罗非鱼的另一个特点是最低致死温度为8～10 ℃，即使在10～15 ℃的温度也很容易冻伤，冻伤后的罗非鱼很容易得水霉病死亡。5 月份，南疆池塘水温已升到 20℃以上，适宜罗非鱼的投入。新疆生产建设兵团农一师水产技术推广站于 2006 年 5 月上旬从新疆石河子运输 3 万尾罗非鱼苗到阿克苏，运距 1200 公里，横跨天山南北。本次运输有两个难点：一是罗非鱼是热带鱼，运输时温度不能低于 15 ℃，但水温又不能太高，水温太高会导致罗非鱼活动加剧，新陈代谢加快，容易引起缺氧；另一个是运输路途长，气候多变，可能会引起水温下降太多。经过精心准备，本次运输比较成功，成活率达到了 99.8%，投入池塘后也很少看到鱼苗死亡。

本次运输遇到了路上气温的急剧变化和缺氧状况等不利因素，但鱼苗死亡数量不到 50 尾，运输效果较好。整个运输过程是如何选择运输时间，对运输车辆有哪些要求，鱼苗在运输途中又是如何保持其生存的水温，以实现此次运输的合理化呢？

(资料来源：刘明军. 三农在线网，http://www.farmer.com.cn/wlb/yyb/yy5/200703150440.htm，2009.03.15)

第一节　物流运输的重要性及功能

运输是指物品借助于运力在空间上所发生的位置移动。具体地讲，运输就是用设备和工具，将物品从一个地点向另一个地点运送的物流活动。其中包括集货、分配、搬运、中转、装入、卸下、分散等一系列操作。虽然运输过程不产生新的物质产品，但它可以实现物流的空间效用。

一、物流运输的重要性

在物流的各项业务活动中，运输是关键，物流过程中的其他各项活动，如包装、装卸、搬运、物流信息等，都是围绕着运输进行的。所以，运输起着举足轻重的作用。

(一)运输可以创造时间效用、空间效用和形质效用

物流系统可以创造物品的空间效用、时间效用和形质效用。时间效用主要由仓储活动来实现，形质效用由流通加工业务来实现，空间效用则是通过运输来实现。运输是物流系统不可缺少的构成要素。运输和库存属于物流系统的主体功能，其他如装卸、搬运和信息处理等是从属功能。而主体功能中运输功能的主导地位更加突出，成为所有功能的核心。

(二)运输影响着物流的其他构成因素

运输在物流过程中还影响着物流的其他环节。例如，运输方式的选择决定着装运货物的包装要求；使用不同类型的运输工具决定了其配套使用的装卸搬运设备以及接收和发运站台的设计；库存储备量的大小，直接受运输状况的影响，发达的运输系统能适量、快速和可靠地补充库存，以降低储存水平。

(三)运输费用在物流费用中占有很大比重

在物流过程中，直接耗费活劳动和物化劳动，它所支付的直接费用主要有运输费、保管费、包装费、装卸搬运费和物流过程中的损耗等。其中，运输费用所占的比重最大，是影响物流费用的一项重要因素，是降低物流费用、提高物流速度、发挥物流系统整体功能的中心环节。因此，在物流的各环节中，能否搞好运输工作，开展合理运输，不仅关系到物流时间占用的多少，而且还会影响到物流费用的高低。不断降低物流运输费用，对于提高物流经济效益和社会效益都起着重要的作用。

(四)运输合理化是物流系统合理化的关键

物流合理化是指在各物流子系统合理化的基础上形成的最优物流系统总体功能，即系统以尽可能低的成本创造更多的空间效用、时间效用和形质效用。或者从物流承担的主体来说，以最低的成本为用户提供更多优质的物流服务。运输是各功能的基础与核心，直接影响着物流子系统，只有运输合理化，才能使物流结构更加合理，总体功能更优。

二、运输系统的功能

运输系统的功能主要有：产品和货物的转移、产品和货物的储存、物流节点的衔接等。

(一)产品和货物的转移功能

无论产品处于哪种形式，是原材料、零部件、装配件、在制品，还是制成品，也无论是在制造过程中将被转移到下一阶段，还是转移到最终客户，运输都是必不可少的。运输的主要功能就是帮助产品在价值链中来回移动。既然运输利用的是时间资源、财务资源和环境资源，那么，只有当它确实提高产品价值时，该产品的移动才是重要的。

运输之所以要利用时间资源，是因为被运输产品在运输过程中是难以存取的。被运输产品通常是指转移中的货物和产品，是各种供应链战略中所要考虑的一个因素，通过运输时间的占用，减少生产线上和配送中心的存货。

运输之所以要使用财务资源，是因为会发生驾驶员劳动报酬、运输工具的运行费用，以及一般杂费和行政管理费用的分摊，此外，还要考虑因产品灭失损坏而必须弥补的费用。

运输直接和间接地使用环境资源。在直接使用方面，运输是能源的主要消费者之一；在间接使用环境资源方面，由于运输造成拥挤、空气污染和噪声污染而发生环境费用。

运输的主要目的就是要以最低的时间、财力和环境成本，将产品从原产地转移到规定地点。此外，产品灭失损坏的费用也必须是最低的；同时，产品转移所采用的方式必须满足客户有关交付履行和装运信息的可行性等方面的要求。

(二)产品和货物的储存功能

对产品进行临时储存是一个不太寻常的运输功能，也就是将运输车辆临时作为储存节点。然而，如果转移中的产品需要储存，但在短时间内(如几天后)又将重新转移的话，该产品在仓库卸下来和再装上去的成本也许会超过在运输工具中每天支付的费用。

在仓库有限的情况下，利用运输工具储存也许不失为一种可行的选择。可以采取的一种方法是将产品装到运输车辆上，然后采用迂回线路或间接线路运往目的地。对于迂回线路来说，转移时间大于比较直接的线路。当起始地和目的地仓库的储存能力受到限制时，这样做是合情合理的。在本质上，这种运输车辆被用作一种临时储存节点，但它是移动的、满载的，而不是闲置的、静止的。

概括地说，用运输工具储存产品可能是昂贵的，但当需要考虑装卸成本、储存能力限制、延长前置时间的能力时，从物流总成本或完成任务的角度来看或许是合适的。

(三)物流节点的衔接功能

在物流系统中，如果没有一个很好的衔接，不同的物流节点就像一座座“孤岛”，只有

把各个“孤岛”通过运输系统衔接起来，才能成为一个物流系统。在传统物流系统中，运输不仅承担实物转移功能，而且承担信息沟通与传递功能，或者说此时运输在物流系统衔接中发挥着核心作用。在现代物流系统中，运输与信息网络并行实现物流系统的衔接，前者侧重于实物衔接，后者侧重于信息衔接。

事实上，如果把物流系统比作人体的生理系统，那么各个物流节点就像人体的各个器官，而运输与信息网络则是沟通各个器官的血液和神经系统。没有运输系统参与工作，整个物流系统就会像人体缺乏血液供应一样，最终导致整个系统衰亡、坏死。即使运输系统效率不高，也会对整个物流系统产生致命性的危害。

第二节　物流运输方式及选择

一、运输方式的分类

货物从生产所在地向消费所在地的物理性转移，是通过不同的运输方式来实现的。运输方式可以按照以下方法分类。

(一)按照运输线路分类

按照运输线路可将运输方式分为干线运输、支线运输、城市内运输和厂内运输。

1. 干线运输

干线运输是利用铁路、公路的干线，大型船舶的固定航线进行的长距离、大数量的运输，是进行远距离空间位置转移的重要运输形式。干线运输一般速度较同种工具的其他运输要快，成本也较低。干线运输是运输的主体。

2. 支线运输

支线运输是与干线相接的分支线路上的运输。支线运输是干线运输与收、发货地点之间的补充性运输形式，路程较短，运输量相对较小。支线的建设水平往往低于干线，运输工具水平也往往低于干线，因而速度较慢。

3. 城市内运输

城市内运输是一种补充性的运输形式，路程较短。主要是干线、支线运输到站后，站与用户仓库或指定接货地点之间的运输，由于是单个单位的需要，所以运量也较小。

4. 厂内运输

厂内运输是在工业企业范围内，直接为生产过程服务的运输。一般在车间与车间之间、车间与仓库之间进行。小企业中的这种运输以及大企业车间内部、仓库内部则不称“运输”，

而称“搬运”。

(二)按照运输的作用分类

按照运输的作用可将运输方式分为集货运输和配送运输。

1. 集货运输

集货运输是将分散的货物汇集集中的运输形式，一般是短距离、小批量的运输，货物集中后才能利用干线运输形式进行远距离及大批量运输，因此，集货运输是干线运输的一种补充形式。

2. 配送运输

配送运输是将据点中已按用户要求配好的货分送给各个用户的运输。一般是短距离、小批量的运输，从运输的角度讲是对干线运输的一种补充和完善的运输。

(三)按照运输的协作程度分类

按运输的协作程度可将运输方式分为一般运输、联合运输及多式联运三类。

1. 一般运输

孤立地采用不同运输工具或同类运输工具而没有形成有机协作关系的为一般运输，如汽车运输、火车运输等。

2. 联合运输

联合运输简称联运，是使用同一运送凭证，由不同运输方式或不同运输企业进行有机衔接接运货物，利用每种运输手段的优势充分发挥不同运输工具效率的一种运输形式。

采用联合运输，对用户来讲，可以简化托运手续、方便用户，同时可以加快运输速度，也有利于节省运费。经常采用的联合运输形式有：铁海联运、公铁联运、公海联运等。

3. 多式联运

多式联运是联合运输的一种现代形式。一般的联合运输规模较小，在国内大范围物流和国际物流领域，往往需要反复地使用多种运输手段进行运输。在这种情况下，进行复杂的运输方式衔接，并且具有联合运输形式的称作多式联运。

(四)按照运输设备及运输工具分类

按照运输设备及运输工具可将运输方式分为公路运输、铁路运输、水运、航空运输和管道运输五类。这五种运输方式就是我们所说的基本运输方式。

二、运输基本方式及特点

物流中运输是重要环节，在物流中采用的运输方式有很多，而每种运输方式都有其自身的特点和独特的经营方式。了解各种运输方式及其特点，对合理选择和正确利用各种运输方式具有重要意义。

(一)公路运输

公路运输是最普遍的一种运输方式。公路运输的主要优点是灵活性强、建设期短、投资较低，易于因地制宜，对收到站设施要求不高。可以采取“门到门”的运输形式，即从发货者门口直到收货者门口，而不需转运或反复装卸搬运。

公路运输的运输单位小，运输量和汽车台数与操作人员数成正比，不能产生大批量输送的效果。动力费和劳务费较高，特别是长距离输送中缺点较为显著。此外，由于在运行中司机的自由意志起主要作用，容易发生交通事故，对人身、货物、汽车本身造成损失。由于汽车数量的增多，会产生交通阻塞，使汽车运行困难，同时产生的废气、噪声也造成了环境污染。

高速公路和封闭式公路的建设为公路的长途运输创造了便利条件。公路运输也可作为其他运输方式的衔接手段。公路运输的经济半径一般在 200 km 以内。

(二)铁路运输

铁路运输是陆地长距离运输的主要方式，主要承担长距离、大数量的货运，在没有水运条件的地区，几乎所有大批量货物都是依靠铁路运输，由于其货车在固定轨道线路上行驶，可以自成系统，不受其他运输条件的影响，按时刻表运行。而且铁路运输还有轨道行驶阻力小、不需频繁地启动制动、可重载高速运行及运输单位大等优点，从而可以降低运费和劳务费。主要缺点是灵活性差，只能在固定线路上实现运输，需要与其他运输手段配合和衔接。铁路运输经济里程一般在 200 km 以上。

(三)水运

水运是使用船舶运送客货的一种运输方式。

水运主要承担大数量、长距离的运输，是在干线运输中起主力作用的运输形式。在内河及沿海，水运也常作为小型运输工具使用，担任补充及衔接大批量干线运输的任务。水运的主要优点是成本低，能进行低成本、大批量、远距离的运输。但是水运也有显而易见的缺点，主要是运输速度慢，受港口、水位、季节、气候影响较大，因而一年中中断运输的时间较长。

水运有以下四种形式：沿海运输、近海运输、远洋运输和内河运输。

1. 沿海运输

沿海运输是使用船舶通过大陆附近沿海航道运送客货的一种方式，一般使用中、小型船舶。

2. 近海运输

近海运输是使用船舶通过大陆邻近国家海上航道运送客货的一种运输形式，视航程可使用中型船舶，也可使用小型船舶。

3. 远洋运输

远洋运输是使用船舶跨大洋的长途运输形式，主要依靠运量大的大型船舶。

4. 内河运输

内河运输是使用船舶在陆地内的江、河、湖、川等水道进行运输的一种方式，要使用中、小型船舶。

(四)航空运输

航空运输的单位成本高，因此，主要适合运载的货物有两类：一类是价值高、运费承担能力很强的货物，如贵重设备的零部件、高档产品等；另一类是紧急需要的物资，如救灾抢险物资等。

航空运输的主要优点是速度快，不受地形的限制，在火车、汽车都达不到的地区也可依靠航空运输。

在实际的物流运作中，航空运输主要采取的方式有以下三种。

1. 班机运输

班机是指在固定时间、固定路线、固定始发站和目的站间飞行的飞机。通常班机使用客货混合飞机，一些大的航空公司也有开辟定期全货运机航班的。班机具有定时、定航线、定站等特点，因此适用于运输急需物品、鲜活货物以及时令性货物。

2. 包机运输

包机运输是指包租整架飞机或由几个发货人联合包租一架飞机来运送货物。因此包机又分为整包机和分包机两种形式，前者适用于运送数量较大的货物；后者适用于有多个发货人，货物到达站是同一个地点的货物运输。

3. 集中托运

集中托运是指航空发运公司把若干单独发运的货物组成一整批货物，用一份货运单整批发运到预定目的地，由航空货运公司在那里的代理人收货、报送、分货后交给实际收货人。集中托运的运价比班机运价低7%～10%，因此发货人比较愿意将货物交给航空公司安排。

(五)管道运输

管道运输是利用管道输送气体、液体和粉状固体的一种运输方式。其运输形式是靠物体在管道内顺着压力方向循序移动实现的。管道运输和其他运输方式的重要区别在于，管道设备是静止不动的。

管道运输的主要优点是：由于采用密封设备，在运输过程中可以避免散失、丢失等损失，也不存在其他运输设备本身在运输过程中消耗动力所形成的无效运输问题。适合于运输量大、定点、单向的流体运输。

管道运输的缺点是在输送地点和输送对象方面具有局限性。一般适用于气体、液体，如天然气、石油等，但是也发展到粉粒体的近距离输送，如粮食、矿粉等，并且还研究了将轻便物体放在特定的密封容器内，在管道内利用空气压力进行输送的方法，如书籍文件、实验样品的输送。随着技术的进步，输送对象的范围在不断扩大。

以上几种运输方式的综合和营运特征比较分别比较如表5-1和表5-2所示。

表5-1　几种运输方式的综合比较

运输方式	适用情况	优　点	缺　点
公路运输	小批量、短距离	活性强、建设期短、投资较低	长距离运输运费相对昂贵、易污染和常发生事故、消耗能量多
铁路运输	长距离、大数量的货运	速度快、不大受自然条件限制、载运量大、运输成本较低	灵活性差，只能在固定线路上实现运输
水运	大数量、长距离的运输	适合长距离运输、成本低、批量大、承载量大	速度慢，受港口、水位、季节、气候影响较大
航空运输	高价值货物和紧急物资	速度快、不受地形的限制	成本高
管道运输	气体、液体和粉状运输	运输量大、适合于大量连续不断运送的物资	灵活性差

表5-2　几种运输方式的营运特征比较

营运特征	公　路	铁　路	水　运	航空运输	管道运输
运价	2	3	5	1	4
速度	2	3	4	1	5
可得性	1	2	4	3	5
可靠性	2	3	4	5	1
能力	3	2	1	4	5

三、运输方式的选择

合理选择运输方式是保证运输质量，提高运输效益的一个重要方面。每种运输方式都有各自的特点，不同种类的货物对运输的要求也不尽相同。选择运输方式时必须要进行综合考虑，要权衡运输系统所要求的运输服务和运输成本。制定一个统一规定的标准是很困难的，只能在组织货物运输时，按照一定的原则，因地制宜地进行。

(一)运输方式选择原则

评价运输活动的优劣，通常是用安全性、及时性、准确性、便利性和经济性五项标准来衡量，这也是运输合理化所要实现的目标，因此，也可作为选择运输方式的基本原则。

1. 安全性原则

要求在运输过程中，保证人身、商品和运输工具的安全。保证运输安全是选择货物运输方式时的首要原则。为了保证运输安全，首先应了解被运货物的特性，如重量、体积、贵重程度、内部结构以及其他物理化学性质(如易碎、易燃、危险性等)，然后选择安全可靠的运输方式。

2. 及时性原则

保证把商品及时地送到目的地。运输的及时性是由运输速度和可靠性决定的，能否准确及时到货是选择运输方式考虑的又一重要原则。运输速度的快慢和到货及时与否不仅决定着物资周转速度，而且对社会再生产顺利进行的影响也至关重要。由于运输不及时会造成用户所需物资的缺货，有时还会给国民经济造成巨大损失。因此，应根据被运货物的急需程度选择合适的运输方式。

3. 准确性原则

保证把商品准确无误地运到交货地点，包括正确办理各种有关运输单证，使单货相符，准确地计收、计付运杂费用，避免错收、错付或漏收、漏付。货物运输的准确性在很大程度上取决于发送和接收环节，但与运输方式也有一定的关系，汽车运输可做到“门到门”运输，中转环节少，不易发生差错事故；铁路运输受客观环境因素影响小，容易做到准时准点到货。

4. 便利性原则

便利性原则主要是指为货主着想，简化手续，减少工作层次，不断提高服务质量。

5. 经济性原则

货物运输的经济性是衡量运输效果的一项综合性指标，强调的是从运输费用上考虑选

择运输成本低的运输方式。运输费用是影响物流系统经济效益的一项主要因素。因此按经济性原则选择运输方式是遵循的主要原则。

选择运输方式时，可以使用单一运输方式，也可以将两种以上的运输手段组合起来。因此，合理选择运输方式是合理组织运输、保证运输质量、提高运输效益的一项重要内容。

(二)单一运输方式的选择

在决定运输方式时，应以运输工具的服务特性作为判断的基准，一般要考虑以下一些因素。

- 运费——高低。
- 运输时间——到货时间长短。
- 频度——可以运、配送的次数。
- 运输能力——运量大小。
- 货物的安全性——运输途中的破损及污染等。
- 时间的准确性——到货时间准确性。
- 适用性——是否适合大型货物运输。
- 伸缩性——是否适合多种运输需要。
- 网络性——和其他运输机具的衔接。
- 信息——货物所在位置的信息。

在这些因素中必须根据不同的运输需要来确定，一般认为运费和运输时间是最为重要的选择因素，具体进行选择时应从运输需要的不同角度综合加以权衡。从物流运输功能来看，速度快是货物运输的基本要求。但是，速度快的运输方式，其运输费用往往较高。同时，在考虑运输的经济性时，不能只从运输费用本身来判断，还要考虑因运输速度加快，缩短了货物的备运时间，使货物的必要库存减少，从而减少了货物保管费的因素。若要保证运输的安全、可靠、迅速，成本就会增多等。这里必须注意的是运输服务与运输成本之间、运输成本与其他物流成本之间存在“效益背反”关系，所以在选择运输方式时，应当以总成本作为依据，而不能仅考虑运输成本。

(三)多式联运的选择

多式联运就是选择使用两种以上的运输方式联合起来提供运输服务。多式联运的主要特点是在不同的运输方式之间自由变换运输工具，以最合理、最有效的方式实现货物运输过程。例如，将卡车上的集装箱装上飞机，或铁路车厢被拖上船等。多式联运的组合方法有很多，但在实际中，这些组合并不都是实用的，一般只有铁路与公路联运、公路或铁路与水路联运得到较为广泛的运用。

铁路与公路联运，即公铁联运或称驮背运输，是指在铁路平板车上载运卡车拖车，通

常运距比正常的卡车运输长。它综合了卡车运输的方便、灵活与铁路长距离运输经济的特点，运费通常比单纯的卡车运输要低。这样，卡车运输公司可以延伸其服务范围，而铁路部门也能够分享到某些一般只有卡车公司单独运输的业务，同时托运人也可得以在合理价格下享受长距离“门到门”服务的便捷。因此，铁路与公路联运成为最受欢迎的多式联运方式。

公路或铁路与水路联运，也称鱼背运输，即将卡车拖车、火车车厢或集装箱转载驳船或船舶上进行长途运输。这种使用水路进行长途运输的方式，是最便宜的运输方式之一，在国际多式联运中应用广泛。

此外，航空与公路联运的应用也较广泛，即将航空货物与卡车运输结合起来。这种方式所提供的服务和灵活性可与公路直达运输相比拟。

由于两种以上运输方式的连接所具有的经济潜力，所以多式联运吸引了托运人和承运人。多式联运的发展可以给物流计划者带来很大的经济效益，这种发展增加了系统设计中的可选方案，从而可以降低物流成本、改善服务。

四、运输方式选择的评价方法

一般而言，对于运输方式的选择有两种评价方法：成本比较法和考虑竞争因素法。

(一)成本比较法

如果不以运输服务作为竞争手段，那么使该运输服务的成本与该运输服务水平导致的相关库存成本之间达到平衡的运输服务就是最佳方案。也就是说，如果选择速度慢、可靠性差的运输服务，物流渠道中就需要有更多的库存，这样就需要考虑库存成本有可能升高，而抵消运输服务成本降低的程度。因此，最合理的选择就是既能满足客户需要又能使成本最低的运输服务。

(二)考虑竞争因素法

对于买方来说，良好的运输服务意味着可以降低库存水平和保持较确定的运作时间表。为了获得期望的运输服务，从而降低成本，买方对该供应商会有更多的惠顾。由于提供较好服务的供应商能获得买方更大的购买份额，并且能从交易额扩大得到的更多利润中支付由于提供更佳的运输服务而增加的成本，所以这必将激励运输供应商去寻求更能满足买方需要的运输服务方式，而不是单纯地追求降低成本。如此，运输方式的选择就成为供应商和买方共同的决策。

【例 5-1】 某制造商分别从两个供应商处购买了共 3000 个零件，每个零件单价为 100 元。目前这 3000 个零件由两个供应商平均提供，如供应商缩短运输时间，则可以多得到交易份额，每缩短一天，便可从总交易中多得 5%的份额，即 150 个零件。供应商从每个零件

可赚得零件价格(不包括运输费用)20%的利润(不考虑存在运输服务供应商的竞争对手做出反应的情况)。各种运输方式的运输费率和运输时间如表 5-3 所示。供应商 A 考虑，如将运输方式从铁路转到公路运输或航空运输是否有利可图？

表 5-3 各种运输方式的运输费率和运输时间

运输方式	运输费率/(元/件)	运输时间/天
铁路	2.50	7
公路	6.00	4
航空	10.35	2

解：供应商 A 只是根据他能获得的潜在利润来对运输方式进行选择决策，计算结果如表 5-4 所示。

表 5-4 供应商净利润核算表

运输方式	零件销售量/件	毛利/元	运输成本核算/元	净利润/元
铁路	1500	30 000	3750	26 250
公路	1950	39 000	11 700	27 300
航空	2250	45 000	23 287.50	21 712.50

如果制造商对能提供更好的运输服务的供应商给予更多交易份额的承诺兑现，则供应商 A 应当选择公路运输。当然，与此同时供应商 A 要密切注意供应商 B 可能做出的竞争反应行为，评估供应商 B 的竞争反应行为对削弱自己可能获得的利益的影响。

五、国际多式联运

国际多式联运是一种利用集装箱进行联运的新的运输组织方式。与传统的杂货散运方式相比，它具有运输效率高、经济效益好及服务质量优的特点。它通过采用海、陆、空等两种以上的运输手段，完成国家间的连贯货物运输，从而打破了过去海、铁、公、空等单一运输方式互不连贯的传统做法。如今，提供优质的国际多式联运服务已成为集装箱运输经营人增强竞争力的重要手段。

国际多式联运通常是以集装箱为运输单元，将不同的运输方式有机地组合在一起，构成连续的、综合性的一体化货物运输。它与传统的单一运输方式有很大的不同。主要特点是可以在不同的运输方式间自由变换运输工具。根据 1980 年《联合国国际货物多式联运公约》(简称“多式联运公约”)以及 1997 年我国交通部和铁道部共同颁布的《国际集装箱多式联运管理规则》的定义，国际多式联运是指“按照多式联运合同，以至少两种不同的运输方式，由多式联运经营人将货物从一国境内接管货物的地点运至另一国境内指定地点交付的货物运输”。

国际多式联运的基本特点如下。

1. 必须有一份多式联运合同

该合同明确规定多式联运经营人与托运人之间权利、义务、责任与豁免的合同关系和运输性质，也是区别多式联运与一般货物运输方式的主要依据。

2. 必须使用一份全程多式联运单证

全程多式联运单证是指证明多式联运合同以及证明多式联运经营人已接收货物并负责按照合同条款交付货物所签发的单据。它与传统的提单具有相同的作用，也是一种物权证书和有价证券。该单证应满足不同运输方式的需要，并按单一运费率计收全程运费。

3. 必须是至少两种不同运输方式的连续运输且必须是国际货物运输

国际各式联运必须是至少两种不同运输方式的连续运输，而且必须是国际货物运输，这不仅是区别于国内货物运输，主要是涉及国际运输法规的适用问题。

4. 必须由一个多式联运经营人对货物运输全程负责

该多式联运经营人不仅是订立多式联运合同的当事人，也是多式联运单证的签发人。当然，在多式联运经营人履行多式联运合同所规定的运输责任的同时，可将全部或部分运输委托他人(分承运人)完成，并订立分运合同。但分运合同的承运人与托运人之间不存在任何合同关系。

由于国际多式联运具有其他运输组织形式无可比拟的优越性，因而这种国际运输技术在世界许多国家和地区得到广泛的应用和推广。其组织形式主要包括海陆联运、陆桥运输和海空联运。

第三节　物流运输路线规划

在物流系统中，当物流节点相对稳定时，在各个节点之间会形成若干条不同的运输路线，不同的运输路线由于节点数目或顺序的差异会产生不同的运输效果，满足不同物流节点的需求。因此，运输路线的规划不仅是运输系统规划的主要内容，也是整个运输战略的充分体现。

一、运输路线选择的要素

物流运输路线要素包含流体、载体、流向、流量、流程、流速和流效。

(一)流体

流体是指物流的对象，即物流中的“物”，一般指物质实体，包括的商品信息有商品品种、规格、商品类别、包装类型、包装材料、包装单位、商品批次、托盘代码、运输包装(外包装)代码、中包装(内包装)代码、销售包装代码、商品性质、出厂日期、保质期、储存和运输条件、装载要求、对物流的其他要求等。

(二)载体

载体是指流体借以流动的设施和设备，包括运输方式和具体的设施设备的信息。

(三)流向

流向是指流体从起点到终点的流动方向，包括正向和反向。

(四)流量

流量是指通过载体的流体在一定流向上的数量表现。

基本流量信息：商品总件数、总重量、总体积、每件重量、每件体积、每件进价、每件售价。

供应链流量信息：整个供应链上商品的产量、销量、最高库存量、最低库存量、平均库存量、退货量、加工量、产品更新周期。

上游流量信息：上游的订货周期、上游要求的最小订货件数、上游要求的最小订货重量、上游送货频率、上游库存量、上游库存时间、送货周期、每次最小送货量、退货量、包装物回收量、废弃物量、托盘及周转箱等周转量。

下游流量信息：下游订单数量、订货量、订货处理周期、送货频率、每次最低订货量、库存量、库存时间、退货量、包装物回收量、废弃物量、托盘周转箱等周转量。

载体需要量信息：仓库需要量、运输工具需要量、其他物流设施设备需要量等。

(五)流程

流程是指通过载体的流体在一定流向上行驶路径的数量表现。

节点信息：工厂或商店的仓库、配送中心、物流中心是重要的点，具体要明确发货点、收货点、储存点、加工点、消费点等的数量、地理分布、具体地址、联系人及联系方式、收货和发货手续、业务流程等。

线路信息：干线和支线的区分、各条线路的距离、路况、影响运输的因素。

网络信息：点的选址、点的数量的优化、点和线的类型、点和线的最佳组合与搭配方式、网络上的运输和库存调度。

(六)流速

流速是指单位时间流体转移的空间距离大小。

流速信息有：订货处理周期(物流系统内部从接到客户的订货单到客户收到商品所花的时间)；待运期(物流系统内部从收到订单到最终发运需要的时间)；在途时间(即路途的运输时间)；送货周期(即相邻的两次向客户送货的间隔时间)。

(七)流效

流效是指物流的效率(Efficiency)和效益(Effectiveness)，流效信息包含服务、成本和技术。

(1) 服务信息：服务内容、服务水平(如送货频率、送货周期、缺货率、库存水平、退货率、投诉率等)等。

(2) 成本：物流系统的总成本，各项作业运作成本，物流网络的最小总成本、最短时间、最低损失等。

(3) 技术：物流系统和物流网络的优化技术，需要采用的物流技术水平，物流设施设备水平，物流系统各点之间的最短路径、最大流量等。

二、运输路线选择的原则

选择运输路线一般应遵循以下几个原则。

(一)费用最小原则

运输成本最小是物流管理的首要追求目标，运输线路的规模越大、数目越多，产品的在途量就越大，相应的运输成本自然也就越高。

(二)动态性原则

运输线路选择的诸多因素并不是一成不变的，例如，用户的数量和需求、经营成本、交通状况等都是动态因素。所以对运输线路的规划设计应该有一定的弹性，以便将来能适应环境变化的需要。

(三)简化流程原则

减少或消除不必要的作业流程，是提高企业生产率和减少消耗的最有效方法之一。在设计运输线路时，应尽量直达运输，减少中间的装卸环节。

(四)适度原则

规划运输线路时不仅要考虑运输费用，还要综合考虑其他的物流费用，如营运费、配送费、存储费、发货费等。

三、运输路线选择方法

运输管理在于运输路线的决策，主要的决策选择方法有以下几种。

(一)单一不同起讫点问题决策

1. 最短路线法

对分离的、单个起点和终点的网络运输选择问题，最简单和最直观的方法是最短路线法。它对于解决起讫点不同的单一问题的决策很有效。网络由节点和线组成，点与点之间由线连接，线代表点与点之间运行的成本(距离、时间或时间和距离加权的组合)。初始，除起点外，所有节点都被认为是未解的，即均未确定是否在选定的运输路线上。

最短路问题是对一个赋权的有向图D，若D的每条弧都对应一个实数 $\omega(e)$ (称为 e 的权)，从图 D 中的指定的两个点 v_s 和 v_t 。找到一条从 v_s 到 v_t 的路，使得这条路上所有弧的权数 $\omega(e)$ 的和最小，那么这条路被称为 v_s 到 v_t 的最短路，这条路上所有弧的权数的和被称为从 v_s 到 v_t 的距离。类似的问题在通信、石油管线铺设、公路网等实际问题中都普遍存在。

求最短路有两种算法：一种是求从某一点至其他各点之间最短距离的狄克斯特拉(Dijkstra)算法，另一种是求网络图上任意两点之间最短距离的矩阵算法。

2. 计算方法及步骤

若用 d_{ij} 表示图 D 中两相邻点 i 与 j 的距离，若 i 与 j 不相邻，令 $d_{ij}=\infty$ ，显然 $d_{ii}=0$；若用 L_{si} 表示从 s 点到 i 点的最短距离，现要求从 s 点到某一点 t 的最短路线，用 Dijkstra 算法的步骤如下。

(1) 从 s 点出发，因 $L_{ss}=0$，将此值标注在 s 点旁的小方框内，表示 s 点已标号。

(2) 从 s 点出发，找出与 s 点相邻的点中距离最小的一个，设为 r。将 $L_{sr}=L_{ss}+d_{sr}$ 的值标注在 r 旁的小方框内，表明点 r 也已标号。

(3) 从已标号的点出发，找出与这些点相邻的所有未标号点 p。若有 $L_{sp}=\min\{L_{ss}+d_{sp};L_{sr}+d_{rp}\}$，则对 p 点标号，并将 L_{sp} 的值标注在 p 点旁的小方框内。

(4) 重复第(3)步，一直到 t 点得到标号为止。

3. 最短路线法举例

【例 5-2】 图 5-1 是一段高速公路网，求该图中 v_1 到 v_7 的最短路线。

(1) 从 v_1 点出发，对 v_1 标号，将 $L_{11}=0$ 标注在 v_1 旁的小方框内，如图 5-2 所示。

(2) 同 v_1 相邻的未标号的点有 v_2, v_3，$L_{1r}=\min\{d_{12},d_{13}\}=\min\{5,2\}=2=L_{13}$，即对点 v_3 标号，将 L_{13} 的值标注在 v_3 旁的小方框内。将[v_1, v_3]加粗，如图 5-3 所示。

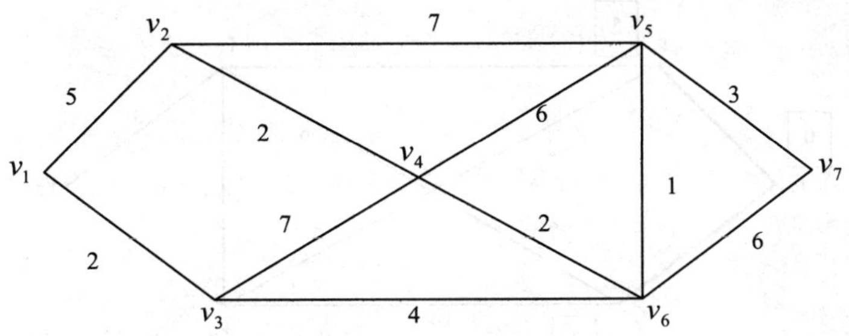

图 5-1　高速公路网络

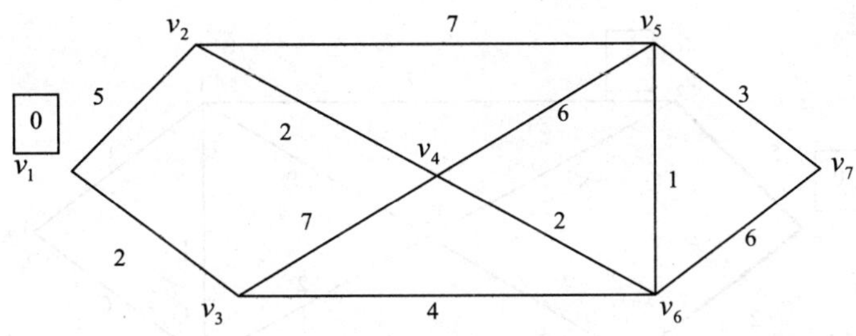

图 5-2　对 v_1 标号

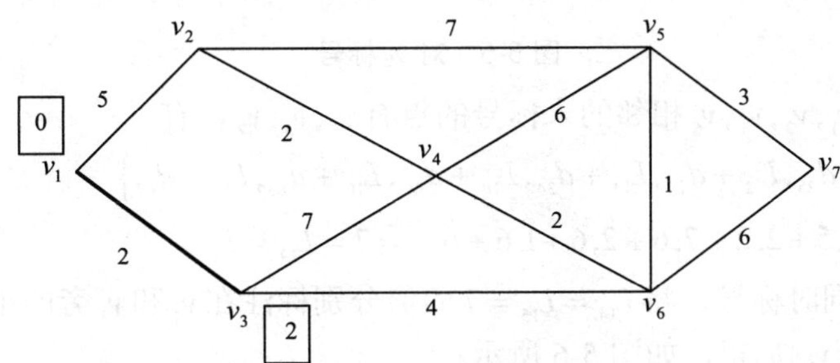

图 5-3　对 v_3 标号

(3)　同标号点 v_1, v_3 相邻的未标号的点有 v_2, v_4, v_6，因有：

$$L_{1p} = \min\{L_{11} + d_{12}, L_{13} + d_{34}, L_{13} + d_{36}\} = \min\{0+5, 2+7, 2+4\} = 5 = L_{12}$$

故对 v_2 标号，将 L_{12} 的值标注在 v_2 旁的小方框内。将$[v_1, v_2]$加粗，如图 5-4 所示。

(4)　同标号点 v_1, v_2, v_3 相邻的未标号的点有 v_5, v_4, v_6，有

$$L_{1p} = \min\{L_{12} + d_{25}, L_{12} + d_{24}, L_{13} + d_{34}, L_{13} + d_{36}\} = \min\{5+7, 5+2, 2+7, 2+4\}$$
$$= 6 = L_{16}$$

故对点 v_6 标号，将 L_{16} 的值标注在 v_6 旁的小方框内。将$[v_3, v_6]$加粗，如图 5-5 所示。

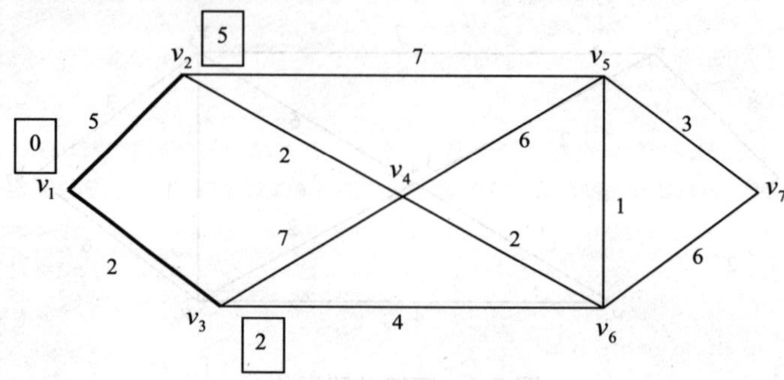

图 5-4　对 v_2 标号

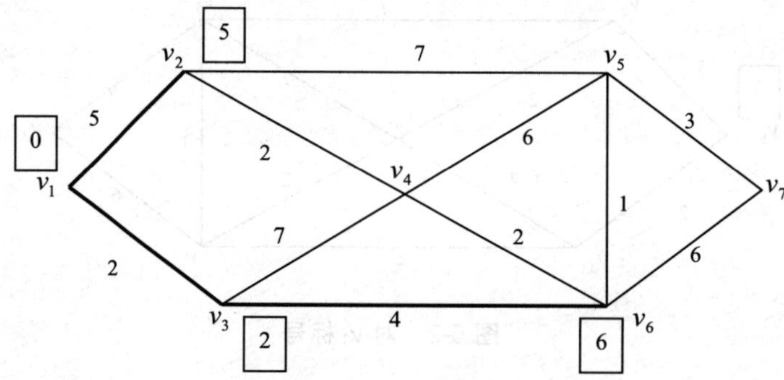

图 5-5　对 v_6 标号

(5)　同标号点 v_1, v_2, v_3, v_6 相邻的未标号的点有 v_5, v_4, v_7，有

$$L_{1p} = \min\{L_{12} + d_{25}, L_{12} + d_{24}, L_{13} + d_{34}, L_{16} + d_{66}, L_{16} + d_{65}, L_{16} + d_{67}\}$$

$$= \min\{5+7, 5+2, 2+7, 6+2, 6+1, 6+6\} = 7 = L_{14} = L_{15}$$

故对点 v_4 和 v_5 同时标号，将 $L_{14} = L_{15} = 7$ 的值分别标注在 v_4 和 v_5 旁的小方框内。将$[v_2, v_4]$，$[v_6, v_5]$加粗，如图 5-6 所示。

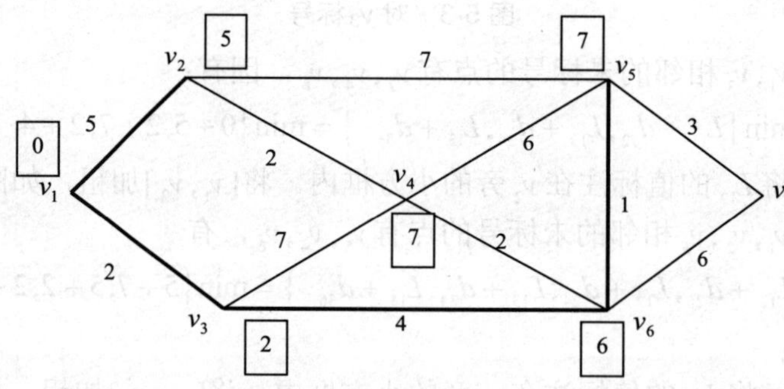

图 5-6　对 v_4 和 v_5 标号

(6) 同标号点 v_5、v_6 相邻的未标号的点有 v_7，有

$L_{17} = \min\{L_{15} + d_{57}, L_{16} + d_{67}\} = \min\{7+3, 6+6\} = 10$

故在点 v_7 旁小方框内标注 $L_{17} = 10$，加粗 $[v_5, v_7]$，如图 5-7 所示。

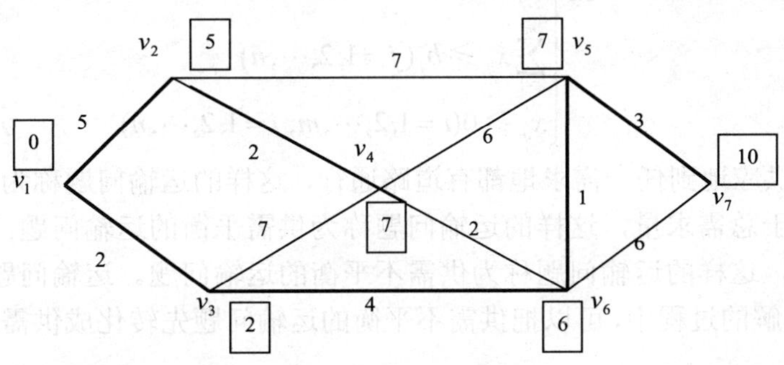

图 5-7　对 v_7 标号

(二)多起讫点问题决策

多起讫点问题是指有多个货源地可以同时为多个销售点或市场服务，我们面临的问题就是，要确定各供求地点之间的供应关系，同时要找到供货地、目的地之间的最佳路径。该问题经常发生在多个供应商、工厂或仓库服务于多个客户的情况下。如果各供货地和需求地之间的供应与需求有特殊限制，如禁运、专供等，则问题会更复杂。解决这类问题常常可以运用一类特殊的线性规划方法，即运输规划。

运输问题可以利用线性规划模型、网络模型和运输表等方法来解决。这里给出单一品种物资的运输问题描述：某种物资有若干个产地和销地，若已知各个产地的产量和销地的销量以及各个产地到各个销地的单位运价(或运输距离)。应该如何组织调运，使总运费(或总运输距离)最少？

将此问题具体化，假设有 m 个产地，n 个销地，其中：

a_i：第 i 产地的供应量，$i = 1, 2, 3, \cdots, m$。

b_j：第 j 销地的需求量，$j = 1, 2, 3, \cdots, n$。

c_{ij}：从产地 i 到销地 j 的单位运费，$i = 1, 2, \cdots, m; j = 1, 2, \cdots, n$。

x_{ij}：从产地 i 到销地 j 的调运量。

为了求解使总运费(或总运输距离)最少的调运方案，我们列出如下数学模型，其中，x_{ij} 为决策变量。

$$
\min f=\sum_{i=1}^{m}\sum_{j=1}^{n}c_{ij}x_{ij}
$$

$$
\text{s.t}\begin{cases}\sum_{j=1}^{n}x_{ij}\leqslant a_i(i=1,2,\cdots,m)\\ \sum_{i=1}^{m}x_{ij}\geqslant b_j(j=1,2,\cdots,n)\\ x_{ij}\geqslant 0(i=1,2,\cdots,m;j=1,2,\cdots,n)\end{cases}
$$

如果从任一供应地到任一需求地都有道路通行，这样的运输问题称为完全的运输问题。如果总供应量等于总需求量，这样的运输问题称为供需平衡的运输问题；如果总供应量和总需求量不相等，这样的运输问题称为供需不平衡的运输问题。运输问题的产销平衡表如表 5-5 所示。在求解的过程中，可以把供需不平衡的运输问题先转化成供需平衡的运输问题，再进行求解。

表 5-5　产销平衡表

销地 / 产地	B_1	B_2	…	B_n	产　量
A_1					a_1
A_2					a_2
⋮					⋮
A_m					a_m
销量	b_1	b_2	…	b_n	

下面介绍一种求解运输问题比较简便有效的方法——表上作业法。表上作业法主要有三种：最小元素法、西北角法和 Vogel 法。这里主要介绍最小元素法。

运输表通常是如表 5-6 和表 5-7 所示的表格形式，将表 5-5 和表 5-6 合并，可得表 5-7。

在表 5-7 中，每一行对应一个供应地，每一列对应一个需求地。表中共有 *mn* 个格子，每个格子对应于从一个供应地出发到一个需求地的单位运价。

表 5-6　单位运价表

销地 / 产地	B_1	B_2	…	B_n
A_1	C_{11}	C_{12}	…	C_{1n}
A_2	C_{21}	C_{22}	…	C_{2n}
⋮	⋮	⋮		⋮
A_m	C_{m1}	C_{m2}	…	C_{mn}

表 5-7 单位运价与运量表合并

产地 \ 销地	B_1	B_2	…	B_n	产 量
A_1	C_{11}	C_{12}	…	C_{1n}	a_1
A_2	C_{21}	C_{22}	…	C_{2n}	a_2
⋮	⋮	⋮		⋮	…
A_m	C_{m1}	C_{m2}	…	C_{mn}	a_m
销量	b_1	b_2	…	b_n	

最小元素法是按照运价从小到大的顺序安排运量。首先从各个运价中找到最小运价，设为C_{ij}，然后比较供应量a_i和需求量b_j，如果$a_i > b_j$，取$x_{ij} = b_j$，并将供应地 i 的供应量改为$a_i - b_j$，划去需求地j，需求满足；如果$a_i < b_j$，取$x_{ij} = a_i$，并划去供应地i，将需求地j的需求量改为$b_j - a_i$；如果a_i和b_j中有一个为 0，则不分配运量给x_{ij}。分配完最小运价的运量后，用同样的方法分配运价次小的运量，以此类推，直到所有需求都满足，单位运价表上所有元素都划去为止。这时会得到一组x_{ij}的值，即为求得初始调运方案。

最小元素法的缺点是：为了节省一处的费用，有时造成在其他处要花好几倍的运费。

通过表上作业法求出的调运方案只是一个初始可行方案，一般来说都不是最优方案，需要对其进行最优性检验。常用的检验方法有闭回路法和位势法。

闭回路法的原理是：在给出调运方案的计算表(最终表)上，从每一空格出发找一条闭回路。即以某空格为起点，用水平或垂直线向前画，碰到数字格可转 90° 后，继续前进，直到回到起始空格。用虚线表示出一个闭回路，计算检验数时，根据闭回路顶点所在格的运价，取起始空格为奇数位，它的下一个顶点为偶数位，下面顶点依次奇偶相间，奇数位取正值，偶数位取负值，各数累加的和就为检验数。同样，可以计算出其他空格的检验数。当所有检验数都不小于零时，方案即为最优调运方案。当检验数还存在负值时，说明目前的方案不是最优调运方案，需要调整，用这种方法计算就很烦琐。可以用位势法或应用软件求解。

【例 5-3】 某玻璃制造商与三个位于不同地点的纯碱供应商签订合同，由他们供货给三个工厂，条件是不超过合同所定的数量，但必须满足生产需要。该问题如表 5-8 所示。

问题中所给费率是每个供应商到每个工厂之间最短路径的运输费率。其中运输费率以元/吨为单位进行计算，供求都以吨为单位进行计算。

表 5-8 运输费率及供需表

供应商	工厂 1	工厂 2	工厂 3	供 应 量
供应商 A	4	7	6	400
供应商 B	5	5	5	700
供应商 C	9	5	8	500
需求量	600	500	300	

本问题可应用运输问题的表上作业法进行求解，或采用运输问题软件求解，本问题最优方案如表 5-9 所示。

表 5-9　运输方案

运输量 供应商	工厂1	工厂2	工厂3	供 应 量
供应商 A	400			400
供应商 B	200	200	300	700
供应商 C		300		500
需求量	600	500	300	

(三)起讫点重合的问题决策

物流管理人员经常会遇到起讫点相同的路径规划问题，尤其是在企业自己拥有运输工具并承担运输作业时。常见的例子有，从某仓库送货到零售点然后返回的路线(从中央配送中心送货到食品店或药店)；从零售点到客户所在地配送的路线设计(商店送货上门)；小车、送报车、垃圾收集车和送餐车等的路线设计。这类路径问题是起讫点不同的问题的扩展形式，但是由于要求车辆必须返回起点行程才结束，问题的难度就提高了。需要找出途经点的顺序，使其满足必须经过所有点且总出行时间或总距离最短的要求。

根据常识可以知道，合理的经停路线中各条路线之间是不交叉的，并且只要有可能路径就会呈凸形或水滴形。根据这两条原则，在规模相对较小的问题中，分析员能很快画出路线规划图。

这类问题又被称为“旅行推销员(TSP)”问题，属于 NP 难题。如果某个问题中包含的点的个数很多，要找到最优路径是不切实际的，通常对这类问题，往往采用的是近似算法。下面简要介绍 TSP 的两种近似算法。

1. 最近点连接法

选定起始地点后，比较其余 $n-1$ 个地点与该地点的距离，取距离最短者作为第二个地点。对于第二个地点，就其余的 $n-2$ 个地点作同样的处理。以此类推，直至遍历所有地点为止，最后，返回其初始地点。

最近点连接法极为直观与简单，但结果的满意程度往往较差。

2. 最优插入法

最优插入法的步骤如下。

首先，选出 $d^* = \min\left\{d_{ij} \middle| i, j = 1,2,3,\ldots,n\ \right\}(i \neq j)$，与其关联的节点计作 v_1、v_2。

其次，选节点 v_3，使 v_3 与 v_1、v_2 的距离之和最小，得到三角形(v_1, v_2, v_3)。

设已得到一个包含 k 个节点的圈，其排列为($v_1v_2v_3\ldots$)，对尚未入圈的 $n-k$ 个节点，逐

个进行如下操作：检查对 $v_1 \cdots v_k$ 的所有插入方式，即插在其中哪两个节点之间，引起已有圈长的增加量。

$$\delta_l = d_{il} + d_{i+1,l} - d_{i,i+1}, 1 \leqslant i \leqslant k, k+1 \leqslant l \leqslant n$$

再取这些增量的最小值，记作 $\delta^* = \min\{\delta_l \mid k+1 \leqslant l \leqslant n\}$。

由此选定第 k+1 个入圈点 v_{k+1}。重复此过程，直至最后，形成一个由 n 个节点连成的圈，即为近似解。最优插入法所得近似解的总长度，不超过最优解总长度的 2 倍。

第四节 物流运输合理化

运输合理化是为了避免不合理运输的出现，因为不合理运输是对运力的浪费，会造成运输费用不必要的增加，从而使运输费用及服务失衡。

一、物流运输合理化需解决的问题

不合理运输是指在现有条件下可以达到的运输水平而未达到，从而造成了运力浪费、运输时间增加、运费超支等问题的运输形式。目前一般存在的不合理运输形式有以下几个方面。

(一)返程或起程空驶

可以说这是不合理运输的最严重形式。在实际运输组织中，有时候必须调运空车，从管理上不能将其看成不合理运输。但是，因调运不当，货源计划不周，不采用运输社会化而形成的空驶，是不合理运输的表现。造成空驶的不合理运输主要有以下几种原因。

(1) 能利用社会化的运输体系而不利用，却依靠自备车送货提货，这往往出现单程重车、单程空驶的不合理运输。

(2) 由于工作失误或计划不周，造成货源不实，车辆空去空回，形成双程空驶。

(3) 由于车辆过分专用，无法搭运回程货，只能单程实车，单程回空周转。

(二)对流运输

对流运输亦称“相向运输”“交错运输”，是指同一种货物，或彼此间可互相代用而又不影响管理、技术及效益的货物，在同一线路上或平行线路上做相对方向的运送，而与对方运程的全部或一部分发生重叠交错的运输。如图 5-8 所示，将某物资 10 吨从 A1 处运到 B2 处，而又有同样的物资 10 吨在同一期间从 A2 处运到 B1 处，于是 A1 和 A2 之间就出现了对流运输。

如果把运输流量图改成如图 5-9 所示的情况，即将 A1 处的 10 吨运到 B1 处，而将 A2

处的 10 吨运到 B2 处，就消灭了对流，就可以节省运输力量 2×10×40=800(吨公里)。

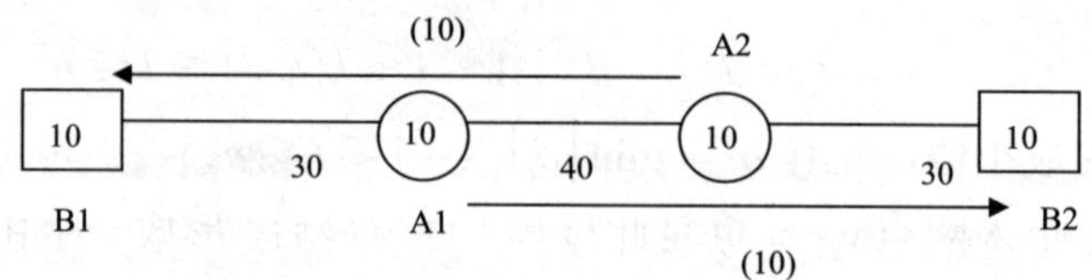

图 5-8　出现对流的运输流量

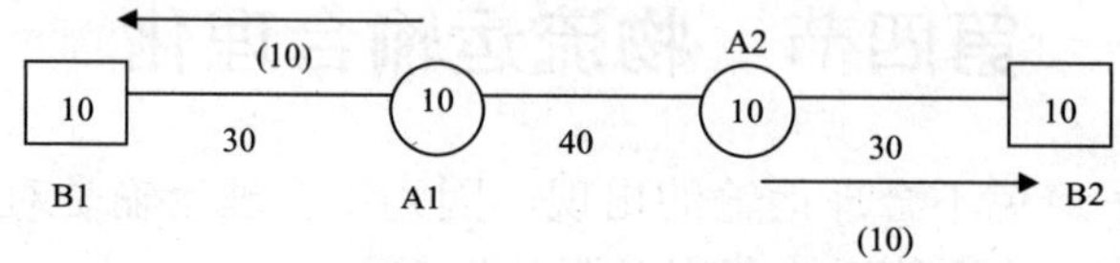

图 5-9　消灭了对流运输的流量

(三)迂回运输

迂回运输是舍近取远的一种运输，即不选取短距离路线，却选择较长距离路线进行运输的一种不合理形式。一般指在交通图成圈的时候，如果内流长或外流长超过整个圈长的一半，就称为迂回运输。如图 5-10 所示就是一个迂回运输，内流长大于全圈长的一半，如果改成图 5-11，就消灭了迂回，可以节省运力 5×6−5×4=10(吨公里)。

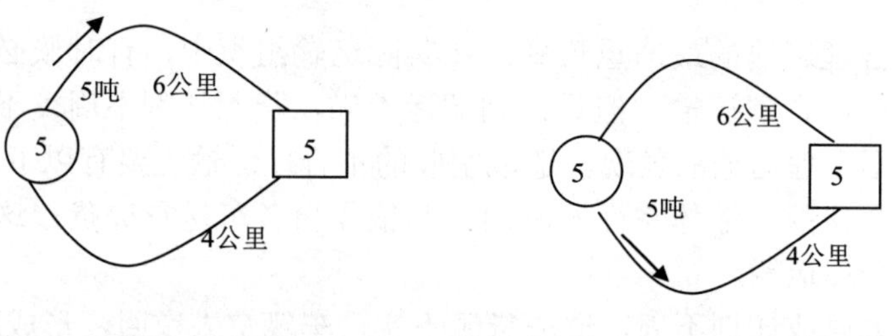

图 5-10　迂回运输　　　　图 5-11　无迂回运输

(四)重复运输

把可以直线运输的物资进行不必要的中转，称为重复运输。这不仅会浪费装卸劳力，增加作业和负担，而且会增加物资损耗和出入库手续，延缓了流通速度，造成费用增加和占用多等不利情况。

(五)倒流运输

货物从销地或中转地向产地或起运地回流的一种运输现象。

(六)过远运输

调运物资舍近求远，近处有资源不调而从远处调，这就造成了可采取近程运输而未采取，拉长了货物运距的浪费现象。过远运输占用运力的时间长、运输工具周转慢、物品占压资金时间长、远距离自然条件相差大，又容易出现货损，增加了费用支出。

过远运输有两种表现形式：一是销地完全有可能由距离较近的供应地购进所需要的相同质量的物美价廉的货物，但却超出货物合理流向的范围，从远距离的地区运来；二是两个生产地生产同一种货物，它们不是就近供应邻近的消费者，却调给较远的消费地。如图 5-12 所示是过远运输示意图，图 5-13 所示是消灭了过远运输的示意图。

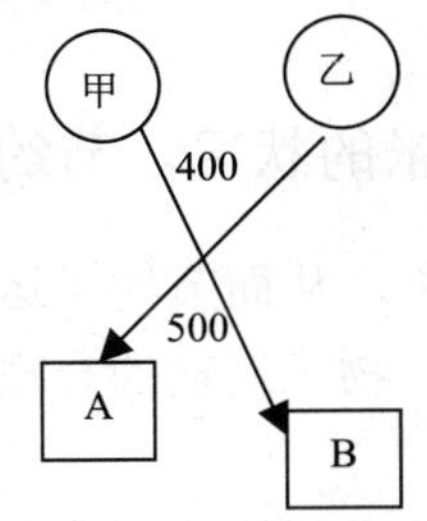

图 5-12　过远运输示意图

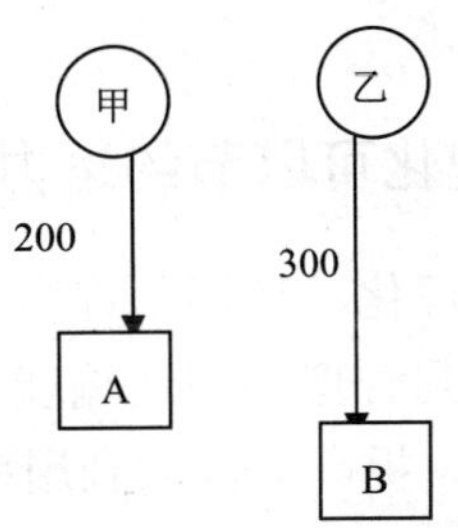

图 5-13　合理的运输路线图

(七)运力选择不当

如果未按照各种运输工具的优势进行运输工具的选择，或不正确地使用运输工具，就会造成运力选择不当，使运输费用支出加大。

(八)托运方式选择不当

对于货主而言，可以选择最好的托运方式而未选择，造成运力浪费及费用支出加大的一种不合理运输。

二、运输合理化的作用

一般认为运输费用占整个物流成本的一半以上，所以合理化的运输可以有效控制、降低物流成本，提高物流效率，减少交通阻塞和环境污染。

(一)物品合理化运输能节约运输费用，降低物流成本

运输费用是构成物流费用(成本)的重要组成部分。据统计，物流成本中运输费用的支出约占 30%，如果把运输过程中的装卸搬运费加上，其比例将更大。因此，降低运输费用是

提高物流效益、实现物流系统目标的主要途径之一。物流过程的合理运输，就是通过运输方式、运输工具和运输线路的选择，进行运输分类的优化，实现物品运输的合理化。物流运输合理化必然会缩短运输里程，提高运输工具的运用效率，从而达到节约运输费用、降低物流成本的目的。

(二)合理的运输缩短了运输时间、加快了物流速度

物品的运输时间是决定物流速度的重要因素。只有合理组织物品的运输，才能使被运输物品的在途时间尽可能缩短，达到及时到货的目的，从而可以降低库存物品的数量，实现加快物流速度的目标。从宏观角度讲，物流速度的加快，可以减少物品的库存量，节约资金的占用。

(三)运输合理化可以节约运力，缓解运力紧张的状况，节约能源

物流运输的合理化，克服了许多不合理的运输现象，从而节约了运力，提高了货物的通过能力，可以起到合理利用运输能力的作用。同时，物流运输的合理性，还可以降低运输部门的能源消耗，提高能源的利用率。

另外，合理组织运输，还有利于加速社会再生产的进程，促进国民经济持续、稳定、协调发展。

三、影响运输合理化的因素

运输合理化的影响因素很多，起决定性作用的有以下五方面的因素，称作合理运输的五要素。

(一)运输距离

在运输过程中，运输时间、运输货损、运费、车辆或船舶周转等运输的若干技术经济指标，都与运距有一定的比例关系，运距长短成为运输是否合理的一个最基本因素。缩短运输距离从宏观、微观方面都会带来好处。

(二)运输环节

每增加一次运输，不但会增加起运的运费和总运费，而且必须要增加运输的附属活动，如装卸、包装等，各项技术经济指标也会因此下降。所以，减少运输环节，尤其是同类运输工具的环节，对合理运输有促进作用。

(三)运输工具

各种运输工具都有其使用的优势领域，对运输工具进行优化选择，按运输工具的特点进行装卸运输作业，最大限度地发挥所用运输工具的作用，是运输合理化的重要一环。

(四)运输时间

运输时间尤其是远程运输，在整个物流时间中占绝大部分，因此运输时间的缩短对整个流通时间的缩短有决定性作用。运输时间短有利于运输工具的加速周转，充分发挥运力的作用，有利于货主资金的周转，有利于运输线路通过能力的提高，对运输合理化有很大贡献。

(五)运输费用

运输费用在全部物流费用中占很大比例，运输费用的高低在很大程度上决定了整个物流过程的竞争能力。实际上，运输费用的降低，无论对货主企业来讲还是对物流经营企业来讲，都是运输合理化的一个重要目标。

以上五个要素并不是相互独立的，而是紧密相连的。如运输时间与运输成本是不同运输方式相互竞争的重要条件，运输时间与成本的变化必然带来所选择的运输方式的改变。

四、实现运输合理化的途径

可以说，实现运输合理化，提高运输效率是物流的关键。实现运输合理化主要有以下若干途径。

(一)提高运输工具实载率

实载率有两个含义：一是单车实际载重与运距之乘积和标定载重与行驶里程之乘积的比率，这在安排单车、单船运输时，是判断装载合理与否的重要指标；二是车船的统计指标，即一定时期内车船实际完成的货物周转量(以吨公里计)占车船载重吨位与行驶公里之乘积的百分比。在计算时车船行驶的公里数，不但包括载货行驶，也包括空驶。

提高实载率的意义在于：充分利用运输工具的额定能力，减少车船空驶和不满载行驶的时间，减少浪费，从而求得运输的合理化。

(二)采取减少动力投入，增加运输能力的有效措施求得合理化

这种合理化的要点是，少投入、多产出，走高效益之路。运输的投入主要是能耗和基础设施的建设，在设施建设已定型和完成的情况下，尽量减少能源投入，是少投入的核心。

做到了这一点就能大大节约运费，降低单位货物的运输成本，达到合理化的目的。

(三)发展社会化的运输体系

运输社会化的含义是发展运输的大生产优势，实现专业分工，打破自成运输体系的状况。

自成运输体系，车辆自有，自我服务，不能形成规模，且一家一户运量需求有限，难以自我调剂，因而经常容易出现空驶、运力选择不当(因为运输工具有限，选择范围太窄)、不能满载等浪费现象，且配套的接、发货设施，装卸搬运设施也很难有效地运行，所以浪费颇大。实行运输社会化，可以统一安排运输工具，避免对流、倒流、空驶、运力不当等多种不合理形式，不但可以追求组织效益，而且可以追求规模效益，所以发展社会化的运输体系是运输合理化的非常重要的措施。

(四)开展中短距离铁路公路分流，“以公代铁”的运输

这一措施的要点是，在公路运输经济里程范围内，或者经过论证，超出通常平均经济里程范围，也尽量利用公路。这种运输合理化的表现主要有两点：一是对于比较紧张的铁路运输，用公路分流后，可以得到一定程度的缓解，从而加大这一区段的运输通过能力；二是充分利用公路从门到门和在中途运输中速度快且灵活机动的优势，实现铁路运输服务难以达到的水平。

(五)尽量发展直达运输

直达运输是追求运输合理化的重要形式，其对合理化的追求要点是通过减少中转过载换载，从而提高运输速度，省却装卸费用，降低中转货损。直达的优势，尤其是在一次运输批量和用户一次需求量达到了一整车时表现最为突出。此外，在生产资料、生活资料运输中，通过直达，可建立稳定的产销关系和运输系统，也有利于提高运输的计划水平，考虑用最有效的技术来实现这种稳定运输，从而大大提高运输效率。

(六)配载运输

配载运输是指充分利用运输工具的载重量和容积，合理安排装载的货物及载运方法以求得合理化的一种运输方式。配载运输也是提高运输工具实载率的一种有效形式。 配载运输往往是轻重商品的混合配载，在以重质货物运输为主的情况下，同时搭载一些轻泡货物，如海运矿石、黄沙等重质货物，在仓面捎运木材、毛竹等，铁路运矿石、钢材等重物上面搭运轻泡、农副产品等，在基本不增加运力投入的情况下，在基本不减少重质货物运输的情况下，解决了轻泡货物的搭运，因而效果显著。

(七)“四就”直拨运输

“四就”直拨是减少中转运输环节，力求以最少的中转次数完成运输任务的一种形式。一般批量到站或到港的货物，首先要进分配部门或批发部门的仓库，然后再按程序分拨或销售给用户。这样一来，往往出现不合理运输。“四就”直拨，首先是由管理机构预先筹划，然后就厂或就站(码头)、就库、就车(船)将货物分送给用户，而无须再入库了。

(八)发展特殊运输技术和运输工具

依靠科技进步是运输合理化的重要途径。例如，专用散装及罐车，解决了粉状、液状物运输损耗大、安全性差等问题；袋鼠式车皮、大型半挂车解决了大型设备整体运输问题；“滚装船”解决了车载货的运输问题。

(九)通过流通加工，使运输合理化

由于产品本身形态及特性问题，很难实现运输的合理化，如果进行适当加工，就能够有效解决合理运输问题。例如将造纸材在产地预先加工成干纸浆，然后压缩体积运输，就能解决造纸材运输不满载的问题。轻泡产品预先捆紧包装成规定尺寸，装车就容易提高装载量；水产品及肉类预先冷冻，就可提高车辆装载率并降低运输损耗。

本章小结

本章共分四节，分别介绍了物流运输管理的基本概念和基本理论知识。第一节重点讲述了物流运输的重要性和物流运输的功能；第二节重点讲述了物流运输中几种基本的运输方式、每种运输方式的特点、运输方式的选择方法和运输方式选择的评价方法；第三节讲述了进行运输路线选择时的影响要素和选择原则，并给出了几种常见的运输路线选择算法；第四节主要介绍了物流运输合理化的相关理论，包括运输中常见的不合理运输现象、运输合理化的作用、运输合理化的影响因素和实现运输合理化的若干途径。

案例分析

日本大和运输的宅急便方式

1. 宅急便的由来

日本的大和运输株式会社(Yamato Transportation)成立于1919年，是日本第二古老的货车运输公司。1973年日本陷入第一次石油危机的大混乱中，企业委托的货物非常少，这对

完全仰赖于运送大宗货物的大和运输来说，无疑是一大打击。对此，当时大和运输的社长小仓提出了“小宗化”的经营方向，认为这是提高收益的关键。1976年2月，大和运输开办了“宅急便”业务。当时有人提出用Yamato-Parcel-Service(大和、包裹、服务)这一名词，简称YPS，但是未能决定是使用英文好，还是使用日文为好。对宅急便这个名词，起初也有人反对使用，认为当时已有了“急便”和“宅配”的用语。但最后小仓社长还是决定使用“宅急便”这个名词。他认为，以前有人说过“桌球这个名词比乒乓球更能被人接受”，后来事实证明，“乒乓球”反而较为人们所接受，“宅急便”这个名词，只要大家熟悉了，应该就不会有什么问题。1976年，宅急便共受理了170万件货物，同年日本国铁受理包裹为6740万件，邮局受理小包则达17 880万件。到1988年，宅急便已达34 877万件，超过了邮局小包23 500万件。该年，宅急便的市场占有率已达40%，位居日本运输第一位的日本通运的“信天翁便”只占28%。到1995年，宅急便的受理件数多达57 000万，营业额为6000亿日元。宅急便的员工人数由原先的300人增加到57 797人，拥有车辆由2000辆增加到25 000辆。在日本，大和运输的宅急便已是无人不知、无人不晓，在马路上到处可见宅急便在来往穿梭。

2. 黑猫商标

大和运输的象征商标，是一黑猫叼着小猫的图案。1957年大和运输受理美国军人、军队的杂物运送，开始与美国的亚莱德·莱斯运输公司一起合作输送。这家美国公司以“Careful handling”为宣传口号，象征这个标语意义的，是以母猫叼着小猫小心运送的图案作为标志。大和运输认为，图案中那种小心翼翼，不伤及小猫，轻衔住脖子运送的态度，仿佛是谨慎搬运顾客托运的货物，这种印象正和公司的宗旨相符合。于是经过亚莱德公司的同意，对图案作了进一步的造型设计，改成为现在的黑猫标志，使这个图案给人更具象征的印象。大和运输又将Careful handling意译为“我做事，你放心”，并以此作为宣传标语。因此，人们又把大和运输称为“黑猫大队”。

3. 一通电话，翌日送达

宅急便类似目前的快递业务，但其服务的内容更广。在运送货物时，讲究三个“S”，即速度(Speed)、安全(Safety)、服务(Service)。大和在这三者之中，最优先考虑的是速度。因为有了速度，才能抢先顺应时代的需求，在激烈的竞争中取胜。而在速度中，宅急便又特别重视“发货”的速度。宅急便的配送，除去夜间配送以外，基本是一天两回，也即两次循环。凡时间距离在15小时以内的货物，保证在翌日送达。1989年开始一部分的一日三次循环，可以做到时间距离在18小时以内的货物，可以翌日送达。也就是说，可以将截止接收货物的时间延长到下午3点，从而使翌日送达的达成率可以达到95%，展现了大和运输更周到的服务。宅急便的受理店多达20多万家(包括大和本身的近2000家分店)，是以米店、杂货店等地方上分布面广的重要的零售店设立的。1989年后，由于与7－Eleven和罗森等大型便利店的合作，已调整为24小时全天候受理货物。大和对这些受理店，每受理一件货物，支付 100 日元的受理手续费。如果顾客亲自将货物送到受理店，这位顾客就可以从所应付的运费当中扣除 100 日元。黑猫大队有一个保证翌日送达的输送系统。在受理店截止接受货物的时间之后，大和运输分区派出小型货车到区内各处将货集中运往称为“集货中心”的营业所，并迅速转送到称为“基地”的地点，进行寄往全国各地的货物分拣工作。然后，将经过分拣的货物，以发往的地区和货物种类为单元，装入统一的长 110 厘米、高 185 厘米的货箱内，一个货箱中大抵可以放进 70～80 件货物。从基地往基地移动时是使用 10 吨级的大型车，可装载 16 只货箱；从集货中心往基地，或是从基地往集货中心移动时(称为平行运输)，常使用可装 8 个货箱的 4 吨车；而专用来收集以及递送的 2 吨车，则可零堆约一个货箱容量的货物。宅急便由于采用了统一规格的小型货箱和不同吨级的货车，从而大大提高了运送效率，降低了物流成本。利用夜间进行从出发地到目的地的运输，是宅急便得以在速度上取得优势的重要措施，从而做到了当日下午进行集货，夜间进行异地运输，翌日上午即可送货上门，得以保证在 15～18 小时内完成整个服务过程。宅急便还采取了车辆分离的办法，采用拖车运输。牵引车把拖车甲运到 B 以后，把车摘下来放在 B，再挂上 B 点的拖车乙开向 A。这样，车辆的周转率是最高的。此外，又采取了设立中转站的办法。这种中转方法不是货车和货物的中转，而是司机进行交换的开车方式。如从东京到大阪的长途运输，距离为 600 公里，需要司机 2 个人，再从大阪返回时还需要这么长的时间，司机也非常累，这样一来一往就需要 4 个人。如果在中间设置一个中转站，东京和大阪同时发车，从东京来的，在中转站开上大阪的车返回就不要 2 个人，只要 1 个人就可以了，总共只需要 2 个人，从而减少了 2 个人的费用。

4. 开拓业务强化服务

宅急便受理货物的内容种类繁多，包括地方特产、企业文件、各种零件、划拨商品等，凡是各式各样的小货物，都可通过宅急便来运送。旅客乘飞机可以委托将行李在登机前运送到机场；居住在乡下的长者，可以寄送昆虫、金鱼等小动物给住在城市的儿孙辈。有一回长崎发生大水灾，严重影响水源问题，住在远地的亲朋好友就寄送饮用水给生活受困的受灾者。宅急便对礼品市场的扩展，也有相当的贡献。单是每年的情人节、母亲节，宅急便的需求量就呈巅峰状态，即使一盒巧克力，也可以利用宅急便来寄送。特别是在情人节的日子，没有勇气将巧克力亲手交给心中的女孩子时，宅急便就成为可爱的“恋爱之神”。宅急便也给企业活动带来了方便，有许多企业利用宅急便来传递紧急的文件，连百货公司也利用宅急便作为“送货到家”的运送管道。当今非常流行的邮购等通信销售，若不是宅急便的普及，也就没有如此的快速发展。从利用宅急便运送货的客户来分析，法人占 60%，个人占 40%，法人利用的比率很高，由此可见宅急便对企业界的魅力。日本人现在去打高尔夫球时，已经很少有人亲自背着高尔夫球杆去球场。大多数是利用高尔夫宅急便，将球具送到高尔夫球场，自己则空手前往。在打完球回程时，也是由宅急便将球具送回自己家中，做到能够轻松地去游玩。1983 年 12 月，滑雪宅急便开始登场，日本长野是这一季节的滑雪胜地，每年都从外县涌入1100万名滑雪客。只是运送滑雪橇和随身货物，如果平均每人2件的话，往返就会有4400万件的货源。滑雪宅急便保证做到在滑雪的前一天将货物送达，一开始就得到顾客的好评，特别是深受体力单薄的女性顾客的喜爱。1987年8月，大和又推出了冷藏宅急便。温度分为5℃(冷藏)、0℃(冰温)和零下18℃(冷冻)三种，货物以蔬菜、水果、鱼、肉等生鲜食品为主。在全体宅急便之中，生鲜食品占40%。冷藏宅急便开发后，这一比例又急速升高，说明在日本生鲜食品的输送需求极其旺盛。此外，大和运输又开拓了书籍服务，读者直接向书籍服务公司订购后，公司可以利用宅急便的配送网络，尽早地把书籍送到读者手中。宅急便还利用航空来运送货物，但由于在下午3点以前接受的货物若要翌日送达，飞机必须夜间飞行，困难较多，因而货运量不大，约占总运量的1%。同时，宅急便对运距在600公里以上的，采取通过铁路运输的办法，宅急便每天有54班车(往返)就是通过东京到北海道函馆之间的直达车运送货物的。

5. 黑猫大队的货物追踪系统

大和运输致力于电脑化的推进，成为运输界中最初采用条形码的公司，美国的大型运输公司“UPS”(United Parcel Service)也仿效使用，现今已成为运输业界的世界标准码。大和运输将宅急便的信息系统，通称为“猫系统”。第一代猫系统始于1974年，以路线及货运为中心。在结构上，是采用从设置在大和系统开发总公司的主电脑，以至各营业所的终端机，全部以专用线缆来导引线路，以集中货物信息的方法进行处理。第二代猫系统始于1980年，此时首次登场的POS终端机，简化了资料输入动作，任何人都可以简单操作，信息的处理速度也快。第三代猫系统始于1985年，重点在于开发了携带型POS，让所有的货车司机都拥有一台。大和将所有附随货物的信息，包括发货店密码、日期、负责集货公司的司机密码、到店密码、货物规格、顾客密码、顾客送来或是集货方式、运费、传票号码，以及滑雪宅急便或高尔夫宅急便的顾客游玩日等，全都输入电脑进行管理。大和在全国1300所的分店、营业所、基地设置终端机，网络站的终端机数约2000台，携带型POS突破20 000台。通过这个追踪货物系统，便能完全掌握所发生的各种信息。顾客如果询问邮局：托运的货物现今在何处？邮局必须花费2分钟才能答复；而宅急便却能在40秒内做出答复(电脑的应答时间是3～5秒)。由此可以查明：货物现在是在仓库，还是在分拣设施上，还是正在装车，还是已经送到顾客手中。这项优异的追踪系统的存在，进一步提高了顾客对宅急便的依赖度。现在大和运输与美国UPS合作，建立了国际快递网络。UPS拥有世界175个国家和地区的配送网，大和已将这些国家和地区全部列入自己的服务区域。

(资料来源：百度百科. 百度网，http://baike.baidu.com/view/4097841.htm，2010.02.17)

问题：

1. 大和运输能够提供哪些增值服务？
2. 他们提出的“小宗化”的经营方向，是提高收益的关键。你认为这是现代物流的方

向吗?

3. 宅急便由于采用了统一规格的小型货箱和不同吨级的货车，从而大大提高了运送效率，降低了物流成本。为什么要采用统一规格的小型货箱和不同吨级的货车?

4. 宅急便是采用什么办法来提高车辆的周转率的?

阅读资料

家乐福中国及其运输策略

企业参与运输决策对于物流成本的控制、运输效率的高低都具有重要影响，有效的运输决策往往能提高企业效益，也能在最短时间内完成客户需要的服务。因此，各类企业都极其注重对物流系统的运输决策，从最终效益的角度来说，“开源”与“节流”具有同样的意义，正确的决策节省的物流成本不见得比产品本身获利要少。而一个企业物流系统运输决策往往通过运输网络设计、运输方式选择、装卸及配送水平高低等方面来实现。以下通过流通企业里的家乐福中国物流系统运输决策的案例来具体分析运输决策的各个方面。

家乐福中国及其运输决策

成立于1959年的法国家乐福集团是大型超级市场概念的创始者，目前是欧洲第一、全球第二的跨国零售企业，也是全球国际化程度最高的零售企业。家乐福于1995年进入中国市场，最早在北京和上海开设了当时规模最大的大卖场。目前，家乐福在中国31个城市相继开设了86家商店，拥有员工 4万多人。家乐福中国公司经营的商品95%来自本地，因此家乐福的供货很及时，这也是家乐福在中国经营很成功的原因之一。家乐福实行的是“店长责任制”，给予各店长极大的权力，所以各个店之间并不受太多的制约，店长能灵活决定所管理的店内的货物来源和销售模式等。由于家乐福采用的是各生产商缴纳入场费，商品也主要由各零售商自己配送，家乐福中国总公司本身调配干涉力度不大，所以各分店能根据具体情况灵活决定货物配送情况，事实证明这样做的效果目前很成功。

家乐福中国在网络设计方面主要体现为运输网络分散度高，一般流通企业都是自己建立仓库及其配送中心，而家乐福的供应商直送模式决定了它的大量仓库及配送中心事实上都是由供应商自己解决的，由家乐福集中配送的货物占极少数。这样的经营模式不但可以节省大量的建设仓库和管理的费用，商品运送也较集中配送来说更方便，而且能及时供应商品或下架滞销商品，不仅对家乐福的销售，对供货商了解商品销售情况也是极有利的。在运输方式上，除了较少数需要进口或长途运送的货物使用集装箱挂车及大型货运卡车外，由于大量商品来自本地生产商，故较多采用送货车。这些送货车中有一部分是家乐福租的车，而绝大部分则是供应商自己长期为家乐福各店送货的车，家乐福自身需要车的数量不多，所以它并没有自己的运输车队，也省去了大量的运输费用，从另一方面提高了效益。在配送方面，供应商直送的模式下，商品来自多条线路，而无论各供应商还是家乐福自己的车辆都采用了“轻重配载”的策略，有效利用了车辆的各级空间，使单位货物的运输成本得以降低，进而在价格上取得主动地位。而先进的信息管理系统也能让供应商在最短时间内掌握货架上其供销售的各种商品的货物数量以及每天的销售情况，补货和退货因此而变得很方便，也能让供应商与家乐福之间相互信任，并建立长期的合作关系。

制造企业、流通企业、第三方物流企业物流系统运输决策的比较

制造企业的运输决策主要体现在其原料来源和产品输出上，由于其产品的特定性，往往需要从某些固定区域运送，所以其网络设计上大多采用少数大的集散地，对到达的原料运送至企业和把成型的产品运送至各销售地；而流通企业的货物仓库及配送中心一般较分散，而且数量较多，以便货物及时输送；第三方物流企业除了有自己固定的仓储配送中心外，还根据其长期提供服务的企业特点灵活安置一些仓库等，其分散度有较大的自由性。

在运输方式选择上，制造企业主要选择铁路或海运，因为这类企业的原料和商品运输都以大批量的长途运输为主，这样可以节省运输费用，而且对时效性和直达性的要求一般都不高；流通企业则少量采用集装箱运输、主要采用送货车，但是各个企业的送货车会因其经营方向的不同而有差异，但其目的是为顾客最大限度地提供便利；第三方物流企业的运输比较多元化，根据其承接的工作不同可能采取公路、铁路、海运等多种运输方式，或者其中几种相结合的联合运输等，某些时候也需要“门到门”的运输。

一般情况下，制造企业相比流通企业和第三方物流对配送的要求较低，商品也比较单一，以满足原料输入和产品输出为原则；流通企业和第三方物流对配送有较高的要求，其配送中心的工作也比较复杂，流通企业的配送中心有时候还被当作销售中心，而第三方物流为了协调各种商品则需要使配送工作达到最优化，在配送时也考虑较多的其他因素以适应合约企业的要求。

总的来说，不管哪种类型的企业，无论企业规模的大小，其运输决策的出发点都是为了为企业最大限度节支增收服务的，而运输决策也必将在企业运营中扮演着越来越重要的角色。

(资料来源：佚名. 考试网，http://www.exam8.com/zige/wuliu/anli/200710/334067.html, 2007.10.29)

自 测 题

1. 什么是运输？物流运输具有哪些重要性？
2. 基本的运输方式包括哪五种？各有什么特点？
3. 选择运输方式时，要遵循哪些原则？
4. 常见的不合理运输形式有哪些？
5. 试说明影响运输合理化的因素。
6. 可以通过哪些途径实现运输合理化？

第六章 库 存 管 理

【学习要点及目标】

通过本章的学习，熟悉库存的概念、库存的作用及库存管理成本的构成；了解库存的分类；了解 ABC 库存管理法、定量订货法、定期订货法、MRP 库存管理的原理；掌握定量订货法、定期订货法的应用；熟悉零库存管理、供应商管理库存与联合库存管理方法。

【关键概念】

库存(Inventory) 库存管理(Inventory Management) 物料需求计划(Material Requirement Planning，MRP) 供应商管理库存(Vendor Managed Inventory，VMI)

【引导案例】

一汽大众库存管理

一汽大众作为我国最早的汽车合资企业，一直在库存管理上进行不懈的探讨，终于创出了独具特色的零库存管理模式，在汽车制造领域走在了前列，为成本的下降带来了较大的成效。

一汽大众的零部件的送货形式有以下三种。

第一种是电子看板，即公司每月把生产信息用扫描的方式通过电脑网络传送到各供货厂，对方根据这一信息安排自己的生产，然后公司按照生产情况发出供货信息，对方则马上用自备车辆将零部件送到公司各车间的入口处，再由入口处分配到车间的工位上。

第二种叫作“准时化”，即公司按整车顺序把配货单传送到供货厂，对方也按顺序装货直接把零部件送到工位上，从而取消了中间仓库环节。

第三种是批量进货，供货厂每月对于那些不影响大局又没有变化的小零部件分批量地送 1～2 次。

公司很注重在制品的“零库存”管理，在该公司流行着这样一句话：在制品是万恶之源，用以形容大量库存带来的种种弊端。在生产初期，捷达车的品种比较单一，颜色也只有蓝、白、红三种。公司的生产全靠大量的库存来保证。随着市场需求的日益多样化，传统的生产组织方式面临着严峻的挑战。

在整车车间，生产线上每辆车的车身上都贴着一张生产指令表，零部件的种类及装配顺序一目了然。计划部门控装车顺序通过电脑网络向各供货厂下计划，供货厂按照顺序生产、装货，生产线上的工人按顺序组装，一伸手拿到的零部件保证就是他正在操作的车上的。物流管理就这样使原本复杂的生产变成了简单而高效率的“傻子工程”。令人称奇的是，整车车间的一条生产线过去仅生产一种车型，其生产现场尚且拥挤不堪，如今在一条生产线同时组装 2～3 种车型的混流生产线，却不仅做到了及时、准确，而且生产成本比原先节约了近 10%。

随着物流控制系统的逐步完善，电脑网络由控制实物流、信息流延伸到公司的决策、生产、销售、财务核算等各个领域，使公司的管理步入了科学化、透明化。公司已实现了“无纸化办公”，各部门之间均通过电子邮件联系。

“零库存”是现代物流中的管理理念，它实质上是在保证供应的前提下，实现库存费用最低的一种管理方式。

工业生产和商品流通过程的阶段性目标并不一样，商业企业组织商品流通的目的是保证市场商品供应，而市场波动与供求不协调是完全正常的经济现象，但每当出现供不应求现象时，企业为能保持经常性的供求平衡，一般采取增加库存，保证供应的做法，实质上是加大了流动资金的占用量。

工业生产过程的复杂程度是众所周知的，在传统上，为适应这种复杂生产所形成的大量原材料、配件、在制品、各种零部件的库存，以及由此造成的大量资金占压，已成为许多企业的一块顽疾。本案例中，一汽大众实现的“零库存”，无疑是一个有意义的启示。

(资料来源：钱智. 物流管理经典案例解析[M]. 北京：中国经济出版社，2007.)

第一节　库 存 概 述

人类社会对库存的认识，经历了一个变化发展的过程，最早的概念是“库存为企业的财产”，是企业实力的标志，认为库存越多越好。后来到了资本主义垄断时期，采用机械化大生产，垄断企业的产品极大丰富，但是消费者十分贫穷，无力购买产品，产品没有市场，压得企业喘不过气来，有的甚至因此倒闭。这时，库存对企业来说不是资产而是负债，甚至认为企业有库存就是自掘坟墓。随后，市场逐渐成熟起来，形成了广大的消费市场，产品只要适合消费者的需要就可以销售出去，这个时期产生了“保有适当库存”的概念。随着市场竞争的进一步加剧，又出现了零库存的观念，人们认为只要能满足客户要求，应当实行最大的节约，应当向零库存进军。

那么对于企业来讲，究竟什么是库存，为什么会产生库存？我们应当抱有什么样的库存观念才是合适的呢？

一、库存的概念

库存(Inventory)是指处于储存状态的物品。广义的库存还包括处于制造加工状态和运输状态的物品。从这种意义上讲，库存是指为了满足未来的需求而暂时闲置的资源，与其是否放在仓库中没有关系，资源停滞的位置，可以是在仓库里、生产线上或车间里，可以是在非仓库中的任何位置，如汽车站、火车站及机场码头等类型的流通节点上，甚至也可以是在运输途中。这些资源是为了未来的需要而闲置的，就是库存。

库存既然是资源的闲置，就一定会造成浪费，增加企业的开支。那么为什么所有的企业(包括 JIT 方式下的企业)都要保持一定数量的库存呢？这是因为它在企业的生产经营过程中有其独特的作用：调节供求差异，保证生产、经营活动的正常需要；稳定生产、经营的规模，获取规模经济效益；缩短订货提前期，加快市场反应速度；分摊订货费用、快速满足用户订货需求；缓冲不确定性因素的影响，保证生产经营按预定的要求继续进行等。

在企业经营中，尽管库存出于种种经济考虑而存在，但是库存也是一种无奈的结果，它是由于人们无法预测未来的需求变化，才不得已采用的应付外界变化的手段，也是因为人们无法使所有的工作做得尽善尽美，才产生一些人们并不想要的冗余与囤积不和谐的工作沉淀。

二、库存的作用

自从有了生产，就有了库存物品的存在。库存对市场的发展、企业的正常运作与发展既有积极的作用，同时也有消极的作用。

(一)库存的积极作用

库存是为了满足未来的需求而暂时闲置的资源，在特定的情况下维持一定量的库存对于企业的经营具有积极的作用。

1. 增强生产计划的柔性

库存储备能减轻生产系统要尽早生产出产品的压力。也就是说，生产提前期宽松了，在制订生产计划时，就可以通过加大生产批量使生产流程更加有条不紊，并降低生产成本。生产准备完成后，若生产批量比较大的话，将能使昂贵的生产成本得以分摊。

2. 克服原料交货时间的波动

在向供应商订购原材料时，有许多原因都将导致材料到达延误：发运时间的变化，供应商工厂中原材料短缺而导致订单积压，供应商工厂或运输公司发生意外的工人罢工、订单丢失及送达材料有缺陷等。

3. 缩短订货提前期

当制造厂维持一定量的成品库存时，顾客就可以很快采购到他们所需的物品，这样就缩短了顾客的订货提前期，加快了社会生产的速度，也可以使供应厂商争取到顾客。

4. 平衡流通资金的占用

库存的材料、在制品及成品是企业流通资金的主要占用部分，因而库存量的控制实际上也是进行流通资金的平衡。例如，加大订货批量会降低企业的订货费用，保持一定量的在制品库存与材料会节省生产交换次数，提高工作效率，但这两方面都要寻找最佳控制点。

5. 稳定作用

在当代处于激烈竞争的社会中，外部需求的不稳定性是正常现象。生产的均衡性又是企业内部组织生产的客观要求：外部需求的不稳定性与内部生产的均衡性是矛盾的。要保证满足需方的要求，又使供方的生产均衡，就需要维持一定量的成品库存。成品库存将外部需求和内部生产分隔开，像水库一样起着稳定的作用。

6. 分摊订货费用

需要一件采购一件，可以不需要库存，但不一定经济。订货需要一笔费用，这笔费用若摊在一件物品上将是很高的。如果一次采购一批，分摊在每件物品上的订货费用就少了，但这样会有一批物品一时用不上，造成库存。对生产过程，采取批量加工，可以分摊调整准备费用，但批量生产就会造成库存。

7. 防止中断

在生产过程中维持一定量的在制品库存，可以防止生产中断。显然，当某道工序的加工设备发生故障时，如果工序间有在制品库存，其后续工序就不会中断。同样，在运输途中维持一定量的库存，可以保证供应，使生产正常进行。

(二)库存的消极作用

库存的作用是相对的，它也会给企业带来一定程度的副作用，任何企业都希望最大限度地降低库存，以此来降低库存成本。库存的消极作用主要表现在以下几个方面。

1. 占用大量的流动资金

通常情况下，库存资金占到企业总资产的比重为20%～40%，库存管理不当还会形成大量资金的沉淀，形成积压库存。

2. 增加企业的产品成本和管理成本

库存材料的成本增加直接增加了产品成本，而相关库存设备、管理人员的增加也增加了企业的管理成本。

3. 掩盖了企业众多管理问题

库存掩盖了企业众多管理问题，如计划安排不当、采购不力、生产控制制度不健全、产品质量不稳定、需求预测不准确、产品成套性差及市场销售不力等问题。

此外，如产品设计不当、工程改动、生产过程组织不适当等问题，都可以用提高库存

量来掩盖。这些严重影响着企业的竞争能力。因此库存数量的确定必须经济合理，过少可能造成停工待料，过多则造成物资积压，影响物资周转，增加储存费用。这都不利于企业的生产经营，影响企业的经济效果。

三、库存的分类

按照不同的方法和标准，可以将库存划分为如下类别。

(一)按照经济用途分类

按照库存的经济用途，可以将其分为流通库存、制造库存和其他库存。

1. 流通库存

流通库存是为了满足生产或消费的需要，补充生产和消费储备的不足而建立的库存。其中有批发商、零售商为了保证供应和销售而建立的商品库存，以及在运输途中的商品。

2. 制造库存

制造库存是制造商为了满足将来生产的需要，保证生产的顺利进行而建立的物资储备，具体包括以下几类。

(1) 原材料。原材料是指企业通过采购或其他方式取得的用于制造并构成产品实体的物品，以及取得的供生产耗用但不构成产品实体的辅助性材料等，外购半成品一般也归于此类。

(2) 在制品。在制品是指企业正处于加工过程中，有待进一步加工制造的中间物品。

(3) 半成品。半成品是指企业部分完成的产品，它在销售以前还需要进一步加工，但也可以作为商品对外销售。

(4) 产成品。产成品是指企业已经全部完工，可供销售的制成品。

3. 其他库存

其他库存是指除了以上库存外，供企业一般消耗的物品及为生产经营服务的辅助性物品。这类库存主要是为了企业的各种消耗性需要，而不是为了转售或加工成产成品再销售。

(二)按照经营过程的角度分类

按照经营过程的角度，可以将库存分为经常库存、在途库存、安全(或缓冲)库存、投机库存、促销库存、季节性库存和积压库存等。

1. 经常库存

经常库存是指企业在正常的经营环境下为满足日常的需要而建立的库存。这种库存随

着每个月的需求量不断减少，当库存量降低到一定的水平时，就要进行订货来补充库存。经常库存的前提是需求和前置期预期是稳定的。如果某产品每天销售 50 单位，前置期总是 10 天，则在经常库存之外不再需要额外库存。稳定的需求和前置期预期会减少库存管理的复杂性。

2. 在途库存

在途库存是指正处于运输或停放在相邻两个工地之间或两个组织之间的库存。这种库存是一种客观存在，不是有意设置的。在途库存的大小取决于运输时间及该期间内的平均需求。

3. 安全(或缓冲)库存

安全(或缓冲)库存是为了防止不确定因素(如大量突发性订货、交货期延期等)而准备的安全(或缓冲)库存。这种库存对突发事件起着预防和缓冲作用，一般不会动用，一旦动用，必须在下批订货到达时进行补充。

4. 投机库存

投机库存是指为了满足正常需求之外的某种原因而准备的库存，如为了避免价格上涨造成损失或为了从商品价格上涨中获利而准备的库存。

5. 促销库存

促销库存是指为了应付企业的促销活动产生的预期销售增加而建立的库存。

6. 季节性库存

季节性库存是投机库存的一种形式，是指为了满足特定季节中出现的特定需要而建立的库存，或指对季节性出产的商品在出产的季节大量收购所建立的库存。这类库存经常发生在农产品和季节性产品中，如夏季对空调的需要。

7. 积压库存

积压库存是指那些已储存一段时间且没有需求的商品库存，包括因物品的品质损坏不再具有使用价值或因没有市场销路而卖不出去的商品库存。

(三)按照库存的性质分类

按照库存的性质，可以将其分为储备库存、周转库存和中转库存。

1. 储备库存

储备库存，是指为了预防日后的突发事件而进行的有计划的物资储备。例如为预防战

争、灾害而进行的粮食储备、石油储备、药品储备等，如国家储备仓库，这种仓库单纯以储存保管为目的，一般实行较长时间的储存，只有碰到紧急情况时才动用。这类库存在一定时间内要以旧换新，保持物资的使用价值。

2. 周转库存

周转库存，是指生产企业或流通企业为进行生产或流通周转而进行的一些临时的、不断流转的库存，包括仓库储存和临时堆放。例如流通企业的仓库，以及柜台上存放的货品，不断地销售出去，又不断地进货补充。生产企业的原材料库、半成品库、成品库以及生产工序旁的临时堆放，不断地被领用消耗，又不断地采购进货补充。这类库存都是周转库存，它是保证生产或流通顺利进行的前提条件。

3. 中转库存

中转库存是指为衔接不同的运输方式、不同运输环节而设立的物资中转运输储存。例如火车运输换汽车运输时，在交接口处往往设有中转物资仓库，进行中转物资的储存。中转仓库一般也是要收取仓储费或中转费的。

(四)按照库存需求的相关性分类

按照库存需求的相关性，可以将其分为独立性需求库存和相关性需求库存。

1. 独立性需求库存

当一种物品的库存需求与另一种物品的库存需求无关时，称为独立性需求库存。它一般是指将要被消费者消费或使用的制成品的库存，如汽车生产企业的汽车库存。制成品需求的波动受市场条件的影响，而不受其他库存产品的影响。这类库存问题往往建立在对外部需求预测的基础上，通过一些库存模型的分析，制定相应的库存政策来对库存进行管理，如订货时间与订货量等。

2. 相关性需求库存

相关性需求的库存物品，是指这些库存物品的需求与其他库存物品的需求有着直接的关系，即按产品结构，一个低层次物料的需求取决于上一层部件的需求，该层次部件的需求又取决于其上一层部件的需求，以此类推，直至最终产品的需求。它一般是指将被用来制造最终产品的材料或零部件的库存。自行车生产企业为了生产自行车要保持很多种原材料或零部件的库存，例如车把、车梁、车轮、车轴等。这些物料的需求彼此之间有一定的相互关系，如一辆自行车需要两个车轮，如果生产 100 辆自行车，就需要 100×2=200 个车轮。这些物料不需要预测，通过相互之间的关系就可以计算出来。

第二节　库存管理概述

库存的存在占用了企业大量的资金，带来了机会损失等一系列消极作用。因此，对库存要进行有效的控制，寻求服务水平与总成本的最佳结合点，在保障供应的前提下尽可能降低成本。

一、库存管理的概念

库存管理也称库存控制，是指对制造业或服务业生产、经营全过程的各种物品、产成品以及其他资源进行管理和控制，使其储备保持在经济合理的水平上，是企业根据外界对库存的要求与订购的特点，预测、计划和执行一种库存的行为，并对此行为进行控制。库存控制的关键在于确定如何订货、订购多少、何时订货等问题。

对库存管理控制不当会导致库存的不足或剩余。库存管理基于两个方面：一个是用户服务水平，即在正确的地点、正确的时间，有合适数量的产品；另一个是订货成本与库存持有成本的关系。

二、库存管理在物流管理中的作用

如果在由供应商、制造商、批发商和零售商组成的物流范围内考虑库存，就会发现有问题的库存数量将会大大增加。过去，各经营者之间的关系是买卖关系，相互不进行库存信息的交流与共享，从而形成了不必要的大量库存，同时降低了客户的满意度。如过去组成供应链的各经营者对各自的供应商及时、准确交货的承诺不能完全相信，因此，他们的储存往往为实际需要库存量的$(1+x)$倍，以防止出现供应商延期交货或不能交货的情况。这种超过实际需要量的库存常常被称作缓冲库存。同样，在过去，组成供应链的各经营者相互之间缺乏必要的信息交换，导致对客户的需求，尤其是最终消费者的实时需求很难把握，往往依赖预测来安排生产，从而产生库存不足或过剩的现象。另外，为了满足客户的大量突发性订货，往往准备缓冲库存。有关资料表明，这种缓冲库存大概占整个零售业库存的1/3。因此，从供应链整体来看，过去这种传统交易习惯导致的不必要库存给企业增加了持有成本，而这些成本最终将反映在销售给客户的产品价格上，从而降低了客户的满意度。

因此，在整个物流范围内进行库存管理不仅可以降低库存水平，减少资金积压和库存持有成本，而且还可以提高客户满意度。当然，实现真正意义上的零库存，在现实中几乎是不可能的，这只是经营策略及时跟进方式下的努力目标。目前，已经出现了许多在维持或改进客户服务水平基础上优化企业内部和整个供应链库存的方法和灵活运用的技巧。随着物流和供应链的发展，企业间的关系也逐步向基于共同利益的协作伙伴型关系转变，先进的库存管理方法和技术的出现也可以使供应链各个经营者之间更好地进行信息交换，协调进行库存管理。

三、库存管理的内容

通常，人们根据物品需求的重复程度将库存分为单周期库存和多周期库存。单周期库存也叫一次性订货，这种需求的特征是偶发性和物品生命周期短，很少重复订货；多周期库存需求是在一段时间内需求重复发生，库存需要不断补充。多周期库存根据物品需求之间的相关性又分为独立需求库存和相关需求库存两种。所谓独立需求是指需求变化独立于人的主观控制能力之外，因而其数量与出现的概率是随机的、不确定的、模糊的。相关需求的需求数量和需求时间与其他的变量存在一定的相互关系，可以通过一定的数学关系推算得出。但不管是独立需求还是相关需求的库存管理，都要解决下列问题。

(1) 如何优化库存成本。

(2) 怎样平衡生产和销售计划，来满足一定的交货要求。

(3) 怎样避免浪费，避免不必要的库存。

(4) 怎样避免需求损失和利润损失。

库存管理的难点是如何正确处理充分发挥库存功能与尽可能地降低库存成本之间的矛盾，因此在进行库存管理时应该侧重完成以下几项任务。

1. 保障生产供应

库存的基本功能是保证生产的正常进行，保证企业经常维持适度的库存，避免因供应不足而出现非计划性的生产间断，是传统的库存控制的主要目标之一，现代的库存控制理论虽然对此提出一些不同的看法，但保障生产供应仍然是库存控制的主要任务。

2. 控制生产系统的工作状态

一个精心设计的生产系统，均存在一个正常的工作状态，此时，生产按部就班地有序进行，生产系统中的库存情况，特别是在制品的数量，与该生产系统所设定的在制品定额相近。反之，如果一个生产系统的库存失控，该生产系统也难处于正常的工作状态。因此，现代库存管理理论将库存控制与生产控制结合为一体，通过对库存情况的监控，达到生产系统整体控制的目的。

3. 降低生产成本

控制生产成本是生产管理的重要工作之一，无论是生产过程中的物资消耗，还是生产过程中的物流资金的耗用，均与生产系统的库存控制相关。有资料表明，工业生产中，物资消耗常常占总成本的60%，同时，库存常常占用企业流动资金的80%以上。

因此，通过有效的库存控制方法，使企业在保障生产的同时完成减少库存量，提高库存物资利用率，降低生产成本控制的重要任务。随着竞争日益激烈，产品供给愈加丰富，顾客选择的余地越来越大，企业一旦出现缺货，顾客一般会转向其他企业。为了提高竞争力，扩大市场份额，增强盈利能力，企业会尽力提高服务水平。但顾客需求通常无法准确预测，因此生产系统通常采用增大库存储备的方法提高服务水平。库存增加后，当用户的需求变化时，企业生产一时无法满足用户需求，则可以通过动用企业库存使用户需求得以满足。增加库存量意味着企业会占用更多的流动资金，付出更多的成本，而盲目地提高服务水平并不一定会给企业带来期望的经济效益，因此库存管理的目的是在低库存成本和高服务水平之间找到一个最佳点。

四、库存管理成本分析

库存管理的任务是用最少的费用在适当的时候和适当地点获取适当数量的原材料、消耗品和最终产品。

库存是包含经济价值的物质资产，购置和储存都会产生费用。库存成本主要有订货费用、库存持有成本、缺货成本、补货成本、进货费用与购买费用。

(一)订货费用

订货费用是从需求的确认到最终到货，通过采购或其他途径获得物品或原材料的时候发生的费用。订货费用与订货次数有关，而与订货量的大小几乎无关。订货成本包括提出请购单、分析货源、填写采购订货单、来料验收、跟踪订货等各项费用。主要包括以下因素：内部各部门人员的费用，如采购、财务、原材料控制与储存人员的工资等；管理费用，如办公用品、电话、计算机系统的应用。

(二)库存持有成本

库存持有成本是因一段时间内存储或持有商品而导致的，大致与所持有的平均库存量成正比。该成本可分成四种：空间成本、资金成本、库存服务成本和库存风险成本。①空间成本是指占用存储建筑物立体空间所支付的费用。②资金成本是指库存占用资金的成本，该项成本是库存成本中最具主观性的一项，主要是利息和机会成本。关于资金成本的计算，许多企业使用资金成本的平均值，另一些企业则使用企业投资的平均回报率，也有的企业使用最低资金回报率计算。③库存服务成本主要是指与库存相关的保险费。④库存风险成本是与产品变质、短少、破损或报废相关的费用，这项成本的计算可用产品价值的直接损失来估算，也可用重新生产产品或从备用仓库供货的成本来计算。

在衡量计算库存成本时，人们常常陷入一种误区：往往将库存的空间成本作为库存持有成本看待，而忽略了成本值更高的资金成本、风险成本等。

(三)缺货成本

缺货成本是指因存货不足或用尽、供应中断而导致不能满足生产经营上的需求所造成的经济损失。对于制造企业而言，缺货成本存在两种情况。一是原材料的短缺，就是因供应不足而造成的停工待料损失费，或调整生产的损失费，或为补充因缺料短缺的产量而加班加点的损失费；二是成品短缺，指因产品脱销而损失的利润，因交货误期而应付的罚金以及相应名誉的无形损失。

缺货成本的高低与库存量相关：一方面，当库存量较大时，缺货的次数和数量就相对较少，缺货成本就可能较低，但库存持有成本必然较高；另一方面，当库存量小时，缺货成本可能较高，而储存成本可以较低。

(四)补货成本

补货成本是当用户购买货物时，仓库没有现货，但为了不丧失销售机会，仍希望用户在此订货，因而进行欠账经营，进货后立即补货给客户。这样，在补货情况下，库存量可以降到负值；进货后，库存量由负值上升到正值。在用户不急需时，可以实现这种供货方式，如计划预订货以及一些老客户的订货可采用这种方式供货。为了实现补货，往往发生补货费用，例如为了吸引顾客，需要花费招待费、感情费和回扣费，或是提供优惠服务和优惠价格等所花费的费用。

补货成本一般与补货量、补货次数和补货时间有关。

(五)进货费用与购买费用

进货费用是指进货所花费的全部费用，包括运费、包装费、装卸费、租赁费、延时费和货损货差等。购买费用是指购买原材料或半成品所需要的费用，它包括单位购入价格或单位生产成本。单位成本始终要以进入库存时的成本计算。它们的特点是当订货数量和订货地点确定后，总购买费用和进货费用确定不变，不会随着进货批量的变化而变化。也就是说，进货费用与购买费用都与订货批量无关，批量大小都不会影响其总进货费用和总购买费用。我们把这种与订货批量无关的费用称为固定费用，而把那些与订货批量有关的费用称为可变费用。因此，进货费用与购买费用是固定费用，相应地，订货费用、持有成本、缺货成本和补货成本都与订货批量有关，批量不同，费用也不同，把它们称为可变费用。在考虑计算订货批量时，只考虑可变费用，不考虑固定费用。

这几种成本之间互相冲突，不可能同时存在。要确定订购量补足某种产品的库存就需要对其相关成本进行权衡。在制定库存策略时，应综合考虑这些费用。

第三节　库存管理方法

进行库存管理的方法很多，本节主要讨论 ABC 库存管理法、订货点订货法和 MRP 库存管理法。

一、ABC 库存管理法

一般来说，企业的库存物资种类繁多，每个品种的价格与库存数量也不相等，有的物资品种不多，但价值很高；有的物资品种很多，但价值不高。由于企业的资源有限，对所有库存品种均给予相同程度的重视和管理是不可能的，也是不切实际的。为了使有限的时间、资金、人力等企业资源能得到更有效的利用，应对库存物资进行分类，将管理的重点放在重要的库存物资上，进行分类管理，即依据库存物资重要程度的不同，分别进行管理，这就是 ABC 库存管理法。

(一)ABC 库存管理法概述

ABC 库存管理法是从 ABC 曲线转化来的一种管理方法。ABC 曲线又称帕累托曲线。意大利经济学家维弗雷多·帕累托(Vilfredo Pareto)在研究人口与收入的关系问题时，经过对一些统计资料的分析后提出来一个关于收入分配的法则：社会财富的 80%掌握在 20%的人手中，而余下的 80%的人只占有 20%的财富。这种由少数人拥有最重要的事物而多数人拥有少量重要事物的理论，被广泛应用到现实生活中，并称之为 Pareto 原则，即所谓“关键的少数和一般的多数”的哲理，也就是我们平时所提到的 80/20 原则。所谓的 ABC 库存管理法，就是以某类库存物资品种数占物资品种数的百分数和该类物资金额占库存物资总金额的百分数大小为标准，将库存物资分为 A、B、C 三类，进行分级管理。

ABC 库存管理法的基本原理：对企业库存(物料、在制品、产成品)按其重要程度、价值高低、资金占用等进行分类、排序，一般 A 类物资品种数目占全部库存物资的 10%左右，而其金额占总金额的 70%左右；B 类物资品种数目占全部库存物资的 20%左右，而其金额占总金额的 20%左右；C 类物资品种数目占全部库存物资的 70%左右，而其金额占总金额的 10%左右。这样就能分清主次，抓住重点，并分别采用不同的管理方法。其重点是要从中找出关键的少数(A 类)和次要的多数(B 类和 C 类)，并对关键的少数进行重点管理。

当然，ABC 库存品种的分类并不局限于将库存分为三类，可以根据企业的需要进一步细分。但经验表明，库存品种的分类超过五类，会使库存管理成本明显上升。

进行 ABC 库存品种的分类，除了按其重要程度、价值高低、资金占用等指标外，还可以使用销售量、销售额、订货提前期、缺货成本等指标。企业经常使用的指标是库存消耗额指标。即利用库存中每一品种的年消耗额(库存品种的年消耗量×库存品种单价)占企业总库存物资年消耗额的比重进行 ABC 类库存品种的划分。将年消耗金额高的划分为 A 类，次高的划分为 B 类，低的划分为 C 类，如表 6-1 所示。

表 6-1　库存品种 ABC 分类的比重

级　别	年消耗金额/%	品种占额/%	管理类别
A	60～80	5～15	重点管理
B	15～25	20～30	可重点，也可一般管理
C	5～15	60～70	一般管理

(二)ABC 库存管理法的分类原则

在对库存物资进行 ABC 分类时，要遵循一定的原则，否则，实施 ABC 库存管理法不仅不能带来成本的降低，反而在某些方面适得其反，给库存管理工作增添麻烦。一般来说，有如下三个方面的原则。

1. 成本-效益原则

这是企业的各种活动所必须遵守的基本原则，也就是说无论采用何种方法，只有在其付出的成本能够得到完全补偿的情况下才可以实施。企业对库存进行 ABC 分类同样也适用于这一原则：如果是一个规模很小、存货少的企业，不用花费太多的人力、物力就可以把库存管理好的话，就没有必要劳师动众地进行分类管理，花费不必要的精力在 ABC 分类上面；但对一个中、大型企业，库存品种上千甚至上万种，其中又能分出主要品种、次要品种，实施 ABC 分类就显得非常必要了。因为相对于实施这种方法所花费的成本，所取得的效益才是主要的。

2. “最小最大”原则

本来库存管理就是以“最小的成本求得最大效益”，而 ABC 库存管理法更要贯彻这一原则。管理的本身并非重点，管理的效果才是最主要的。我们要在追求 ABC 分类管理的成本最小的同时，追求其效果的最优，这才是管理之本。

3. 适当原则

在通过 ABC 库存管理分析进行比率划分时，要注意企业自身的状况，对企业的库存划分 A 类、B 类、C 类并没有一定的基准。比如，同样是轮胎，在汽车配件厂可能是 B、C 类物品，而对于轮胎专营店则一定是 A 类物品。商业企业与生产企业分类时所使用的比率不同，这就要求企业要对存货情况进行详细的统计分析，找出适合自己的划分比率，才能扎实地做好 ABC 库存管理分析的准备工作，为以后进行分类管理打下坚实的基础。

(三)ABC 库存管理法的实施步骤

具体运用 ABC 库存管理法时，最基础、最麻烦的工作是做好全部物资的 ABC 分类。仓库库存物资的 ABC 分类可按以下步骤进行。

1. 确定一个统计期

该统计期应能比较客观地反映当前和今后一段时间的库存状况，一般取比较靠近当前的、消耗比较正常的一段时期作为统计期。

2. 收集数据

按分析对象和分析内容，确定分类标准，收集有关数据。一般来说，需要收集的资料有：每种库存物资的平均库存量、每种物资的单价等。

3. 处理数据

对收集来的数据资料进行整理，按要求计算和汇总，统计出统计期内每种物资的消耗数量、单价和资金额。

4. 编制 ABC 分析表

将每种物资按金额从大到小的顺序排队，并计算品种和金额的累计百分比，如表 6-2 所示。

表 6-2 库存 ABC 分析表

物料编号	品种百分数/%	品种百分数累计/%	单价/元	数 量	金额/元	金额累计/元	金额累计百分数/%
1	2.22	2.2	480	3820	1 833 600	1 833 600	
2	2.22	4.4	470	1680	789 600	2 623 200	
3	2.22	6.7	200	1060	212 000	2 835 200	
4	2.22	8.9	8	23 750	190 000	3 025 200	66.80
5	2.22	11.1	29	6000	174 000	3 199 200	
6	2.22	13.3	45	3820	171 900	3 371 100	
⋮		⋮	⋮	⋮	⋮	⋮	
13	2.22	28.9	1.5	40 000	60 000	4 012 365	88.60
14	2.22	31.1	10.2	4880	49 776	4 062 141	
15	2.22	33.3	11.25	3700	41 625	4 103 766	
⋮	⋮	⋮		⋮	⋮	⋮	
44	2.22	97.8	12	1838	22 056	4 527 607	
45	2.22	100.0	1.0	1 060	1 060	4 529 213	100.0

5. 根据 ABC 分析表确定库存分类

按照 ABC 分析表，对库存品种进行分类。观察第三栏品种百分数累计和第八栏金额累计百分数，将累计品种百分数为 5%～15%，而金额累计百分数为 70%左右的前几个物品，确定为 A 类；将累计品种百分数为 20%～30%，而金额累计百分数为 15%～25%的前几个物品，确定为 B 类；其余的为 C 类，其累计品种百分数为 60%～70%，而金额累计百分数仅为 5%～15%，如表 6-3 所示。

表 6-3　库存 ABC 分类表

类别	金额/元	品种数量/个	品种百分数/%	品种百分数累计/%	资金总额/元	金额百分数/%	金额百分数累计/%
A	190 000 以上	4	8.9	8.9	3 025 200	66.80	66.80
B	60 000～190 000	9	20.0	28.9	987 165	21.80	88.60
C	60 000 以下	32	71.1	100.0	250 783	11.40	100.0

6. 绘制 ABC 分析图

以累计库存品种百分数为横坐标，以累计耗用金额百分数为纵坐标，按 ABC 分析表第三栏和第八栏所提供的数据，在坐标图上取点，并连接各点，绘成 ABC 曲线。利用 ABC 分析曲线所对应的数据，按 ABC 分析表确定 A、B、C 三类的方法，在图上标明 A、B、C 三类，制成 ABC 分析图，如图 6-1 所示。

分类后，就可以对 A、B、C 三类物资分别提出管理方法和细则，实行分类管理了。

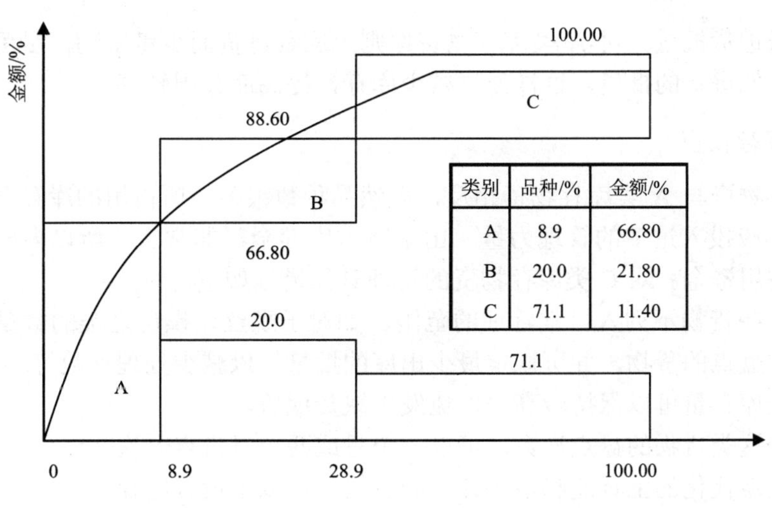

图 6-1　ABC 分析图

(四)ABC 库存分类管理

ABC 分析的结果只是理顺了复杂事物、明确了重点，若要将分析转化为效益，就必须针对三类库存物品进行有区别的管理。

1. A 类库存物资

A 类库存物资在品种数量上仅占库存物资的 10%左右，但其资金额却占到了 70%左右，因此，这类物资对企业相当重要，需要最严格的管理。从整个企业来说，应该千方百计地降低它们的消耗量(对销售人员来说，则是增加它们的销售额)。而对于库存物流管理人员来说，除了应该协助企业降低它们的消耗量之外，还要在保证供给的情况下尽量降低它们的库存额，较少占用资金，提高资金周转率。

为此，对 A 类库存品种进行管理应采取如下措施。

(1) 根据需求变化特点组织进货。A 类物资中，有些是日常需要，有些则是集中消耗的，如基建项目、船舶建造、船舶大修等的用料量集中发生，批量很大，而且用料时间是可以预知的，应掌握其需求时间，尽可能慎重、正确地预测其需求量，需要时再进货，以免过早进货造成积压。

(2) 增加盘点次数，以精确掌握库存量，保持完整的库存记录。

(3) 恰当选择订购点，请客户配合，力求出货量稳定，以减少需求变动，将安全库存量降至最小。这就要求对库存量的变化要严密监控，事先了解供货厂家的生产情况、运输条件、本系统其他仓库物品的库存情况等。一旦库存降至订购点，便可忙而不乱，保证供应。

(4) 降低进货批量。对 A 类库存物资原则上应勤进货而少量采购，尽可能在不影响需求的情况下降低进货的批量，这样便可减少库存，提高库存周转率。

2. C 类库存物资

C 类库存物资与 A 类库存物资相反，虽然品种数很多，所占用的库存金额却很少。对这类物资，不应投入过多的管理力量，由于所占库存金额非常少，所以多储备一些，并不会增加多少占用资金。对 C 类库存物资的管理具体措施如下。

(1) 将一些货物不列入日常管理的范围。如对于螺丝、螺母之类的数量大价值低的货物不作为日常盘点的货物，并可规定最少出库的批量，以减少处理次数等。

(2) 安全库存量可以保持较高，以免发生缺货现象。

(3) 减少这类货物的盘点次数，可以一个月或两个月盘点一次。

(4) 通过现代化的工具能够很快订货的货物，可以不设置库存。

(5) 尽可能提高订货批量，减少订货次数，以便在价格上获得优惠，降低费用，多存储对库存资金的占用影响不大。对 C 类库存物资通常订购六个月或一年的需求量，期间不需要保持完整的库存记录。

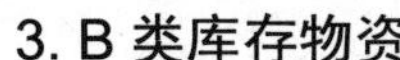

3. B 类库存物资

对 B 类库存物资的管理严格程度介于 A、C 两类之间，可以用常规管理方法管理，通常的做法是将若干物品合并在一起订购。具体的管理措施有以下两点。

(1) 可以采用定量订货方式采购，但对前置时间较长，或需求量出现季节性变动趋势的商品要采用定期订货方式采购。

(2) 每两到三周进行一次盘点。

对 A、B、C 类库存品种的管理控制的准则可以归纳为表 6-4。

表 6-4 ABC 分类库存品种的管理控制准则

分类及管理方法		A	B	C
定额的综合程度		按品种或规格	按大类品种	按该区总金额
定额的查定方法	消耗定额	技术计算法	现场查定法	经验估算法
	周转库存定额	按库存理论的数学模型计算	按库存理论的数学模型计算	经验统计法
检查		经常检查	一般检查	以季或年度检查
统计		详细统计	一般统计	按金额统计
控制		严格控制	一般控制	金额总量控制
安全库存		控制较低水平	较大	允许较高

二、订货点订货法

库存按照需求的相关性分类，可以分为独立性需求库存和相关性需求库存，对于相关性需求的库存，最基本的库存控制方法就是订货点订货法。

订货点，就是仓库必须发出订货的警戒点。到了订货点，就必须发出订货，否则就会出现缺货。因此，订货点也就是订货的启动控制点，是仓库发货的时机。由于订货是与库存控制密切相关的，所以订货点也是库存控制的一个决策变量。

订货点采购的基本原理，就是在库存运行中，设定一些订货控制点，控制订货进货，使得仓库的库存量能在最好地满足用户需求的条件下实现库存量最小化。最好地满足用户的需求是很困难的事情，因为这里的用户需求，都是指未来的用户需求量，还没有实际发生，我们只能依据用户需求的历史和现状去预测或估计。因此，未来实际发生的用户需求量可能与我们的预测估计值差别甚大。为了尽量缩小这种差别，需要提高我们的预测水平。这就需要深刻地分析掌握需求变化的规律和市场变化的规律。

控制订货，就是控制订货参数。最主要的订货参数有两个：一是订货时机，二是订货数量。订货时机，就是订货点；订货数量，就是订货的批量。在库存的运行中，我们把发出订货的时机作为订货点。如果把库存下降到某一个特定的水平作为订货点，称为定量订货法；如果把某个确定的时间作为订货点，称为定期订货法。

(一)定量订货法

定量订货法主要依靠控制订货点和订货批量两个参数来控制订货进货，达到既能最好地满足用户需求又使总费用最低的目的。

1. 定量订货法原理

定量订货法的原理是：预先确定一个订货点Q_K，在销售过程中，随时检查库存，当库存下降到Q_K时，就发出一个订货批量，订货批量取经济订货批量Q^*。这种情况下，库存量的变化如图 6-2 所示。

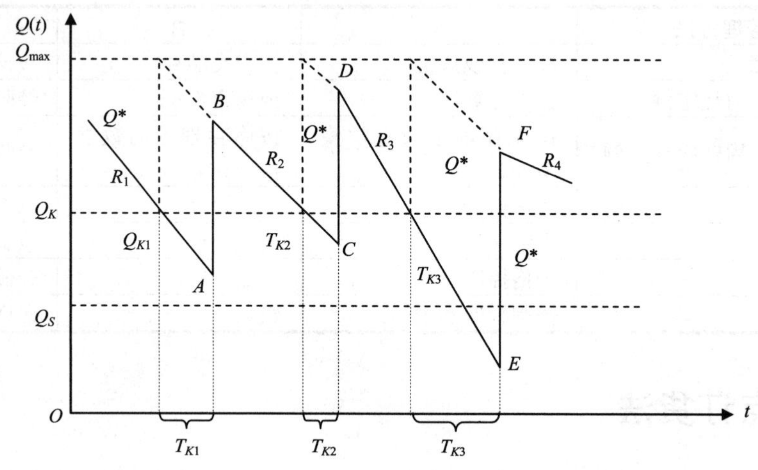

图 6-2 定量订货法原理

图 6-2 所示为库存量变化的一般情况，其中$R_1 \neq R_2 \neq R_3 \neq \cdots, T_{K1} \neq T_{K2} \neq T_{K3} \neq \cdots$，$R_i$和$T_{Ki}$都是随机变量。其中：$R_i$表示第$i$个阶段的需求速率，$T_{Ki}$表示第$i$个阶段的订货提前期。

事先确定订货点为Q_K，订货批量为Q^*。在第一阶段，库存以R_1的速率下降，当库存下降到Q_K时，就发出一个订购批量Q^*，“名义库存”升高了Q^*，达到$Q_{max} = Q_K + Q^*$。进入第一个订购提前期T_{K1}，在T_{K1}内库存继续以R_1的速率下降到图中的A点(正好等于Q_S，在Q_S线上)，新订购物到达，T_{K1}结束，实际库存由Q_S上升到$Q_S + Q^*$，增加了Q^*，到达B点，进入第二销售阶段。设第二阶段以R_2速率下降，因为$R_2 < R_1$，所以库存消耗周期长一些。当库存下降到Q_K，又发出一个订购批量Q^*，“名义库存”又上升到$Q_{max} = Q_K + Q^*$，进入T_{K2}，库存下降到C点，第二订购批量Q^*到货，T_{K2}结束，实际库存又升高了Q^*，到达D点。因为R_2小，T_{K2}又短，所以第二个订购提前期T_{K2}内库存消耗量少，C点库存较高，因而D点库存也较高。之后又进入第三个周期，由于R_3比R_1和R_2都大，T_{K3}比T_{K1}、T_{K2}都长，所以在T_{K3}内库存消耗量最大，E点最低，还动用了Q_S，差不多把安全库存量都用完了。新订购

物到达后，升高了 Q^* 到 F 点，所以 F 点也是新订购物到达库存量最低的点。库存量就这样周期变化不止。

由上述分析可以看出：

(1) 订货点 $Q_K = \overline{D}_L + Q_S$（$\overline{D}_L$ 为订货提前期的平均销售量，Q_S 为安全库存)。

当 $R_1 \neq R_2 \neq R_3 \neq \cdots, T_{K1} \neq T_{K2} \neq T_{K3} \neq \cdots$ 时，$D_{L1} \neq D_{L2} \neq D_{L3}$。

当 $R_1 = R_2 = R_3 = \cdots, T_{K1} = T_{K2} = T_{K3} = \cdots$ 时，$D_{L1} = D_{L2} = D_{L3} = \overline{D}_L$。

(2) 在整个库存变化中所有的需求量均得到满足，没有缺货现象，都是由订货点库存量满足的。其中 T_{K1} 和 T_{K2} 期间还没有动用安全库存 Q_S，但是第三阶段的销售动用了安全库存 Q_S，库存满足率达到 100%。如果安全库存量 Q_S 设定太小的话，则 T_{K3} 期间的库存曲线会下降到横坐标线以下，出现负库存，即表示缺货。而且 Q_S 越小，缺货量就越大。因此安全库存的设置是必要的，设置安全库存的作用，就是降低了缺货率，提高了库存满足率。

(3) 由于控制了订货点 Q_K 和订货批量 Q^*，使得整个系统的库存水平得到了控制，名义库存 $Q_{\max}$ 不会超过 $Q_K + Q^*$，实际最高库存不会超过 $Q_K + Q^* - \overline{D}_L$。

2. 订货点的确定

订货点是指发出订货时仓库里该品种保有的实际库存量。订货点是一个决策变量，它是直接控制库存水平的关键。订货点要适中，如果订货点太高，库存量过大，占用资金就多，导致库存费用上升，成本增加；同样，订货点不能太低，如果过低，则可能导致缺货，一方面增加缺货成本，另一方面导致对客户的服务水平下降。

影响订货点确定的主要因素有需求速率、订货提前期和安全库存。需求速率就是货物需求的速度，用单位时间内的需求量 R 来表示。需求速率越高，订货点越高。订货提前期是指从发出订货到收到货物为止所需要的时间长度，用 T_K 来表示，它取决于供货时间的长短，与产品生产、运输路途远近和运输速度有关。订货提前期越长，订货点越高。安全库存是指为了防止货物发生短缺而设置的库存，用 Q_S 表示。

订货点的确定方法要根据不同的情况来分析。

(1) 当客户需求速率和订货提前期都稳定不变的情况下，不需要设置安全库存量。即 $R_1 = R_2 = R_3 = \cdots, T_{K1} = T_{K2} = T_{K3} = \cdots$ 时，Q_S=0。此时

$$订货点=需求速率×订货提前期= R \times T_K$$

例如某仓库每天的库存商品业务量为 80 箱，订货提前期为 10 天，则订货点为

订货点=需求速率×订货提前期=80×10=800(箱)

(2) 在客户需求速率和订货提前期变化的情况下，即：

当 $R_1 \neq R_2 \neq R_3 \neq \cdots, T_{K1} \neq T_{K2} \neq T_{K3} \neq \cdots$ 时，需要设置安全库存。此时

$$\begin{aligned}订货点&=订货提前期内平均需求量+安全库存\\&=平均需求速率×平均订货提前期+安全库存\\&= \overline{R} \times \overline{T}_K + Q_S\end{aligned}$$

3. 订货批量的确定

订货批量就是每一次订货的数量。订货批量的高低，直接影响库存量和库存成本的高低，也直接影响物资供应的满足程度。订货批量过大，虽然可以充分满足用户需求，但是库存成本较高；订货批量过小，减少了库存量及相关成本，但不一定能满足用户的需求。订货批量的大小主要受需求速率和经营费用的影响。需求速率越高，订货批量就越大；同样，经营费用越低，订货批量就越大。通常取订货批量为一个经济订货批量。

经济订货批量(Economic Order Quantity，EOQ)是指在一定条件下使库存总成本最小的订货量。经济订货批量模型提供了一种简单有效的订货批量决策方法。

在确定经济订货批量时，作了如下一些基本假设。

(1) 假设每次订货的订货费用相同，且与订货批量的大小无关。

(2) 假设单位物品在单位时间内的保管费用与购买单价成正比。

(3) 假设单位时间内的需求量不变。

(4) 假设订货提前期固定。

由图 6-3 可知，库存保管费用随订货量增大而增大，订购费用随订货量增大而减少，采购成本固定，当保管费用与订购费用相等，或总费用曲线最低点时，对应的订购量即为经济订货批量。

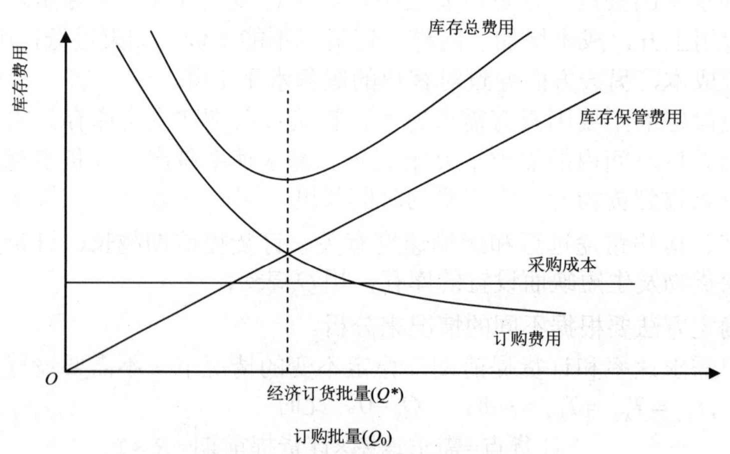

图 6-3 理想的经济订货批量模型

下面介绍两种在定量订货法中最常用的库存模型。

1) 不允许缺货、瞬时到货的定量订货模型

这种模型是指不考虑缺货，也不考虑数量折扣等问题，瞬时到货的经济批量。此时，库存物品年总成本=采购成本+订购成本+库存保管费用，即

$$\mathrm{TC} = R \cdot K + Q \cdot c_1 / 2 + c_0 \cdot R / Q$$

式中：TC——每年总成本，元；

Q——每次订货的批量大小，件；

c_0——每次订货成本，元/次；

c_1——单位物品的年保管费用，元/(件·年)；

R——库存物品的年需求量，件/年；

K——单位物品的采购成本，元/件。

若使库存总费用最小，将上式对Q求导后令其等于零，得到经济订货批量 EOQ 的计算公式：

$$\mathrm{EOQ}=\sqrt{\frac{2c_0R}{c_1}}\text{或}\sqrt{\frac{2c_0R}{K\cdot F}}$$

式中：F——单件库存保管费用与单件库存采购成本之比。

例如：某配送中心某商品的年需求量为 160 000 箱，单位商品年平均保管费用为 4 元，订货费用为每次 50 元，求经济订货批量。

将已知数据代入经济订货批量公式，得到

$$Q^*=\sqrt{\frac{2c_0R}{c_1}}=\sqrt{\frac{2\times160\,000\times50}{4}}=2000(\text{箱})$$

2) 不允许缺货、持时到货的经济订货批量模型

在许多情况下，企业一次所订购的产品并不是一次完成到货，而是断断续续到货。这样就形成了一边进货入库，一边耗用出库的状态。

此时，经济订货批量的计算公式为

$$\mathrm{EOQ}=\sqrt{\frac{2c_0R}{c_1\times\left(1-\dfrac{R}{P}\right)}}$$

式中：P——进货的速率；

R——销售的速率。

4. 安全库存量的确定

安全库存又称保险库存，是指为了防止和减少由于不确定性因素引起的缺货而设置的储备库存。安全库存在一般情况下不动用，一旦动用，则必须在下批订货到达时进行补充。

安全库存的数量除了受需求和供应的不确定性影响外，还与企业希望达到的顾客服务水平(或订货满足率)有关，这些是制定安全库存决策时主要考虑的因素。许多企业都会考虑保持一定数量的安全库存，但是困难在于确定需要保持多少安全库存。安全库存越大，出现缺货的可能性就会越小，而安全库存太多又意味着多余的库存。

安全库存量按照以下方法来计算。

(1) 需求量变化，提前期固定($R_1\neq R_2\neq R_3\neq\cdots,T_{K1}=T_{K2}=T_{K3}=\cdots$)。假设需求的变化

情况服从正态分布，由于提前期是固定的数值，因而可以根据正态分布图，直接求出在提前期内的需求分布的均值和标准差，或通过直接的期望预测，以过去提前期内的需求情况为依据，确定需求的期望均值和标准差。

在这种情况下，安全库存量的计算公式为

$$Q_S = \alpha \cdot \sqrt{T_K} \cdot \sigma_R$$

式中：T_K——提前期的长短；

σ_R——提前期内的需求速率的标准差；

α——一定顾客服务水平下需求量变化的安全系数，它可根据预定的服务水平 p 或缺货率 q，由正态分布表(见表 6-5)查出。

表 6-5　安全系数表

α	0.0	0.13	0.26	0.39	0.54
P	0.5	0.55	0.6	0.65	0.70
q	0.5	0.45	0.4	0.35	0.30
α	0.68	0.84	1.00	1.04	1.28
P	0.75	0.80	0.84	0.85	0.90
q	0.25	0.20	0.16	0.15	0.10
α	1.65	1.75	1.88	2.00	2.05
P	0.95	0.96	0.97	0.977	0.98
q	0.05	0.04	0.03	0.023	0.02
α	2.33	2.40	3.00	3.08	3.09
P	0.99	0.992	0.9987	0.9999	1.0000
q	0.01	0.008	0.0013	0.0001	0.0000

例如，某企业的某种原料平均日需求量为 100 吨，并且这种原料的需求情况服从标准差为 10 吨/天的正态分布，如果提前期是固定常数 5 天，如要求顾客服务水平不低于 98%，试确定安全库存的大小。

由题目可知：σ_R=10 吨/天，T_K=5 天，且由服务水平 P=98%，查表得 α=2.05，代入公式得

$$Q_S = \alpha \cdot \sqrt{T_K} \cdot \sigma_R = 2.05 \times 10 \times \sqrt{5} = 46(\text{吨})$$

即在满足98%的客户满意度的情况下，安全库存量为46吨。

(2) 需求量固定，提前期发生变化($R_1 = R_2 = R_3 = \cdots, T_{K1} \neq T_{K2} \neq T_{K3} \neq \cdots$)。当提前期内的顾客需求情况固定不变，提前期的长短随机变化时，安全库存量的计算类似于需求量变化、提前期固定的情况，不同的是，提前期内需求量是通过不变需求量与提前期的标准差相乘求出的。

此时，安全库存量的计算公式为

$$Q_S = \alpha \cdot R \cdot \sigma_T$$

式中：α——一定顾客服务水平下的安全系数；

R——需求速率；

σ_T——订货提前期的标准差。

在上例中，如果原料的日需求量为固定常数 100 吨，提前期是随机变化的，而且服从均值为 5 天、标准差为 1 天的正态分布，求 98%的顾客满意度下的安全库存量。

则由题意：R=100 吨/天，σ_T=1 天，由服务水平 P=98%，可查得 α=2.05，代入公式得

$$Q_S = \alpha \cdot R \cdot \sigma_T = 2.05 \times 100 \times 1 = 205(\text{吨})$$

即在满足 98%的顾客满意度的情况下，安全库存量为 205 吨。

(3) 需求量和提前期都随机变化($R_1 \neq R_2 \neq R_3 \neq \cdots, T_{K1} \neq T_{K2} \neq T_{K3} \neq \cdots$)。在现实中，多数情况下提前期和需求量都是变化的，此时，要通过建立联合概率分布求出需求量水准和提前期延时的不同组合的联合概率(联合概率分布值域为从以最小需求量和最短提前期的乘积表示的水准，到以最大需求量和最长提前期的乘积表示的水准)，然后把联合概率分布同上面导出的两个公式结合起来运用。因此，在这种情况下，如果我们假设顾客的需求和提前期是相互独立的，那么安全库存量的计算公式为

$$Q_S = \alpha \cdot \sqrt{\overline{T}_K \cdot {\sigma_R}^2 + \overline{R}^2 \cdot {\sigma_T}^2}$$

式中：$\overline{R}$——平均需求速率；

$\overline{T}_K$——平均提前期长度。

例如，在上面的例子中，假设日需求量和提前期是相互独立的，而且它们的变化均严格服从正态分布，日需求量满足均值为 100 吨、标准差为 10 吨/天的正态分布，提前期满足均值为 5 天、标准差为 1 天的正态分布，求 98%的顾客满意度下的安全库存量。

则由题意：R=100 吨/天，σ_R=10 吨/天，$\overline{T}_K$=5 天，σ_T=1 天，当服务水平为 98%时，α=2.05，代入公式得

$$Q_S = \alpha \cdot \sqrt{\overline{T}_K \cdot {\sigma_R}^2 + \overline{R}^2 \cdot {\sigma_T}^2} = 2.05 \times \sqrt{5 \times 10^2 + 100^2 \times 1^2} = 210(\text{吨})$$

即在达到 98%的服务水平的情况下，安全库存量为 210 吨。

5. 定量订货法的评价

定量订货法有如下一些优点。

(1) 订货点、订货批量一经确定，定量订货法的操作就很简单了。

(2) 当订货量一定时，收货、验收、保管和批发可以利用现成的规格化器具和结算方式，以节省搬运、包装等方面的工作量。

(3) 定量订货法充分发挥了经济订货批量的作用，可以使平均库存量和库存费用最低。

定量订货法的主要缺点有以下几方面。

(1) 物资储备量控制不够严格。

(2) 要随时盘存，花费较大的人力和物力。

(3) 订货模式过于机械，灵活性小。

(4) 订货时间不能预先确定，所以难以加以严格的管理，也难以预先做出较精确的人员、资金、工作等的安排计划。

定量订货法经常适用于如下环境。

(1) 定量订货法适用于订货不受限制的情况，即随时随地都能订到货，这样市场必须具备物资资源供应充足和自由流通的条件。

(2) 定量订货法只适用于单一品种物资采购的情况。如果要实行几个品种联合订购，就要对公式进行灵活处理才能运用。

(3) 定量订货法既适用于确定型需求，也适用于随机型需求。对于不同的需求类型，应用原理都是相同的，根据具体情况可以导出各种运用形式。

(4) 定量订货法一般多用于C类物资。品种多而价值低廉，实行固定批量订货。

6. 定量订货法的应用

在确定了订货点和订货量这两个参数以后，就可以实施运行定量订货法了。在具体的运行实施时，要随时检查库存，当库存量下降到事先确定的订货点时就发出订货，每次订货量为一个经济订货批量。

【例 6-1】 已知过去 6 个订货提前期的销售量分别为 10、16、14、20、16、14 吨，c_0=75 元，平均提前期单位物资保管费 c_1=10 元/(吨·提前期)，预计今后一段时间将继续以此趋势销售，取满足率为 84%，实行定量订货法，求具体订货策略。

解：

$$\overline{D}_L=\frac{1}{6}(10+16+14+20+16+14)=15(\text{吨})$$

$$\sigma_D=\sqrt{\frac{1}{6}\sum_{i=1}^{6}(D_{Li}-15)^2}=3(\text{吨})$$

由$p=84\%$，查表得$\alpha=1$。

$$Q_K=15+1\times3=18(\text{吨})$$

所以订货点为18吨。

订货批量取经济订货批量：

$$Q^*=\sqrt{\frac{2c_0\overline{D}_L}{c_1}}=\sqrt{\frac{2\times75\times15}{10}}=15(\text{吨})$$

所以此种物资的订货策略为：随时检查库存，当库存下降到 18 吨时，发出订货，订货批量为 15 吨。

【例 6-2】 某公司为了制定定量订货法订货策略，特意统计了某种物资的订货提前期的销售量。发现它服从正态分布，平均值为 100 吨，标准偏差为 20 吨。订货提前期的长度平均为 10 天。如果一次订货费为 100 元，每吨物资保管 1 天需要 1 元。如果要保证库存满足率不小于 84%，则其定量订货法应当如何操作？

解：这种物资的订货提前期需求量服从正态分布，由库存满足率 p=84%，查表得 a=1。所以订货点为

$$Q_K = \overline{D_L} + \alpha \cdot \sigma_D$$
$$=100+1\times 20$$
$$=120(吨)$$

订货批量取经济订货批量：

$$Q^* = \sqrt{\frac{2c_0\overline{R}}{c_1}} = \sqrt{\frac{2\times 100\times 10}{1}} = 44.7(吨)$$

所以此种物资的订货策略为：随时检查库存，当库存下降到 120 吨时，发出订货，订货批量为 44.7 吨。

(二)定期订货法

定期订货法，是按预先确定的订货时间间隔进行订货，其中订购时间固定，每次订购量不确定。该方法的关键在于确定一个订货周期 T 和一个最高库存量 $Q_{\max}$，此后每隔一个周期 T，就检查库存发出订货。订货量的大小，就是最高库存量与当时的实际库存量之差。只要订货周期和最高库存量控制合理，就可以实现既保障需求、合理存货又节省库存费用的目标。

1. 定期订货法原理

定期订货法的原理是：预先确定一个订货周期 T 和一个最高库存量 $Q_{\max}$，周期性地检查库存，求出当时的实际库存量 Q_{ki}、已订货还没有到货的在途物资量 I_i 及已经售出但尚未发货的物资数量 B_i，然后发出一个订货批量 Q_i。

在这种情况下库存量的变化曲线如图 6-4 所示。

图 6-4 所示为库存量变化的一般情况，$R_1 \neq R_2 \neq R_3 \neq \cdots, T_{K1} \neq T_{K2} \neq T_{K3} \neq \cdots$，在第一个周期，库存以 R_1 的速率下降。因为预先已经确定了订货周期 T，也就是规定了订货时间。到了订货时间，不论库存量还有多少，都要发出订货。所以当到了第一次订购时间(A 点)时，就检查库存，求出当时的库存量 Q_{K1}，并发出一个订购批量 Q_1，使库存上升到 $Q_{\max}$。然后进入第二个周期，经过 T 时间又检查库存，得到此时的库存量 Q_{K2}，并发出一个订购批量 Q_2，使库存又上升到 $Q_{\max}$。如此反复循环。

从上述分析可以看出：

(1) 采用定期订货法可以控制库存量。整个运行过程的最高库存量不会超过 $Q_{\max}$。实际上，刚订购时，包括订购量在内的“名义库存”量最高就是 $Q_{\max}$，待经过一个订购提前期销售，所订货物实际到达时，实际最高库存量比 $Q_{\max}$ 还少一个提前期平均需求量。因此 $Q_{\max}$ 是最高库存量的控制线，它是定期订购法用以控制库存量的一个关键参数。

(2) 可以满足用户需求。采用定期订货法来保证库存需求与定量订购法不同，定量订货法是以订货提前期来满足需求的，其订货量用于满足订货提前期内库存的需求。定期订货法不是以满足订货提前期内需求为目的，而是以满足订货周期内的需求量和提前期内用户的需求量为目的，即满足 $T+T_K$ 期间的用户总需求量为目的。它根据 $T+T_K$ 期间的用户总需求量来确定 $Q_{\max}$。

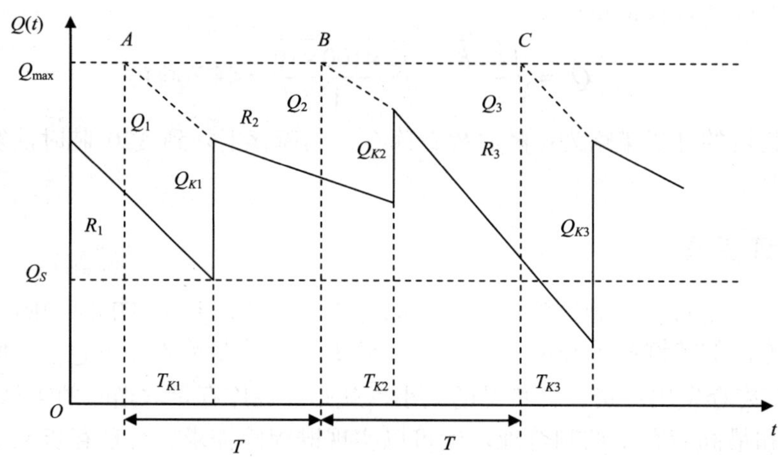

图 6-4 定期订货法的原理图

(3) 由于在 $T+T_K$ 这个期间的库存需求量是随机变化的，因此根据 $T+T_K$ 期间的库存需求量确定的最高库存量 $Q_{\max}$ 也是随机变化的，它包括 $T+T_K$ 期间的库存平均需求量和防止需求波动或不确定因素而设置的安全库存量 Q_S。

因此定期订货法的实施需要解决三个问题：确定订货周期、确定最高库存量和每次的订货批量。

2. 订购周期 T 的确定

订购周期实际上就是定期订购的订货点，其间隔时间总是相等的。订购间隔期的长短直接决定最高库存量的大小，即库存水平的高低，从而也决定了库存成本的多少。所以订货周期不能太长，否则会使库存成本上升；也不能太短，太短会增加订购次数，使得库存费用增加，从而增加库存总成本。

从费用角度出发，如果要使总费用达到最小，我们可以取经济订货周期为一个订货周期。经济订货周期与经济订货批量一样，都是根据不允许缺货、瞬时到货的情况下使得总费用最低的原理计算出来的。如果经济订购周期记为 T^*，则 T^* 可以表示为

$$T^* = \sqrt{\frac{2c_0}{c_1 R}}$$

其中变量的含义与经济订货批量的公式一样。

在实际操作中，经常结合供应商的生产周期或供应周期来调整经济订货周期，从而确定一个合理的可行的订货周期。有时，也可以结合人们的习惯，取周、旬、月、季、年等为订货周期。

3. 最高库存量 Q_{max} 的确定

在定量订货法中，我们把订货提前期的需求量作为制定订货点的依据。在定期订货法中，我们则把订货周期和其后一个订购提前期合在一起，即 $T+T_K$ 的长度作为一个时间单元，把 $T+T_K$ 期间内的需求量 D_{T+T_K} 作为制定 Q_{max} 的依据。

(1) 在客户需求速率和订货提前期都稳定不变的情况下，不需要设置安全库存量。即 $R_1=R_2=R_3=\cdots,T_{K1}=T_{K2}=T_{K3}=\cdots$ 时，Q_S=0。此时

$$Q_{max}=D_{T+T_K}=R\times(T+T_K)$$

(2) 在客户需求速率和订货提前期变化的情况下，即当 $R_1\neq R_2\neq R_3\neq\cdots$，$T_{K1}\neq T_{K2}\neq T_{K3}\neq\cdots$ 时，需要设置安全库存。此时

$$Q_{max}=\bar{D}_{T+T_K}+Q_S=\bar{R}\times(T+T_K)+Q_S$$

4. 每次订购量的确定

在定期订购法中，每次的订购量一般都不相同，与每次订货时还剩下的库存量有关，当然还与订货时是否有已订未到量和已经销出但现在还未提货的数量有关。虽然每次的 Q_{max} 一样，但是由于当时的实际库存量、已订货未到量、已售出但未发货量不一样，所以每次的订货数量都是不同的。第 i 次的订货量由下式确定：

$$Q_i=Q_{max}-Q_{Ki}-I_i+B_i$$

式中，Q_{Ki}、I_i、B_i 分别是第 i 次盘点时求出的实际库存量、已订未到量和已售出尚未发货量。

5. 定期订货法的评价

定期订货法有如下优点。

(1) 由于订货间隔期间确定，因而多种货物可同时进行采购，这样不仅可以降低订单处理成本，还可降低运输成本。

(2) 不需要经常检查和盘点库存，避免了定量订货法经常盘存的做法，减少了工作量，提高了工作效率。

(3) 库存管理的计划性强，有利于工作计划的准确实施。

定期订货法的缺点有以下几个方面。

(1) 安全库存量设置得较大。因为它的保险周期 $T+T_K$ 较长，因此，$T+T_K$ 期间需求量也较大，需求标准偏差也较大，因此需要较大的安全库存来保证库存需求。

(2) 每次订货的批量不固定，无法制定出经济订货批量，因而运营成本较高，经济性

较差。

定期订货法经常适用于以下环境。

(1) 定期订货法主要用于 A 类物资，即那些数量少却价值高、利润高，因而需要特别精细管理的物资；另外，对 B 类物资中金额较高或需求不稳定的以及 B、C 类中需求不稳定的多用途物资也可以采用。

(2) 适用于单一品种的情况，对于多品种联合订购须加以处理后才能运用。

(3) 不但适用于确定型需求，也适用于随机型需求。

6. 定期订货法的应用

【例 6-3】 某公司为实施定期订货法策略对他的某个商品的销售量进行了分析研究，发现用户需求服从正态分布，过去 9 个月的销售量分别是 11、13、12、15、14、16、18、17、19(吨/月)，他们如果组织资源进货，则订货提前期为 1 个月，一次订货费为 30 元，1 吨物资一个月的保管费为 1 元，如果要求库存满足率达到 90%，根据这些情况应当如何制定定期订货法策略？若在实施定期订货法策略后，第一次订货检查时，发现现有库存量为 21 吨，已订未到物资 5 吨，已售出但尚未提货的物资 3 吨，问第一次订货时应该订多少？

解：由题意可知，这种商品用户的需求速率随机变化，且服从正态分布，$T_K=1$ 月，$c_0=30$ 元，$c_1=1$ 元/(吨 · 月)，$p=0.9$，$Q_{Ki}=21$ 吨，$I_i=5$ 吨，$B_i=3$ 吨，$i=1$。

需求速率的平均值：

$$\bar{R}=\frac{\sum R_i}{9}=\frac{11+13+12+15+14+16+18+17+19}{9}=15(\text{吨/月})$$

标准差：$\sigma_R=\sqrt{\dfrac{\sum(R_i-\bar{R})^2}{9}}=1.8$

订货周期 T：

$p=0.9$，查表得 $\alpha=1.28$

$$Q_{\max}=\bar{R}\times(T+\bar{T}_K)+\alpha\times\sqrt{(T+\bar{T}_K)\sigma_R^2+\bar{R}^2\times\sigma_T^2}=49$$

所以第一次检查库存发出订货量为

$$Q_i=Q_{\max}-Q_{Ki}-I_i+B_i=49-21-5+3=26(\text{吨})$$

【例 6-4】 某种物资月需求量服从均值为 15、标准偏差为 $\dfrac{\sqrt{10}}{3}$ 的正态分布，$T_K=1$ 月，$c_0=30$ 元，$c_1=1$ 元/(件 · 月)，实行定期订货方法，首次盘点得到 $Q_i=21.32$ 件，$I_i=5$ 件，$B_i=5$ 件，如果要求库存满足率达到 97.7%，求订货周期和最高库存量 $Q_{\max}$。

解：库存满足率要达到 97.7%，查表得 $\alpha=2$

订货周期：$T^*=\sqrt{\dfrac{2C_0}{C_1R}}=\sqrt{\dfrac{2\times30}{1\times15}}=2(\text{月})$

最高库存量：

$$Q_{\max} = \bar{D}_{T+T_K} + Q_S = \bar{R} \times (T + T_K) + \alpha \times \sigma_{D_{T+T_K}}$$

$$= 15 \times (2+1) + 2\sqrt{(2+1)} \times \sqrt{\frac{10}{3}} = 51.32(\text{件})$$

首次订货的订货量：

$$Q_i = Q_{\max} - Q_{Ki} - I_i + B_i = 30(\text{件})$$

三、MRP 库存管理法

1965 年，美国 J. A. 奥列基博士提出独立需求和相关需求的概念，并指出订货点订货法只适用于解决独立需求物品的库存控制问题，它并不能令人满意地解决生产系统内发生的相关需求问题。而且，订货点订货法不适于订货型生产企业。随着 20 世纪 60 年代计算机应用的普及和推广，人们可以把计算机应用到制订生产计划，美国生产管理和计算机应用专家奥利佛·怀特(Oliver W.Wight)和乔治(George)首先提出了物料需求计划，IBM 公司首先在计算机上实现了 MRP 处理。MRP 可以精确地确定组件的需求数量和时间，消除盲目性，实现低库存与高服务水平的并存。

MRP(Material Requirement Planning，物料需求计划)是一种工业制造企业内的物资计划管理模式。其出发点是根据成品的需求，自动计算部件、零件以至原材料的相关需求量；根据成品的交货期计算出各部件、零件生产进度日程与外购件的采购日程。也就是说，MRP 是一种保证既不出现短缺又不积压库存的计划方法，解决了制造企业所关心的缺件与超储的矛盾。

(一)MRP 的原理

MRP 的基本原理是，由主生产进度计划(MPS)和主产品的层次结构，逐层逐个地求出主产品所有零部件的出产时间、出产数量，即物料需求计划。其中，如果零部件靠企业内部生产，需要根据各自的生产时间长短来提前安排投产时间，形成零部件投产计划；如果零部件需要从企业外部采购，则要根据各自的订货提前期来确定提前发出各自订货的时间、采购的数量，形成采购计划。严格按照投产计划进行生产和按照采购计划进行采购，就可以实现所有零部件的出产计划，从而不仅能够保证产品的交货期，而且还能够降低原材料的库存，减少流动资金的占用。

MRP 的逻辑原理如图 6-5 所示。由图中可以看出，物料需求计划 MRP 是根据主生产进度计划(Master Production Schedule，MPS)、主产品结构与物料清单(Bill of Materials，BOM)和库存文件形成的。

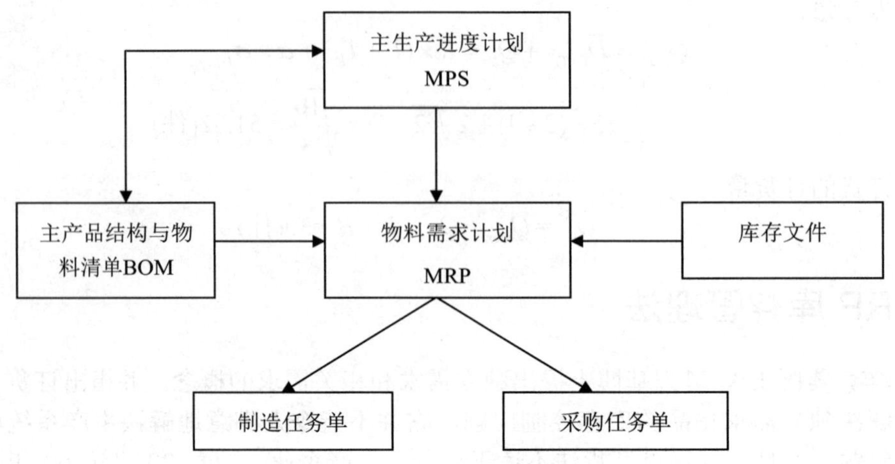

图 6-5　MRP 逻辑原理图

主产品就是企业用以供应市场需求的产成品。例如，冰箱生产厂生产的冰箱、电视机厂生产的电视机等，都是各自企业的主产品。

主产品结构与物料清单(BOM)主要反映出主产品的层次结构、所有零部件的结构关系和数量组成。根据这个文件，可以确定主产品及其各个零部件需要的时间和它们相互之间的装配关系。

主生产进度计划又称主产品进度计划，主要描述主产品及由其结构文件 BOM 决定的零部件的出产进度，表现为各时间段内的生产量，有出产时间、出产数量或者装配时间、装配数量等。

产品库存文件包括主产品和其所有的零部件的库存量、已订但未到量和已分配但还没有提走的数量。制订物料需求计划有一个指导思想，就是要尽可能减少库存。产品优先从库存物资中供应，仓库中有的，就不再安排生产和采购。仓库中有但数量不够的，只安排不够的那一部分数量投产或采购。由物料需求计划再产生产品投产计划和产品采购计划，根据产品投产计划和采购计划组织物资的生产和采购，生成制造任务单和采购任务单，生产或交采购部门采购。

(二)MRP 系统的运行过程

MRP 系统的运行需要借助计算机，其运行步骤大致如下。

(1)　根据市场预测和库户订单，正确编制可靠的生产计划和作业计划，在计划中规定产品的品种、规格、数量和交货日期，同时，生产计划必须是同现有生产能力相适应的计划。

(2)　正确编制产品结构图和各种物料、零件的用料明细表。产品结构图是从最终产品出发，把产品作为一个系统，确定其中包括多少个零部件，每个产品根据总装—部装—部

件—零件可划分为几个等级层次，而每个层次的零部件又由多少个小零件所组成等。

(3)　正确掌握各种物料和零件的实际库存量，以及最高储备量和安全库存等有关资料。

(4)　正确规定各种物料和零件的采购交货日期，以及订购周期和订购数量。

(5)　根据上述资料，通过 MRP 的逻辑运算确定各种物料和零件的总需要量(按照产品结构图和明细表逐一计算)以及实际需要量。

(6)　按照各种物料和零件的实际需要量，以及规定的订购批量和订购周期，向采购部门发出采购通知单或向生产车间发出生产指令。

1. MRP 的输入

MRP 的输入有三个文件：主产品进度计划(MPS)、主产品结构与物料清单(BOM)和库存文件。

1)　主产品进度计划

主产品进度计划一般是主产品的一个产出时间进度表，主产品是企业生产的用以满足市场需要的最终产品，一般是整机或具有独立使用价值的零件、部件、配件等。它们一般是独立需求产品，靠市场的订货合同、订货单或市场预测来确定其未来一段时间(一般是一年)的总需求量，包括需求数量、需求时间等。把这些资料根据企业生产能力状况经过综合调配平衡，再具体分配到各个时间单位中去。它是 MRP 系统最主要的输入信息，也是 MRP 系统运行的主要依据。

主产品出产进度计划来自企业的年度生产计划。年度生产计划覆盖的时间范围一般是一年，在 MRP 中用 52 周来表示。但是主产品的出产进度计划可以不是一年，要根据具体的主产品的出产时间来定。但是有一个基本原则，即主产品出产进度计划所覆盖的时间范围要不少于其组成零部件中具有的最长的生产周期。否则，这样的主产品出产进度计划不能进行 MRP 系统的运行，因此是无效的。

例如有一个产品出产进度表如表 6-6 所示。

表 6-6　产品 A 的出产进度表

时期/周	1	2	3	4	5	6	7	8
产量/(件/周)	25	15	20		60		15	

2)　主产品结构与物料清单

主产品结构提供了主产品的结构层次、所有各层零部件的品种数量和装配关系。一般用一个自上而下的结构树表示。每一层都对应一定的级别，最上层是 0 级，即主产品级，0 级的下一层是 1 级，对应主产品的一级零部件，这样逐级往下分解，一直分解到最末一级，一般为最初级的原材料或者外购零配件。每一层各个方框一般包括零部件名、组成零部件的数量(指构成相连上层单位产品所需要的本零部件的数量)和相应的提前期。这里的提前期，包括生产提前期和订货提前期。生产提前期，是指从发出投产任务单到产品生产出来所花的时间。而订货提前期是指从发出订货到所订货物采购回来入库所花的时间。提前期的时间单位要和系统的时间单位一致，也以“周”为单位。有了这个提前期，就可以由零部件的需要时间来推算出投产时间或采购时间。

例如，图 6-6 所示为三个抽屉的文件柜，图 6-7 给出了文件柜的结构树图。

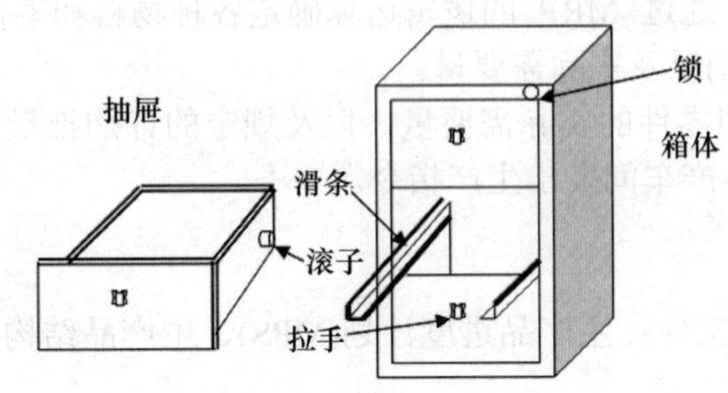

图 6-6　三个抽屉的文件柜

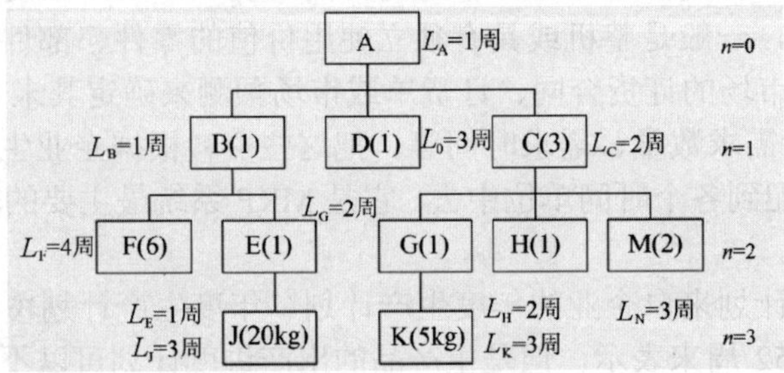

图 6-7　文件柜的结构树图

为了便于计算机识别，必须把产品结构图转换成规范形式的数据格式，这种用规范的数据格式来描述产品结构的文件就是物料清单。它需要说明主件中各种物料需求的数量和相互之间的组成结构关系。

3)　库存文件

库存文件，也叫库存状态文件，它包含各个品种在系统运行前的期初库存的静态资料，但它主要提供并记录 MRP 运行过程中实际库存量的动态变化过程。由于库存量的变化是与系统的需求量、到货量、订货量等各种资料变化相联系的，所以库存文件实际上提供和记录了各种物料的各种参数随时间的变化。

这些参数有总需要量、计划到货量以及库存量。

(1)　总需要量。总需要量是指主产品及其零部件在每一周的需要量。其中主产品的总需要量与主生产进度计划一致，而主产品的零部件的总需要量根据主产品出产进度计划和主产品的结构文件推算得出。

总需要量中，除了以上生产装配需要的用品以外，还可以包括一些维护用品，如润滑油、油漆等。既可以是相关需求，也可以是独立需求，合起来记录在总需要量中。

(2)　计划到货量。计划到货量是指已经确定要在指定时间到达的货物数量。它们可以

用来满足生产和装配的需求，并且会在给定时间点实际到货入库。它们一般是临时订货计划外到货或者物资调剂等得到的货物，但不包括根据这次 MRP 运行结果产生的生产任务单生产出来的产品或根据采购订货单采购回来的外购品。这些产品由“计划接受订货”来记录。

(3) 库存量。库存量是指每周库存物资的数量。由于在一周中，随着到货和物资供应的进行，库存量是变化的，所以周初库存量和周末库存量是不同的。因此规定这里记录的库存量都是周末库存量。它在数值上等于：

库存量=本周周初库存量+本周到货量-本周需求量

=上周周末库存量+本周计划到货量-本周需求量

另外在开始运行 MRP 以前，仓库中可能还有库存量，叫期初库存量。MRP 运行是在期初库存量的基础上进行的，所以各个品种的期初库存量作为系统运行的重要参数必须输入到系统中。

库存量是满足各周需求量的物资资源。在有些情况下，为了防止意外情况造成的延误，还对某些关键物资设立了安全库存量，以减少因紧急情况而造成的缺货。在考虑安全库存的情况下，库存量中还应包含安全库存量。

表 6-7 给出了一个库存文件的例子。这是 A 产品的库存文件。根据主产品出产进度计划(见表 6-6)输入它在各周的总需要量，输入它在各周的计划到货量(第 1、3、5、7 周分别计划到货 10、15、75、15 件)，再输入 A 产品在 MRP 运行前的期初库存量(20)。这些就是关于 A 产品的 MRP 输入的全部资料。MRP 输入完毕后，MRP 系统会自动计算出各周的库存量、净需求量、计划接受订货量和计划发出订货量，形成如表 6-7 所示的结果。

表 6-7 A 产品的库存文件

项目：A(0 级)	周 次							
提前期(1)	1	2	3	4	5	6	7	8
总需要量	25	15	20		60		15	
计划到货量	10		15		40		50	
现有库存量(20)	5	−10	−15	−15	−35	−35	0	0
净需要量	0	10	5	0	20	0	0	0
计划接受订货		10	5		20			
计划发出订货	10	5		20				

以上二个文件是 MRP 的主要输入文件。除此以外，为运行 MRP 还需要有一些基础性的输入，包括物料编码、提前期、安全库存量等。

2. MRP 的输出

MRP 的输出，包括了主产品及其零部件在各周的净需求量、计划接受订货量和计划发出订货量三个文件。

1) 净需求量

净需求量是指系统需要外界在给定的时间提供的给定物料的数量。这是物资资源配置最需要回答的主要问题，即到底生产系统需要什么物资，需要多少，什么时候需要。净需求量文件很好地回答了这些问题。不是所有零部件每一周都有净需求的，只有发生缺货的周才发生净需求量，也就是说某个品种某个时间的净需求量就是这个品种在这一个时间的缺货量。所谓缺货，就是上一周的期末库存量加上本期的计划到货量小于本期的总需要量。净需求量的计算方法是：

本周净需求量=本周总需要量-本周计划到货量-本周周初库存量
=本周总需要量-本周计划到货量-上周周末库存量

MRP 在实际运行中，不是所有的负库存量都有净需求量的。求净需求量可以这样简单地确定：在现有库存量一栏中第一个出现的负库存量的周，其净需求量就等于其负库存量的绝对值。在其后连续出现的负库存量各周中，各周的净需求量等于其本周的负库存量减去前一周的负库存量的差的绝对值。

2) 计划接受订货量

它是指为满足净需求量的需求，应该计划从外界接受订货的数量和时间。它告诉人们，为了保证某种物资在某个时间的净需求量得到满足，人们提供的供应物资最迟应当在什么时候到达，到达多少。这个参数的用处，除了用于记录满足净需求量的数量和时间之外，还要为它后面的参数“计划发出订货”服务，是“计划发出订货”的参照点(二者数量完全相同，时间上相差一个提前期)。计划接受订货的时间和数量与净需要量完全相同，即

计划接受订货量=净需要量

3) 计划发出订货量

它是指发出采购订货单进行采购或发出生产任务单进行生产的数量和时间。其中发出订货的数量，等于“计划接受订货量”的数量，也等于同周的“净需求量”的数量。计划发出订货的时间是考虑生产或订货提前期，为了保证“计划接受订货”或者“净需要量”在需要的时刻及时得到供应，而提前一个提前期得到的一个时间。即

计划发出订货时间=计划接受订货时间-生产(或采购)提前期
=净需求量时间-生产(或采购)提前期

因为 MRP 输出的参数是直接由 MRP 输入的库存文件参数计算出来的，所以为直观起见，总是把 MRP 输出与 MRP 库存文件连在一起，边计算边输出结果。例如表 6-7 就列出了 A 产品的 MRP 运行结果。其运行过程如下。

首先根据 MRP 输入的库存文件计算出 A 产品各周的库存量，即

本周库存量=上周库存量+本周计划到货订货-本周总需求

本周库存量都是指周末库存量，它可以为正数、负数或零。然后 MRP 系统就计算和输出各周的净需要量。只有那些库存量为负数的周才有净需要量。净需要量的计算方法是：第一次出现负库存量(-10)的周(第 2 周)的净需要量就等于其负库存量的绝对值(10)，其紧接

在后面的负库存量的周(第 3 周)的净需要量就等于本周的负库存量(−15)减去上一周的负库存量(−10)所得结果的绝对值(5)。同样算出第 5 周的净需要量为 20，第 4、6、7、8 周的净需要量为 0。

接着 MRP 系统就计算和输出计划接受订货量，它在数量和时间上都与净需要量相同，如表 6-7 所示，第 2 周接受 10，第 3 周接受 5。计划接受订货量满足净需求量，而计划到货量满足部分总需要量。二者结合起来，就完全满足了总需要量。

最后 MRP 系统就计算和输出计划发出订货量，它是把计划接受订货量(或净需要量)在时间上提前一个提前期(这里是 1 周)，订货数量不变而形成的，如表 6-7 所示，第 1 周发出 10 个订货单，第 2 周发出 5 个订货单。这就是 MRP 最后处理的结果，即给出的是发出一系列订货单和订货计划表。

3. MRP 系统订货批量的处理

在 MRP 系统中，订货批量可以分为固定订货批量和非固定订货批量两大类，它们在订货批量的处理上是不相同的。

1) 固定订货批量

有些物资在各个时间阶段的订货都采用相同的订货批量。这个订货批量是根据某种原则或现实情况确定的。例如多品种轮番批量生产方式下生产批量、按 EOQ 公式确定的经济订货批量、按照包装或运输的规定而整箱整包的订货等。

在采用固定订货批量订货时，订货批量一般采取以下办法，使得总订货量与净需要量之和大致相等。

- 当需要量小于固定订货批量时，或按固定订货批量订货，或不订。
- 净需要量等于固定订货批量时，按固定订货批量订货。
- 净需要量大于固定订货批量时，按固定订货批量的倍数订货。

很显然这样做的结果，就像订货点技术一样，可能造成库存积压太高、有时还可能出现缺货的问题。那么怎样使库存积压最小而又减少缺货？这就要在库存水平和库存费用之间进行权衡，要用到在订货点技术中常用的一些方法原理，采取适当的订货策略。

2) 非固定订货批量

非固定订货批量常用的有需要批量订货和固定周期批量。

需要批量订货是指按净需要量的多少订货，净需要量多就多订，净需要量少就少订，订货批量是随时变化的。

固定周期批量，固定周期一般包含多个时间单位，订货批量等于固定周期内的各个净需要量之和。由于各个时间单位中净需要量不等，所以订货批量也是变化的。

在非固定订货批量情况下，比较容易实现总订货量等于总需要量，可以实现库存积压少，而满足程度高的要求。

下面通过例子来说明。

【例 6-5】 若产品 A 由 3 个 B 和 1 个 C 构成，每周需出产 A 产品 20 件。C 除满足装配 A 产品外，每周还有 5 件生产维护用途的需要量。计划期取 8 周。B 的现有库存量为 205 件，提前期为 2 周，第四周有一个 40 件的计划到货量，固定批量为 40；C 的现有库存量为 50 件，提前期为 3 周，第五周有一个 50 件的计划到货量，固定批量为 50。求 B 和 C 的订货计划。

处理过程如表 6-8、表 6-9 和表 6-10 所示。

表 6-8 A 产品的需求计划

项目：A(零级)	周 次							
提前期：0	1	2	3	4	5	6	7	8
总需要量	20	20	20	20	20	20	20	20
计划接受订货	20	20	20	20	20	20	20	20
计划发出订货	20	20	20	20	20	20	20	20

表 6-9 B 产品的需求计划

项目：B(1 级)		周 次							
订货批量：40 提前期：2		1	2	3	4	5	6	7	8
总需要量		60	60	60	60	60	60	60	60
计划到货量					40				
库存量	205	145	85	25	5	−55	−115	−175	−235
净需要量		0	0	0	0	55	60	60	60
计划接受订货						80	40	80	40
计划发出订货				80	40	80	40		

表 6-10 C 产品的需求计划

项目：C(1 级)		周 次							
订货批量：50 提前期：3		1	2	3	4	5	6	7	8
总需要量		25	25	25	25	25	25	25	25
计划到货量				50					
库存量	50	25	0	25	0	−25	−50	−75	−100
净需要量		0	0	0	0	25	25	25	25
计划接受订货						50		50	
计划发出订货			50		50				

由表中可以看出，产品 B 第五周的净需要量为 55，大于固定订货批量 40，所以订货批量取 2 倍固定订货批量 80，第六周净需要量为 60，也大于订货批量 40，但这时如取 2 倍订货批量就太大了，因为第五周进货量为 80。到期末还有库存 25。第六周需要 60，只缺 35，所以第六周只订一个固定批量 40 就可以了，合计订货量大致等于净需要量之和。同理第 7、8 周分别订 80 和 40。产品 C 的订货批量，第 5、7 周大于净需要量，取 1 倍固定订货批量，而第 6、8 周小于净需要量，取 0 倍固定订货批量。使得总订货量等于总需要量。

(三)MRP 系统的评价

MRP 系统有以下优点。

(1) 维持合理的安全库存，尽可能地降低库存水平。

(2) 能够较早地发现问题和可能发生的供应中断，及早采取预防措施。

(3) 它的生产计划是基于现实需求和对最终产品的预测。

(4) 它并不是孤立地考虑某一个设施，而是综合考虑整个系统的订货量。

(5) 它适合于批量生产或间歇生产或装配过程。

MRP 系统的缺点体现在以下几个方面。

(1) 在使用中，它是高度计算机化的，难以调整。

(2) 降低库存导致的小批量购买增加了订货成本和运输成本。

(3) 它对短期的需求变动不如订货点订货法敏感。

(4) 系统很复杂，有时不像预想的那样有效。

第四节　供应链环境下的库存管理策略

库存是社会化大生产的必然产物，它的出现可以保障并推动社会生产率的迅速提高，但随着经济运转速度的进一步加快，库存渐渐表现出了对生产的阻碍作用。传统的企业库存管理侧重于优化单一的库存成本，从存储成本和订货成本出发确定经济订货量和订货点。从单一的库存角度来看，这种库存管理方法有一定的适用性，由于企业之间的供求关系日益密切，要促进生产效率的进一步提高，传统的库存管理方法必须要根据供应链管理的需求发生变化。

本节我们将介绍供应链环境下的几种库存管理方法，包括零库存管理、供应商管理库存和联合库存管理。

一、零库存管理

零库存管理可以追溯到 20 世纪六七十年代。当时的日本丰田汽车公司实行准时化生产方式，并在管理手段上采用看板管理、单元化生产等技术，实行拉式生产，以实现在生产

过程中基本没有积压的原材料和半成品。这样大大减少了生产过程中的库存和资金的积压，也提高了相关生产活动的管理效率。

(一)零库存的含义

零库存是一种特殊的库存概念，是库存管理的理想状态，它并不是指企业所有的原材料、半成品、成品的库存为零，而是指在确保企业生产经营活动顺利进行的条件下，采用各种科学的管理方法，对库存进行合理的计算和有效的控制，尽可能降低库存量的一种方法。零库存并不等于不要储备和没有储备，也就是说某些经营实体不单独设立库存和储存物资，并不等于取消其他形式的储存活动。实际上，企业为了应付各种意外情况，如运输时间延误、到货不及时、生产和消费发生变化等，常常要储备一定数量的原材料、半成品和成品，只是这种储备不是采取库存形式而已。从理论上讲，经营实体储备一定数量的产品，并以此形成“保险储备”，也是一种合理的行为，它与实现零库存的愿望并不矛盾。有人把零库存的使用范围无限扩大，认为零库存就是“零储备”，实现零库存即意味着可以从根本上取消库存，这种观点是片面的。

(二)零库存管理的形式

零库存管理主要有以下六种形式。

1. 委托保管方式

委托保管方式，是受托方接受用户的委托，利用其专业化的优势，以较高的库存管理水平、较低的库存管理费用代存代管所有权属于用户的物资，从而使用户不再设立仓库，甚至可以不再保有安全库存，从而实现零库存。这种零库存方式主要是靠库存转移实现的，并不能使库存总量降低。但是委托方省去了仓库规划、建设及库存管理的大量费用，集中力量于生产经营，体现了专业化特色，是目前国内企业发展零库存的主要趋势。

2. 协作分包方式

协作分包方式，主要是制造企业的一种产业结构形式，这种形式可以以若干企业的柔性生产准时供应，使主企业的供应库存为零；同时主企业的集中销售库存使若干分包劳务及销售企业的销售库存为零。在经济发达国家，制造企业都是以一家规模很大的主企业和数以千百计的小型分包企业组成一个金字塔形结构。例如，分包零部件制造的企业可采取各种形式和库存调节形式，以保证主企业的生产，按指定时间送货到主企业，从而使主企业不再设立原材料库存，实现零库存。

3. 轮动方式

轮动方式，也称同步方式，是指在对系统进行周密设计的前提下，使各个环节完全协

调，从而根本取消甚至是工位之间暂时停滞的一种零库存、零储备形式。这种方式是在传送带式生产基础上，使生产与材料供应同步进行而形成的。

4. 准时制方式

准时制方式是指依靠有效的衔接和计划达到工位之间、供应与生产之间的协调，从而实现零库存。看板方式是准时方式中的一种简单有效的方式，要求企业各工序之间或企业之间或生产企业与供应者之间采用固定格式的卡片作为凭证，由下一环节根据自己的节奏，逆生产流程方向，向上一环节指定供应，各环节做到准时同步，从而使供应库存实现零库存。

5. 水龙头方式

水龙头方式，是一种像拧开自来水管的水龙头就可以取水一样提取物资而无须自己保有库存的零库存形式。这是日本索尼公司首先采用的。用户可以随时提出购入要求，采取需要多少就购入多少的方式，供货者以自己的库存和有效供应系统承担即时供应的责任，从而使用户实现零库存。这种方式经过一定时间的演进，已发展成即时供应制度。

6. 配送方式

配送方式是综合运用上述若干方式采取配送制度保证供应从而使用户实现零库存的。

(三)供应链环境下实现零库存的途径

采用供应链管理模式实现零库存需要从以下几个环节入手。

1. 整合供应链业务流程，为订单而采购，减少库存

这就要求企业以顾客的需求为生产经营的起点，企业的采购、存货储备、生产和销售都由顾客的订单来支配，并围绕订单而运作。库存管理是以客户订单为依据，根据需求信息向前反馈；企业则根据订单将销售计划、生产计划和采购计划编制成整体计划。

2. 充分利用供应商库存和联合管理库存，降低库存水平

采用供应商管理库存，加强了供应商的责任，使供应商根据需求状况和变化趋势，确定库存水平和补给策略，以对市场需求实现快速响应；而需求方不设库存或少设库存，可以减少资金占用。联合管理库存是供需双方同时参与，共同制订库存计划，使供应链成员单位之间对需求的预期保持一致，从而消除需求变异放大现象，提高供应链同步化程度和整体运作水平，进而降低库存规模。

3. 强化库存定额管理

供应链上的供应商和需求方，根据需求物资的重要性、使用频率快慢、价值高低、采

购难易程度、制造周期长短、可替代程度等对物料进行分类，并对不同类别的物料进行综合分析，确定库存定额和订货周期，并严格按照库存定额编制采购计划，避免无计划采购。

4. 加强信息化基础建设

通过计算机和电子网络的广泛应用，及时掌握库存信息，及时反馈信息，实现供应链内外部信息系统集成和信息共享，从而有效地控制库存。

二、供应商管理库存

长期以来，流通中的库存各自为政。在供应链管理环境下，供应链各个环节的活动都应该是同步进行的，而传统的库存管理方法无法满足这一要求。近年来，在国外出现了一种新的供应链库存管理方法——供应商管理库存(Vendor Managed Inventory，VMI)。这种库存管理方法打破了传统的各自为政的库存管理模式，体现了供应链的集成化思想，是一种新兴的有代表性的库存管理思想。

(一)供应商管理库存的含义及特点

《中华人民共和国国家标准物流术语》中对供应商管理库存(VMI)的定义为：供应商管理库存(VMI)是供应商等上游企业基于其下游客户的生产经营、库存信息，对下游客户的库存进行管理与控制。

可以看出实施 VMI 的双方无论是供应商和制造商之间、供应商和零售商之间还是制造商和零售商之间，其实都是供应链上游企业和下游企业之间的关系。为研究表述方便统称负责供应并进行库存管理的一方为上游企业，接受库存管理服务的一方为下游企业。

VMI 能针对性地解决供应链环境下的库存问题，降低供应链的不确定性，避免需求放大效应，减少信息传递延迟和失真的发生。VMI 的特点是：一方面，信息共享，零售商帮助供应商更有效地做出计划，供应商从零售商处获得销售点数据并使用该数据来协调其生产库存活动及零售商的实际销售活动；另一方面，供应商完全管理和拥有库存，直到零售商将其售出为止，但是零售商对库存有看管义务，并对库存物品的损伤或损坏负责。具体地讲，VMI 的特点主要表现在以下几个方面。

1. 合作性

VMI 模式的成功实施，客观上需要供应链上各企业在相互信任的基础上密切合作，其中，信任是基础，合作是保证。在实施该策略时，相互信任与信息透明是很重要的，供应商和用户都要有较好的合作精神，才能够相互较好地合作。

2. 互利性

VMI 追求双赢的实现，即 VMI 主要考虑的是如何降低双方的库存成本，而不是考虑如

何就双方成本负担进行分配的问题。通过该策略使双方的成本都获得减少。

3. 互动性

VMI 要求企业在合作时采取积极响应的态度，以实现反应快速化，努力降低因信息不畅而引起的库存费用过高的状况。

4. 协议性

VMI 的实施，要求企业在观念上达到目标一致，并明确各自的责任和义务，具体的合作事项都通过框架协议明确规定，以提高操作的可行性。

5. 连续改进性

连续改进性使供需双方能共享利益和消除浪费，VMI 的主要思想是供应商在用户的允许下设立库存，确定库存水平和补给策略，拥有库存控制权。

(二)VMI 的实施方法和步骤

实施 VMI 策略，首先要改变订单的处理方式，建立基于标准的托付订单处理模式。供应商和批发商一起确定供应商的订单业务处理过程所需要的信息和库存控制参数，然后建立一种标准订单处理模式，如 EDI 标准报文，最后把订货、交货和票据处理各个业务功能集成在供应商一方。

销售信息和库存信息共享(对供应商)是实施供应商管理客户库存的关键。供应商能够随时跟踪和检查到销售商的库存状态，快速、准确地做出补充库存的决策，对企业的生产(供应)状态做出相应的调整，从而敏捷地响应市场需求变化，因此需要建立一种能使供应商和分销商库存信息共享的信息系统，而 EDI、Internet、Intranet 等技术则能实现信息共享。

实施供应商管理库存的策略可以概况为以下几个步骤。

1. 建立客户需求数据库

供应商要有效地管理销售库存，必须能够获得真实地反映市场需求变化的需求信息。通过建立市场需求信息的数据库，供应商能够掌握需求变化的有关情况，把由分销商进行的需求预测与分析功能集成到供应商的系统中。

2. 建立物流网络管理系统

供应商要很好地管理库存，必须建立起完善的物流网络管理系统，保证自己的产品需求信息和物流畅通。目前已有许多企业开始采用 MRP 或 ERP 企业资源计划系统，这些软件系统都集成了物流管理的功能，通过对这些功能的扩展，就可以建立完善的物流网络管理系统。

3. 建立供应商与分销商的合作框架协议

供应商和分销商一起通过协商，确定订单处理的业务流程以及库存控制的有关参数，如补充订货点、最低库存水平、库存信息的传递方式(如 EDI 或 Internet)等。

4. 组织机构的变革或业务重组

VMI 策略改变了供应商的组织模式，供应商的订货部门增加了一个新的职能——负责控制客户的库存，实现库存补给和高服务水平。

三、联合库存管理

联合库存管理，就是供应链上的各类企业通过对消费需求认识和预测的协调一致，共同进行库存管理和控制，利益共享、风险同担。

(一)联合库存管理的含义

联合库存管理是一种基于协调中心的库存管理方法，是在 VMI 的基础上发展起来的上游企业和下游企业权利责任平衡以及风险共同承担的库存管理模式。联合库存管理强调供应链上合作方之间的合作关系，不仅体现了战略联盟的新型企业合作关系，同时，强调了供应链企业之间合作各方的互利共赢的合作关系。因此联合库存管理是一种风险共同承担的库存管理模式。联合库存管理是为了解决供应链系统中由于各节点企业的相互独立库存运作模式而导致的需求放大现象，一种提高供应链运作的同步化程度的比较有效的方法。联合库存管理不仅强调共同制订库存计划，也特别强调合作方的同时参与，每个库存管理者都应从供应链的大局考虑相互之间的协调性，从而实现相邻节点企业库存的预期需求保持相互的一致性，达到消除牛鞭效应即需求的放大现象。相邻节点的供需双方共同协商彼此的需求，使彼此的运作过程不再独立而是相互支持和影响。

(二)联合库存管理的实施

为了发挥联合库存管理的作用，通常实施如下几种策略。

1. 建立资源管理系统

在供应链库存管理中应充分利用目前比较成熟的两种资源管理系统：MRP II 和 DRP。在产品联合库存协调管理中心则应采用物资资源配送计划 DRP，原材料库存协调管理中心应采用制造资源计划系统 MRP II，在实际运用中应将这两种资源管理系统很好地结合起来，加强供应链中各参与者的协作关系与协调平衡，以提高供应链上资源的集成度。

2. 建立一种信息沟通的渠道或系统信息共享

为了提高整个供应链上需求信息的一致性与稳定性，减少多重预测带来的需求信息扭

曲，应使供应链各方及时准确地获得需求信息。为了达到这一要求，供应链上应建立一种信息沟通的渠道和系统，以保证需求信息流通的畅通和准确。在充分利用因特网的基础上，集成 POS 系统和 EDI、条码技术、扫描技术，在供应链合作各方之间建立一个畅通的信息沟通桥梁和纽带。

3. 建立快速响应系统

快速反应(Quick Response)首先在美国服装业发展起来，后来被广泛应用到制造企业。快速响应系统需要供应链各方企业的密切合作，其核心理念为：追求企业所有方面提前期的减少，实行产品的快速设计和制造，以改进质量并实现低成本运作，降低库存，快速满足客户需求。因此联合库存管理的建立可以为快速响应系统发挥更大的作用创造有利条件。

(三)联合库存管理的优势

联合库存管理不仅提高了供应链的整体运行效率，也减少了物流环节、降低物流成本和简化供应链库存层次。在联合库存管理下，供应商的库存直接存放在核心企业的仓库中，不但能保证核心企业可以对库存统一调度、统一管理、统一进行控制，也能保障核心企业零部件、原材料的供应，取用也方便，为核心企业迅速高效地生产运作提供了强有力的保障。

联合库存管理系统把供应链系统进一步集成为上游和下游的两个协调管理中心，从而部分消除了由于需求信息的扭曲和由于供应链节点之间不确定性而导致的库存波动。通过协调供需双方共享需求信息，协调管理中心，大大提高了供应链的稳定性。

从供应链整体上来看，联合库存管理降低了库存点的数量，降低了相应的仓储作业费和库存设立费，从而减少了供应链系统的总库存成本。

本 章 小 结

本章共分四节，分别介绍了库存管理的基本概念和理论知识。第一节重点讲述了库存的概念、库存的作用，并给出几种常见的库存分类方法；第二节重点讲述了库存管理的相关知识，包括库存管理的含义、库存管理在物流管理中的作用、库存管理的内容和库存管理中的成本分析；第三节重点讲述了 ABC 库存管理法、订货点订货法和 MRP 库存管理法等几种常见的库存管理方法；第四节重点讲述了在供应链环境下的库存管理策略，包括零库存管理、供应商管理库存和联合库存管理等。

案 例 分 析

别拿别人的库存不当钱

我们经常看到：很多从事“流通”的经销或零售企业并没有在“库存”上动太大的“脑

筋”，是这个问题不重要吗？不是，有人认为库存管理是零售企业的三大核心能力之一(另两个是商品管理和顾客行为分析)，那为什么分销企业对此“漠然”呢？原因也很简单：他们不知道同样做到了800万元的销售额，但A企业是用600万元库存做到的，而B企业是用1000万元库存做到的——B企业可能到资金链断裂而倒闭的那一天都不知道：是库存出了问题。

具体如何实现降低库存，不同类型的企业有着不同的库存政策，像上述库存问题就可以利用好的商品管理方法来改善。但这样做得再好也只是“各家自扫门前雪”。更重要的是：当你为转移了自己的库存风险而得意时，你的上下游正通过其他“卑鄙”的手法把库存损失再转回来——供应链上没有“一枝独秀”的美事。因此，分销企业应该鼓励或联合供应商一起来降低库存，提高周转率——“别拿别人的库存不当钱”。

让我们看看上海通用是如何解决这个问题的。

上海通用三种车型的零部件总量有5400多种，这相当于一个中型超市的单品数。通用的这些零部件来自180家供应商，这也和一个大型卖场的供应商数量相近。我们来看看通用是怎么提高供应链效率，帮助整个供应链降低库存的。

通用的部分零件是本地供应商所生产的，这些供应商会根据通用的生产要求，在指定的时间直接送到生产线上。这样，因为不进入原材料库，所以保持了很低或接近于“零”的库存，省去大量的资金占用。但供应商并不愿意送那些用量很少的零部件。于是，以前的传统汽车制造商要么有自己的运输队，要么找运输公司把零件送到公司。这种方式的缺点如下。

(1) 有的零件根据体积或数量的不同，并不一定正好能装满一卡车。但为了节省物流成本，他们经常是装满一卡车才发货——如果装不满，就要等待。这样不仅造成了库存高，占地面积大，而且也影响了对客户的服务速度。

(2) 不同供应商的送货环节缺乏统一的标准化的管理，在信息交流、运输安全等方面，都会带来各种各样的问题，如果想管好它，必须花费很多的时间和很大的人力资源。

所以通用就改变了这种做法，使用了叫作“循环取货”的小技巧：他们聘请一家第三方物流供应商，由他们来设计配送路线，然后每天早晨依次到不同的供应商处取货，直到装上所有的材料，再直接送到上海通用。这样，通过循环取货，通用的零部件运输成本可以下降30%以上。这种做法省去了所有供应商空车返回的浪费，充分节约了运输成本，而且体现了这样的基本理念：把所有增值空间不大的业务外包给第三方，他们会比通用更懂得怎样节省费用。

同样，如果一个大卖场有300个供应商，他们是否有必要每一家都包一辆车，把货物送到收货处呢？你认为供应商会白白地替你送货吗？而且你用考核指标要求他们不能断货，要及时送到，那么这就是在逼迫供应商在当地为你保有一定的库存量。这部分库存成本，供应商肯白白为你付出吗？没有厂家愿意付出，他们都是把费用打到了商品价格中。

日本7-Eleven便利连锁店刚开始快速发展的时候，就是让众多供应商非常头疼的一个

客户，为什么？因为当时 7-Eleven 的确发展很快，已经达到 100 家以上了，供应商不肯放弃或得罪这样一个有潜力的零售客户。但问题是，7-Eleven 在要求厂家直供门店时，供应商们发现：7-Eleven 都是便利店，由于定位针对年轻顾客，即食商品多，因此要求门店存货少。这样，供应商送货时要面对频繁的送货次数，复杂的送货路线，小批量的订单，大量的上下搬运作业——没有几个供应商愿意承担这样的成本。但如果采取大批量小频率送货，7-Eleven 就要承担大量库存的风险。于是，7-Eleven 建议自己的供应商联合起来送货，最初响应的人很少，但最终人们发现这样的确可以降低大量的成本。但问题出来了，为了保证 7-Eleven 的低库存，为了能在 7-Eleven 要货时就能备足各种品类，就要求供应商多准备很多库存，怎么办？

实际上上海通用也遇到了这种情况。上海通用采取的是“柔性化生产”，即一条生产流水线可以生产不同平台多个型号的产品。这种生产方式对供应商的要求极高，即供应商必须时常处于“时刻供货”的状态，这样就会给供应商带来很高的存货成本。但是，供应商一般不愿意独自承担这些成本，就会把部分成本打在给通用供货的价格中。同时，他们还会把另一部分成本“赶”到其上游的供应商那里——于是上游就准备了更大的库存。

为了克服这个问题，上海通用与供应商时刻保持着信息沟通。通用有一年的生产预测，也有半年的生产预测，生产计划是滚动式的，基本上每个星期都有一次滚动，在滚动生产方式的前提下，通用的产量在做不断的调整。这个运行机制的核心是要让供应商也看到通用的计划，让其能根据通用的生产计划安排自己的存货和生产计划，减少对存货资金的占用。

实际上零售商一样可以做到这一点。问题就是，零售商要把销售数据和促销计划提前通知供应商。供应商至少在以下三个降低库存的方面非常需要零售商的 POS 数据：①销售预测，这决定了供应商的日常库存；②补货运作，这里终端数据决定了供应商的存货量和补货速度；③促销计划，这决定了供应商的促销库存，以及清理以往快过季的库存。

(资料来源：佚名. 威龙商务网，http://news.vlongbiz.com/trade/2010-05-21/1274400401d1301617.html，2010.05.21)

问题：

1. 上海通用是如何有效降低库存的？
2. 零售商可以借鉴通用的哪些经验来降低库存？

阅读资料

啤酒游戏

一、背景

啤酒游戏，是 20 世纪 60 年代，MIT 的斯隆(Sloan)管理学院所发展出来的一种类似“大

富翁”的策略游戏。斯隆管理学院的学生们，各种年龄、国籍、行业背景都有，有些人甚至早就经手这类的产/配销系统业务。然而，每次玩这个游戏，相同的危机还是一再发生，得到的悲惨结果也几乎一样：下游零售商、中游批发商、上游制造商，起初都严重缺货，后来却严重积货，然而，消费者的需求变动，却也只有第二周发生一次而已！如果成千上万、来自不同背景的人参加游戏，却都产生类似的结果，则原因必定超乎个人因素之上。这些原因必定藏在游戏本身的结构里面。

二、啤酒游戏

在这个游戏里，有三种角色可让你来扮演。从产/配销的上游到下游体系，依序为：

(1) “情人啤酒”制造商。

(2) 啤酒批发商。

(3) 零售商。

这三个个体之间，通过订单/送货来沟通。也就是说，下游向上游下订单，上游则向下游供货。

游戏是这样进行的：由一群人，分别扮演制造商、批发商和零售商三种角色，彼此只能通过订单/送货程序来沟通。各个角色拥有独立自主权，可决定该向上游下多少订单、向下游销出多少货物。至于终端消费者，则由游戏自动来扮演。而且，只有零售商才能直接面对消费者。

零售商的常态为：

(1) 销售、库存、进货。

(2) 订货时间约为4周。

(3) 每次订货4箱啤酒。

三、安分守己的零售商

首先，假设你扮演的是零售商这个角色。你是个安分守己的零售商，店里卖了许多货品，啤酒是其中一项颇有利润的营业项目。平均来说，每一个礼拜，上游批发商的送货员都会过来送一次货，顺便接收一次订单。你这个礼拜下的订单，通常要隔 4 个礼拜才会送来。“情人啤酒”是其中一个销量颇固定的品牌。虽然这个品牌的厂商似乎没做什么促销动作，但相当规律的，每周总会固定卖掉约 4 箱的情人啤酒。顾客多半是 20 来岁的年轻人。

为了确保随时都有足够的情人啤酒可卖，你尝试把库存量保持在12箱。所以，每周订货时，你已把“订4箱情人啤酒”视为反射动作。

接下来，就让我们来看看啤酒游戏的进行，零售商如何应对客户的购买行为、上游的进货行为。

1. 零售商1～6周

第一周：风平浪静。第一周，一如往常，卖出4箱、进货4箱、结余12箱。所以你也一如往常，向批发商订货 4 箱。

第二周：多卖了 4 箱。第二周比较奇怪，情人啤酒突然多卖了 4 箱，变成 8 箱。因此，店里库存就只剩下 8 箱。虽然你不知道为什么会突然多卖了 4 箱，也许只是有人举办宴会多买了一些啤酒吧！为了让库存量恢复到 12 箱，这个礼拜你向批发商多订了 4 箱，也就是订了 8 箱。

第三周：还是一样。这一周跟上一周一样，还是卖出了 8 箱。批发商的送货员来了，送来的情人啤酒数量，正是 4 周前向他所订的 4 箱。现在，情人啤酒的库存量只剩 4 箱了。如果下个礼拜销售量还是这样的话，下个礼拜结束时，就要零库存了！为了赶快补足库存，你本来打算只订 8 箱；但是，怕销售量会再上升，为了安全起见，你多订了一点，订了 12 箱。

第四周：原来如此。

这一周，还是跟上一周一样，卖了 8 箱情人啤酒。有一天，你抽空问了一下买情人啤酒的客人，才知道：原来在第二周时，有个合唱团的新专辑的主打歌里，结尾是一句“我喝下最后一口情人啤酒，投向太阳”的歌词。可能因为这样，所以销售量就变多了。“奇怪，如果这是啤酒制造商或批发商的促销手段，为什么他们没先通知我一声呢？”这一周进货量为 5 箱，嗯，批发商也开始反映我增加的订单了。你预期销售量可能还会上升，而且库存也只剩下 1 箱了。所以，这一次一口气订了 16 箱。

第五周：库存没了……本周，还是卖了 8 箱。进货 7 箱，表示上游批发商真的开始响应了。不过，库存变 0 了。望着空空的货架，你决定跟上周一样，订 16 箱，以免落得“流行啤酒没货”的窘状，影响商誉。

第六周：开始欠货。真惨！本周只到了 6 箱情人啤酒而已。还是有 8 箱啤酒的顾客需求量，但库存已然耗尽。你只好跟两位预约的老顾客说：“下次一有货，一定先通知你们……”望着空空的货架，想着：要是还有货，不知道可以多赚多少笔呀……真可惜……好像在方圆百里里头，只有你这一家才卖情人啤酒。而且，照顾客预约的情况来看，抢手程度好像还会增加；以前可从来没有人会预约的……本来想再多订一点，但是，一想到前几周多下的订单，可能就快送过来了。于是，你抑制住冲动，还是维持原状：订了 16 箱。希望本周欠 2 箱的惨状能赶快解决掉。

2. 零售商 7～9 周

第七周：依旧。这一周，还是只进货 5 箱。5 箱情人啤酒，刚把其中两箱卖给上周预约的顾客，不到两天，剩下的又卖完了。更惨的是，有五位顾客留下他们的联络资料，希望你一有货就通知他们。结果，本周欠了 5 箱货。你另外订了 16 箱，并祷告说下周会真正开始大量到货。

第八周：火大。还是只进货 5 箱。火大了！“该不会是制造商的生产线还没赶上增加的需求量吧！真是的！反应这么慢！”本周，你订了 24 箱，以免欠货量越来越大，生意不用做下去了。

第九周？先别急，让我们换个角色，看看批发商的情况。

四、安分守己的批发商

你是个安分守己的批发商。你代理了许多品牌的啤酒，情人啤酒也是其中之一。比较特别的是：你是本地的情人啤酒独家代理商。你本周向制造商下的订单，通常约 4 周会送过来。因为情人啤酒销售量一向很稳定，每周销给零售商的总数量都差不多是 4 卡车的量，所以，你固定每周向制造商订 4 卡车的情人啤酒，维持 12 卡车的库存。

1. 批发商 1～8 周的情况

第一～二周：一如往常。第一周，风平浪静，所以，你还是向制造商订 4 卡车啤酒。

第二周：有一两个零售商多订了一点情人啤酒，不过，总的来算，总订单数量还是一样。所以，你还是向制造商订 4 卡车啤酒。

第三周：小波动。好像多一点的零售商多下一点订单了，所以，你多销出两卡车的情人啤酒，库存也减少了两卡车的量。为了恢复原先所维持的库存量，你向制造商多订了两卡车，也就是订了 6 卡车的情人啤酒。

第四～六周：持续畅销。第四到第六周，情人啤酒的销售量似乎越来越好，使零售商给的订单越来越多。但是，上游制造商给的货还没增加，没办法同时满足所有零售商的需求，所以，只能一边给他们比平常多一点点的情人啤酒，一边向制造商下多一点的订单。等到制造商送过来多一点的数量，才能把零售商给的订单消化光。

第六周某一天，你偶然听到一首流行歌曲有“情人啤酒”的字眼，恍然大悟！可能这种畅销趋势还会持续好一阵子……

第六周结束，库存量变负的了，总共积欠了 8 卡车的数量。真惨！赶紧向制造商下 20 卡车的订单！

第八周：越来越惨。零售商的订单持续增加，制造商的进货却还没反应过来。对零售商积欠的数量也一直增加，到-40 了。你开始着急了。打电话和制造商联络，赫然发现他们居然两个礼拜前(也就是第六周)才增加生产量！“我的天！他们真是反应迟钝！我要怎么跟下游零售商交代呢？只好先比照上个礼拜的数量给他们了……”从零售商传过来的订单越来越多，看起来情人啤酒的销售成绩似乎真的一直成长，一咬牙，把向制造商下的订单提高到 30，但愿能赶快把积欠订单消化掉。

2. 批发商 9～17 周的情况

第九～十三周：订单持续增加、存货持续赤字、进货缓慢增加。总之：持续恶化！可怜的你，开始增加流连在附近酒吧的时间了，因为你开始害怕接听零售商打来的抱怨催货电话了。很显然，情人啤酒制造商也跟你有一样的逃避想法，因为你也开始找不到他们的负责人员了。

第十四～十五周：进货终于大量增加了，积欠数字也终于可以开始减少了。这时，零售商送来的订单也减少了，你想，可能是这两周送给他们的货，让他们可以少订一点了吧！

第十六周，到第十六周，你几乎已收到前几周所下的订单的数量：55 卡车。望着成堆的啤酒箱，你想，这些东东很快就可以卖出去了，终于可以痛痛快快地大赚一笔。可是，零售商送过来的订单，怎么一个个都变成 0 了呢？怎么搞的？前几周，他们不都一直嚷嚷着要多一点啤酒吗？怎么我一有足够的货，他们却都不要了？一股寒意涌上心头，你赶紧取消向制造商发出的订单。

第十七周，制造商送来 60 卡车的情人啤酒，但零售商仍然没再下订单。上周的 55 卡车，加上这礼拜的 60 卡车，真糟糕！堆积如山了！可恶！那首“情人啤酒”歌不是还正流行吗？怎么这些零售店都不再要求进货了？再不过来订货，你要把那些该死的零售商打入第十八层地狱！……之后，零售商还是没再下订单。该死的制造商，却仍然一直送来 60 卡车的情人啤酒。可恶的制造商！干吗还一直送货进来？

五、安分守己的制造商

你刚被这家啤酒制造商雇来作为配销及行销主管。情人啤酒是其中一项产品，从制造到出货，约要花上两周的时间。它的品质不错，但行销不太出色，公司希望你能加强行销。

第六周：订单急剧上升。不知怎么的，就任才 6 个礼拜，情人啤酒的订单突然急剧上升。运气真好！怎料到一首带有“情人啤酒”字眼的流行歌曲，刚好在你上任时就冒出来，更想不到的是，它还会让订单猛然变得那么多！真是无心插柳柳成荫呀！呵呵。因为从制造到完成共需约两周的时间，所以你赶快增加生产线。

第七～十六周：成为英雄。订单持续增加，但生产线才刚扩大一点，库存量又有限，很快的，就耗光了。于是，你又扩大生产线，希望能赶快消化订单。此时，你已成为公司里的英雄。厂长也开始给员工奖励，以鼓励他们加班，并考虑招募新的帮手。订单不断增加，你已开始盘算自己的年终奖金会增加多少。不过，产量仍然赶不及订购量。直到第十六周，才真正赶上未交的积欠数量。

第十七周，生产量赶上了，但是，怎么批发商送来的订单变少了？

第十八周，奇怪，他们怎么都不订了？有些订单还可以看出打个大叉叉的删除痕迹……

第十九周，订单还是 0，可是，生产好像开始过剩了……你战战兢兢地向主管提出解释：也许是断续(Discontinuity)现象吧、“可能是消费者需求暴起暴落……”但几个礼拜过去了，情况依旧，面对堆积如山的过剩生产量，你叹口气，准备递上辞呈……

真的是“客户需求暴起暴落”吗？啤酒游戏源自 20 世纪 60 年代 MIT 的斯隆管理学院，成千上万的各式各样背景的学员、经理人都实验过，得到的悲惨结果也几乎一样：下游零售商、中游批发商、上游制造商，起初都严重缺货，后来却严重积货。这位配销行销主管推测原因是“客户需求暴起暴落”。他的推测是正确的吗？如果仔细看看客户的购买行为，可以发现：只有在第二周购买量变成 8 箱，而后就一直维持 8 箱的购买量。自第二周起，购买量一直稳定不变，并没有所谓的“客户需求暴起暴落”现象。那么，问题出在哪里呢？该怪罪谁？零售商起初怪罪批发商不快点增加进货，到了后来，却抱怨批发商进过多的货让他们库存自第 16 周起开始暴增，所以不再订货。

批发商一方面怪罪下游零售商，一开始时拼命增加订单，到第 16 周却又取消订单。另一方面他也怪罪上游制造商，一开始一直缺货，第 17 周起却一直进太多的货。制造商也怪批发商一会儿要太多货，到后来却不再要任何货。只好推测是“客户需求暴起暴落”导致……

但是，从这三个产配销角色里我们看到，每个人都在自己的岗位上，以自己的理性，尽力做好行动与判断决策。那么，到底该怪谁？

(资料来源：百度百科. 百度网，http://baike.baidu.com/view/23632.htm, 2010.04.13)

自 测 题

1. 什么是库存？库存具有哪些作用？
2. 试分析库存成本的构成。
3. MRP 库存管理的原理是什么？
4. 什么是零库存？什么是供应商管理库存和联合库存管理？
5. 某物资订货提前期内的销售量服从正态分布，过去六个提前期内的销售量分别为80、70、90、100、110、120 台，如果要保证用户满足率不小于 95%，求订货点和安全库存量。

第七章 配送管理

【学习要点及目标】

通过本章的学习，认识配送的特点、类型与主要模式，掌握配送成本的构成和主要核算体系，了解一定的配送成本控制策略，对配送中心的功能与作用有较好的理解，能够结合实例分析配送中心的管理要点。

【关键概念】

配送(Distribution) 配送中心(Distribution Center) 配送作业(Distribution Process)

【引导案例】

日本 7-Eleven 的物流配送管理

日本 7-Eleven 是有着日本最先进物流系统的连锁便利店集团，7-Eleven 原是美国一个众所周知的便利店集团，后被日本的主要零售商伊藤洋华堂引入。它把各单体商店按 7-Eleven 的统一模式管理。自营的小型零售业，如小杂货店或小酒店在经日本 7-Eleven 许可后，按日本 7-Eleven 的指导原则改建为 7-Eleven 门店，日本 7-Eleven 随之提供独特的标准化销售技术给各门店，并决定每个门店的销售品类。7-Eleven 连锁店作为新兴零售商特别受到年轻一代的欢迎，从而急速扩张。

典型的 7-Eleven 便利店非常小，场地面积平均仅 100 平方米左右，但就是这样的门店提供的日常生活用品达 3000 多种。虽然便利店供应的商品品种广泛，但通常却没有储存场所，为提高商品销量，售卖场地原则上应尽量大。这样，所有商品必须能通过配送中心得到及时补充。如果一个消费者光顾商店时不能买到本应有的商品，商店就会失去一次销售机会，并使便利店的形象受损。所有的零售企业都认为这是必须首先避免的事情。

JIT 体系不完全是交货时间上的事，它也包含以最快的方式通过信息网络从各个门店收到订货信息的技术，以及按照每张特定的订单最有效率地收集商品的技术。为每个门店有效率地供应商品是配送环节的重要职责。首先要从批发商或直接从制造商那里购进各种商品，然后按需求配送到每个门店。配送中心在其中起着桥梁作用。

为了保证有效率地供应商品，日本 7-Eleven 在整合及重组分销渠道上进行改革。在新的分销系统下，一个受委托的批发商被指定负责若干销售活动区域，授权经营来自不同制造商的产品。此外，7-Eleven 通过和批发商、制造商签署销售协议，能够开发有效率的分销渠道与所有门店连接。

批发商是配送中心的管理者，为便利店的门店送货。而日本 7-Eleven 本身并没有在配送中心上投资，即使他们成为分销渠道的核心。批发商自筹资金建设配送中心，然后在日本 7-Eleven 的指导下进行管理。通过这种协议，日本 7-Eleven 无须承受任何沉重的投资负担就能为其门店建立一个有效率的分销系统。为了与日本 7-Eleven 合作，许多批发商也愿意在配送中心上做必要的投资；作为回报，批发商得以进入一个广阔的市场。

日本 7-Eleven 重组了批发商与零售商，改变了原有的分销渠道，由此，配合先进的物流系统，使各种各样的商品库存适当，保管良好，并有效率地配送到所有的连锁门店。从给便利店送货的卡车数量下降上可以体现出物流系统的先进程度。如果是在十几年前，每天为便利店送货的卡车就有 70 辆，而现在只有 12 辆左右。显然，这来自新的配送中心的有效率的作业管理。

(资料来源：百度百科. 百度网，http://baike.baidu.com/view/1037.htm，2010.06.22)

第一节 配送概述

配送是物流系统的一个子系统，而且是直接面对用户提供物流服务的子系统。由于服务的对象不同，配送物品的性质不同，用户要求的多样化，特别是定制化服务的需求，使得配送系统的要素、配送模式和服务等也呈现出多样化。深入认识配送体系的构成，正确选择配送系统模式，对提高物流效率和经济效益有着重要影响。

一、物流配送的含义及特点

配送是物流中一种特殊的、综合的活动形式，是商流与物流的紧密结合，包含了商流活动和物流活动，也包含了物流中若干功能要素。

(一)配送的含义

对配送的含义，不同的学者从不同的角度进行阐述，但配送的本质内涵都是基本相通的。

1. 定义

对物流配送较为通俗的理解是，配送是按客户的订货要求，以较为现代的送货方式，在物流节点间进行货物配备，继而将产品送交客户，实现资源的最终配置的经济活动。在国家标准《物流术语》中，物流配送(Distribution)的定义是：在经济合理区域范围内，根据客户要求，对物品进行拣选、加工、包装、分割、组配等作业，并按时送达指定地点的物流活动。

有学者从资源配置的角度出发说明配送，认为“配送是以现代送货形式实现资源配置的经济活动”。进一步理解为：①配送是资源配置的一部分；②配送是“最终配置”，因而是接近客户的配置；③配送的主要经济活动是送货，强调“现代”两字；④配送是接近客户的那一段流通领域，有其局限性。

另有定义从实物运动形态的角度出发，认为配送是“按用户订货要求，在配送中心或物流节点进行货物配备，并以最合理的方式送交用户的经济活动”。就后一种定义(或释义)而论，上述学者提出了五个要点：①配送是接近用户的资源配置的全过程；②配送的本质是送货，不是偶然行为，是一种固定形态，甚至是有确定组织、确定渠道，有一套装备和管理力量、技术力量，有一套制度的体制形式，是现代高水平的送货形式；③配送是一种“中转”形式的物流运动；④配送是配与送的有机结合形式；⑤配送是以用户要求为出发点的活动。

2. 内涵理解

1) 配送是“配”和“送”的结合

配送利用有效的分拣、配货等理货工作，使送货达到一定的规模，以取得较低的送货成本。配送中，“配”是核心工作，是决定配送服务的水平的关键；“送”是配送的外在表现，今后，“送”的职能会不断增强，这恰恰为更高级的“配”提供了可能。

2) 配送以客户为中心

通过与客户建立长期、稳定的关系，能够实现配送的合理化、计划化、准时化、系统化等目标。配送的对象就是不同的客户，配送在一定意义上也是服务，所以配送能力与服务水平的高低是企业获得竞争优势的重要来源。

3) 配送活动受地域和空间限制

从经济合理的角度出发，配送服务的对象和地域呈现出复杂性，配送难度也越来越大。区域划分越来越细，销售市场的需求日益多样化、及时化，因此建立高效快捷的配送网络，是提高客户满意度、降低配送成本和节约资源的必经之路。

4) 配送是一种有目的的行为

配送不是简单的、重复的行为，它是有计划、主动的、复杂的行为，通常具有明确的配送组织、配送技术、配送设施、配送渠道、配送路线等一套完整的体系来进行服务。

5) 配送具有综合性

从物流的角度出发，配送几乎包括了所有的物流功能要素，是物流活动的统一与综合，配送不仅仅是送货，还是流通加工、整理、拣选、分类、配货、末端物流等一系列活动的有机结合。配送是包括上述物流功能的特殊职能——物资的集散地与物流据点。

(二)配送的特点

从以上对配送的解释不难看出，配送活动具有其自身的特征，与其他物流活动有联系也有区别。

1. 配送是一种专业化的增值服务

整个配送体系必须要有明确的经营组织——专业配送中心，稳定的商品供应渠道，现代化、自动化装备，专业化管理水平。配送是一种专业化的分工方式。配送为客户提供定制化的服务，根据客户的订货要求准确及时地为其提供物资供应保证，在提高服务质量的同时可以通过专业化的规模经营获得单独送货无法得到的低成本。

2. 配送全过程有现代化技术和装备作保证

物流配送面对的是成千上万的供应厂商和消费者，还有不断变化的市场环境，这就决定了拥有现代化的配送设施和完善的配送网络是做好物流配送的前提条件，是扩大物流配送规模的必要手段。同时，配送联系着供应链的上游和下游，其运作管理具有很强的复杂性，在运营中会用到很多的配送技术与设备，如 GIS 技术、GPS 技术、自动分拣系统、自动立体化仓库等。

3. 配送活动有效地联结了物流与商流

配送是重要的物流手段，是重要的商流形式，配送将销售与供应有机地结合起来，使物流与商流一体化。成功的配送活动一般具备以下重要功能。

(1) 准确而又稳定的配送活动可以保证供给的同时，最大限度地降低生产企业或流通企业的商品库存量，从而降低了销售总成本。

(2) 集中而高效的配送活动可以在简化流通程序、缩短流通渠道的同时，提高物流系统本身的效率及服务水平，这是赢得消费者的有效手段。

(3) 合理而顺畅的配送活动，可以提高车辆的利用率，节约能源，降低成本，减少交通拥挤和城市污染，与此同时也可以降低物流系统的单体成本。

二、配送的类别

根据不同的标准，配送可分为不同的类型。

(一)按配送主体所处的行业不同分类

从事物流配送的企业或是组织在配送服务上具有较大的差异，从而形成了按配送主体所处的行业不同进行的分类。

1. 制造业配送

制造业配送是围绕制造企业所进行的原材料、零部件的供应配送，各生产工序上的生产配送及企业为销售产品而进行的对客户的销售配送。由此可见，制造业配送由供应配送、生产配送和销售配送三部分组成，各个部分在客户需求信息的驱动下连成一体，通过各自职能的分工与合作，贯穿于整个制造业配送中。

2. 农业配送

农业配送是在农业生产资料、农产品的送货基础上发展起来的。农业配送是指在与农业相关的经济合理区域范围内，根据客户的要求，对农业生产资料、农产品进行分拣、加工、包装、分割、组配等作业，并按时送达指定地点的农业物流。

3. 商业配送

商业企业的主体包括批发企业和零售企业，批发企业配送一般是对零售商业企业的配送活动，要求配送系统能不断满足零售客户的多批次、少批量的订货及流通加工等方面的要求。而零售企业的配送客户是流通环节终点的消费者，由于经营场所的限制，零售企业希望上游的供应商(包括批发企业)能向其提供小批量的商品配送，同时为了满足不同客户的需求，又希望尽可能多地配备商品种类。

4. 物流企业配送

物流企业是专门从事活动的组织，主要根据所服务客户的要求，为客户提供定制化的配送支持与服务。比较常见的第三方物流公司、快递业等都能提供“门到门”的配送服务。

(二)按实施配送节点的不同分类

配送节点具有物流节点的一般功能属性，不同的物流配送节点在业务范围和工作重点等方面都不尽相同，因此按实施配送节点的不同，配送一般分为以下几类。

1. 配送中心配送

配送中心是较为专业和完善的物流节点，规模较大，功能较全，和客户有固定的配送体系，实施计划性配送服务，主要承担工业生产所有的主要物资的配送及向配送商店实行补充性配送等，是现代配送组织体系中最重要的形式。配送中心的服务半径较宽，覆盖范围较广，配送网络较复杂，因此，必须有一套完善的配送组织与规划作业，同时配备现代化的配送技术与设备。从实施配送较为发达的国家与地区来看，配送中心配送占有绝对的优势地位。

2. 仓库配送

仓库配送一般以仓库为节点进行配送组织工作，具有普通的仓储与配送两方面的功能。在此物流节点内，配送的规模较小，专业化程度普遍较低，仍以存储为核心作业内容。但仓库配送可以完全改造升级成配送中心配送，也可以在原有功能基础上进行专业化配送分工，因此具有较好的灵活性。

3. 商店配送

此节点的主要组织者是商业或物资的门市店面，主要承担商品的零售业务，其规模不大，经营品种较为齐全，除日常零售销售外，还可以按客户的要求组织配送工作，或代客户订购一部分本店面不经营的商品，与商店的自有商品结合，统一配送给客户。商店配送是配送中心配送的辅助形式，主要适用于零星商品的业务组织，常见的有两种方式：兼营配送形式和专营配送形式。

4. 生产企业配送

配送的组织者是生产企业，尤其是进行多品种生产的生产企业，可直接由本企业进行配送而无须再将产品发运到配送中心进行配送，避免了物流中转，有一定优势。但是现代生产企业往往是进行大批量、单一品种、低成本生产，不能像配送中心那样依靠产品凑整来取得运输上的优势，因此此配送类型难以成为配送的主体。

(三)按配送企业专业化程度不同分类

现代配送服务一直向专业化与系统化方向发展，但是由于物流现代化的实现程度不同，配送企业的专业化程度也不同，一般分为综合配送和专业配送两类。

1. 综合配送

综合配送是指配送商品种类较多，不同专业领域的产品在一个配送网点中组织对客户的配送。这一类配送由于综合性较强，故称之为综合配送。

综合配送可减少客户为组织所需全部物资进货的负担，只需和少数配送企业联系，便可解决多种需求。因此，它是对客户服务意识较强的配送形式。

综合配送的局限性在于，由于产品性能、形状差别很大，在组织时技术难度较大。因此，一般只是在性状相同或相近的不同类产品方面实行综合配送，差别过大的产品难以综合化或者存在不经济。

2. 专业配送

专业配送是按产品性状不同适当划分专业领域的配送方式。专业配送并非越细分越好，实际上同一性状而类别不同的产品也是有一定综合性的。

专业配送的主要优势是可按专业的共同要求优化配送设施，优选配送机械及配送车辆，制定适用性强的工艺流程，从而大大提高配送各环节工作的效率。现在已形成的专业配送形式如下。

(1) 中、小件杂货的配送。大部分按标准规格包装的不同类别的中、小产品，由于包括领域较广，也可看成是一种综合性配送，是当前开展较广泛的一种配送。中、小件杂货包括：各种百货、小机电产品、轴承、工具、标准件、小零件、土产品、书籍等。

(2) 金属材料的配送。包括各种金属材料及金属制品。

(3) 燃料煤的配送。包括各种煤炭和煤制品。

(4) 水泥的配送。包括各种包装形式的水泥。

(5) 燃料油的配送。包括各种燃油成品。

(6) 木材的配送。包括原木及加工木。

(7) 平板玻璃的配送。包括各种规格的平板玻璃及制品。

(8) 化工产品的配送。包括各种液体及固体化工产品。

(9) 生鲜食品的配送。包括各种保质期较短的食品。

(10) 家具及家庭用具的配送。包括各种家具及家用大件用具。

除了上述的分类标准，另外还有：

(1) 按配送时间和数量的不同分为定时配送、定量配送、定时定量配送、定时定线配送和即时配送。

(2) 按配送经营形式的不同可分为销售配送、供应配送、销售与供应一体化配送和代存代供配送。

(3) 按加工程度的不同可分为加工配送和集疏配送。

(4) 按配送商品的种类和数量的不同可分为单(少)品种大批量配送、多品种少批量配送、成套配套配送。

三、配送的模式

不同的配送模式具有不同的优势，提供具有特色的配送服务，因此研究配送模式有助于更好地进行配送系统优化与资源整合。

(一)企业自营型配送模式

自营配送是指企业物流配送的各个环节由企业自身筹建并组织管理，实现对企业内部及外部货物配送的模式。这是国内目前生产、流通或综合性企业所广泛采用的一种物流模式，通过独立组建物流中心，实现对内部各部门、场、店的物品供应。 一般自营型配送模式具有较好的运作优势，主要体现在以下几个方面。

(1) 企业对供应链各个环节有较强的控制能力，易于与生产和其他业务环节密切配合，全力服务于本企业的经营管理，确保企业能够获得长期稳定的利润。对于竞争激烈的产业，企业自营物流配送模式有利于企业对供应和分销渠道的控制。

(2) 可以合理地规划管理流程，提高物流作业效率，减少流通费用。对于规模较大、产品单一的企业而言，自营物流可以使物流与资金流、信息流、商流结合得更加紧密，从而大大提高物流作业乃至全方位的工作效率。

(3) 可以使原材料和零配件采购、配送以及生产支持从战略上一体化，实现准时采购，增加批次，减少批量，调控库存，减少资金占用，降低成本，从而实现零库存、零距离和零营运资本。

(4) 反应快速、灵活。由于整个物流体系属于企业内部的一个组成部分，与企业经营

部门关系密切，以服务于本企业的生产经营为主要目标，因此能够更好地满足企业在物流业务上的时间、空间要求，特别是要求物流配送较频繁的企业，自建物流能更快速、灵活地满足企业要求。

由此可见，一般此模式比较适用于规模较大的集团公司，以及对物流的控制能力较强、产品线单一的企业。

(二)社会化中介型配送模式

这种模式主要是由具有一定规模的物流设施设备(库房、站台、车辆等)及专业经验、技能的批发、储运或其他物流业务经营企业，利用自身业务优势，承担其他生产性企业在该区域内市场开拓、产品营销而开展的纯服务性的配送。

这种配送模式可减少用户组织所需全部物资的进货负担，他们只需要和少数配送企业联系，便可解决多种需求的配送。因此，这是对用户服务较强的配送形式。但此配送方式需要企业具有较强的组织和协调能力，同时，稳定性也较差，因为企业要与上、下游的几家企业形成互用网络，就必须保证上、下游企业都是正常运营的，如果某个企业出现问题，那么这种模式就会受到影响，甚至损害企业自身利益。

在这种模式中，从事配送业务的企业通过与上游企业(生产、加工企业)建立广泛的代理或买断关系，与下游商家(零售店铺)形成较稳定的契约关系，从而将生产、加工企业的商品或信息进行统一组合、处理后，按客户订单的要求配送到店铺。

(三)共同配送模式

按照日本工业标准(JIS)的解释，共同配送(Common Delivery)是指“为提高物流效率，许多企业一起进行配送的配送方式”。即为提高物流效率对某一地区的用户进行配送时，由许多配送企业联合在一起进行的配送。它是在配送中心的统一计划、统一调度下展开的。有以下两种运作形式。

(1) 由一个配送企业对多家用户进行配送。即由一个配送企业综合某一地区内多个用户的要求，统筹安排配送时间、次数、路线和货物数量，全面进行配送。

(2) 仅在送货环节上将多家用户待运送的货物混载于同一辆车上，然后按照用户的要求分别将货物运送到各个接货点，或者运到多家用户联合设立的配送货物接收点上。这种配送有利于节省运力和提高运输车辆的货物满载率。

共同配送可以提高效率，降低成本；可以实现社会资源共享。共同配送可以帮助厂商对市场需求做出快速反应。例如，药品与保健品公司是共享配送网络的最大客户之一，这是因为为了快速履行订单，它们必须要在主要的销售点附近保存少量的存货，因为这些销售点相对来说空间很小，为保证在有限的空间内陈列更多的商品，就不能保有太多的库存，因此采用共同配送进行及时补货是非常适合的。对于厂商来说，采用共同配送所需的成本

只是实际的货运量带来的变动成本，节省了固定成本，因此他们可以用节省下来的资金投资于自己的核心业务活动，如产品开发、市场营销以及其他创收活动。

四、配送的业务流程

传统的送货业务与现代的配送服务是大相径庭的，配送是一个整体的运作过程，每个过程都发挥着各自的作用。

(一)配送作业的基本环节

物流配送作业是按照用户的要求，把货物分拣出来，按时按量发送到指定地点的过程。从总体上讲，配送是由备货、理货和送货三个基本环节组成的。其中每个环节又包含若干项具体的、季节性的活动。

1. 备货

备货是指准备货物的系列活动，它是配送的基础环节。严格来说，备货包括两项具体活动：筹集货物和存储货物。

(1) 筹集货物。筹集货物是由订货(或购货)、进货、集货及相关的验货、结算等一系列活动组成。

(2) 储存货物。货物储存有两种形态：一种是暂存形态，另一种是储备(包括保险储备和周转储备)形态。

2. 理货

理货是配送的一项重要内容，也是配送区别于一般送货的重要标志。理货包括货物分拣、配货和包装等经济活动，其中分拣是指采用适当的方式和手段，从储存的货物中选出用户所需货物的活动。分拣货物一般采取两种方式来操作。

第一，摘取式分拣。摘取式分拣就像在果园中摘果子那样拣选货物。

第二，播种式分拣。播种式分拣货物类似于田野中的播种操作。其做法是：将数量较多的同种货物集中返到发货场，然后，根据每个货位货物的发送量分别取出货物，并分别投放到每个代表用户的货位上，直至配货完毕。

3. 送货

送货是配送活动的核心，也是备货和理货工序的延伸。在物流活动中，送货的形态实际上就是货物的运输(或运送)，因此，常常以运输代表送货。但是，组成配送活动的运输(有人称之为“配送运输”)与通常所讲的“干线运输”是有很大区别的，在送货过程中，常常进行三种选择：运输方式、运输路线和运输工具。

(二)配送的一般业务流程

配送作业是配送企业或部门运作的核心内容，因而配送作业流程的合理性以及配送作业效率的高低都会直接影响整个物流系统的正常运行。一般作业的业务流程如图 7-1 所示。

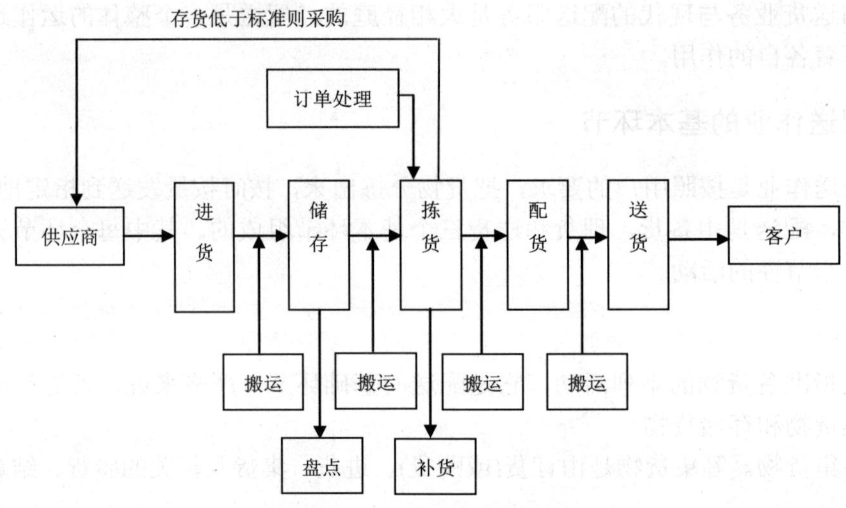

图 7-1　配送的业务流程

当收到用户订单后，首先将订单按其性质进行“订单处理”，之后根据处理后的订单信息，进行从仓库中取出用户所需货品的“拣货”作业。拣货完成，一旦发现拣货区所剩余的存货量过低时，则必须由储存区进行“补货”作业。如果储存区的存货量低于规定标准时，便向供应商采购订货。从仓库拣选出的货品经过整理之后即可准备“发货”，等到一切发货准备就绪，司机便可将货品装在配送车上，向用户进行“送货”作业。另外，在所有作业进行中，可发现只要涉及物的流动作业，其间的过程就一定有“搬运”作业。上述作业流程的具体作业管理内容在本章第二节进行详细的讲解，现将主要作业过程概括如下。

1. 进货

进货作业包括把货品做实体上的接收，从货车上将其货物卸下，并核对该货品的数量及状态(如数量检查、品质检查、开箱等)，然后记录必要信息或录入计算机。

2. 搬运

搬运是将不同形态的散装、包装或整体的原料、半成品或成品，在平面或垂直方向加以提起、放下或移动，可能是要运送，也可能是要重新摆置物料，而使货品能适时、适量移至适当的位置或场所存放。在配送中心的每个作业环节都包含着搬运作业。

3. 储存

储存作业的主要任务是把将来要使用或者要出货的物料作保存，且经常要做库存品的检核控制，储存时要注意充分利用空间，还要注意存货的管理。

4. 盘点

货品因不断地进出库，在长期的累积下库存资料容易与实际数量产生不符，或者有些产品因存放过久、不恰当，致使品质功能受影响，难以满足客户的需求。为了有效地控制货品数量，需要对各储存场所进行盘点作业。

5. 订单处理

由接到客户订货开始至准备着手拣货之间的作业阶段，称为订单处理，包括有关客户、订单的资料确认、存货查询、单据处理以及出货配发等。

6. 拣货

每张客户的订单中都至少包含一项以上的商品，如何将这些不同种类数量的商品由配送中心中取出集中在一起，此即所谓的拣货作业。拣货作业的目的就在于正确且迅速地集合顾客所订购的商品。

7. 补货

补货作业包括从保管区域(Reserve Area)将货品移到拣货区域(Home Area)，并作相应的信息处理。

8. 出货

将拣取分类完成的货品做好出货检查，装入合适的容器，做好标示，根据车辆趟次别或厂商别等指示将物品运至出货准备区，最后装车配送。

9. 配送

配送是指将被订购的物品，使用卡车从配送中心送至顾客手中的活动。配送主要涉及从供应链的制造商到终端客户的运输和储存活动。运输的功能在于完成产品空间上的物理转移，克服制造商与客户之间的空间距离，从而产生空间效用；而储存的功能就是将产品保存起来，利用客户产品供应与需求在时间上的差距，创造时间效用。所以配送创造了时间效用和空间效用。

第二节　配送作业管理

物流配送作业是按照用户的要求，把货物分拣出来，按时按量发送到指定地点的过程，

是配送企业或部门运作的核心内容，因而配送作业流程的合理性以及配送作业效率的高低都会直接影响整个物流系统的正常运行。

一、进货入库作业

进货入库作业是货物进入库房、仓库、货场等的一系列活动，是配送作业的首要环节。

(一)基本作业流程

进货作业包括接货、卸货、验收入库，然后将有关信息书面化等一系列工作。进货作业的基本流程如图 7-2 所示。

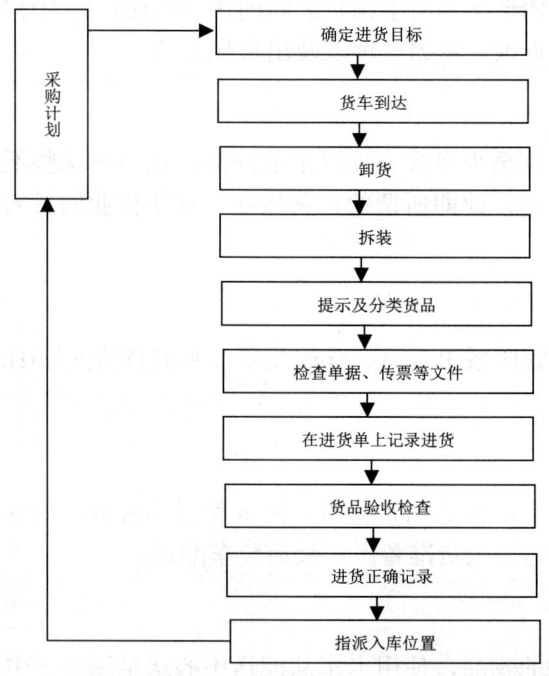

图 7-2　进货作业流程

开出采购单后，入库进货管理员即可根据采购单上预定入库日期进行入库作业调度、入库月台调度；在商品入库当日进行入库资料查核、入库质检，当质量或数量不符时即进行适当修正或处理，并输入入库数据。入库管理员可按一定方式指定卸货及托盘堆叠。对于退回商品的入库还需经过质检、分类处理，然后登记入库。在其流程安排中，应注意以下事项。

(1) 应多利用配送车司机卸货，以减少公司作业人员和避免卸货作业的拖延。

(2) 尽可能将多样活动集中在同一工作站，以节省必要的空间。

(3) 尽量避开进货高峰期，并依据相关性安排活动，以达到距离最小化。

(4) 详细记录进货资料，以备后续存取核查。

(二)货物编码

进货作业是配送作业的首要环节。为了让后续作业准确而快速地进行，并使货物品质及作业水准得到妥善维持，在进货阶段对货物进行有效的编码是一项十分重要的内容。编码结构应尽量简单，长度尽量短，一方面便于记忆，另一方面也可以节省机器存储空间，减少代码处理中的差错，提高信息处理效率。常用的编码方法有：①顺序码；②数字分段码；③分组编码；④实际意义编码；⑤后数位编码；⑥暗示编码。

(三)货物分类

货物分类是将多品种货物按其性质或其他条件逐次区别，分别归入不同的货物类别，并进行有系统的排列，以提高作业效率。在实际操作中，对品项较多的分类储存，可分为两个阶段、上下两层输送同时进行。

(1) 由条码读取机读取箱子上的物流条码，依照品项做出第一次分类，再决定归属上层或下层的存储输送线。

(2) 上、下层的条码读取机再次读取条码，并将箱子按各个不同的品项，分门别类到各个储存线上。

(3) 在每条储存线的切离端，箱子堆满一只托盘后，一长串货物即被分离出来；当箱子组合装满一层托盘时，就被送入中心部(利用推杆，使其排列整齐)，之后，箱子在托盘上一层层地堆叠，堆到预先设定的层数后完成分类。

(4) 操作员用叉式堆高机将分好类的货物依类运送到储存场所。

(四)货物验收检查

货物验收是对产品的质量和数量进行检查的工作。其验收标准及内容如下。

1. 货物验收的标准

一般货物验收的主要标准参照以下条件进行。

(1) 采购合同或订单所规定的具体要求和条件。

(2) 采购合约中的规格或图解。

(3) 议价时的合格样品。

(4) 各类产品的国家品质标准或国际标准。

2. 货物验收的内容

(1) 质量验收。

(2) 包装验收。
(3) 数量验收。

二、订单处理

从接到客户订单开始到着手准备拣货之间的作业阶段，称为订单处理。通常包括订单资料确认、存货查询、单据处理等内容。

(一)订单处理基本内容

订单处理分为人工和计算机两种形式。人工处理具有较大弹性，但只适合少量的订单处理。计算机处理则速度快、效率高、成本低，适合大量的订单处理，因此目前主要采取后一种形式。

订单处理的基本内容和步骤如图 7-3 所示。

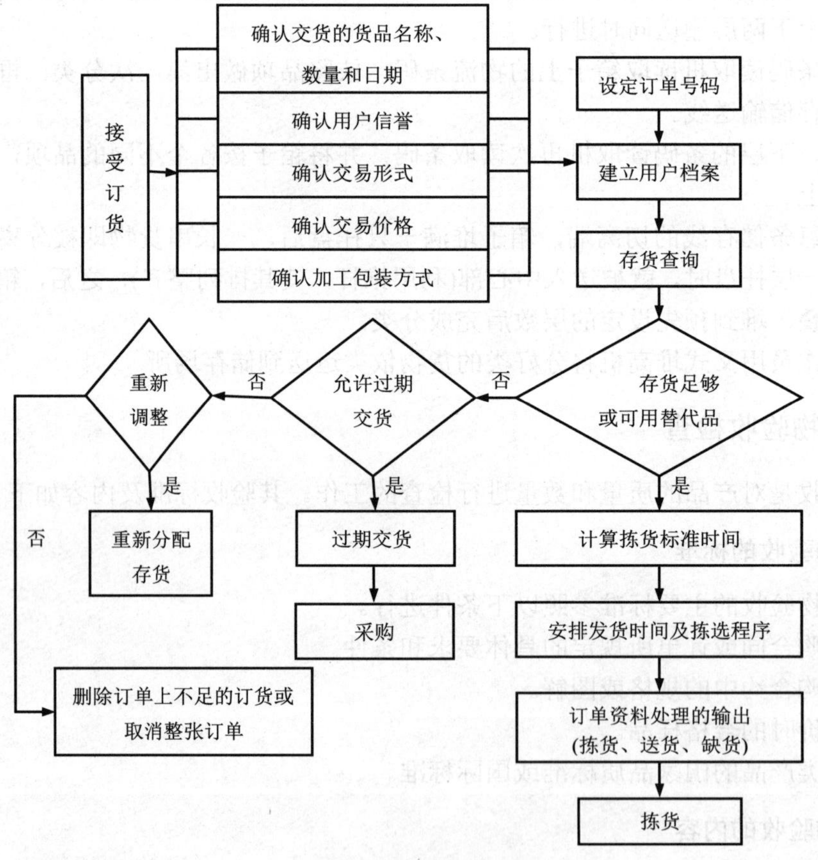

图 7-3 订单处理的基本内容和步骤

(二)订单的确认

接单之后，必须对相关事项进行确认。主要包括以下几个方面。

1. 货物数量及日期的确认

即检查品名、数量、送货日期等是否有遗漏、笔误或不符合公司要求的情形。尤其当送货时间有问题或出货时间已延迟时，更需与客户再次确认订单内容或更正运送时间。

2. 客户信用的确认

不论订单是由何种方式传至公司，配送系统都要核查客户的财务状况，以确定其是否有能力支付该订单的账款。通常的做法是检查客户的应收账款是否已超过其信用额度。

3. 订单形态确认

订单形态包括：一般交易订单、间接交易订单、现销式交易订单、合约式交易订单等。

1) 一般交易订单

交易形态：一般的交易订单，即接单后按正常的作业程序拣货、出货、发送、收款的订单。

处理方式：接单后，将资料输入订单处理系统，按正常的订单处理程序处理，资料处理完后进行拣货、出货、发送、收款等作业。

2) 间接交易订单

交易形态：客户向配送中心订货，直接由供应商配送给客户的交易订单。

处理方式：接单后，将客户的出货资料传给供应商由其代配。此方式需注意的是，客户的送货单是自行制作或委托供应商制作的，应对出货资料加以核对确认。

3) 现销式交易订单

交易形态：与客户当场交易、直接给货的交易订单。

处理方式：订单资料输入后，因货物此时已交给客户，故订单资料不再参与拣货、出货、发送等作业，只需记录交易资料即可。

4) 合约式交易订单

交易形态：与客户签订配送契约的交易，如签订某期间内定时配送某数量的商品。

处理方式：在约定的送货日，将配送资料输入系统处理以便出货配送；或一开始便输入合约内容的订货资料并设定各批次送货时间，以便在约定日期系统自动产生所需的订单资料。

4. 订单价格确认

对于不同的客户(如批发商、零售商)、不同的订购批量，可能对应不同的售价，因而输入价格时系统应加以检核。若输入的价格不符(输入错误或业务员降价接受订单等)，系统应加以锁定，以便主管审核。

5. 加工包装确认

客户订购的商品是否有特殊的包装、分装或贴标等要求，或是有关赠品的包装等资料系统都需加以专门的确认记录。

三、拣货作业

拣货作业是配送作业的中心环节。所谓拣货，是依据顾客的订货要求或配送中心的作业计划，尽可能迅速、准确地将商品从其储位或其他区域拣取出来的作业过程。拣货作业系统的重要组成元素包括拣货单位、拣货方式、拣货策略、拣货信息、拣货设备等。

(一)拣货作业流程

拣货作业在配送作业环节中不仅工作量大、工艺复杂，而且要求作业时间短、准确度高、服务质量好。

拣货作业流程如下：制作拣货作业单据→安排拣货路径→分派拣货人员→拣货。

整个拣货作业所消耗的时间主要包括以下四大部分。

(1) 订单或送货单经过信息处理，形成拣货指示的时间。

(2) 行走或搬运货物的时间。

(3) 准确找到货物的储位并确认所拣货物及数量的时间。

(4) 拣取完毕，将货物分类集中的时间。

(二)拣货方式

拣货作业最简单的划分方式，是将其分为按订单拣取、批量拣取与复合拣取三种方式。按订单拣取是分别按每份订单拣货；批量拣取是多张订单累积成一批，汇总后形成拣货单，然后根据拣货单的指示一次拣取商品，再根据订单进行分类；复合拣取是将以上两种方式组合起来的拣货方式，即根据订单的品种、数量及出库频率，确定哪些订单适合按订单拣取，哪些适合批量拣取，然后分别采取不同的拣货方式。

四、补货作业

补货作业是指从保管区域(Reserve Area)将货品移到另一个为了做订单拣取(Order Picking)的动管拣货区域(Home Area)，然后将此迁移作业作书面处理。

(一)补货方式

补货作业方式主要包括：整箱补货、整托盘补货和货架上层至货架下层的补货等。

1. 整箱补货——由货架保管区补货至流动货架动管区

此补货方式保管区为货架储放，动管拣货区为两面开放式的流动棚拣货，拣货员于流动棚拣取区拣取单品放入浅箱(篮)中，而后放至于输送机运至出货区。而当拣取后发觉动管区的存货已低于水准之下则要进行补货的动作。其补货方式为作业员至货架保管区取货箱，以手推车载箱至拣货区，由流动棚架后方(非拣取面)补货。此保管动管区储放形态的补货方式较适合体积小且少量多样出货的货品。

2. 整托盘补货(一)——由地板堆叠保管区补货至地板堆叠动管区

此补货方式保管区为以托盘为单位地板平置堆叠储放，动管区亦以托盘为单位地板平置堆叠储放，所不同之处在于保管区的面积较大，储放货品量较多，而动管区的面积较小，储放货品量较少。拣取时拣货员于拣取区拣取托盘上的货箱，放至中央输送机出货；或者，可使用堆高机将托盘整个送至出货区(当拣取大量品项时)。而当拣取后发觉动管拣取区的存货低于水准之下，则要进行补货动作，其补货方式为：作业员以堆高机由托盘平置堆叠的保管区搬运托盘至同样是托盘平置堆叠的拣货动管区。此保管、动管区储放形态的补货方式较适合体积大或出货量多的货品。

3. 整托盘补货(二) ——由地板堆叠保管区补货至托盘货架动管区

此补货方式保管区为以托盘为单位地板平置堆叠储放，动管区则为托盘货架储放。拣取时拣货员在拣取区搭乘牵引车拉着推车移动拣货，拣取后再将推车送至输送机轨道出货。而一旦发觉拣取后动管区的库存太低，则要进行补货动作，其补货方式为：作业员使用堆高机很快地自地板平置堆叠的保管区搬回托盘，送至动管区托盘货架上储放。此保管、动管区储放形态的补货方式较适合体积中等或中量(以箱为单位)出货的货品。

4. 货架上层至货架下层的补货——由同一货架的上下层区域进行补货

此补货方式为保管区与动管区属于同一货架，也就是将一个货架上的两手方便拿取之处(中下层)作为动管区，不容易拿取之处(上层)作为保管区。而进货时便将动管区放不下的多余货箱放至上层保管区。当动管区的存货低于水准之下则可利用堆高机将上层保管区的货品搬至下层动管区补货。此保管动管区储放形态的补货方式较适合体积不大，每品项存货量不高，且出货多属中小量(以箱为单位)的货品。

(二)补货时机

补货作业的发生与否要视拣货区的货物存量是否符合需求，因此究竟何时补货要看拣货区的存量，以避免拣货中途才发觉拣货区的货量不够，需要临时补货而影响整个拣货作业的情形。通常，采用批次补货、定时补货和随机补货三种方式。

(1) 批次补货：于每天或每一批次拣取前，经电脑计算所需货品的总拣取量，再相对查看拣货区的货品量，计算出差额并在拣取前某一特定时点补足货品。此为“一次补足”的补货原则，比较适合一日内作业量变化不大、紧急插单不多，或是每批次拣取量大、需事先掌握的情况。

(2) 定时补货：将每天划分为数个时点，补货人员于时段内检视拣货区货架上的货品存量，若不足即马上将货架补满。此为“定时补足”的补货原则，比较适合分批拣货时间固定，且处理紧急追加订货的时间亦固定的情况。

(3) 随机补货：指定专门的补货人员，随时巡视拣货区的货品存量，发现不足随时补货的方式。此为“不定时补足”的补货原则，比较适合每批次拣取量不大，紧急插单比较多，以至于一日内作业量不易事前掌握的场合。

五、配货作业

配货作业是指把拣取分类完成的货品经过配货检查过程后，装入容器和做好标示，再运到配货准备区，待装车后发送。配货作业既可采用人工作业方式，也可采用人机作业方式，还可采用自动化作业方式，但组织方式有一定区别。其作业流程如图 7-4 所示。

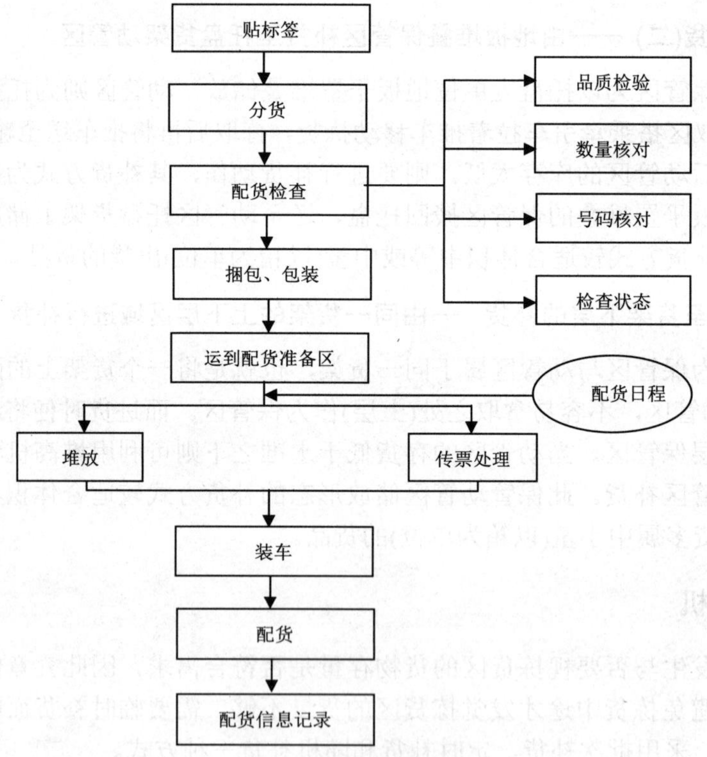

图 7-4　配货作业流程

六、送货作业

送货作业是利用配送车辆把用户订购的物品从制造厂、生产基地、批发商、经销商或配送中心，送到用户手中的过程。送货通常是一种短距离、小批量、高频率的运输形式，它以服务为目标，以尽可能满足客户需求为宗旨。

送货作业的一般业务流程如图 7-5 所示。在各阶段的操作过程中，需要注意的要点有：明确订单内容、掌握货物的性质、明确具体配送地点、适当选择配送车辆、选择最优的配送线路及充分考虑各作业点装卸货时间。

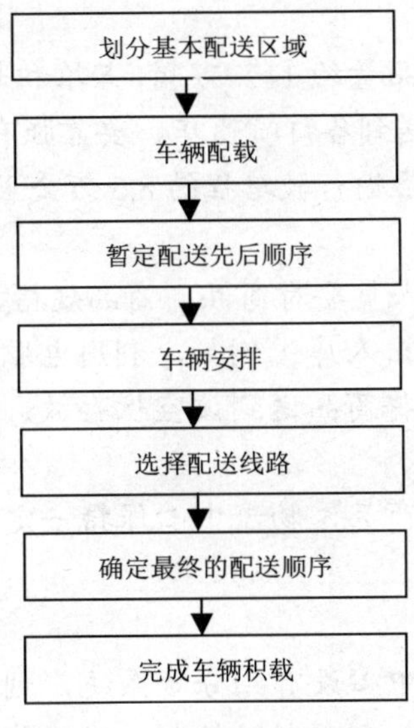

图 7-5　送货作业流程

七、退调作业和信息处理

退调作业发生在商品的进出货端，是货物处理的重要活动。信息处理连接配送环节中的各个重要部分，是配送中心运营的中枢环节。

(一)退调作业

退调作业涉及退货商品的接收和退货商品的处理。而退货商品的处理，还包含退货商品的分类、整理(部分商品可重新入库)、退供货商或报废销毁以及账务处理。

(二)信息处理

在配送中心的运营中，信息系统起着中枢神经的作用，其对外与生产商、批发商、连

锁商场及其他客户等联网，对内向各子系统传递信息，把收货、储存、拣选、流通加工、分拣、配送等物流活动整合起来，协调一致，指挥、控制各种物流设备和设施高效率运转。在配送中心的运营中包含着三种“流”，即物流、资金流和信息流。

电子商务运作中，物流信息处理的功能具体包括：①掌握现状；②接受订货；③指示发货；④配送工作组织；⑤费用结算；⑥日常业务管理；⑦库存补充；⑧与外部沟通。

案例 7-1：西友公司商品配送管理

西友公司是日本第四大连锁零售企业，现成为沃尔玛的全资子公司。西友公司商品配送的成功要素可以归结为以下几点。

1. 经营规模

府中物流中心每天经营的商品量约 117 万箱，若堆积起来，相当于富士山高度的 12 倍。将这大量的商品准确、及时地配送到各订货商店，要靠强有力的运输系统来完成。物流中心每天出动 1000 台次恒温车运输，运输行驶路程约 8.5 万公里，相当于围绕地球转两周的距离。

2. 商品出入库系统

商品从进货处运来后，有关人员要对商品、商品规格、数量、品种等进行确认、验货，然后利用电脑操作，控制商品的出入库。例如，利用电脑自动寻找仓库中存放各类商品的最佳空位，再利用自动传送功能将商品送到该空位存放。商品出库时，按商店的订货单在自动仓库进行自动装货、出库。

为了保证稳定地向商店供应商品，物流中心保持一定数量的库存，数量与商店预定进货数量相等，约为 13 万箱。

3. 细分货系统

为方便各商店的经营，物流中心设有细分货系统，利用传送带、条码进行作业。以服装为例：以商店的订货单为依据，利用电脑控制，对服装的数量、颜色、尺寸、规格等进行细分货；被分货的商品，按照电脑指示，自动地分到各自的传送带上，并经过各阶段的电脑确认、条码检验，最后集中一处。

利用细分货系统，可在短时间内配全一个商店所需商品，这是物流中心为商店服务的具体体现。该细分货系统每天可为 170 个商店提供约 70%的商品。该系统对商店经营有以下几个好处：①供应适合陈列量的商品；②按销售场所面积提供商品；③减少商店上货的作业时间；④减少商店库存。

分析提示：

物流配送的作业环节是相互关联的，商品配送是具有系统性的，因此，配送作业管理要掌握重点并系统应用。

(资料来源：百度文库．百度网，http://wenku.baidu.com/view/2ab71642a8956bec0975e34b.html，2010.04.19)

第三节 配送成本管理

配送是物流企业重要的作业环节，通过配送物流活动才得以最终实现，但完成配送活动是需要付出代价的，即需配送成本，配送成本是配送过程中所支付的费用总和。研究配送成本的构成、核算与控制方法，有助于供应链各环节总成本的降低，进而使供应链管理更加完善与高效。

一、配送成本的构成

根据配送流程及配送环节，配送成本实际上包含配送运输费用、分拣费用、配装及流通加工费用等。其成本应由以下费用构成。

(一)配送运输费用

配送运输费用主要包括以下方面。

(1) 车辆费用。车辆费用是指从事配送运输生产而发生的各项费用。具体包括驾驶员及助手等的工资及福利费、燃料、轮胎、修理费、折旧费、养路费、车船使用税等项目。

(2) 营运间接费用。这是指营运过程中发生的不能直接计入各成本计算对象的站、队经费。包括站、队人员的工资及福利费，办公费，水电费，折旧费等内容，但不包括管理费用。

(二)分拣费用

(1) 分拣人工费用。这是指从事分拣工作的作业人员及有关人员的工资、奖金、补贴等费用的总和。

(2) 分拣设备费用。这是指分拣机械设备的折旧费用及修理费用。

(三)配装费用

(1) 配装材料费用。常见的配装材料有木材、纸、自然纤维和合成纤维、塑料等。这些包装材料功能不同，成本相差很大。

(2) 配装辅助费用。除上述费用外，还有一些辅助性费用，如包装标记、标志的印刷，拴挂物费用等的支出。

(3) 配装人工费用。这是指从事包装工作的工人及有关人员的工资、奖金、补贴等费用的总和。

(四)流通加工费用

(1) 流通加工设备费用。流通加工设备因流通加工形式的不同而不同，购置这些设备

所支出的费用，以流通加工费用的形式转移到被加工产品中。

(2) 流通加工材料费用。这是指在流通加工过程中，投入到加工过程中的一些材料消耗所需要的费用。

(3) 流通加工人员费用。这是指在流通加工过程中从事加工活动的管理人员、工人及有关人员工资、奖金等费用的总和。

实际应用中，应该根据配送的具体流程归集成本，不同配送模式的成本构成差异较大。相同的配送模式下，由于配送物品的性质不同，其成本构成差异也很大。

二、配送成本的核算

配送成本费用的核算是多环节的核算，是各个配送环节或活动的集成。配送各个环节的成本费用核算都具有各自的特点，如流通加工的费用核算与配送运输费用的核算具有明显的区别，其成本计算的对象及计算单位都不同。

配送成本费用的计算涉及多环节的成本计算，对每个环节应当计算各成本计算对象的总成本。总成本是指成本计算期内成本计算对象的成本总额，即各个成本项目金额之和。配送成本费用总额由各个环节的成本组成。其计算公式如下：

配送成本=配送运输成本+分拣成本+配装成本+流通加工成本

需要指出的是，在进行配送成本费用核算时要避免配送成本费用重复交叉。

(一)运输成本的核算

配送运输成本的核算，是指将配送车辆在配送生产过程中所发生的费用，按照规定的配送对象和成本项目，计入配送对象的运输成本项目中的方法。

1. 配送运输成本的数据来源

(1) 工资及职工福利费。根据“工资分配汇总表”和“职工福利费计算表”中各车型分配的金额计入成本。

(2) 燃料。根据“燃料发出凭证汇总表”中各车型耗用的燃料金额计入成本。配送车辆在本企业以外的油库加油，其领发数量不作为企业购入和发出处理的，应在发生时按照配送车辆领用数量和金额计入成本。

(3) 轮胎。轮胎外胎采用一次摊销法的，根据“轮胎发出凭证汇总表”中各车型领用的金额计入成本；采用按行驶胎公里提取法的，根据“轮胎摊提费计算表”中各车型应负担的摊提额计入成本。发生轮胎翻新费时，根据付款凭证直接计入各车型成本或通过待摊费用分期摊销。内胎、垫带根据“材料发出凭证汇总表”中各车型成本领用金额计入成本。

(4) 修理费。辅助生产部门对配送车辆进行保养和修理的费用，根据“辅助营运费用分配表”中分配各车型的金额计入成本。

(5) 折旧费。根据“固定资产折旧计算表”中按照车辆种类提取的折旧金额计入各分类成本。

(6) 养路费及运输管理费。配送车辆应缴纳的养路费和运输管理费，应在月终计算成本时，编制“配送营运车辆应缴纳养路费及管理费计算表”，据此计入配送成本。

(7) 车船使用税、行车事故损失和其他费用。如果是通过银行转账、应付票据、现金支付的，根据付款凭证等直接计入有关的车辆成本；如果是在企业仓库内领用的材料物资，根据“材料发出凭证汇总表”“低值易耗品发出凭证汇总表”中各车型领用的金额计入成本。

(8) 营运间接费用。根据“营运间接费用分配表”计入有关配送车辆成本。

2. 配送运输成本计算表

物流配送企业月末应编制配送运输成本计算表，以反映配送总成本和单位成本。配送运输总成本是指成本计算期内成本计算对象的成本总额，即各个成本项目金额之和。单位成本是指成本计算期内各成本计算对象完成单位周转量的成本额。各成本计算对象计算的成本降低额，是指用该配送成本的上年度实际单位成本乘以本期实际周转量计算的总成本，减去本期实际总成本的差额。它是反映该配送运输成本由于成本降低所产生的节约金额的一项指标。

按各成本计算对象计算的成本降低率，是指该配送运输成本的降低额与上年度实际单位成本乘以本期实际周转量计算的总成本比较的百分比。它是反映该配送运输成本降低幅度的一项指标。

各成本计算对象的降低额和降低率的计算公式如下：

成本降低额=上年度实际单位成本×本期实际周转量−本期实际总成本

成本降低率=成本降低额/(上年度实际单位成本×本期实际周转量)×100%

(二)流通加工成本的核算

流通加工在物流活动中具有其特殊性，是物流活动中的一个增值服务，因而要明确其核算的主要内容和项目。

1. 流通加工成本项目和内容

(1) 直接材料费。流通加工的直接材料费用是指对流通加工产品加工过程中直接消耗的材料、辅助材料、包装材料以及燃料和动力等费用。与工业企业相比，在流通加工过程中的直接材料费用，占流通加工成本的比例不大。

(2) 直接人工费用。流通加工成本中的直接人工费用，是指直接进行加工生产的生产工人的工资总额和按工资总额提取的职工福利费。生产工人工资总额包括计时工资、计件工资、奖金、津贴和补贴、加班工资、非工作时间的工资等。

(3) 制造费用。流通加工制造费用是物流中心设置的生产加工单位为组织和管理生产加工所发生的各项间接费用。主要包括流通加工生产单位管理人员的工资及提取的福利费，生产加工单位房屋、建筑物、机器设备等的折旧和修理费，生产单位固定资产租赁费，物料消耗，低值易耗品摊销，取暖费，水电费，办公费，差旅费，保险费，试验检验费，季节性停工和机器设备修理期间的停工损失以及其他制造费用。

2. 流通加工成本项目的归集

(1) 直接材料费用的归集。直接材料费用中，材料和燃料费用数额是根据全部领料凭证汇总编制的“耗用材料汇总表”确定的；外购动力费用是根据有关凭证确定的。

在归集直接材料费用时，凡能分清某一成本计算对象的费用，应单独列出，以便直接计入该加工对象的成本计算单中；属于几个加工成本对象共同耗用的直接材料费用，应当选择适当的方法，分配计入各加工成本计算对象的成本计算单中。

(2) 直接人工费用的归集。计入成本中的直接人工费用的数额，是根据当期“工资结算汇总表”和“职工福利费计算表”来确定的。

“工资结算汇总表”是进行工资结算和分配的原始依据。它是根据“工资结算单”按人员类别(工资用途)汇总编制的。“工资结算单”应当依据职工工作卡片、考勤记录、工作量记录等工资计算的原始记录编制。

“职工福利费计算表”是依据“工资结算汇总表”确定的各类人员工资总额，按照规定的提取比例计算后编制的。

(3) 制造费用的归集。制造费用是通过设置制造费用明细账，按照费用发生的地点来归集的。制造费用明细账按照加工生产单位开设，并按费用明细账项目设专栏组织核算。流通加工制造费用表的格式可以参考工业企业的制造费用表的一般格式。由于流通加工环节的折旧费用、固定资产修理费用等占成本比例较大，其费用归集尤其重要。

三、配送成本控制

控制配送成本是物流现代化与配送高效化的必然要求，在实际工作中必须增强配送的计划性、确定合理的配送路线和选择合适的策略。

(一)增强配送的计划性

在配送活动中，临时配送、紧急配送或无计划的随时配送都会大幅度增加配送成本。临时配送由于事先计划不善，未能考虑正确的装配方式和恰当的运输路线，到了临近配送截止时期时，不得不安排专车、单线进行配送，造成车辆不满载、里程多。紧急配送往往只要求按时送货，来不及认真安排车辆配装及配送路线，从而造成载重和里程的浪费。而为了保持服务水平，又不能拒绝紧急配送。但是如果认真核查并有调剂准备的余地，紧急配送也可纳入计划。随时配送对订货要求不做计划安排，有一笔送一次。这样虽然能保证服务质量，但是不能保证配装与路线的合理性，也会造成很大浪费。

为了增强配送的计划性，需要制定配送申报制度。所谓配送申报制度，就是指零售商店订货申请制度。解决这个问题的基本原则是：在尽量减少零售店存货、尽量减少缺货损失的前提下，相对集中各零售店的订货。应针对商品的特性，制定相应的配送申报制度。

1. 对鲜活商品

为保证商品的鲜活应实行定时定量申报、定时定量配送，零售店一般一天申报一次，商品的量应以当天全部销售完为度。实行定时定量申报的商品，在商品量确定以后，分店除特殊情况外，不必再进行申报。由配送中心根据零售店的定量，每天送货。

2. 对普通商品

对普通商品应实行定期申报、定期配送。定期申报是指零售店定期向配送中心订货，订货量为两次订货之间的预计需求量。实行定期申报的优点是：①各零售店的要货相对集中。零售店同时发出订货申请，配送中心将订货单按商品分类、汇总，统一完成配送。②零售店不必经常清点每种产品的盘存量，减少了工作量。③零售店是向众多单个消费者销售商品，不确定因素多。实行定期申报，零售店只需预测订货周期较短时间内的需求量，降低了经营风险。零售店定期发出订货申请，配送中心定期送货。送货的时间间隔与订货的时间间隔一致，例如，每七天订一次，每七天送一次货。问题的关键是如何确定合理的时间间隔。时间太长，每次的发货量必定很多，这无疑是将配送中心的存货分散到零售店储备；时间太短，每次发的货太零星，既增加了配送难度，也增加了配送次数。一个合理的时间间隔应该是在使零售店保持较少的库存而又不缺货的前提下，集中零售店的订货。在实际操作中应通过数据和经验来分析确定。

(二)确定合理的配送路线

配送路线合理与否对配送速度、成本、效益影响很大，因此，采用科学方法确定合理的配送路线是配送的一项重要工作。确定配送路线可以采用各种数学方法和在数学方法基础上发展和演变出来的经验方法。无论采用何种方法都必须满足一定的约束条件。

一般的配送，约束条件有以下几个。

(1) 满足所有零售店对商品品种、规格、数量的要求。

(2) 满足零售店对货物到达时间范围的要求。

(3) 在交通管理部门允许通行的时间内进行配送。

(4) 各配送路线的商品量不超过车辆容积及载重量的限制。

(5) 在配送中心现有的运力允许的范围之内配送。

(三)选择合适的策略

配送活动增加了产品价值，有助于提高企业的竞争力，对配送的管理就是在配送的目

标(即满足一定的顾客服务水平)与配送成本之间寻求平衡，即在一定的配送成本下尽量提高顾客服务水平，或在一定的顾客服务水平下使配送成本最小。

1. 混合策略

混合策略是指配送业务一部分由企业自身完成。这种策略的基本思想是，尽管采用纯策略(即配送活动要么全部由企业自身完成，要么完全外包给第三方物流完成)易形成一定的规模经济，并使管理简化，但由于存在产品品种多变、规格不一、销量不等等情况，采用纯策略的配送方式超出一定程度不仅不能取得规模效益，反而还会造成规模不经济。而采用混合策略，合理安排企业自身完成的配送和外包给第三方物流完成的配送，能使配送成本最低。例如，美国一家干货生产企业为满足遍及全美的1000家连锁店的配送需要，建造了6座仓库，并拥有自己的车队。随着经营的发展，企业决定扩大配送系统，计划在芝加哥投资700万美元再建一座新仓库，并配以新型的物料处理系统。该计划提交董事会讨论时，却发现这样不仅成本较高，而且就算仓库建起来也还是满足不了需要。于是，企业把目光投向租赁公共仓库，结果发现，如果企业在附近租用公共仓库，增加一些必要的设备，再加上原有的仓储设施，企业所需的仓储空间就足够了，但总投资只需20万美元的设备购置费，10万美元的外包运费，加上租金，也远没有700万美元之多。

2. 差异化策略

差异化策略的指导思想是：产品特征不同，顾客服务水平也不同。

当企业拥有多种产品线时，不能对所有产品都按同一标准的顾客服务水平来配送，而应按产品的特点、销售水平，来设置不同的库存、不同的运输方式以及不同的储存地点，忽视产品的差异性会增加不必要的配送成本。例如，一家生产化学品添加剂的公司，为降低成本，按各种产品的销售量比重进行分类：A类产品的销售量占总销售量的70%以上，B类产品占20%左右，C类产品则为10%左右。对A类产品，公司在各销售网点都备有库存；B类产品只在地区分销中心备有库存而在各销售网点不备有库存；C类产品连地区分销中心都不设库存，仅在工厂的仓库才有存货。经过一段时间的运行，事实证明这种方法是成功的，企业总的配送成本下降了20%之多。

3. 合并策略

合并策略包含两个层次：一个是配送方法上的合并，另一个则是共同配送。

1) 配送方法上的合并

企业在安排车辆完成配送任务时，充分利用车辆的容积和载重量，做到满载满装，是降低成本的重要途径。由于产品品种繁多，不仅包装形态、储运性能不一，在容重方面，也往往相差甚远。一车上如果只装容重大的货物，往往是达到了载重量，但容积空余很多；而只装容重小的货物则相反，看起来车装得满，实际上并未达到车辆载重量。这两种情况实际上都造成了浪费。实行合理的轻重配装、容积大小不同的货物搭配装车，就可以不但

在载重方面达到满载，而且也可以充分利用车辆的有效容积，取得最优效果。最好是借助电脑计算货物配车的最优解。

2)　共同配送

共同配送是一种产权层次上的共享，也称集中协作配送。它是几个企业联合集小量为大量共同利用同一配送设施的配送方式，其标准运作形式是：在中心机构的统一指挥和调度下，各配送主体以经营活动(或以资产为纽带)联合行动，在较大的地域内协调运作，共同对某一个或某几个客户提供系列化的配送服务。这种配送有两种情况：第一种是中小生产、零售企业之间分工合作实行共同配送，即同一行业或在同一地区的中小型生产、零售企业单独进行配送的运输量少、效率低的情况下进行联合配送，这样不仅可以减少企业的配送费用，配送能力得到互补，而且有利于缓解城市交通拥挤的情况，提高配送车辆的利用率；第二种是几个中小型配送中心之间的联合，针对某一地区的用户，由于各配送中心所配物资数量少、车辆利用率低等原因，几个配送中心将用户所需物资集中起来，共同配送。

4. 延迟策略

传统的配送计划安排中，大多数的库存是按照对未来市场需求的预测量设置的，这样就存在着预测风险，当预测量与实际需求量不符时，就出现库存过多或过少的情况，从而增加配送成本。延迟策略的基本思想就是对产品的外观、形状及其生产、组装、配送应尽可能推迟到接到顾客订单后再确定。一旦接到订单就要快速反应，因此采用延迟策略的一个基本前提是信息传递速度要非常快。一般来说，实施延迟策略的企业应具备以下几个基本条件：①产品特征。模块化程度高，产品价值密度大，有特定的外形，产品特征易于表述，定制后可改变产品的容积或重量。②生产技术特征。模块化产品设计，设备智能化程度高，定制工艺与基本工艺差别不大。③市场特征。产品生命周期短，销售波动性大，价格竞争激烈，市场变化大，产品的提前期短。

实施延迟策略常采用两种方式，即生产延迟(或称形成延迟)和物流延迟(或称时间延迟)，而配送中往往存在着加工活动，所以实施配送延迟策略既可采用形成延迟方式，也可采用时间延迟方式。具体操作时，常常发生在诸如贴标签(形成延迟)、包装(形成延迟)、装配(形成延迟)和发送(时间延迟)等领域。美国一家生产金枪鱼罐头的企业就通过采用延迟策略改变配送方式，降低了库存水平。历史上这家企业为提高市场占有率曾针对不同的市场设计了几种标签。产品生产出来后运到各地的分销中心储存起来，由于顾客偏好不一，几种品牌的同一产品经常出现某种品牌的畅销而缺货，而另一些品牌却滞销压仓。为了解决这个问题，该企业改变以往的做法，在产品出厂时都不贴标签就运到各分销中心储存，当接到各销售网点的具体订货要求后，才按各网点指定的品牌标志贴上相应的标签，这样就有效地解决了此缺彼涨的矛盾，从而降低了库存。

5. 标准化策略

标准化策略就是尽量减少因品种多变而导致的附加配送成本，尽可能多地采用标准零

部件、模块化产品。如服装制造商按统一规格生产服装，直到顾客购买时才按顾客的身材调整尺寸大小。采用标准化策略要求厂家从产品设计开始就要站在消费者的立场去考虑怎样节省配送成本，而不要等到产品定型生产出来后才考虑采用什么技巧降低配送成本。

第四节 配 送 中 心

配送中心是基于物流合理化和发展市场两个需要而发展的，是以组织配送式销售和供应，执行实物配送为主要功能的流通型物流节点。它很好地解决了用户多样化需求和厂商大批量专业化生产的矛盾，因此逐渐成为现代化物流的标志。

中国国家标准《物流术语》对配送中心(Distribution Center)的定义是：从事配送业务的物流场所或组织。应基本符合下列要求：①主要为特定的用户服务；②配送功能健全；③完美的信息网络；④辐射范围小；⑤多品种，小批量；⑥以配送为主，储存为辅。

配送中心是功能性节点，是货物配备中心，是信息流通的渠道，是电子商务下物流网络的资源整合点，是现代供应链管理的重点环节。

一、配送中心的作用与功能

配送中心作为开展商品配送及相关业务的场所，通过先进的管理、技术和现代化信息网络，对商品的采购、进货、储存、分拣、加工和配送等业务过程进行科学、统一、规范的管理，使整个商品运作过程更加高效、协调、有序，从而减少损失、节省费用，实现最佳的经济效益和社会效益。

(一)配送中心的作用

配送中心作为重要的物流节点，承担着全面的物流运作业务，在物流系统中起着承接性的重要作用，具体体现在以下几个方面。

1. 降低物流成本

“小批量、多用户”的方式可以将货物集中，对相同方向的货物进行统一运输，整车代替零担，降低物流成本；简化供应链，减少供应链条上的运输作业次数，使生产企业有效地利用资源和人员，节约配送的管理费用。

2. 实现库存集约化

配送中心将分散在供应方和需求方仓库中的商品集中存放在配送中心，采用集中库存的形式，用有限库存来满足更大的需求，为更多的客户提供服务，则物资利用率和库存周转率会大大提高，从而有利于防止过剩库存和缺货现象，提高库存管理水平，进而使单位存货配送和管理的总成本得以降低。

3. 提高市场占有率

企业通过配送中心可以掌握市场销售信息，提供及时供货，使得客户的忠诚度增加。随着产品的日新月异，消费者对品牌的认可会不断变化甚至下降，使同类制造企业和零售商的竞争越发激烈。这就要求产品必须适时、适量地配送到需求点，维护良好的客户关系，这将为企业赢得发展机遇，创造更好的市场价值。同时配送中心可以使企业与客户间共享信息、加强沟通，及时掌握市场需求的变化，使企业的产品扩大市场占有率。

4. 支持市场销售体系

配送中心的设置强化了商品的生产与消费、进货与销售之间的协调能力，是市场销售体系的有力支撑；配送中心是生产系统的延伸，各项活动都以满足零售门店和用户需求为目标，一定程度上支持了市场销售活动。

5. 实现物流系统化和规模化

(1) 合理经济地组织商品的运输与配送。

(2) 通过多功能的物流设施，实现整体物流的合理化。

(3) 有利于规模效应的实现。

(4) 密切了供需双方的关系，有利于信息沟通。

(二)配送中心的功能

配送中心与传统的仓库、运输是不一样的，一般的仓库只重视商品的储存保管，一般传统的运输只是提供商品运输配送而已，而配送中心是重视商品流通的全方位功能，同时具有商品储存保管、流通行销、分拣配送、流通加工及信息提供等综合功能。

1. 流通行销的功能

流通行销是配送中心的一个重要功能，尤其是现代化的工业时代，各项信息媒体的发达，再加上商品品质的稳定及信用，因此有许多的直销业者利用配送中心，通过有线电视或互联网等配合进行商品行销。这种商品行销方式可以大大降低购买成本，因此广受消费者喜爱。例如，在国外有许多物流公司的名称就是以行销公司命名。而批发商型的配送中心、制造商型的配送中心与进口商型的配送中心也都拥有行销(商流)的功能。

2. 仓储保管功能

商品的交易买卖达成之后，除了采取直配直送的批发商之外，均将商品经实际入库、保管、流通加工包装而后出库，因此配送中心具有储存保管的功能。在配送中心一般都有库存保管的储放区，因为任何商品为了防止缺货，或多或少都有一定的安全库存，视商品的特性及生产前置时间的不同，则安全库存的数量也不同。一般国内制造的商品库存较少，而国外制造的商品安全库存为2～3个月；另外生鲜产品的保存期限较短，因此保管的库存量较少；而冷冻食品保存期限较长，因此保管的库存量也比较大。

3. 分拣配送功能

在配送中心，另一个重要功能就是分拣配送功能，因为配送中心就是为了满足多品种小批量的客户需求而发展起来的，因此配送中心必须根据客户的要求进行分拣配货作业，并以最快的速度送达客户手中或者是指定时间内配送到客户。配送中心的分拣配送效率是物流质量的集中体现。

4. 流通加工功能

为了扩大经营范围和提高配送水平，许多配送中心都配备了各种加工设备，由此形成了一定的加工能力。按照用户的要求与合理配送的原则，将组织进来的货物进行整理。配送中心的流通加工作业包含分类、磅秤、大包装拆箱改包装、产品组合包装、商标和标签粘贴作业等。这些作业是提升配送中心服务品质的重要手段。

5. 信息处理功能

由于电子商务本身的网络化，现代物流配送中心已经离不开计算机，因此将在各个物流环节的各种物流作业中产生的物流信息进行实时采集、分析、传递，并向货主提供各种作业明细信息及咨询信息，已经成为物流配送中心重要的工作内容。

配送中心能为配送中心本身及上下游企业提供各式各样的信息情报，以供配送中心制定营运管理政策、开发商品路线、制定商品销售推广政策参考。例如哪一个客户订多少商品，哪一种商品比较畅销，从电脑的EIQ分析资料中非常清楚，甚至可以将这些宝贵资料提供给上游的制造商及下游的零售商当作经营管理的参考。

6. 结算功能

物流配送中心的结算功能是物流中心对物流功能的一种延伸。物流中心的结算不只是物流费用的结算，在从事代理、配送的情况下，物流中心还要替货主向收货人结算货款等。

7. 物流系统设计咨询功能

专业型配送中心要充当货主的物流专家，因而必须为货主设计物流系统，代替货主选择和评价运输商、仓储商及其他物流服务的供应商。这是一项增加服务价值、增强公共配送中心专业能力和核心竞争力的服务与功能。

8. 需求预测功能

自有型物流配送中心经常负责根据物流中心商品的进货、出货信息来预测未来一段时间内的商品进出库量，进而预测市场对商品的需求。

9. 物流教育与培训功能

物流配送中心的运作需要货主的支持与理解，通过向货主提供物流培训服务，将物流配送中心经营管理者的要求传达给货主，可以培养货主与物流中心经营管理者的认同感，有利于确立物流作业标准，可以提高货主的物流管理水平，提供更加可靠、可行的物流配送服务。

随着信息技术在世界范围的普遍应用、电子商务平台的不断完善，物流配送逐渐成为制约商品流通的瓶颈。所以，现代物流配送中心更多的是要考虑如何提供全方位、信息化、现代化和增值性的服务，从而加快商品流通、降低物流成本、提高物流作业效率、增加物流的透明度、促进电子商务协调运作等。提供增值性服务是现代物流中心赢得竞争优势的必要条件。

案例 7-2:“沃尔玛”的配送中心建设

20 世纪 90 年代，沃尔玛提出了新的零售业配送理论，开创了零售业工业化运作的新阶段，即通过集中管理配送中心向各商店提供货源。其独特的配送体系，不仅大大降低了成本，而且加速了存货周转，形成了沃尔玛的核心竞争力。

如今，沃尔玛的美国本土已建立了 62 个配送中心，整个公司 85%的销售商品由这些配送中心供应,而其竞争对手只有 50%～65%的商品集中配送。沃尔玛完整的物流系统号称“第二方物流”，相对独立运作，不仅包括配送中心，还有更为复杂的输入采购系统、自动补货系统等。其配送中心的平均面积约 10 万平方米，相当于 23 个足球场，全部自动化作业，现场作业场面就像大型工厂一样蔚为壮观。

沃尔玛公司共有六种形式的配送中心：一种是“干货”配送中心；第二种是食品中心(相当于我们的“生鲜”)；第三种是山姆会员店配送中心；第四种是服装配送中心；第五种是进口商品配送中心；第六种是退货配送中心(其收益主要来自出售包装箱的收入和供应商支付的手续费)。

其配送中心的基本流程是：供应商将商品送到配送中心后，经过核对采购计划、进行商品检验等程序，分别送到货架的不同位置存放。门店提出要货计划后，电脑系统将所需商品的存放位置查出，并打印带有商店代号的标签。整包装的商品直接在货架上送往传送带，零散的商品由工作台人员取出后也送到传送带上，一般情况下，商店要货的当天就可以将商品送出。

沃尔玛要求所购买的商品必须带有 UPC 条码，从工厂运货回来，卡车可以停在配送中心收货处的数十个门口处，把货箱放在高速运转的传送带上，在传送过程中经过一系列的激光扫描，读取货箱上的条码信息。而门店需求的商品被传送到配送中心的另一端，那里有几十辆货车在等着送货。其十多公里长的传送带作业就这样完成了复杂的商品组合。其高效的电脑控制系统，使整个配送中心用人极少。数据的收集、存储和处理系统成为沃尔玛控制商品及其物流的强大武器。

为了满足美国国内3500多个连锁店的配送需要，沃尔玛公司在国内配备了近3万个大型集装箱挂车、5500辆大型货车卡车，24小时昼夜不停地工作。每年的运输总量达到77.5亿箱，总行程6.5亿公里。合理调度如此大规模的商品采购、库存、物流和销售管理，当然离不开高科技的手段。为此，沃尔玛公司建立了专门的电脑管理系统、卫星定位系统和电视高度系统。

沃尔玛全球4500多个店铺的销售、订货、库存情况可以随时调出查问。公司5500辆运输卡车，全部装备了卫星定位系统，每辆车在什么位置，装载什么货物，目的地是什么地方，总部一目了然。这样就可以合理安排运量和路程，最大限度地发挥运输潜力，避免浪费，降低成本，提高效率。

分析提示：

配送中心具有多方面的功能与作用，从基本的储存、供应、流通、加工、分拣等，到增值性的物流功能，配送中心的建设为现代物流的发展提供了有力支撑，沃尔玛配送中心的建设可以将配送中心的多项功能相结合，使之具有更高的社会经济效益。

(资料来源：http://abc.wm23.com/XT711/205478.html)

二、配送中心的类型

随着需求层次的不断变化、流通规模的不断扩大，不同类型的配送中心也相继发展。由于建造企业的背景不同，其配送中心的功能、构成和运营方式就有很大区别，因此，在物流配送中心规划时应充分注意配送中心的类别及其特点。

(一)按运营主体分类

按照运营主体可以将配送中心分为：制造商型配送中心、批发商型配送中心、零售商型配送中心、专业物流配送中心等。

1. 制造商型配送中心

制造商型配送中心是以制造商为主体的配送中心。这种配送中心里的物品100%是由自己生产制造，用以降低流通费用、提高售后服务质量和及时地将预先配齐的成组元器件运送到规定的加工和装配工位。从物品制造到生产出来后条码和包装的配合等多方面都较易控制，所以按照现代化、自动化的配送中心设计比较容易，但不具备社会化的要求。

2. 批发商型配送中心

批发商型配送中心是由批发商或代理商所成立的配送中心，是以批发商为主体的配送

中心。批发是物品从制造者到消费者手中之间的传统流通环节之一，一般是按部门或物品类别的不同，把每个制造厂的物品集中起来，然后以单一品种或搭配向消费地的零售商进行配送。这种配送中心的物品来自各个制造商，它所进行的一项重要的活动是对物品进行汇总和再销售，而它的全部进货和出货都是社会配送的，社会化程度高。

3. 零售商型配送中心

零售商型配送中心是由零售商向上整合所成立的配送中心，是以零售业为主体的配送中心。零售商发展到一定规模后，就可以考虑建立自己的配送中心，为专业物品零售店、超级市场、百货商店、建材商场、粮油食品商店、宾馆饭店等服务，其社会化程度介于前两者之间。

4. 专业物流配送中心

专业物流配送中心是以第三方物流企业(包括传统的仓储企业和运输企业)为主体的配送中心。这种配送中心有很强的运输配送能力，地理位置优越，可迅速将到达的货物配送给用户。它为制造商或供应商提供物流服务，而配送中心的货物仍属于制造商或供应商所有，配送中心只是提供仓储管理和运输配送服务。这种配送中心的现代化程度往往较高。

(二)按服务范围分类

按照服务范围可以将配送中心分为：城市物流配送中心和区域物流配送中心等。

1. 城市物流配送中心

城市物流配送中心是以城市范围为配送范围的配送中心，由于城市范围一般处于汽车运输的经济里程，这种配送中心可直接配送到最终用户，且采用汽车进行配送。所以这种配送中心往往和零售经营相结合，由于运距短、反应能力强，因而从事多品种、少批量、多用户的配送较有优势。

2. 区域物流配送中心

区域物流配送中心是以较强的辐射能力和库存准备，向省(州)际、全国乃至国际范围的用户配送的配送中心。这种配送中心的配送规模较大，一般而言，用户也较多，配送批量也较大，而且，往往是配送给下一级的城市配送中心，也配送给营业所、商店、批发商和企业用户，虽然也从事零星的配送，但不是主体形式。

(三)按功能分类

配送中心具有多方面的功能，但其核心的功能与环节集中表现在储存、流通和加工，因此，按照功能不同可以将配送中心分为以下三类。

1. 储存型配送中心

储存型配送中心有很强的储存功能，这类配送中心在功能上与传统的仓库有很大的相似性。例如，美国赫马克配送中心的储存区可储存 16.3 万个托盘。我国目前建设的配送中心，多为储存型配送中心，库存量较大。

2. 流通型配送中心

此类配送中心重点强调的是配送中心的集运功能，作为产品集中和组合的场所，流通型配送中心将同方向的、小批量的产品或原料集中起来，然后用整车进行运输。有时，也将不同方向运来的货物进行装卸、重新组合后，拼成整车进行配送服务。

3. 加工型配送中心

加工型配送中心是以流通加工为主要业务的配送中心，在此对进入的货物进行简单的加工，如贴标签、换包装等，实现产品价值的增值，如食品加工配送中心、生产资料加工配送中心等。

(四)按隶属关系分类

按照隶属关系可以将配送中心分为：自有型配送中心和公共型配送中心。

1. 自有型配送中心

这类配送中心一般为一家企业或企业集团所有，成为企业物流组织体系和物流系统的重要组成部分，为企业自己或集团内部提供全面物流配送服务，很少对外提供服务。但也有极少数自有型配送中心在能力充足的情况下，有限地对外提供服务，以此降低部分营运成本。

2. 公共型配送中心

公共型配送中心主要是面向社会或某个行业的所有用户提供服务，通常是由若干家企业共同投资、持股或管理，专业从事物流相关和配送服务的经营实体。在这类配送中心提供较多的第三方物流服务，在电子商务环境下，此类配送中心的比例很大。

对于不同种类与行业形态的配送中心，其作业内容、设备类型、营运范围可能完全不同，但是就电子商务下物流配送体系的规划与发展方向而言，电子商务下配送中心的建设与发展已逐渐由以仓库为主体的传统型配送中心向信息化、自动化的整合型配送中心发展。

三、配送中心管理

配送中心要实现其功能，发挥其作用，必须进行系统化的管理运作，不同的配送中心

具有的管理内容不尽相同，但一般配送中心的管理活动都包含质量管理和作业管理。

(一)质量管理

配送中心的管理程序是规划—组织—领导—控制，质量管理的程序是客户需求—系统设计—作业控管—服务评核—分析改善五个主要内容。

1. 客户需求

了解客户的真正需求，是提供符合市场需要的物流系统的前提条件。在物流系统规划时，在进行质量管理时，必须站在客户的立场上进行设计，以最经济实惠且可行的物流系统为原则，从而保证提供的服务可以有效地满足客户需要。

2. 系统设计

依据客户真正需求设计物流服务程序，其内容包括服务规格、服务要素及品质规格，以此符合物流质量管理的要求。物流服务程序可以事前按相关的专业知识设计出来，是一项可靠的工程。

1) 服务规格

服务规格是指对物流服务特性的清楚描述及其可被接受的标准，客户可以用评估的语言来描述物流服务品质的水准，如准时、正确等。

2) 服务要素

服务要素是指直接影响服务品质的重要因素，是在物流服务提供的过程中客户不需要了解的部分，例如提供服务时所需设备的形式及数量，所需的人力数量及技能，所需依赖分包商提供的产品或服务等，如电子标签拣货。

3) 品质规格

品管规格是指对直接影响服务品质的要素，制定出品质控制的评估方法及标准值，以确保所提供的服务品质由始至终均满足服务的规格以及客户的真正需求，如接单后次日送达。

3. 作业控管

实际物流服务提供过程通过书面化的工作说明书来执行，以确保品质的一致性、稳定性。其内容包括设备的采购、客户供应的物料、产品的识别及可追溯性、服务流程管制、异常服务的管制等，以确保品质是制造出来的，而非最终检验出来的，亦即“做您所写”。

4. 服务评核

物流服务提供后，需要进行内部员工及外部客户的满意度评估，以确保所提供的服务与设计的一致性且符合客户的真正需求。其内容包括内部考核、满意度调查等。

5. 分析改善

服务评估结果若有差异，客户无法满意，则需找出真正的原因并立即加以改善，才不致造成客户流失。其管理内容是矫正及预防措施、管理阶层审查、管理系统持续改善、人员教育培训等。

(二)作业管理

配送中心的作业管理内容主要包括配送、仓储和信息三个方面。

1. 配送管理

1) 排程与调度

排程是指配送车辆的行进路径，有两种处理方式：一是将需配送的下货点全部由电脑处理出最有效的路径；二是由电脑按配送区分类，再由人工按各配送区内的下货点加以排序。前者的缺点是实际运作的限制条件太多，不宜完成；后者的缺点是不宜获得最佳的路径。至于调度是指车辆的指派，由于配送点的属性不同或厂商的特殊需求，使得车辆的指派会因车体、大小、人员而异。因此，车辆的调度者要兼顾配送成本和客户满意度。

2) 配送与验收

配送是指配送人员按车辆排程计划，依次将物品送达收货人的手中。传统货运大多是门到门送货，但配送中心的配送服务是将货物交到收货人的指定位置，可能是二楼或地下室。至于配送过程，行车安全最为重要，除了防止车祸发生之外，防窃也不可轻视。验收是指将配送物品点交给收货人后，收货人在单据上签明收货数量及姓名。签收单即成为有效凭证，因此，配送人员务必确认数量及人员是否正确，否则须承担签收不完全的责任。

3) 回收品点交

配送时若遇收货单位有拒收品、坏品、滞销品或下架品时，需在厂商的允许范围内，正确签收品名、规格、数量，并将回收品带回配送中心交给仓管人员处理。

2. 仓储管理

配送中心的仓储管理以拣货为作业核心，由拣货和出货才引申出进货、补货、盘点等作业需求。

1) 进仓与验收

进仓时配送中心要注意：第一，物品是否完整无缺；第二，产品的有效期是否符合标准；第三，确定进货的数量；第四，翔实签收；第五，确实入账；第六，回报厂商。

2) 入库与保管

入库与保管应注意：第一，物品堆放是否安全，且不易倒塌；第二，储存的位置应接近拣货区，以方便补货；第三，若有电脑储位管理系统，则需按电脑指示入库或由仓储人

员直接入库，并确保输入电脑(若有 RF 系统，效果更佳)。

3) 盘点

盘点是为了掌握物品的库存账与实物是否统一，在会计上也有盘差的科目，但是配送中心需要承担盘亏的责任。由于物流的收入不足货物价值的 8%，若要承担 100%的风险，就要建立良好的盘点制度，以防范仓管作业的流失。盘点方法可采用定期盘点，如按日、按周、按月；或采用循环盘点、分批分次盘点，以减少正常出货的干扰。

3. 信息管理

信息管理的内容是对配送中心内所有业务环节和内容进行纸质或电子的记录内容的控制，信息人员除了心要细、对数字敏感之外，情绪智商也要好，主要工作内容如下。

1) 接单与回单

一般配送中心接到厂商出货通知后，双方要通过局域网或互联网直接传输文字性材料，其中要注意以下事项。

第一，确认资料的完整性；第二，特殊需求的注记；第三，正确地输入或转档到物流信息系统内。配送完成的签收单，经核对无误后，信息人员应列印出货明细表，随同签收单送回给厂商签收，以此作为结账清款之用。

2) 客户服务

信息作业部门掌控物流流程的始末，是最直接接触客户的部门。因此，有客户服务至上的观念才能使配送中心获得较好的经济利益。客户关心的问题主要包括物品是否能准时无误地到达收货人手中，签收是否正确，物品盘点是否正确，物品的安全程度等。

本 章 小 结

配送是物流系统的一个子系统，而且是直接面对用户提供物流服务的子系统。配送是物流中一种特殊的、综合的活动形式，是包含了商流活动和物流活动，也包含了物流中若干功能要素的一种形式。根据不同的标准有不一样的配送形式。深入认识配送体系的构成，正确选择配送系统模式，对提高物流效率和经济效益有着重要影响。同时，配送作业流程的合理性以及配送作业效率的高低都会直接影响整个物流系统的正常运行。

因此，本章从物流配送的内涵出发，讲解了配送的特点、配送的模式、配送业务的基本流程，对配送作业各环节的管理重点与运作程序进行了详细的分析；为了更好地理解配送成本对物流成本的影响，介绍了配送成本的核算体系与控制配送成本的策略；同时，通过对配送中心基本作用与功能的阐述，使配送管理能更加完善并更好地解决用户的需求。

案 例 分 析

家乐福集中采购和外包配送管理案例分析

法国零售巨商家乐福正加速争夺全球市场，力图成为全球零售业的领头羊。其中最大的“战场”之一是巴西。在那里，家乐福将与当地的零售商以及全球最大的零售商之一——沃尔玛一决雌雄。

巴西家乐福最早成立于1973年。但这个拥有1.75亿人口的国家既为零售商们提供了巨大的发展机会，同时也存在诸多艰难挑战。一方面，它拥有巨大的购买力市场；另一方面，又被资源贫乏危机所困扰，缺乏必要的基础设施，经历着永无尽头的经济危机。尽管如此，家乐福努力坚持生存。现在，家乐福已经成为巴西的第二大零售商，仅次于巴西本国零售商(Companhia Brasileira de Distribuicao，CBD)。

然而，当家乐福实施扩张性经营战略之后，它在巴西零售业市场上变得首屈一指。40年前，家乐福引入了高级百货商店这一新型业态，集百货商场和超级市场于一体，销售从鸡蛋到电子设备的所有商品。

最近，家乐福开始了一项商业系统和全球业务流程标准化的工程。这项工程是在系统开发商 Accenture 的帮助下，采用统一的财政和会计平台以及 PeopleSoft 公司的企业资源计划(ERP)软件模型。该项目的部分内容包括在任一国家创建共享服务中心(SSCs)，用途是组织商品的集中购买和供应。这种思想在巴西激发了一种类似的单个店面订单和配送管理方法。共享服务中心将来自许多零售店的订单分组、汇总，把总需求传达给厂商。但零售店经理仍负责决定商品订购数量和种类。家乐福的执行官说，过量库存和客户服务水平不协调将导致产品积压。

对家乐福而言，任何标准化尝试都是一项艰难的挑战。在欧洲、亚洲、拉丁美洲，家乐福共设有 9200 个分店。至 1999 年家乐福收购其本国竞争对手普莫德集团(Promodes Group)之后，已成为世界第二、欧洲第一的零售商。仅在巴西，家乐福就拥有96家高级百货商场、122家超级市场、7家分销中心。1999年，家乐福试图在巴西普及一种集中采购模型，该模型最初应用于法国。

1. 集中配送

家乐福经营管理者发现 Sao Paolo 地区有建立配送中心的显著需要，但一旦到了选择具有熟练配送经验的设施设备服务商时，家乐福却没有很大的选择余地。原因是，巴西没有提供这项服务的市场。据家乐福物流执行官马可·奥列罗·弗瑞(Marco Aurelio Ferrari)说，家乐福是巴西唯一一家采用物流服务商的零售企业。因此，巴西几乎没有一家零售商具有丰富的零售经验。

最终，家乐福选择 Cotia Penske 物流公司经营 Sao Paolo 配送中心。该公司是一个新兴的物流公司，是Penske物流公司和Cotia贸易公司的结合体。Penske物流公司本身是Penske运输租赁公司的子公司。而Cotia贸易公司拥有25年的进出口商品运作经验。

据Penske的副总裁吉姆·艾德玛(Jim Erdman)介绍，Cotia Penske在巴西的第一个客户是福特汽车制造公司。它为福特汽车公司经营配送中心，代理销售340余种汽车零部件。1999年1月为福特公司配送了第一批货物。五个月后，家乐福与Cotia Penske开始洽谈合作，并于同年9月建立了配送设施。据Cotia Penske公司信息部经理穆哈莫德·纳什(Mohamed Nassif)介绍，最初，合同仅应用于23个商店和有限的几类商品；随后，合同应用范围迅速扩展，现已包括96家高级百货公司、23家超级市场和6家较小的配送中心。

在Sao Paolo的Osasco，主要配送设施的建设分为两个阶段：第一阶段用地45万平方英尺，随后几年将增长到80万平方英尺。Sao Paolo配送中心经营辐射范围达七八百公里。家乐福高级百货商场除一少部分分布在附近其他州外，绝大多数都围绕着Sao Paolo。配送中心现在经营36 000类产品，包括食品、器械和电子设备，拥有170台电动升降机和220台无线电频率接收器。随着设施逐渐完善、作业效率提高，Sao Paolo配送中心的员工数量由800人减少到600人。Sao Paolo配送中心每年处理3500万～4000万份货单。依季节不同，Sao Paolo配送中心平均每天交易货物约5500份。

Cotia Penske在距Sao Paolo东北方向500米的Vitoria为家乐福开设了第二个配送中心，拥有30名员工和12 000平方米的工作场所，配送范围包括两个高级百货商场和15个超级市场。

由于其规模庞大，家乐福需要的不仅是可储存充足产品的基本仓库，而且需要复杂的仓库管理系统。Cotia Penske新的物流服务商通过整合Penske零售商、世界其他地区消费品配送专业技术，凭借Cotia公司对巴西零售市场的掌握与了解，开发自己的仓库管理软件，解决了库存管理系统越来越难以适应家乐福在巴西日益扩展的商业网络需求的难题，同时方便了与当地客户的联系。

2. 经营业绩考核

家乐福拥有两个配送中心，在经营中这两个中心保持着紧密联系。每月Carrefour和Cotia Penske都要在一起分析评估本月的经营业绩，业绩衡量标准有以下13个。

(1) 质量检查。对基本设备和家用电器，家乐福检查所有产品并确定99.99%合格后才运往商店；对纺织品、玩具、快运食品，检查20%的产品并确定99.99%合格后运输。

(2) 生产力。以每人每小时计算。

(3) 配送时间间隔。以每天实际发车量计算。

(4) 规定时间内完成运输任务的能力。实际统计以24小时、48小时或更长时间计量。

(5) 将家乐福企业资源管理系统和Cotia Penske仓库管理系统的数据比较，差错率不高于0.05%。

(6) 平均每车装载量。以车辆最大容量计。

(7) 货车预计接发货物数量及实际接发货物数量。

(8) 从供应商处得到的货物数量及需求的货物数量。

(9) 运至商店的货物数量及商店的需求量。

(10) 货车装载时间。分货车及货物类型计。

(11) 由供应商提供的单一商品和混合商品的数量和比率。

(12) 运至商店的货物为单一商品和混合商品的数量和比率。

(13) 家乐福或 Cotia Penske 拒绝受理商店订单的比率。

3. 库存作业准确率

据主要负责人说，到目前为止，配送中心库存作业的准确率非常高。由于采用条码技术，库存管理准确率达 99.97%，外向物流订单处理准确率达 99.89%。此外，尽管配送中心对商品库存量和商品积压值不能提供确切数字，但库存量和商品积压确实很少。其中最重要的是，由于产品现货供应能力、客户服务水平以及库存管理可见度的提高，商品销售量持续增加。

通过集中配送，家乐福实现了拥有少量库存，但却增加了存货的项目分类。尤其在那些占地很大的商店，这点很重要，所以商品必须被分类存储在各个商品架上。Cotia Penske 的配送中心不经营易腐蚀食物，仅经营含有有效期的干燥食品。通过条码扫描技术提供的食品信息能保证供应新鲜产品并准确除去原有商品架上过期产品而将指定的产品分配到相应的架上。

此外，家乐福也保留了从分销中心到商店运输的垂直管理。丹塔斯(Dantas)说，零售商与 5 个运输公司直接合作而且以后也将继续保留这种合作关系。

巴西税法将给消费者带来不便，这是因为家乐福和 Cotia Penske 为消费者提供服务时将受到很多限制。此外，家乐福将丧失为控制巴西货物流通精心创造的谈判机会。弗瑞(Ferrari)认为："我们在价格和服务方面具有优势，直到现在一切都运转正常。"最后，家乐福将被迫将物流操作的重任委于那些未经考验的合作者。弗瑞还认为，假如 Cotia Penske 能使运输商做出让步，他将会考虑对未来计划做一个调整。

4. 交叉送货

家乐福计划在 Sao Paolo 配送中心增加交叉送货的功能。在这里，零售商引用沃尔玛的例子，仅在巴西开设 10 家高级百货商场，却通过交叉送货中心完成 70%～80%的运输业务。

由于增建换装站，涉及产品接收和运输的物流过程，不再需要长期储存货物，降低了库存成本，同时加快了产品的响应时间。Ferrari 说："过去，我们建立的管理信息系统不具有'交叉送货信息'转换功能，但在 2004 年我们将更改信息系统，新建具有'交叉送货信息'功能的管理信息系统。"

不久以后，Cotia Penske 将与家乐福签署管理巴西新配送中心的合约。设施由 Exel 物流公司经营，负责管理 6 家高级百货商场和 33 家超级市场的采购与配送业务。Dantas 说，尽管家乐福在十月下旬仍未决定由谁负责经营，但建立一个服务于易腐烂商品的配送中心的计划仍将在本年底实施。

弗瑞说，在过去，家乐福的第三方供应商从不与运输商发生商业关系，直到六个月之前，他们之间才第一次建立伙伴关系。这是巴西零售企业、物流服务商、运输商共同制定供应链管理综合决策的开始。在供应链合作中，家乐福仍处于最核心的地位。下一年，他希望对仓库货架作业流程实现更严格的控制，此外，计划采用仿声仓库储存系统和无线电识别系统。

5. 经营障碍

对家乐福经营影响最大的因素是巴西匮乏的基本设施和不稳定的经济因素。巴西高速公路货运量占总货运量的75%之多，但仅有2万辆商业经营性卡车，而且这些经营车辆的驾龄仅18年。由于小公司在巴西有免税的优势，所以大型跨国运输公司不愿意在巴西投资。目前，巴西政府开始投资高速公路系统的外包发展和维修，极少数资金充足的私营公司也紧跟其后，增加投资。据弗瑞说，现在巴西85%以上的运输市场份额属于巴西本国公司。

在巴西，像家乐福这样大型的零售商面临的最大问题是巴西有限的购买力。多数巴西人处于贫困线上，只有90%的人有能力购买最基本的生活用品。假如巴西经济稳定并且巴西中产阶级数量能继续扩大，这种困境将可能得到解决。同时，家乐福希望通过明年自行开发的信用卡操作系统使这种困境有所改善。理论上讲，当利率降低时，这项计划将使家乐福客户拓宽他们的支付业务。

巴西经济继续被很高的通货膨胀率(2002年徘徊在18%)、利率困扰(利率高达15%)，以及被庸散的经济困扰。弗格涅里尼(Figliolini)说："去年经济很糟糕，但是我们相信，2004年将有一个剧烈变化。家乐福继续控制物价，来年经济增长将突破3%。"

(资料来源：中国物流与采购联合会. 尤恩思物流网，http://info.uns56.com/news/5260_0.htm，2007.07.26)

问题：

1. 家乐福在巴西应用了哪些策略来实现自己的经营目标？
2. 家乐福的配送模式是如何运作的？有哪些显著特点？
3. 通过此案例，结合所学知识，谈谈如何优化配送作业。

阅读资料

通过案例看物流商品配送对绩效的影响

物流管理包含仓储、运输、包装、配送等多方面内容，对任何零售企业来讲，每个环节的精细化管理都至关重要，而其中商品配送环节的管理对于主营绩效的提高具有重要意义。

1. 不可复制的沃尔玛

随着世界500强之首——沃尔玛在中国内地市场的迅速扩张，越来越多的人把眼光聚

焦于沃尔玛成功的秘诀。人们通常把快速转运、VMI(供应商管理库存)、EDLP(天天平价)当作沃尔玛成功的三大法宝，其中商品的快速运转往往被认为是沃尔玛的核心竞争力。于是不少企业纷纷仿而效之，大力加快建设配送中心的步伐，认为只要加强商品的配送与分拨管理，就能像沃尔玛一样找到在激烈的商战中制胜的精髓。但经过一段时间的运营之后，效果却不尽如人意，究其原因，主要是曲解了沃尔玛的运营管理模式。沃尔玛之所以能成功，主要有以下原因。

1) 独特的历史背景

1962 年，当沃尔玛第一家店在阿肯色州的一个小镇开业时，由于其位置偏僻，路途遥远，供应商很少愿意为其送货，因此，山姆·沃顿不得不在总部所在地本顿威尔建立了第一家配送中心，显然，一家店不可能单独支撑一个配送中心的运营成本，于是以该配送中心为核心，在周围一天车程即 500 公里左右的范围内迅速开店。获得成功后，又迅速复制该运营模式。而同期的凯玛特、伍尔柯等大连锁公司，基本位于美国大城市，有大量的经销商为他们提供完善的物流等方面的专业化服务，因此也就不会把商品配送视为自己的核心竞争力。

2) 强大的后台信息系统

随着 IT 行业的迅猛发展，沃尔玛以最快的速度把世界一流的信息技术运用到实践中，其耗资 7 亿多美元的通信系统，是全美最大的民用电子信息系统，甚至超过了电信业巨头——美国电报电话公司，其数据处理能力仅次于美国国防部，EDI(电子数据交换系统)及条码等现代物流技术的使用，更为全球每个门店的销售分析、商品的分拨及进销存管理等，提供了最强有力的武器。反观国内零售企业，门店数量少，销售量低，单店利润差，很少有实力能投资完善的信息系统。一套系统的研发少则几百万，多则几千万甚至过亿，使不少的小型零售企业望洋兴叹。

3) 门店数量众多

目前美国本土有近 4000 家店，配送中心有 30 多家，可见约 100 多家门店才能支撑一个现代配送中心的巨额费用。在门店数量不足时，配送中心的巨额费用往往会成为一个企业的经济负担。当沃尔玛进入中国时，也同样复制了美国的运营模式，在广东与天津分设了两个配送中心。经过多年的苦心经营，到目前为止，沃尔玛尚未实现全面盈利，不少业内人士认为与其完全照搬美国本土的运营模式有关。美国本土的商店选址大都位于小镇，而在中国开的店大都位于中心城市，大量的供应商可以提供专业化服务，集中配送反而难以体现高效率。

2. “善变”的家乐福

沃尔玛的商品配送模式是绝大部分国内企业都无法模仿的。与沃尔玛不同，另一艘世界零售航母——家乐福，选择的却是相反的商品配送模式。由于家乐福的选址绝大部分都集中于上海、北京、天津及内陆各省会城市，且强调的是“充分授权，以店长为核心”的运营模式，因此商品的配送基本都以供应商直送为主，这样做的好处主要有以下几方面。

第一，送货快速、方便。由于供应商资源多集中于同一个城市，上午下订单下午商品就有可能到达，将商品缺货造成的失销成本大幅降低。第二，为了减少资金的占用及提高商品陈列空间的利用效率，超大卖场基本都采取“小批量、多频次”的订货原则，同城供应商能更有效地帮助此原则的实现。相对而言，沃尔玛的许多商店坚持的是中央集中配送的模式，由于路途的原因，虽然有信息系统的强大支撑，但商品到货的速度还是相对缓慢，因此在有的门店，“此商品暂时缺货”的小条在货架上随处可见。便于逆向物流商品的退换货，是零售企业处理过时、过期等滞销商品的最重要手段。如果零售商采用的是供应商直送的商品配送模式，零售商与供应商的联系与接触就非常频繁，因此商品退换货处理也非常迅速，但如果采用中央配送模式，逆向物流所经过的环节大为增加，因此速度也相对变缓。

沃尔玛与家乐福的商品配送模式，基本代表了目前国内零售企业的两种不同的经营思想。由于各有利弊，因此较成熟的零售商大都根据自己企业的特征制定了相应的商品配送方案。可见，零售业态的分类、商店的选址、商店的数量、商店是否配有内仓等，都是影响零售企业商品配送模式的重要因素。概括起来，主要可以从以下几方面进行考虑。

1) 中心城市宜直送

我国现阶段物流行业发展不成熟，东部与西部、沿海与内陆经济发展水平相距较大，相关法律法规不健全，部分地区地方保护主义思想较为严重，各地消费者商品偏好差异较大，物流行业又尚未完全对外资开发，加之门店数量不是非常多，这些因素都导致进行全国性的商品分拨与配送会产生低效率。家乐福目前成为中国市场发展最快、效益最好的零售商，核心竞争力来自以店长经营绩效为中心的管理体制，由此产生了能迅速适应市场变化的本土化经营方式。但采用供应商直送的商店，较容易产生的一个问题是商品结构的同质化。目前基本所有国内中心城市的商业竞争都进入了白热化阶段，商品毛利率每年都在下降，如果所有商品均从当地采购，商品的差异化将难以体现。因此中心城市的零售商在坚持本地采购为主的同时，还应适当保持部分中央采购的商品，这部分商品可占到商品总量的20%～30%，主要以进口商品、自有品牌及一些时尚商品、应季商品为主。

2) 二线城市宜配送

二线城市的供应商资源较为有限，主要以生鲜和一些地方特色的食品供应商为主。如果大部分商品不能从中心城市配送，该门店商品对当地消费者的吸引力必然会大幅下降。因此，联华等大零售商选址一般都先在中心城市开店，中心城市的采购队伍及供应商资源较为成熟后，再向二线城市扩张，这样能较为有效地从商品结构上确保连锁经营的特色。当然，在选择仓储与运输方式时，又有自营与外包两种模式可以选择，这主要取决于本企业的资金实力以及是否有丰富的物流管理经验，如果本企业没有足够的资金建设仓库及运输车队，或者自营效率低、业务少，并缺乏相关成熟经验，就可以考虑把上述业务外包给第三方物流公司进行，充分利用社会化分工带来的成本节约。

3) 社区店、折扣店须有高效配送中心

社区店、折扣店一般面积较小，主要经营生鲜、食品、洗化等日用消费品，购物的便利性是这类小店生存的基础，如果缺断货，必然会对这类商店的销售带来巨大影响。因此补货的及时性成为这类商店最重要的工作之一。但这类商店由于面积及空间极其有限，不可能进行大量囤货，因此配送中心能否及时补货就成了这类商店成功的关键。为了达到此项目标，通常可以采用以下手段。

一是正确的配送中心选址，可以缩短送货的时间，提高商品配送的效率。试想一下，如果迪亚折扣店在北京的门店数量达到 300 家，一天送一次鲜奶等日配商品，每家配送中心的选址能带来一个商店节约 10 分钟的效果，那对保证到货的及时性意义是非常重大的。

二是确定合理的配送路线，对于布点较多的社区店有较大帮助。具体可以采用方案评价法进行定性分析，也可以采用数学模型进行定量分析。当然同时还要考虑门店对商品品种、规格、数量、时间的需求，配送中心现有的可支配运力等诸多因素。

三是进行合理的车辆配载。各门店的销售情况不同，订货也就不大一致。实行轻重配装，既能使车辆满载，又能充分利用车辆的有效体积，大大降低运输费用。

四是建立完善的计算机管理系统。在社区店的物流作业中，分拣、配货要占全部劳动的 60%以上，而且较容易发生错误。如果在配货中运用计算机管理系统，就可以使拣货快速、准确、高效，从而提高生产效率，节省劳动力，有效降低物流费用。

随着每个零售企业工作流程管理的日益精细化，将会有越来越多的人更加关注商品配送模式的设计与选择。

(资料来源：http:info.china,alibaba.com/news/detail/v5003008-d1007392767.html，2009.10.30)

自 测 题

1. 什么是配送？它有哪些具体的运作模式？
2. 配送的基本作业内容有哪些？每项作业的基本程序是什么？
3. 配送成本主要由哪些费用构成？
4. 配送中心的功能表现在哪些方面？

第八章　第三方物流与供应链

【学习要点及目标】

通过本章的学习，熟悉第三方物流的特点及其价值，掌握企业对第三方物流的选择与评价，了解第三方、第四方物流的发展，以及第三方物流与第四方物流之间的关系。

【关键概念】

业务外包(Outsourcing)　第三方物流(Third Party Logistics)　第四方物流(Fourth Party Logistics)

【引导案例】

海尔的物流管理

中国著名的家电企业海尔集团从1999年年初开始进行物流改革，将物流重组定位在增强企业的竞争优势的战略高度上，希望通过物流重组有力地推动海尔的发展。因为零部件库的管理不太先进，库存资金占用较大，甚至有些呆滞，所以海尔集团首先选择零部件作为首要的突破点。建立了现代化的立体库，开发了库存管理软件，使其达到最先进水平。之后，发现车间、分货方和经销商的管理水平跟不上，于是又向他们推荐先进的作业方法。立体库带动了季节化搬运和标准化包装，采用标准的托盘和塑料周转箱，都符合国际标准。因海尔生产的零部件种类繁多，所以就用标准的容器将其规范化，便于机械化搬运，便于管理。这些搞好后，又发现检验时的一个薄弱环节，检验的时间长，造成大量库存积压。于是又把检验集中起来，尽量分散到分供方和第三方仓库区检验。这样企业中的物流就没有检验这一环节，减少了大量的库存，目前只有3天的库存量，库存资金也大大减少了。

海尔从1999年年初开始实施物流发展计划，不到一年的时间，效果已非常明显。同时，海尔也利用第三方物流进行内部配送，企业物流把社会力量整合起来了。当然，在实施物流的过程中，海尔也遇到了一些困难，其中最主要的就是人们头脑中的习惯思维问题，观念还不适应整合起来后总的效果，只从自身是否方便来考虑问题。为了解决这个问题，海尔成立了物流推进本部，专业从事物流改革的推进工作，由集团见习总裁亲自负责。该事业本部下设采购、配送、运输三个事业部，专业从事海尔整个集团的物流活动，使得采购、生产支持、物资配送从战略上一体化。其次是国内研究物流的专业公司还不多，大部分从事的还只是物流中的某个部分，可以借鉴的经验很少。因此，海尔计划在尽可能短的时间内，摸索出一套海尔独有的物流管理模式，创立海尔独特的物流体系，目前，海尔正努力建设企业内部的物流事业部门，并在为海尔集团服务的基础上，最终社会化，使海尔的企业物流最终成为海尔的物流企业。

(资料来源：中国物流采购联合会. 万联网物流资讯中心，http://info.10000link.com/newsdetail.aspx?doc=2009110600054，2009.11.06)

第一节　企业业务外包

外包就是指一个业务实体将原本应在企业内部完成的业务，转移到企业外部由其他业务实体完成。20 世纪 90 年代以后，企业竞争环境最显著的变化莫过于全球竞争加剧，出现精益生产、及时生产等新的制造理念，对信息技术的更加重视，贯穿于供应链增值活动的一体化。这些变化促使产品生命周期大大缩短，在过去的几十年，制造商正面对着连续开发新产品和有效进入市场的更大压力，在这种竞争环境下，新产品在市场中获利的期限大大减少，而产品的开发和引入市场成本却是实质性地增加。为了弥补产品开发和引入市场的巨大的投资要求，企业必须把目光投向更广阔的国际市场，进入全球市场的能力已成为竞争成功的基础，获得全球市场份额已成为企业长期生存的关键因素。在这种新的经济形势下，一个基于核心竞争力、相互受益的长期外部关系和更灵活组织的潜在好处正变得越来越明显，许多企业把自己的智能和资源集中在自己的核心竞争优势的活动上，而把非核心领域外包给其他专业企业，外包已成为企业增加竞争力最重要和最有效的战略手段之一。

一、业务外包的原因

业务外包推崇的理念是，如果在供应链上的某一环节不是世界上最好的，如果这又不是我们的核心竞争优势，如果这种活动不至于与客户分开，那么可以把它外包给世界上最好的专业公司去做。也就是说，首先确定企业的核心竞争力，并把企业内部的智能和资源集中在那些有核心竞争优势的活动上，然后将剩余的其他企业活动外包给最好的专业公司。供应链环境下的资源配置决策是一个增值的决策过程，如果企业能以更低的成本获得比自制更高价值的资源，那么企业应该选择业务外包。以下是促使企业实施业务外包的原因。

(一)分担风险

企业可以通过外向资源配置分散由政府、经济、市场、财务等因素产生的风险。企业本身的资源、能力是有限的，通过资源外向配置，与外部的合作伙伴分担风险，企业可以变得更有柔性，更能适应变化的外部环境。

(二)处理企业难以管理或失控的辅助业务职能

企业可以将在内部运行效率不高的业务职能外包，但是这种方法并不能够彻底解决企业的问题，相反这些业务职能还有可能在企业外部变得更加难以控制，所以在这种时候，企业必须花时间去找到问题的症结所在。

(三)加速重构优势

企业重构需花费很多时间，并且获得效益也需要很长时间，而业务外包是企业重构的重要策略，可以帮助企业很快解决业务方面的重构问题。

(四)使用企业不拥有的资源

如果企业缺少有效完成业务所需的资源(包括现金、技术、设备等)，或不能盈利时，企业也会将业务外包。这是企业临时外包的原因之一，但是企业必须同时进行成本利润分析，确认在长期情况下这种外包对企业是否有利，由此决定是否应该采取外包策略。

(五)降低和控制成本，节约资金

许多外部资源配置服务提供者都拥有能比本企业更有效、更便宜的完成业务的技术和知识，因而他们可以实现规模效益，并且愿意通过这种方式来获利。如第三方物流公司在仓储运输等方面的专业化程度就高于企业自身，外包可以降低成本、减少资金占用并获得规模经济。企业可以通过外向资源配置避免在设备、技术、研究开发上的大额投资。

二、业务外包的主要方式

根据企业对外包业务控制能力(即指企业对已外包的具体操作过程可施加的影响力)的强弱，可以将“外包”分为以下几种主要方式。

(一)补充性人力资源引进

补充性人力资源引进(Supplemental Staffing)是一种从企业以外聘用临时员工、顾问或其他人员提供临时性服务的方式。这种方式也被称为“临时服务委托”。企业可以用最少的雇员最有效地完成日常工作量，在有辅助性服务需求的时候雇用临时人员去处理。这样做的好处在于临时雇用人员基于对失业的恐惧或报酬的重视，使他们对所委托的工作认真负责，从而可以提高工作效率。临时性服务的优势在于企业一方面在需要特殊技能时能够有人可用，另一方面对于某些并不是天天需要的特殊技能人员，不需要长期雇用，可以缩减日常性支出，降低固定成本，同时提高生产率。

(二)战略联盟

战略联盟(Strategic Alliance)是指与一个或多个商业伙伴结成战略联盟，共同投资，分享收益。一个企业不仅可以与供应链上的企业结成联盟，同时也可以与自己的竞争者合作，使双方可以把资源投入共同的任务(如共同的研发)中，分散企业的产品开发风险，并可获得比单个企业更高的创造性。也可以是将“控制导向”“纵向一体化”的企业组织分解为独立的业务部或公司。

(三)合资公司

合资公司(Joint Venture)是指与一个或多个商业伙伴合资建立企业，共担风险，分享收益，合资企业保持财务上的独立。

(四)选择性外包

选择性外包(Selective Outsourcing)是指将业务流程的某一环节外包出去，并在合同中规定期望的结果。

(五)完全外包

完全外包(Full Outsourcing)即将核心业务以外的整个业务流程都外包出去，并在合同中规定期望的结果。通常这些被外包出去的业务属于常规的工作，可转移到更容易或廉价的地点来进行。

除以上几种外，还有转包合同(Contract Transfer)、利益关系(Benefit-based Relationship)等比较特殊或崭新的概念，相信在不久的将来还有更多的外包形式出现。

根据有关机构的调查，目前被企业采用最多的外包形式为补充性人力资源引进，而最少采用的是合资形式，其他几种居于其间。预计在未来几年，企业用于业务外包的开支将大幅度增长，而且在支出结构上也将有较大调整，用于补充性人力资源引进的开支将不会有显著增长，而用于其他形式的外包的开支将有所增长。

第二节　第三方物流在供应链中的发展

自 20 世纪 90 年代以来，伴随着物流理论的快速发展和业务外包经营理念的普及，第三方物流(Third Party Logistics，3PL)在全球范围内得到了蓬勃的发展，成为国际物流理论界关注的焦点。

一、第三方物流的概念与特征

(一)第三方物流的概念

第三方物流源自管理学中的外包，意指企业动态地配置自身和其他企业的功能和服务，利用外部的资源为企业内部的生产经营服务。将外包引入物流管理领域，就产生了第三方物流的概念。

第三方物流的概念，国内外的学者都有不同的表述，尚未形成一个统一的定论。在美国的一些专业著作中，将第三方物流提供者定义为“通过合同的方式确定回报，承担货主企业全部或部分物流活动的企业”。认为其提供的服务形态可分为与运营相关的服务，与管理相关的服务以及两者兼而有之的服务三种类型。

日本的一些学者将第三方物流定义为“为第一方生产企业和第二方消费企业提供物流服务的中间服务商组织的物流运作”。在日本理论界还有一种说法“第一方物流是指生产企业和流通企业自己运作的物流业务，第二方物流是指提供诸如运输、仓储等单一物流功能服务的物流企业运作业务，第三方物流则是指为客户提供包括物流系统设计规划、解决方案以及具体物流业务运作等全部物流服务的专业物流企业运作的物流业务”。

美国物流管理协会于 2002 年 10 月 1 日公布的《物流术语词条 2002 升级版》中，将第三方物流解释为：将企业的全部或部分物流运作任务外包给专业公司管理经营，而这些能为顾客提供多元化物流服务的专业公司称为第三方物流供应商。

“第三方物流”于 20 世纪 90 年代中期传入我国，目前对于这个概念的理解也是众说纷纭。如“物流社会化，又称为第三方物流，是指商流与物流实行社会分工，物流业务由第三方的物流业者承担办理”,“第三方物流是指既非商品供给方(生产企业)又非商品需求方(商业企业或生产企业)的第三方企业，通过契约为客户提供整个商品流通过程的服务，具体内容包括商品运输、储存配送以及附加值服务等”,“物流活动和配送工作由专业的物流公司或储运公司来完成，由于他们不参与商品的买卖，只提供专门的物流服务，因此是独立于买方和卖方之外的第三方，故称第三方物流”，等等。2001 年 4 月 17 日由国家质量技术监督局发布、2001 年 8 月 1 日实施的《中华人民共和国国家标准物流术语》(GB/T 18354—2001)对第三方物流(Third Party Logistics，TPL)给出的定义是：第三方物流是由供方与需方以外的物流企业提供物流服务的业务模式。在 2006 年《中华人民共和国国家标准物流术语》(修订版)中，将第三方物流定义为：独立于供需双方为客户提供专项或系统运营的物流服务模式。指在物流渠道中，由中间商以合同的形式在一定期限内向供需企业提供所需要的全部或部分物流服务。

国内外第三方物流概念的差异，实际上也是对现实中第三方物流形态多样性的一种反映。

综合国内外第三方物流的概念，本书认为第三方物流是指商品交易双方之外的第三方为商品交易双方提供部分或全部物流服务的运作模式。运输、仓储、报关等单一环节的物流服务和一体化综合性物流服务或多功能系列化物流服务，都包括在第三方物流的范畴内。

(二)第三方物流的特征

根据第三方物流的概念，以及第三方物流的运作方式，其特征具体表现在以下几个方面。

1. 关系契约化

第三方物流是通过契约的形式来规范物流服务提供者与物流服务需求者之间关系的。物流服务的提供者根据契约的规定，提供多功能直至全方位一体化物流服务，并以契约来管理所有提供的物流服务活动及其过程。另外，第三方物流发展物流联盟也是通过契约的形式来明确各物流联盟参加者之间权责及相互关系的。

2. 服务个性化

不同的物流服务需求者对物流服务有不同的要求，所以第三方物流需要根据不同需求者在企业形象、产品特征、业务流程、顾客需求特征、竞争需要等方面的不同要求，提供有针对性的个性化物流服务和增值服务。此外，从事第三方物流的物流经营者也由于市场竞争、物流资源、物流能力的影响需要形成核心业务，不断强化所提供物流服务的个性化及特色化，以增强企业的竞争能力。

3. 功能专业化

第三方物流企业所提供的是专业的物流服务。从物流设计、物流操作过程、物流技术工具、物流设施到物流管理必须体现专门化和专业水平，这既是物流服务需求者的需要，也是第三方物流自身发展的基本要求。

4. 管理系统化

第三方物流应具有系统的物流功能，是第三方物流产生和发展的基本要求，第三方物流需要建立现代管理系统才能满足运行和发展的基本要求。

5. 信息网络化

信息技术是第三方物流发展的基础。物流服务过程中，随着信息技术的发展逐步实现了信息共享，促进了物流管理的科学化，大大地提高了物流效率和物流效益。

二、第三方物流的价值与风险

(一)第三方物流的价值

目前阻碍企业选择第三方物流的一个重要因素就是企业对于选择第三方物流所能带来

的价值没有清晰的认识。我们认为，通过采用第三方物流，可能给企业带来的价值包括以下几个方面。

1. 使用第三方物流可以使企业实现资源优化配置，将有限的资源集中于核心业务

企业若想在严峻的市场竞争环境下生存和发展，就必须提高资源配置的效率。如今市场竞争的焦点已由过去简单的成本竞争转向产品功能、服务质量以及新产品开发速度的竞争，企业提高产品质量、降低生产成本、改进服务质量、新产品开发的压力越来越大，而只有以比竞争对手更低的成本、更快的速度向消费者提供更好的产品，才能在竞争中取得优势。然而，任何企业所拥有的资源都是有限的，它不可能覆盖企业所有的业务领域，也就是说，任何一个企业不可能在每一个业务环节上都拥有竞争优势。所以取得整体竞争优势的唯一途径就是“集中优势”——将有限的资源集中到企业“核心能力”的培育和发展上，而对非核心的业务采取资源外取战略，“外包”给在这些业务上具备核心能力的企业。第三方物流战略的选择正是基于以上考虑，由企业将非核心的物流业务外包给专业的第三方物流服务提供商。这也是第三方物流存在的真正价值所在，同时也是企业选择第三方物流的根本因素之一。这一点已得到越来越多企业的认同，越来越多的企业在考虑是否选择第三方物流服务时，对企业战略的考虑甚至远远超过了简单的能力和成本的考虑。

2. 选择第三方物流还可以使企业降低投资风险

现代物流领域的设施、设备、信息系统等的投入都是相当大的，并且由于物流需求的不确定性和复杂性，可能导致投资的巨大风险。选择第三方物流服务可以有效地规避这些投资风险。

3. 选择第三方物流有利于企业进行流程再造

现代物流的根本特征是系统化、专业化、网络化、规模化和信息化，借助第三方物流的契机，企业可以充分利用第三方物流企业完善的信息技术和先进的管理手段，从关心客户的需求和满意度出发，对现有的业务流程进行重新思考和定位，从根本上改善企业原有的成本、质量以及服务水平。

4. 选择第三方物流有利于提升企业形象

第三方物流服务提供商和客户的关系不是竞争，而是战略合作伙伴，他们为客户着想，致力于提供以顾客为导向、低成本、高效率的优质物流服务，提升委托企业的企业形象，为委托企业在竞争中创造有利的条件。

5. 选择第三方物流还可以使企业享受成本降低的好处

专业的第三方物流服务提供商利用规模效应的专业优势和成本优势，通过整合社会资源，提高供应链各环节的利用率，实现综合费用的节省，从而为委托企业降低成本。

由于物流业务本身的复杂性，以及物流业务贯穿于企业业务活动各方面的特性，使得物流服务从购买本质上就不同于一般的商品或服务，仅仅简单地考虑能力或成本因素的决策，必然会使企业付出额外的代价。只有基于企业战略层面的综合因素考虑，才是企业选择第三方物流的根本原则和真正动机，也只有通过全方位的比较和分析，才能使企业真正认识到第三方物流带来的价值。

(二)第三方物流的风险

与自营物流企业相比，第三方物流在为企业带来诸多价值的同时，也存在一些风险，这些风险主要表现在以下几个方面。

1. 对物流的控制能力降低甚至丧失的风险

物流对于大多数企业来说属非核心业务，但企业采用第三方物流后，第三方物流企业介入客户企业的采购、生产、销售及顾客服务的各个环节，成为客户企业的物流管理者，必然使客户企业对物流的控制能力降低，而这将导致第三方物流企业具有与客户企业讨价还价的能力。随着第三方物流企业在客户企业的物流业务上介入程度的加深，这种能力也会加强，对客户企业形成潜在的威胁。在协调出现的问题时，甚至可能会出现物流失控的现象，即第三方物流企业不能完全理解并按客户企业的要求来完成物流业务，或者第三方物流企业不是以客户企业为中心来处理每一个环节，而是站在自己的立场事不关己或消极对待，从而降低企业顾客服务的质量。凯马特公司最后败于沃尔玛公司的竞争，重要原因之一就是大部分物流外包虽然在短期降低了公司的运营成本，但却丧失了对物流的控制，从而使公司总成本上升。

另外，采用第三方物流也使原来由企业内部沟通来解决的问题，变成两个企业——第三方物流企业与客户企业之间的沟通，在沟通不充分的情况下，容易产生相互推诿的局面，影响物流的效率。

2. 顾客关系管理上的风险

在顾客关系管理上，企业采用第三方物流后的风险有两种。

一是削弱企业同顾客关系的风险。采用第三方物流后，订单集成、产品的递送甚至售后服务一般是由第三方物流完成的，最直接接触顾客的往往是第三方物流企业，基本上是由第三方物流企业与顾客打交道，从而大大减少了客户企业同顾客直接接触的机会，减少了直接倾听顾客意见和密切顾客关系的机会，这对建立稳定的顾客关系无疑是非常不利的。第三方物流割裂企业同最终顾客的联系，可能导致企业顾客快速反应体系失灵，甚至对企业形象造成伤害。例如，由于第三方物流企业经常与企业的顾客发生交往，第三方物流企业会通过在运输工具上喷涂自己的标志或让员工穿着统一服饰等方式来提升第三方物流企业在顾客心目中的整体形象而取代客户企业的地位。

二是客户资料被泄密的风险。在激烈的市场竞争中，顾客就是上帝，顾客资料对企业而言是最重要的资源之一。如果顾客资料被泄露，那么其后果是难以想象的。在企业与第三方物流的合作中，由于物流与信息流的密不可分，物流环节中包含企业大量的顾客资料，如订货数据、顾客分布和渠道、顾客折扣和产品价格等。尽管相互共享信息和对对方的信息保密是双方合作的重要基础，但信息在更多的企业间共享，无疑加大了被泄露的可能性。

3. 企业战略被泄密的风险

对企业来说，为了保持其竞争优势，特别需要对诸如原材料供应、生产流程、技术工艺、销售网络等战略运营要素保持一定的隐秘性。

物流既是企业战略的重要组成部分，又承担着战略执行的重任。企业采用第三方物流后，由于双方合作的紧密性以及提高物流效率的需要，通常要求双方的信息平台对接，实现有关信息共享，其中不乏企业的大量机密的战略信息，如销售策略、产品更新等。这样，从渠道调整到市场策略，从经营现状到未来预期，从产品转型到顾客服务策略，第三方物流企业都可以得到与客户企业相关的信息，从而对客户企业的企业战略也通常有很深的认识。对于信息处理能力比较强的第三方物流企业，其通过数据价格和挖掘技术得到的信息甚至连客户企业自身都不知道。

在市场竞争日益激烈的情况下，企业的核心能力是其生存与发展的重要保障。而采用第三方物流势必会大大增加企业战略被泄密的风险。最令企业担心的是，在某一行业专业化程度高、占有较高市场份额的第三方物流企业往往会拥有该行业诸多企业的客户，而它们正是企业的竞争对手，第三方物流企业与客户企业的信息共享可能会导致企业的运营情况通过第三方物流企业而泄露给竞争对手。

4. 连带经营风险

企业采用第三方物流后，同第三方物流企业的合作一般是长期的战略伙伴关系。双方一旦合作成功，要解除合作关系对双方来说成本都很高。但如果因第三方物流自身经营不善导致服务暂停或合同终止，将可能直接影响客户企业的经营，尤其会影响那些交货期紧迫、责任重大的业务项目，给企业造成无法估量的当期和潜在的损失。特别是在合约解除过程中，企业要选择新的物流服务提供商并建立稳定的合作关系，往往需要很长的磨合期，有的甚至超过半年。在磨合期内，企业将不得不面对新物流服务商因产品不熟悉、信息系统衔接不好等造成的服务失败。这种连带经营风险，其实也是企业对第三方物流服务提供商的选择风险。

5. 机会主义风险

企业采用第三方物流后，其物流业务交由第三方物流企业负责，双方的力量对比因此发生变化。就第三方物流企业来说，它们对双方合作关系的依赖性不如客户企业强烈，因为这笔交易充其量是其众多交易中的一笔，但就客户企业而言，它们对双方合作的依赖性要比第三方物流企业强烈，因为它们通常选择一个第三方物流企业负责其物流运作，即使选择多个第三方物流企业承担其物流业务，也是各自负责不同部分的物流功能，相互之间替代性不强，第三方物流企业的服务质量与效率直接影响企业的生产经营活动。

双方对合作关系依赖性的不同，导致第三方物流企业在出现合作纠纷时往往处于有利地位，有时甚至欺诈客户企业而提高价格或提出其他很苛刻的要求，并转向那些能满足它们利益的客户，产生种种机会主义行为。例如不按合同规定的时间配送，在装卸搬运过程中故意要挟等。尽管双方建立的长期合作的战略伙伴关系有助于削弱第三方物流企业的机会主义倾向，但不能完全消除其给客户企业带来的机会主义风险。

三、第三方物流的选择和评价

(一)第三方物流的选择

企业一旦决定使用第三方物流服务后，面临的首要问题便是第三方物流供应商的选择。只有选择合适的第三方物流服务提供商，才能真正使物流服务成为企业的竞争优势。否则，不仅影响企业物流管理的绩效，而且还将浪费大量资金和时间。

一般来说，第三方物流供应商的选择可按下列步骤进行。

1. 组成跨职能选择团队

企业对于第三方物流供应商的选择不仅企业的物流部门会参与，企业其他部门如财务、生产、营销、信息系统、人力资源等也常常参与其中，如表 8-1 所示。另外，企业总裁参与选择决策也是常见的。美国田纳西大学对谁是外包的主要支持者或促进者的调查结果表明，物流与运输经理占 64%，财务部占 58%，总裁占 50%，生产部占 24%，营销部占 20%。所以，企业通常会从其财务、营销、生产、质量控制、信息系统以及物流等部门抽调人员组成选择团队，并使每一个人参与整个选择过程。

表 8-1　其他参与决策的部门

职能部门	西欧/%	美国/%	职能部门	西欧/%	美国/%
财务	64	70	生产	24	48
信息系统	32	35	营销	34	39
人力资源	28	22			

2. 设定外包目标

一旦选择团队成立，首先就应设定外包的目标，究竟是降低成本还是改善运作质量，抑或是提升客户服务水平。对外包目标的透彻理解是选择第三方物流提供商的基础，并成

为后来的第三方物流提供商的绩效考评的依据。

3. 确定物流需求

选择团队应对企业内部及外部顾客进行调查以确定当前物流存在的优势和劣势，从而明确自身的物流需求，并把它们明确地表达出来，成为对潜在第三方物流供应商的服务需求。由于大多数第三方物流决策对实现企业的目标关系重大，所以开始时对物流需求的理解需要花费较长的时间。

4. 制定选择准则

选择准则应与企业的外包目标和物流需求相联系，诸如准时交付、可靠性、客户服务以及价格往往是企业优先考虑的准则。有学者认为，在选择第三方物流服务提供商时，除了受到企业的竞争敏感度、环境对立及环境变动的影响外，还需要考虑价格、配送能力、管理能力、错误率、问题反应力、任务达成能力、良好的计算机系统、多样附加值活动以及发货中心个数九个因素。

表 8-2 列出了第三方物流服务的用户认为最重要的项目。从该表中可以看出，用户非常关注降低风险和提高服务能力的指标，如财政稳定性、客户服务能力以及服务价格。

表 8-2 第三方物流供应商特性的重要性 单位：%

特性	占回答者的百分比							
	非常重要	略微重要	无关紧要	略微不重要	非常不重要	等级1	等级2	等级3
资产拥有	22	42.8	25.5	5.5	4.2	2.7	4	3.5
服务价格	66.1	31.7	2	0	0.2	31.1	17.7	15
大小	10.7	55.7	27.1	6.1	0.4	1	1.2	2.7
人力资源政策	10.4	35.8	41.1	9.5	3.3	1	1.2	1.2
公共声誉	48.6	43.4	7.2	0.9	0	8.2	7.5	10
财政稳定性	72.8	24.6	2.4	0.2	0	12.4	17.2	19
国际范围	17.7	37.6	29.7	9.6	5.5	1.7	1.5	2.8
解决问题的创造力	59.2	34.5	5.2	1.1	0	9	11	11
公司文化哲学兼容性	44.8	38.4	14	2.6	0.2	9.2	9.5	7.2
与公司的优先关系	12.9	37.5	37.7	8.3	3.7	0.5	1.2	0.5
信息系统和技术能力	54.2	37.7	6.1	1.8	0.2	6	12.2	12
客户服务能力	72.5	22.7	3.9	0.7	0.2	14.7	12.5	11
持续改进声誉	47.1	43.4	8.5	1.1	0	1.2	2.7	5.5

(资料来源：唐纳德 • J. 鲍尔索克斯. 物流管理[M]. 林国龙译. 北京：机械工业出版社，2002)

5. 列出候选名单

候选者应与企业有相似的业务方向并能够提供所必需的地理覆盖范围的服务。为了准确地选择潜在的合作伙伴，团队可以与专业组织联系，与供应商和顾客交流，甚至在互联网上进行查找。从欧美 500 家最大的工业企业的经验来看，主要可以通过两种渠道来挑选候选者：与其他物流同行的交流和第三方物流供应商的销售拜访，如表 8-3 所示。一个值得注意的趋势是，企业开始注重专业刊物上的广告和其他途径如专业刊物上的文章、咨询项目和私下的人际交往等方式。

表 8-3 信息渠道

单位：%

信息源	西欧	美国	信息源	西欧	美国
与其他物流同行交流	77	46	专业广告	19	11
第三方物流公司的销售拜访	69	54	当地物流会议	15	14
国内物流会议	19	19	直邮广告	15	11

6. 候选者征询

选择团队向候选者发出征询信，询问对方有无兴趣投标。信中应包含企业的信息和外包项目的实质与范围，同时要求候选者提供其公司的基本信息以及服务能力。

7. 发出招标书及收回投标书

企业向有资格并且对该项目感兴趣的第三方物流提供商发出招标书。招标书应对企业的外包目标及物流需求做出详细的说明，且要对各个潜在服务提供商一视同仁。为了便于竞标者编制预算，对一些基本的专业信息必须要做出说明，包括工作范围、产品流程、交易信息、专案描述、服务成本、最终客户需求、信息技术需求、附加价值服务需求、场所和专门设备需求等。应选者的投标书中应包括一些特定信息，诸如组织结构、能力、现有顾客、报价模式和选择等。

8. 初评及现场考察

在初步评审投标书的基础上，选择团队在候选者中挑选最有可能的 4～5 家进行现场考察。通过考察让团队了解候选者的管理设施、管理程序和职员情况。在考察时应依据标准的检查表，并安排相同的团队成员对候选者的能力进行一对一的比较。

9. 候选者资格评审

选择团队应根据有关资料和投标书细节，使用检查单和现场考察完成的调查表，评审候选者的财务状况、信息技术能力、服务柔软性、战略符合程度以及经营理念。

10. 利用分析工具选择第三方物流供应商

利用层次分析法(Analytic Hierarchy Process，AHP)，根据选择准则，确定最佳的第三方物流服务提供商，关键项目是该提供商与公司有相似的价值观和目标，有符合要求的先进的信息技术，其管理值得信赖、相互尊重，并且有发展共同合作关系的愿望。

值得注意的是，选择并不是像一次交易那样挑选要价最低者。这是因为合同一经签订，与物流伙伴的关系就要维持相当长的一段时间，故应选择那种最适合企业需求和企业文化互补的第三方物流服务提供商。同时，最终选择决策也应在团队成员之间进行一定程度的协调，以保证他们中的每一位都对做出的决策有一致的理解，并了解对被选中物流公司的期望。

(二)第三方物流的评价

在与第三方物流提供商的合作中，企业需要根据合作目标建立对第三方物流提供商的服务绩效评价指标和标准，由外包涉及的各部门经理组成评审组或聘请独立的外部人员定期或不定期地对第三方物流提供商的服务绩效进行监控。可以每月或每季度一次，发现问题及时协商解决，并可依据合同中的激励和惩罚条款进行适当的处理，以便适时控制物流服务质量，确保物流服务能满足最终客户的需求。

Memon 运用相关矩阵提出与物流服务绩效相关的因素，主要包括价格、是否符合契约要求、是否具备创造力、财务的稳定性、是否达到品质要求与绩效水准、是否准确送达、高级主管的承诺、较少的失误率以及对突发事件的反应能力等九项因素，其中后四项因素具有高度的相关性。

一般来说，常见的服务绩效评价指标包括准时发货率、准时交付率、订货完成率、产品线完成率、库存准确率、缺货损失、每公里成本、货物进库时间和仓储运营成本等。服务绩效评价标准一般应以同行业先进的其他企业或者具有相同特征的其他行业中的领先企业为基础。只有这样企业才能深刻了解自身在竞争中的地位。同时，服务评价标准不应使用如“削减成本”之类泛泛的词语，而应包含具体的商业目标，如“库存量减半”“履行订单错误率减少 25%”“客户的满意率提高 30%”等。

值得注意的是，企业衡量第三方物流提供商绩效的目标是改善作业而不是惩罚，是为了当合作出现问题时能及时协商改进而避免事态恶化及造成严重损失。

第三节　第三方物流的发展

第三方物流是随着物流理论与实践的发展而产生与发展的，因此，第三方物流的发展与物流本身的发展是密不可分的。第三方物流发展的推动因素从物流服务的需求与供给双方都能找得到。

一、物流发展的推动因素

20 世纪 80 年代以来，物流发展进一步加快。一般认为物流发展与推动的因素包括以下五个方面。

(一)放松运输管制

20世纪80年代后，世界范围内出现了放松运输管制的趋势，尽管各个国家相关法案的基本意图并不相同，但这种运输的自由化发展给运输的革新营造了有利的环境。例如，美国1980年公路运输法通过后的几年，行政和司法部门采取了大量措施，进一步放松了对服务、价格及公共和合同承运人承诺方面的限制。1980年以后，美国的运输结构发生了巨大的变化。

(二)计算机和数据处理技术的商业化

20世纪90年代早期，物流部门逐渐接受计算机，低成本的硬件加上先进的软件使计算机能完成大部分的交易活动、业务的控制和信息处理决策支持。计算机能够管理整个综合物流过程，包括采购、生产加工、制成品的产品分配等各个环节。使用关系数据对相关领域进行物流资源计划的能力，提供了使物流作业达到前所未有的高水平的信息基础。90年代以来，高功能低成本的硬件和开放的系统设计对以信息技术为动力的物流革新产生了强大的推动作用。

(三)通信技术的发展

通信技术对物流作业的影响与计算机的发展相并行。20世纪80年代物流经理开始尝试使用条码技术改进物流作业。与此同时也开始使用电子数据交换进行业务数据的交换，各种类型的电子数据扫描和转换能及时获得关于物流操作的各个方面的信息。许多公司开始运用计算机把顾客、供应商连接起来，以便及时准确地进行信息交换与数据处理；并通过通信卫星实现了实时跟踪信息。快速、准确及综合信息技术导致了以时间为基础的物流的形成，基于快速和可靠的信息交换的作业安排，提供了取得优秀物流表现的新的战略基础，如零库存、快速反应、连续补货和自动补货战略等。在近期，信息与通信技术，包括因特网、电子标签的使用等对物流时间的影响将不断为物流过程整合的改进提供机会。

(四)全面质量管理

推动物流发展的另一个重要的力量是全面质量管理。由于全球的市场竞争日趋激烈，使得工业化国家不得不从质量上求生存。产品和服务上的“零缺陷”思想很快扩展到物流操作上。企业开始认识到同样的产品，如果延期发送或损坏就不能被顾客接受。若物流表现不佳就会抵消产品的质量优势。虽然对产品的质量已有不少研究，但在物流领域如何取得质量还不太成熟。于是企业的高级管理层对质量的普遍重视，对物流绩效的提高形成了强大的推动力。显然，过去物流上对所有客户采用的统一的物流服务，已不再能满足质量

的要求。企业不得不重新设计物流系统以满足顾客不同的需求。例如，某一厂商有20个主要顾客，他们占全部销售额的80%以上，厂商必须明白同一物流表现并不能满足所有顾客的要求。领先的公司通常采取一系列独特的物流措施，以满足主要客户追求质量的愿望。因此，注重质量就成了把最佳物流思想从纯粹注重效率转向了获取战略优势。

(五)联盟

20世纪80年代以来进入了一个把发展合作与联盟作为最佳物流时间的时代，在多年的以权力为特征的业务关系的基础上，企业开始注重潜在的合作。最基本的合作形式是在组织之间发展有效的运作安排。由此企业开始更进一步考虑把顾客与供应商作为业务的合作伙伴，这种思想注重商业上的共同成功，减少了重复与浪费。联盟的发展，跨越了一系列业务和政策内的各种不同操作部门。

总之，20世纪80年代至今，运输法规的划时代改变、低成本计算机的出现、信息与通信技术革命、联盟的全面采用，所有这些使物流的各个方面形成了全新的思想。

二、第三方物流发展的推动因素

第三方物流的推动因素可以从需求方与供给方共同去寻找。

从第三方物流的需求方角度来看，推动物流外包给第三方物流的因素主要包括以下几个方面。

(1) 物流外包给第三方物流后，用于管理的时间要比货主企业自己运作物流少得多。

(2) 通过将运输与仓储运作外包给第三方物流，货主企业可以减少运输设施的投资、仓库的建设与搬运机械的投资。因此，可以变固定成本为可变成本，并将财务风险转移给第三方。

(3) 企业物流交由第三方来负责后，能够克服高峰需求能力不足的问题。如果对物流运作能力的需求不确定或有波动，采用第三方物流时，货主企业可以容易地把成本调整到物流活动所需的水平。

(4) 第三方物流企业能够把资产运用于多个客户和产品群，使资产发挥更大的作用。

(5) 外部的物流公司提供的服务将比货主企业自身作业要好得多。

(6) 第三方物流可以使货主企业简化日常物流作业，如单证处理、配送计划、存货控制和人事管理等。同时它也有利于实施EDI、条码及组织或设施之间的人员交换。

(7) 第三方物流服务方将比货主企业更易于接受新的技术，使得他们的服务更具有效率。另外，第三方物流比货主企业更具备国际物流的经验。

(8) 当货主企业由于进入新市场而物流系统不匹配的时候，比如能力不够或市场、产品具有不同的物流特征时，把物流外包给第三方物流能够解决此类问题。

(9) 当开拓新的市场，或运用新的营销渠道时，一般需要做市场试验。这种情况下，通常使用第三方物流可以具备一定的灵活性。

另外，从物流服务的供给方角度，也能够找到第三方物流的发展动力。传统的以运输、仓储等物流环节服务为主的企业，由于进入门槛较低，在相关市场竞争异常激烈，这时企业可以通过第三方物流服务来稳定客户、取得市场上的优势、获得利润增长率。

三、第三方物流的发展障碍

第三方物流的发展在企业间是不平衡的，还有一定的障碍，主要包括：

(1) 担心对货物失去控制的风险。

(2) 某些企业把物流作为他们的核心战略，极其重要，因此不愿意把它交给任何第三方。在外包给与顾客有关系的服务提供者时，这种情况更为突出。

(3) 自己运作物流可以避免第三方赚取利润。

(4) 自己运作物流能保证本公司的物流目的，而不会因与其他公司共享而受损。

(5) “硬”成本数据缺乏，妨碍对物流外包的绩效评价。很少企业的会计系统能够提供物流作业的成本，管理费用经常被计入间接成本，资产利息很少被考虑。

(6) 公司内部不同部门的目标不一致，产生对外包的抵制和阻力。如物流部门因威胁到自己的部门功能会反对外包；销售部门担心顾客服务水平的下降；还有，组织之间的合作是一件困难的事，如公司文化、数据系统、职工知识技能的一致性等。

四、我国第三方物流企业的发展战略

(一)成本领先战略

成本领先战略就是当企业与竞争对手提供相同的产品和服务时，只有设法使产品和服务的成本长期低于竞争对手，才能够在市场竞争中取胜。对于第三方物流企业来说，必须通过建立一个高效的物流操作平台来分摊管理和信息系统的成本。在一个高效的物流操作平台上，每加入一个相同需求的客户时，其对固定成本的影响几乎可以忽略不计，这样就可以具有成本竞争优势。一般来说，物流操作平台由相当规模的客户群体形成的稳定的业务量、稳定实用的物流信息系统、广泛覆盖业务区域的网络这几个部分构成。

(二)集中化战略

集中化战略就是依据自身的优势及所处的外部环境，确定一个或数个重点领域，集中企业资源，打开业务突破口。集中化战略不仅指企业业务拓展方向的集中，还要求企业在人力资源的招聘与培训、组织架构的建立、相关运作资本的取得等方面都要集中。企业需要充分把握市场机会，有效地利用现有资源。

(三)企业联盟战略

企业联盟一方面是指我国第三方物流企业间的联盟；另一方面则指物流企业与货主企业之间建立的战略合作伙伴关系。有专家认为，“弱”“散”“小”“少”是我国大部分传统物流企业的现状。因此，通过建立物流战略联盟、搭建信息共享平台、整合各企业的核心能力，做到扬长避短、优势互补是我国第三方物流企业求得多赢的理想之路。

(四)服务拓展战略

第三方物流企业在提供运输、仓储等基础服务的同时，要积极拓展增值业务，主要包括流通加工、物流方案设计、物流成本控制、物流信息服务、全程物流服务和物流过程中的财务服务等。它是利润比较丰厚的物流服务，是第三方物流企业所追求的目标，也是当前我国物流服务中的薄弱环节。所以我国物流企业应积极拓展增值物流服务，努力为客户提供完善的供应链服务。

(五)信息技术应用战略

纵观国际市场，物流领域是现代信息技术应用比较普遍的领域，物流企业正逐渐转变为信息密集型企业群体。国外的物流企业都非常注重信息技术的投资，在物流操作中积极地采用先进的信息技术来提高物流运作的效率和精确性，成为其获得竞争优势的关键。

信息技术通过切入物流企业的业务流程，可以增加物流各作业环节的协调性与信息共享，可以增加物流服务供应方与需求方的沟通，以便对整个物流系统进行优化和分析，减少物流费用，为客户提供更好的物流服务。它有效地把各种零散数据变为商业智慧，赋予了物流企业新的生产要素——信息，大大地提高了物流企业的业务预测与管理能力。通过“点、线、面”的立体综合管理，实现了物流企业内部一体化和外部供应链的统一管理，有效地帮助物流企业提高服务素质，提升物流企业的整体利益。

具体来说，信息技术有效地为物流企业解决了单点管理与网络化业务之间的矛盾、成本与顾客服务质量之间的矛盾、有限的静态资源与动态的市场之间的矛盾、现在与未来预测之间的矛盾。例如，运用地理、卫星定位等技术，用户可以随时监测自己货物的状态，包括运输货物车辆所在的位置(如某座城市的某条道路上)、货物的名称、数量、重量等，大大地提高了监控的“透明度”。如果需要临时改变路线，也可以随时指挥调动，大大地降低了货物的空载率，做到资源的最佳配置。

据国外统计，信息技术的应用，可为传统的运输企业带来以下利益：降低空载率 15%～20%；提高对在途车辆的监控能力，有效地保障货物的安全；网上货运信息发布以及网上下单可增加商业机会 20%～30%；无时空限制的客户查询功能，有效地满足客户对货物在运情况的跟踪监控，可提高业务量 40%；对于各种资源的合理利用，可减少运营成本 15%～30%。

对传统仓储企业带来的利益表现在：配载能力可提升 20%～30%；库存和发货准确率可超过 99%；数据输入误差减少，库存和短缺损耗减少；可降低劳动力成本约 50%，提高生产力 30%～40%，提高仓库空间利用率 20%。

因此，我国的物流企业应加大信息技术的投入力量，广泛地应用国外物流领域中已经普遍采用的现代信息技术，以便促进物流行业的发展和物流效率的提高。宝供物流企业集团在这一点上做得非常好。宝供集团成立于 1994 年，但真正的大规模发展是在 1998 年将自己的信息系统发布以后。许多客户看到宝供拥有很便利的物流信息系统技术，才比较放心地将自己企业的物流业务委托给宝供处理，使宝供的客户立刻由十多家增加到六十多家。

目前，物流领域广泛应用的现代信息技术主要包括电子数据交换(EDI)、电子订货系统(EOS)、条码、销售时点信息管理系统(POS)、数据库、互联网、增值网(VAN)、无线电射频技术(RF)、全球卫星定位系统(GPS)、人工智能与专家系统以及以信息技术手段为基础的各种流程优化和物流管理软件技术等。

(六)人才开发战略

在 21 世纪，我国物流人才面临严峻挑战，应尽早建立长远且完善的物流人才开发战略，以便及时满足物流业甚至整个社会经济发展对物流人才的庞大需求。

物流人才是一个非常宽泛的概念，不同的需求呼唤不同的人才。针对不同物流人才的需求，我国应在参考国外物流学历教育体系的基础上，坚持以市场为导向，树立正确的物流人才培养目标，建立适合我国国情的物流专业学科体系和物流学历教育体系。物流人才的培养目标和模式应依据市场需求和学科理论的要求来确定。需要充分考虑物流教育资源的现状，并兼顾现在和未来物流行业的发展，综合设计现代物流人才的培养目标。不同层次的人才需要不同的培训方法，当然培养重点和内容也不一样。在市场经济条件下，物流专业的课程设置也需要根据市场和物流行业发展的需求进行合理设置，并要随着我国物流行业的不断发展和进步而相应调整。

同时，应强化在职培训，倡导终身教育，建立起既具有国际先进水平又切合我国实际情况的、统一的、权威的物流从业人员的岗位资格认证制度，将参加物流培训并获得相应资格证书作为物流从业人员上岗的基本条件，以此提高物流从业人员的素质。

案例 8-1：宝供物流企业集团的成功之道

宝供物流企业集团以转运站独特的运作模式和良好的质量服务保证，吸引了国外企业的极大关注。1994 年，美国宝洁公司进军中国市场与刘武承包的货物转运站开始第一次合作。转运站按照严格的 GMP 质量管理标准和 SOP 运作管理程序，将宝洁的产品快速、准确、及时地送往全国各地的销售网点。

1994 年 10 月 18 日，为了进一步满足客户市场发展的需求，刘武注册成立了广东宝供储运有限公司，以北京、上海、广州等城市为中心构建全国性的运作网络体系，开始规模化、网络化经营。1995 年和 1996 年，刘武花了整整两年的时间苦练内功：狠抓内部人员培训和机构建设，进一步加强 GMP 和 SOP 标准管理，全面提升业务运作质量，完善宝供品牌服务形象。

1997 年，刘武率先在国内建立起一套基于物流网络信息系统，实现物流数据的在线实时跟踪，并与客户信息共享，实时了解运输、仓储等物流信息，使宝供的物流服务实现了质的飞跃。

1998 年和 1999 年，刘武全面强化企业信息化建设，大力拓展国际国内物流市场，不断增加运作网点，相继在澳洲、中国香港、曼谷、北京、上海等国际国内大城市设立了分公司或办事处。1999 年 10 月，经国家工商局批准，宝供物流企业集团有限公司注册成立。

2000 年，宝供物流企业集团广泛应用现代物流管理的理论和观念，大力拓展物流配送，为客户提供个性化物流解决方案等新型物流服务，全面扩充物流服务领域，成为四十多家跨国公司和十多家大型企业的战略联盟伙伴。

对于宝供物流企业集团的发展，可以用“七个第一”给予评价和概括。第一个在中国运用现代物流的理念为客户提供全程物流服务：第一个在中国建立覆盖全国的物流运作网；第一个在中国建立基于物流的信息系统；第一个在中国将 GMP 的质量保证思想运用到物流运作上：第一个在中国创立物流企业集团，第一个在中国将产、学、研相结合，每年独资举办物流技术与管理发展的国际性高级研讨会；第一个在中国创办物流奖励基金。

早在经营转运站的时候，刘武就以当时绝无仅有的“24 小时服务”特色吸引了客户，创造了诸多商机。而今，宝供物流企业集团，作为最早在中国提供一体化增值服务的第三方物流供应商，严格遵循“控制运作成本、降低客户风险、全面提升物流服务质量，使客户集中精力发展主业，增强核心竞争和可持续发展能力，成为客户最佳战略联盟伙伴”的超前物流服务理念，向客户提供具有个性化优势的特色物流服务。

首先，大力推行“量身定做、一体化运作、个性化服务”模式。宝供打破传统业务分块经营模式，在各大中心城市设立分公司或办事处，建立强大的、遍布全国的物流运作网络，将仓储、运输、包装、配送等物流服务广泛集成，为客户“量身定做”，提供“门到门”的一体化综合服务以及其他增值型服务。

通俗地讲，第三方物流就是当好客户的“管家”。因此，宝供根据客户的生产及销售模式，全面规划物流服务模式、优化业务流程、整合物流供应链，支持灵活多变的市场营销策略，以降低物流成本，提高客户核心竞争力。如在为北京某公司服务时，宝供营运管理部通过与对方物流部沟通，根据企业的要求与实际情况设计了一个全面的物流运作方案：将原有的全国 20 多个仓库以及管理机构简化至十几个，从原材料的采购、运输方式、仓库管理、配送包装等进行一条龙规划与运作管理，并为客户提供基于 Internet 的全国货物实时查询的物流信息服务，支持客户“零库存”策略，高效扩充分销渠道，以“低成本、高效率”赢得了客户的高度评价。

其次，广泛采用具有国际水准的 SOP 运作管理系统和质量保证 GMP 体系。宝供有一

套完整而严格的运作管理系统和质量保证体系，确保为客户提供优质高效的专业化物流服务，即 SOP 标准操作程序及 GMP 标准质量保证体系。

为了规划业务部门的运作标准，宝供建立了系统化、规范化、标准化的各类标准操作程序，即 SOP。任何岗位上的任何事，SOP 都有详细的规定。通过 SOP 的正确执行，确保业务运作不会因个人的因素造成服务品质的不同，确保 GMP 质量体系的实施和实现。

GMP 标准是由美国食品和药物管理局颁布的有关产品生产质量控制的法规性条例。宝洁公司采用的就是 GMP 质量管理体系，它要求所有运作过程必须严格符合 GMP 标准。在与宝洁公司的合作中，当时为了适应宝洁公司严格的质量要求，也为了建立健全宝洁自身严格的服务质量体系，1996 年，宝供公司以 GMP 质量为蓝本，根据 GMP 的 13 个关键要求，制定了一套相应的系列化质量管理标准体系，将每项要素的具体标准要求及时汇编成《质量管理手册》，全面施行。同时，在公司总部专门设立质量管理部，具体落实贯彻《质量管理手册》，从而使每一项业务运作从作业开始就有质量控制和跟踪，充分保证业务运作质量稳定可靠。此外，在公司内部还大力宣传“重质量，讲管理”的风气，要求每位员工都要树立明确的质量意识，人人都有质量职责，使 GMP 成为宝供的服务标准和品质保证，成为宝供的品牌形象。

几年来，公司的铁路运输货物缺损率控制在万分之一左右，公路运输和仓储缺损率为零，铁路运输时间达标率在 95%以上，获得了客户的一致赞许。2001 年年初，宝洁严格按照国际标准，对宝供刚刚运行半年的姬堂 2 仓进行了 GMP 评估，宝供取得了 96 分的优异成绩。

此外，宝供还重点提供国内领先的基于 VPN 系统的物流信息服务。早在 1997 年，宝供就在国内率先得出并建成基于 Internet/Intranet 的全国联网的物流信息管理系统，使宝供总部、六大分公司、40 多个运作点实现内部办公网络化、外部业务运作信息化，并实现仓储、运输等关键物流信息的实时网上跟踪。

1998 年，完成关键客户与宝供信息系统的对接工作，客户可通过宝供信息系统实时管理和控制不同区域、不同仓库、不同类型、不同产品的库存，制定最佳营销策略。同时，实现了“客户电子订单、一体化运作”的电子商务初步目标，极大地简化了商务流程，提高了业务运作效率。宝供信息系统也因此被 Intel、IBM、Microsoft 等信息技术的巨头们称为“B to B 的电子商务典范”，并在亚洲地区进行经验推广，成为许多大型国际信息技术研讨会研究讨论的重要内容。

1999 年，建立业务成本核算系统和基于 VPN 的电子数据交换平台，采用 XML 技术进一步提升与客户的电子数据交换水平，实现数据无缝交换与链接，为客户“量身定制”个性化的物流信息服务，如各类精细报表、运作咨询服务。

2000 年，宝供在现有系统的基础上，构筑了基于联盟化、集成化、网络化的 VPN 物流综合服务信息平台，大力开发整合客户供应链和支持电子商务运作的新系统，在通过 XML 技术与客户进行电子数据交换方面取得了重大突破，使宝供的信息服务和业务运作向自动

化、智能化方向迈出重要一步。

分析提示：

21 世纪是物流挂帅的世纪。“第三方物流”在中国蓬勃发展、方兴未艾，成为 21 世纪物流业发展的主流。宝供物流企业集团的成功之路，必将成为中国第三方物流企业发展模式研究的重要案例。它的发展轨迹，或许会为那些依然在茫茫迷雾中探索的国内新型物流企业带来很有益的启示。

(1) 企业的发展离不开观念的更新。要在中国乃至世界物流业中赢得领先地位，首先要在观念上领先。宝供投入了大量资金创办一流的物流学校和一流的物流研究中心，通过广泛的物流研究与学术交流，深入揭示物流理论的深刻内涵，研究现代物流运作模式，改革和更新物流理念，并指导物流实践。

(2) 不断进行服务创新。一方面，要引导企业物流服务朝综合化、一体化方向发展，把物流诸多环节、服务类型进行系统整合，将不同货运公司、仓储公司以及社会资源进行物流资源整合，为客户提供一种长期的、专业的、综合的高效物流服务。另一方面，要适应 21 世纪个性化消费和个性化服务的需要，改变传统企业的单一成本竞争策略为差异型、个性化的物流特色服务原则。

(3) 依靠科学技术的支持。现代是知识和技术的时代，专业化、细致化、科学化的物流知识将成为客户物流体系改革、整合、规划和设计的重要依据。

(4) 走联盟发展战略。强调在供应链的诸节点之间植入“优势互补、利益共享”的共生关系，实施企业联盟化战略。宝供将在其他第三方物流企业、客户服务群、相关行业企业之间广泛寻找战略合作伙伴，通过联盟的力量获得竞争优势。

现在宝供构筑了基于联盟化、集成化、网络化的 VPN 物流综合服务信息平台，开发整合客户供应链和支持电子商务运作的新系统，在通过 XML 技术与客户进行电子数据交换方面取得了重大突破，使宝供的信息服务和业务运作向自动化、智能化方向迈出新的一步。

(资料来源：佚名. 全国物流信息网，http://www.56888.net/news/2012625/623082958.html, 2012.06.25)

第四节 第四方物流

一、第四方物流概述

第四方物流的概念最早是由美国的埃森哲咨询公司于 1998 年率先提出的，专门为第一方、第二方和第三方提供物流规划、咨询、物流信息系统、供应链管理等活动。埃森哲咨询公司将第四方物流定义为“一个供应链集成商，结合自己与第三方物流供货商和科技公司的能力，整合及管理客户的资源、能力与科技”。对于这个定义，我们应该从如下几个方面去理解。

(1) 第四方物流既不是委托企业全部物流和管理服务的外包，也不是完全由企业自己管理和从事物流活动，而是一种中间状态，这一点与第三方物流的外包性质是不同的。其原因在于物流业务的外包虽然有一定的优势，例如它能减少委托企业投入在非核心业务或活动方面的精力和时间，改善客户服务状况，有效地降低某些业务活动的成本，简化相应的管理关系等，但是企业内部的物流协调与管理也同样有它的好处，即它能够在组织内部培育物流管理的技能，对客户服务水准和相应的成本实施严格的控制，并且与关键客户保持密切的关系和直接面对面的沟通。正是出于以上两方面的考虑，使得第四方物流并没有采用单一的模式来应对企业物流的要求，而是将两种物流管理形态融为一体，在统一的指挥和调度下，将企业内部物流与外部物流整合在一起。

(2) 由前一个性质所决定，第四方物流组织往往是在主要委托客户企业与服务供应组织(如第三方、IT 服务供应商以及其他组织)之间通过签订合资协议或长期合作协议而形成的组织机构。在第四方物流中，主要委托客户企业反映了双重身份，一方面它本身就是第四方物流的参与者，因为第四方物流运作的业务中包含了委托客户企业内部的物流管理和运作，这些活动需要企业直接参与，并且加以控制；另一方面，主要委托客户企业同时也是第四方的重点客户，它构成了第四方生存发展的基础与市场。基于此，在第四方物流组织中，主要委托客户企业不仅有资本上的参与，而且它们也将内部的物流运作资产、人员和管理系统交付给第四方使用，第四方在使用这些资产、系统的同时，向主要委托客户企业缴纳一定的费用。

(3) 第四方物流是委托客户企业与众多物流服务提供商或 IT 服务提供商之间唯一的中介。由于第四方物流要实现委托客户企业内外物流资源与管理的集成，提供全面的供应链解决方案，所以，仅仅是一个或少数几个企业的资源无法应对这种要求，它势必在很大程度上广泛整合各种管理资源，这样可能使得第四方物流内部在企业关系或业务关系上的管理非常复杂。但是尽管如此，委托客户企业若想将整个供应链运作管理的任务委托给的对象也只能是第四方物流。所以任何由于供应链运作失误而产生的责任，必须要由第四方承担，而不管实际的差错是哪个具体的参与方或企业造成的，这是第四方物流全程负责管理的典型特征。

(4) 第四方物流大多是在第三方充分发展的基础上产生的。从前面几个内涵可以看出，第四方物流的管理能力应当是非常高的，它不仅要具备业务管理方面的核心能力，更要拥有全面的综合管理能力与协调能力。其原因在于它要将不同参与企业的资源进行有机的整合，并依据每个企业的具体情况，进行合理的安排和调度，从而形成第四方独特的服务技能和全方位、纵深化的经营诀窍，这显然不是一般企业所具备的。从发展的规律看，第四方物流的构成主体除了主要委托客户企业外，高度发达和具有强大竞争能力的第三方才是第四方培育的沃土，这些企业由于长期以来从事物流供应链管理，完全具有相应的管理能力和专业技能，并且目前优秀的第三方已经在从事各种高附加价值活动的提供和管理，具备了部分综合协调管理的经验，所以这类企业最有发展成为第四方的可能。相反，没有第

三方市场的充分发展，特别是优秀第三方物流企业的形成和壮大，第四方物流就很难形成，这不是通过简单的企业捏合就能实现的。

二、第四方物流的工作方式

埃森哲咨询公司为第四方物流设计了三种工作方式，即正向协作、解决方案整合和行业革新。

(一)正向协作

正向协作(Synergy plus)的工作方式依赖于第四方物流组织和第三方物流之间的工作联系。在该工作方式中，第四方物流与第三方物流通过合作对物流系统的解决方案进行规划与整合。这样的解决方案同时利用了双方的能力和市场。第四方物流可以为第三方物流提供商提供广泛的服务，包括技术、供应链战略技巧、进入市场的能力、项目管理专家等。而第四方物流则进入第三方物流的组织内部工作。第四方物流和第三方物流之间的关系由合同绑定或者以联盟的形式构建。

(二)解决方案整合

在解决方案整合(Solution Integrator)的工作方式中，第四方物流为一个客户运作和管理提供综合供应链解决方案。解决方案整合将整合第四方物流的能力、资源、技术及补充服务提供者，从而提供一个综合的一体化规划。该方案实现了在客户组织的供应链各组成部分之间价值的传递。在此工作方式中，第四方物流需要同时对多个服务提供者的能力进行整合。

(三)行业革新

在行业革新(Industry Innovator)工作方式中，第四方物流为同一行业中的多个客户发展而执行一套供应链解决方案。行业解决方案的形成将带来巨大的收益。然而，这种工作方式十分复杂，对任何一个组织(包括第四方物流)来说都是一个挑战。第四方物流将通过在物流系统中的运筹战略、技术和运筹执行来提高整个行业的物流效率。

三、第四方物流企业应具备的条件

根据对第四方物流概念的理解，第四方物流企业应具备以下四个条件。

(1) 第四方物流企业不是物流的利益方。这一点相对比较明显，作为物流的利益双方，应该把自身从纷繁的物流中解放出来，不断强化核心能力，在自身领域内提高竞争力。

(2) 第四方物流企业要有良好的信息共享平台，以便在物流参与者之间实现信息的共享，物流的运作中产生的大量信息能够有效地强化物流计划、物流作业与物流能力。信息技术的进步和由此而形成的信息流又成为提高物流服务水平的关键要素之一。作为第四方物流的主体，要整合社会物流资源，需要有各个参与者都可以共享的信息平台，才能够高效利用各个参与者的物流资源。

(3) 第四方物流企业要有较强的供应链管理能力。作为第四方物流的主体，肩负着整合所有物流资源的任务，需要有较强的供应链管理能力，才能够整合所有的物流资源。即要有集成供应链技术、外包能力、客户管理能力、供应商管理能力和大批的供应链管理的专业人才。

(4) 第四方物流企业要有区域化，甚至全球化的支持力和地域覆盖能力。支持力和地域覆盖力是体现第四方物流主体核心竞争力的重要表现，物流的竞争很大程度上集中在覆盖的网点和其支持力度上。

由此可见，第四方物流作为供应链的集成商是供需双方和第三方物流的领导力量，它专门为第一方、第二方及第三方提供物流规划、咨询、物流信息系统、供应链管理等服务。第四方物流不仅控制和管理特定的物流服务，而且对整个物流过程提出相应的解决方案，并且通过电子商务将整个过程集成起来。它实际上就是一种虚拟物流，是借助业内最优秀的物流供应商、技术供应商、管理咨询顾问以及其他增值服务商来整合社会资源，为用户提供独特的和广泛的供应链解决方案。

案例 8-2：融合现代信息网　第四方物流越跑越欢

2009 年，组建不过两年的上海新跃物流企业管理有限公司，在物流领域的激烈竞争中遇到了发展瓶颈。两年后，新跃物流通过与中国电信上海公司展开合作，成功地打造了“物流汇”这个物流企业公共服务平台，3838 家加盟公司在信息化平台的辅助下，逐步实现了与世界先进物流体系的完美接轨。

对讲手机一键通话司机师傅先按先得

新跃物流不同于普通的速递企业，是一个第四方物流平台，有许多加盟物流企业，司机往往是采用挂靠的方式提供服务，高效管理与控制成本是公司面临的两大难题。

新跃物流过去采用传统的方式：一有业务，公司就要给司机一个个打电话，等最终找到一个有空、可以拉货的司机，往往已经打了十几通电话，货物周转慢、话费支出高。同时，司机也有抱怨：有时候一个电话没接到或者是别人先接到电话，一单生意就没有了。

循着问题解决的思考过程，借鉴国外物流行业的成熟经验，新跃物流觉得必须采用“移动对讲”技术。目前，上海电信是唯一一家推出结合其 3G 网络的天翼对讲终端的电信运营商。

新跃物流与上海电信开展合作后，公司率先给一千多名司机配备了最新的 PTT 对讲手机。管理员说，现在一有业务，只需按一个键，就可以通知到所有持 PTT 终端的司机，所有人可以同一时间分享货物信息，符合运货条件的司机也能及时做出回应。

一个手机，既能打电话又能对讲，一按即通，安全保密，一呼百应。对司机而言更公平，对公司而言更高效。此外，由于PTT通话走的是流量，除了天翼对讲每月25元的功能费，每个司机只要再根据自身的业务量增订一个3G流量包即可，通信资费大大降低，为公司运营节约了成本。

GPS准确定位车辆货物实时追踪

货物与人员的安全是物流公司的头等大事。过去，一旦发生货物丢失，客户意见很大，而且遗失货物非常难找回，大家互相推诿责任，无法准确地知道是哪个环节出了错。

而现在，GPS定位服务为公司有效地解决了这一难题。GPSONE定位服务通过电信CDMA系统特有的GP－Sone定位接口，实时了解监控对象所处的方位及行驶状态，便于对监控对象实施全方位的管理。

公司管理员使用PTT确认送货人员之后，可以通过GPS平台监控软件，将取货地点、送货地点、行驶路线等调度指令发送到装有GPS终端的车辆，所发的指令在1至2秒内即能在GPS终端的液晶屏上显示，司机可根据相关指令立即进行工作，简洁高效。

公司的调度员表示，GPS定位服务，使他们能够对公司的车辆进行集中、统一、系统化的管理，大大降低了人力成本。

而对客户来说，当他们在“物流汇”上搜索、选择运输车辆时，也更愿意选择有GPS终端的车辆，虽然运输费用略贵一些，但是货主能随时查询车辆及货物的位置信息。

管理人员高兴地说，如今，他们接到的有关货物丢失的客户投诉越来越少了。即使偶尔有丢失的情况，通过GPS轨迹回放也能马上知道是哪一个环节出了问题，货物找回的概率也比以前大。

无线摄像头全程保驾路况、货物远程监控

尝到甜头的新跃物流在信息化的道路上越跑越欢。未来，新跃物流的车辆上将出现两个无线摄像头，进一步确保整个物流环节的安全可控，这一应用在物流行业处于领先地位。

其中，一个视频摄像头将被安装在车头，随时监控车辆行驶前方的路面状况。一旦监测到前方路面发生交通事故或出现拥堵，新跃物流的后台调度员马上能通过无线摄像头看到现场情况，提醒司机做好安全防范措施，并通知其他司机尽量避开事故或拥堵路段。

另一个摄像头安装在货运车厢内部，专门用于监控货物。GPS定位服务毕竟无法知晓车上每一件货物的位置，仍有可能发生在司机不知道的情况下货物被随意搬走的情况。在整个运输途中，如果后台监控人员在视频中看到有人无故打开货舱门或是随意移动货物，会立刻提醒司机进行检查；如果货物被盗，无线视频录像也能为追回货物及调查取证提供第一手资料。

物流信息化平台为企业全副武装

据悉，上海电信针对全市物流行业共推出了“公路物流”“物流E通”“综合配货”等一系列行业解决方案，吸引了业内众多知名物流公司成为其客户，嘉定安富轿车驳运公司就是其中的一家。安富公司是上汽集团安吉物流的下属企业，目前上海电信的3G业务已全面应用到公司运营管理中，公司利用 2000 多台天翼 3G 终端，实现全体工作人员的 GPSONE 定位、语音、数据服务、车辆人员定位等功能，除此之外，安富轿车还把现场发生的实时情况，进行 3G 手机拍照，并通过终端上一键快捷方式，实时发送到管理平台，为公司对现场操控带来了方便，并作为公司决策事务的重要依据，真正做到事故取证精确化；通过信息化平台，公司的最新动态、政策及各种安全质量规范信息发布、培训项目可直接通过电信 3G 网络，及时地发布到各个驾驶员手机终端上，极大地提高了工作效率，使安富公司全面实现信息化。

最近，又有一家全国性的速递公司与上海电信签订了“物流信息化合作协议”。根据协议，上海电信为该公司组建移动 VPN 网络并提供总机服务，为客户定制“物流 E 通”移动终端，实现接单、收件、派件及查询等速递业务操作信息实时处理，并率先应用天翼 3G 手机进行条码扫描。

(资料来源：佚名. 全国物流信息网，http://www.56888.net/news/2011730/842357679.html, 2011.07.30)

四、第三方物流与第四方物流的比较

(一)发展比较

第三方物流与第四方物流从发展形态上各不相同。

1. 第三方物流的发展

第三方物流是由相对“第一方”发货人和“第二方”收货人而言的第三方专业企业来承担企业物流活动的一种物流形态。它通过与第一方或第二方的合作来提供其专业的物流服务，它既不拥有商品也不参与商品买卖，而是专门为客户提供以合同约束、以结盟为基础的、系列化、个性化、信息化的物流代理服务。具体包括设计物流系统、EDI 能力、报表管理、货物集运、选择承运人、货代人、海关代理、信息管理、仓储、咨询、运费支付和谈判等。

2. 第四方物流的发展

第三方物流虽然在某个和几个企业看来，物流运作是高效率的，但从整合社会所有的物流资源来说，第三方物流企业各自为政，有时甚至是低效率的。因此，第三方物流从一定范围内解决企业物流问题应该说是有效的，但是解决经济发展中的物流瓶颈以及电子商务中新的物流瓶颈则是远远不够的。正是在这一矛盾下催生了第四方物流。

第四方物流是企业货主为解决后勤管理、降低成本，而采用外购方式给第三方物流的下游延伸的部分，它扮演承担、分享协作的作用，负责传统的第三方物流之外的职责，即第四方物流负责传统的第三方安排之外的功能整合，并且分担了更多的操作职责。它专注于供应链的整合，强调分享资源，因此成功的第四方物流组织应是在分享风险与分享回报

的原则下成立的，这个组织经常以客户与第四方组织之间合资的形式出现。

(二)第三方物流与第四方物流的特点比较

第三方物流与第四方物流的职能不同，使得它们的特点也不尽相同。

1. 第三方物流的特点

在本章前面已经提及，第三方物流的特点主要有关系契约化、服务个性化、功能专业化、管理系统化和信息网络化这个五个特点。

2. 第四方物流的特点

第四方物流通常以物流服务价格代理的面貌出现，这迫使第四方物流走出了一条截取供应链上顶端资源组合的高起点路线，进而形成第四方物流高起点、高技术含量的特点。

第四方物流的特点之一是在整个过程中，第四方物流组织并不投入任何的固定资产，而是对买卖双方以及第三方物流供应商的资产和行为进行合理的调配与管理，提供了一个综合性的供应链解决方案，以有效地适应需方多样化和复杂化的需求，集中所有的资源为客户完善地解决问题。第四方物流集成了管理咨询和第三方物流服务商的能力。更重要的是，一个使客户价值最大化的统一技术方案的设计、实施和运作，只有通过咨询公司、技术公司和物流公司的齐心协力才能够实现。

第四方物流的特点之二是通过其对整个供应链产生影响的能力来增加价值，即其能够为整个供应链上的所有客户带来利益。第四方物流不仅利用了客户的能力和第四方物流自身的能力，还充分利用了一批服务提供商的能力，包括第三方物流、信息技术供应商、合同物流供应商、呼叫中心、电信增值服务商等。总之，第四方物流通过提供一个全方位的供应链解决方案来满足今天的企业所面临的广泛而又复杂的需求。这个方案关注供应链管理的各个方面，既提供持续更新和优化的技术方案，同时又能满足客户的独特需求。

一个成功的第四方物流，必须遵循四项基本原则：①形成分享的协作组织；②整合供应链的功能；③组织最好的能力来运作供应链；④给第四方组织作业上的自主。

本 章 小 结

第三方物流是 20 世纪 80 年代中后期才在欧美发达国家出现的概念。第三方物流使物流从一般制造业和商业等活动中脱离出来，形成能开辟新的利润源泉的新兴的商务活动，受到产业界和理论界的广泛关注。本章首先对企业业务外包进行了简要的介绍，分析了企业业务外包的原因与形式，并进一步分析了物流业务外包的形式——对第三方物流进行深入探讨。从第三方物流的特征、第三方物流的价值以及第三方物流的选择与评价等几个方面进行了深入细致的研究。随后对第三方物流的发展推动因素与发展障碍进行了分析。最后简要介绍物流的新形式——第四方物流。

案例分析

“大众包餐”的物流

“大众包餐”是一家提供全方位包餐服务的公司，由上海某大饭店的下岗工人李杨夫妇于1994年创办，如今已经发展成为苏锡常和杭嘉湖地区小有名气的餐饮服务企业之一。

“大众包餐”的服务分成两类：递送盒饭和套餐服务。盒饭主要由荤菜、素菜、卤菜、大众汤和普通水果组成。可供顾客选择的菜单有荤菜6种、素菜10种、卤菜4种、大众汤3种和普通水果3种，还可以定做饮料佐餐。尽管菜单的变化不大，但从年度报表上来看，这项服务的总体需求水平相当稳定，老顾客通常每天会打电话来订购。但由于设施设备的缘故，“大众包餐”会要求顾客们在上午10点前电话预订，以便确保当天递送到位。

在套餐服务方面，该公司的核心能力是为企事业单位提供冷餐会、大型聚会，以及一般家庭的家宴和喜庆宴会。客户所需的各种菜肴和服务可以事先预约，但由于这项服务的季节性很强，又与各种社会节日和国定假日相关，需求量忽高忽低，有旺季和淡季之分，因此要求顾客提前几周甚至1个月前来预订。

大众包餐公司内的设施布局类似于一个加工车间。主要有五个工作区域：热制食品工作区、冷菜工作区、卤菜准备区、汤类与水果准备区，以及一个配餐工作区，专为装盒饭和预订的套菜装盒共享。此外，还有三间小冷库供储存冷冻食品，一间大型干货间供储藏不易变质的物料。由于设施设备的限制以及食品变质的风险制约着大众包餐公司的发展规模。虽然饮料和水果可以外购，有些店家愿意送货上门，但总体上限制了大众包餐公司提供柔性化服务。李杨夫妇聘用了10名员工：两名厨师和8名食品准备工，旺季时另外雇佣一些兼职服务员。

包餐行业的竞争是十分激烈的，高质量的食品、可靠的递送、灵活的服务以及低成本的运营等都是这一行求生存谋发展的根本。近来，大众包餐公司已经开始感觉到来自愈来愈挑剔的顾客和几位新来的专业包餐商的竞争压力。顾客们愈来愈需要菜单的多样化、服务的柔性化，以及响应的及时化。

李杨夫妇最近参加现代物流知识培训班，对准时化运作和第三方物流服务的概念印象很深，深思着这些理念正是大众包餐公司要保持其竞争能力所需要的东西。但是他们感到疑惑，大众包餐公司能否借助第三方的物流服务。

(资料来源：佚名. 百度文库，http://wenku.baidu.com/, 2014.08.06)

问题：

1. 什么叫第三方物流？
2. 大众包餐公司的经营活动可否引入第三方物流服务？并请说明理由。

阅读资料

科龙的战略性选择

中国目前正在成为世界家电的制造中心，同国际一流的企业比较，物流是制造企业最后也是最有希望降低成本、提高效益的环节。科龙通过参股专业的物流公司，在家电生产企业和物流服务商之间利用资本纽带关系，构建家电物流的平台，开创了国内家电企业向第三方物流转型的路子。

第三方物流是战略性选择

2002 年开始，科龙就对中国的冰箱行业进行了产业整合，陆续收购了吉林的基诺尔电器、远东的阿里斯顿设备和杭州的西能冰箱，并在杭州、珠海分别投资建设冰箱生产基地，形成了顺德、珠海等冰箱生产基地和空调生产基地。在两年时间里，聚集起 1300 万台的冰箱产能，跃居亚洲第一、世界第二。同时科龙在推进国际化进程中也获得了明显的发展，近两年，科龙和美国的惠尔普、伊莱克斯等全球著名的品牌进行合作，国际性的营销网络覆盖了全球 90 多个国家和地区。2001 年出口 6700 万美元，到现在已达到 5 亿美元。科龙通过产业整合和国内外的扩张，对物流管理的广度和深度提出了更高的要求，原来的物流体系已经远远跟不上发展的需要，因此优化价值链、引入第三方物流成为科龙的战略性选择。

资本打造国内第三方物流平台

2002 年科龙和中远广东公司、无锡小天鹅公司共同出资成立了中国广州安泰达公司，科龙集团控制公司的物流价格管理，物流业务统一交给安泰达公司。同时科龙和无锡小天鹅形成了互补性的战略关系，充分利用第三方物流。

第三方物流的引入，带来了四个优化和两个延伸

第一个优化是物流组织整合和流程的优化。改变了过去冰箱、空调、冷柜、小家电四大类产品、子公司物流的独立运作体系，按专业物流部门合并起来，组成了一个物流部门。人员由过去的 100 多人减少到了 50 多人。简化的运作流程，引入了“5156 物流业务运作信息系统”，全流程数据库通过运输计划和仓储计划统一管理，实现了在途库存以及有效跟踪。第二，物流运输整合和系统的优化。公司原来有一个自有的车队，改制以后，全部推向市场，通过联合招标，将科龙旗下的冰箱、空调、冰柜和小家电四类产品的干线运输进行整合，同时将战略合作方的逆向物流进行捆绑招标，使采购物流、生产物流、分销物流统筹起来，提高了物流的整体效率和效益。第三，物流仓储整合和资源的优化。根据生产计划及时调整原来的作业半径，通过调仓、换仓、拆小取大，形成了四大产品的仓储发运片区，进行集中管理，同时与战略合作方联手进行招标。第四是整个信息资源的整合和效率的优化。

两个延伸：一是物流向二次配送延伸。家电在大城市的竞争非常激烈，目前科龙要把冰箱、小家电推到农村去。根据高、中、低端全面覆盖的营销战略，安泰达公司在一些重点城市，尝试开拓二次配送业务，实现以销售指导配送、以配送促进销售的良性循环。第二个延伸是向外部物流的延伸。安泰达以科龙、小天鹅的物流为平台开拓了伊莱克斯、惠尔普等业务。

国际第三方物流合作举足轻重

科龙在向国际主流家电制造商迈进的过程中，国际第三方物流的作用举足轻重。一方面，企业需要借助国际第三方物流遍布全球的物流网络和完善的服务经验；另一方面，科龙的高速发展也吸引了国际第三方物流企业的关注，现在一些世界级的船东已成为科龙物流的主要合作伙伴。

科龙和国际家电企业在设计制造领域的战略性合作也相应地延伸到物流方面。比如科龙和美国的美泰克公司合资，这个公司从科龙采购冰箱销售到国外，都是由第三方物流和第四方物流来完成的，整条供应链的运转由这两个专业的物流公司全程服务。

目前，科龙和马士基物流、KLINE 等一些国外知名物流公司进行接触，进行广泛的全球性的物流合作，使国际第三方物流成为科龙国际战略的重要力量。作为一个制造企业，科龙正在利用物流为自己带来更好的效益，物流企业也在为制造商提供服务的过程中获得丰厚的回报。

(资料来源：佚名. 全国物流信息网，http://www.56888.net/news/2011522/667053152.html, 2011.05.22)

自 测 题

1. 第三方物流的特征主要有哪些？
2. 简述企业选择第三方物流服务提供商的步骤。
3. 第三方物流发展的推动因素与发展障碍有哪些？

第九章　供应链中的物流客户服务管理

【学习要点及目标】

通过本章的学习，熟悉客户服务及客户关系管理，掌握物流客户服务的特点及战略，了解物流客户关系管理的内容及具体的实施策略，掌握快速响应和有效客户响应及它们的区别。

【关键概念】

客户服务(Customer Service)　物流客户服务(Physical Distribution Customer Service)　物流客户服务战略(Physical Distribution Customer Service Strategy)　快速响应(Quick Response)　有效客户响应(Effect Customer Response)

【引导案例】

瑞安航空承诺将改善客户服务

据路透社报道，欧洲最大的廉价航空公司瑞安航空承诺将转变其粗鲁的服务方式，以与票价较高的传统航空公司争夺客源。瑞安航空是首次承认其在客户服务方面存在重大问题。

上周这家爱尔兰公司被消费者杂志 *Which* 的读者选为英国市场 100 大品牌中最差的品牌。20 日瑞安航空表示，该公司将减少对手提行李尺寸稍微超标的收费，并大幅改善他们与旅客沟通的方式和态度。

在几个股东对客户服务对销售产生负面影响有所抱怨之后，首席执行官迈克尔·奥莱利(Michael O' Leary)在公司周年大会上说："我们应该试图消除那些不必要的惹人生气的事情。"

他说公司将大幅改善其网站，组建一个新的团队来回复电子邮件，并停止对那些手提行李大小规格仅超过规定几毫米的旅客进行收费。

奥利里说："这些客户服务要素花不了多少钱，这是我们承诺在来年要解决的事情。"

那么，什么是客户服务？与客户关系管理有何联系？

(资料来源：佚名.锦程物流网，http://info.jctrans.com/news/kyxw/20139231970474.shtml，2013.9.23)

第一节　客户服务管理概述

企业的任何业务，其产生和发展的基础都是向客户提供服务并尽力使客户的需求得到满足。良好的客户服务有助于发展和保持客户的忠诚与持久的满意，所以客户服务对企业赢得竞争优势极为重要。

一、客户服务的定义

客户服务就是指有效解决客户在产品选择、购买和使用过程中遇到的各种问题或提供所需要的帮助。客户服务的有效性主要取决于服务内容、质量和响应速度。

客户服务在商业实践中一般会分为三类，即售前服务、售中服务和售后服务。售前服务一般是指企业在销售产品之前为顾客提供的一系列活动，如市场调查、产品设计、使用说明书、咨询服务等。售中服务则是指在产品交易过程中销售者向购买者提供的服务，如接待服务、商品包装服务等。售后服务是指凡与所销售产品有连带关系，并且有益于购买者特征的服务，主要包括送货、安装、产品退换、维修、保养、使用技术培训等方面的服务。

二、客户服务的要素和标准

(一)客户服务的要素

关于客户服务的要素，理论界有很多不同的表述。其中具有代表性的主要有两种：一是美国凯斯维斯顿大学巴罗(Ballou)教授提出交易全过程论，即将客户服务分为交易前、交易中和交易后三个阶段，每个阶段都包含了不同的服务要素。

(1) 交易前。

① 政策声明。

② 顾客保证声明。

③ 组织构造。

④ 系统的灵活性。

⑤ 技术服务。

(2) 交易中。

① 商品断货标准。

② 反馈、订货的能力。

③ 订货周期的要素。

④ 时间。

⑤ 货物周转。

⑥ 系统精度。

⑦ 订货便利性。

⑧ 产品的更新。

(3) 交易后。

① 保证、变更、维修、零部件。

② 产品追踪。

③ 顾客意见与不满。

④ 产品包装。

⑤ 维修中产品的替代。

另一个是日本神奈川大学的唐泽丰教授提出的客户服务可以划分为营销服务、物流服务和经营技术服务三个领域，不同的领域有一些相应的可度量和不可度量的要素。

(1) 营销服务。

① 价格服务：适当的价格折扣等。

② 商品服务：提供顾客需求的商品。

③ 售后服务：交易后的服务。

④ 抱怨服务：抱怨妥善处理与改善体制确立。

⑤ 系统服务：营销系统的服务。

(2) 物流服务。

① 进货服务：退货率、误送率的降低与数量保证。

② 时间服务：指定时间的商品充足率。

③ 质量服务：品质不良率的降低。

④ 在库服务：在库服务率。

⑤ 后期服务：在库服务率。

⑥ 抱怨服务：在库服务率。

⑦ 系统服务：在库服务率。

(3) 经营技术服务。

① 经营支援服务：资金援助、经营指导。

② 技术援助服务：技术援助。

③ 系统服务：企业与企业系统化服务。

(二)客户服务的标准

一般来讲，客户服务标准应包含标准要素、标准制定和标准贯彻与实施三个部分。

1. 客户服务标准的要素

客户服务标准包含三大要素，即服务硬件、服务软件和服务人员。这三个要素相辅相成，缺一不可。

1) 服务硬件

服务硬件是指企业开展客户服务时所必需的各种物质条件。它是企业客户服务的外包装，起到向客户传递服务信息的作用；它是企业开展客户服务工作必须具备的基础条件，也是客户对企业形成第一印象的主要因素；它为客户的服务体验奠定了基调。

服务硬件一般包括：服务地点、服务设施和服务环境三个方面。

2) 服务软件

服务软件是指开展客户服务的程序性和系统性，它涵盖了客户服务工作开展的所有程序与系统，提供了满足客户需要的各种机制和途径。

服务软件一般包括：时间性、流畅性、沟通渠道、弹性、预见性、客户反馈和组织与监管。

3) 服务人员

企业的服务硬件和软件是理性的、规则的，而这些规则是由服务人员执行的，服务人员的服务意识、服务精神以及在服务过程中的一言一行等个性化的东西决定着服务质量的好坏。

服务人员的个人素质包括以下几个方面：仪表，态度、语言和语调，肢体语言，销售技巧等。

2. 客户服务标准的制定

企业在制定客户服务标准时，可按照以下四个步骤进行。

(1) 分解服务过程。制定客户服务标准的第一步就是要分解企业的服务过程，也就是把客户在企业所经历的服务过程进行细化、再细化，放大、再放大，从而找出会影响客户服务体验的每个要素。

(2) 找出每个细节的关键因素。

(3) 把关键因素转化为服务标准。

(4) 根据客户的需求对标准重新评估和修改。

3. 客户服务标准的贯彻和实施

企业制定出服务标准之后，必须将之贯彻与实施，为客户提供最优质的服务，使客户获得最大的利益，从而也使得企业获得最大的经济效益。贯彻和实施服务标准必须有两个系统的支持和保证：一个是员工培训支持系统，另一个是服务质量评价系统。

三、客户关系管理的含义与功能

(一)客户关系管理的含义

客户关系管理(Customer Relationship Management，CRM)是企业以提高核心竞争力为直接目的，确立以客户为导向的发展战略，并在此基础上展开的包括评估、选择、开发、发展和保持客户关系的整个商业过程。它意味着企业经营以客户关系为重点，通过开展全面的客户研究，优化企业组织体系与业务流程，以提高顾客满意度和忠诚度为目的，最终实现企业效率和效益的双重提高。在企业实施客户关系管理的过程中需要借助先进的信息技

术、数字化硬件以及优化的管理方法，所以 CRM 概念同时也指这些设备、技术和方法的总和。

CRM 是一个综合性的概念，它反映了人们从三个不同层面对 CRM 概念的理解。

1. CRM 是一种战略

CRM 首先是一种战略观念，随着信息技术的飞速发展，以及服务业在国民经济中所占的比重日益增长，也随着消费者的不断成熟，企业需要一种新的战略导向，这便是 CRM 诞生的背景。

作为一种战略，CRM 的直接目的并不是提高利润，而是以提高企业的核心竞争力为目的，遵循客户导向的原则，主张对客户信息进行系统化的分析和管理，通过改进提供给客户产品与服务的品质，并与客户建立起个别化的关系，来提升客户的满意度，从而提高他们对企业产品及服务的忠诚度，并最终达到实现企业利润增长的目的。

以这种角度来理解 CRM 是实施 CRM 的基础，它从理念的角度建立起了导向和原则，主张摒弃以利润为直接目的的做法，将利润视为客户高度忠诚的自然结果。

2. CRM 是一种经营管理模式

CRM 意味着管理模式与经营机制的共同改革。作为一种旨在改善企业与客户之间关系的新型管理机制，它的实施需要各职能部门的共同配合，这些部门包括营销、销售、生产(制造)、服务与技术支持等部门。

在整个 CRM 的流程中，营销部门要对客户的需求进行测量，对客户进行评估和选择，并且对分类后客户的喜好和购买习惯进行深入的研究。这些信息都将与销售部门、生产(制造)部门、服务与技术支持部门等共享。

CRM 管理模式的一个重要突破在于其所创造的客户价值最大化的决策和分析能力，管理者可以通过管理流程和决策模型来管理企业，及时了解业务信息并调整业务计划。CRM 系统主要集中在业务操作管理、客户合作管理、信息技术管理和数据分析管理四个方面，它将客户数据进行全面储存与分析，并消除了信息交流和共享的障碍与消耗；该系统实现了以客户价值对客户的优先级进行划分，并根据客户满意度和重购情况的分析来确定其忠诚度，还能与客户进行深入的交流以发现企业的问题；重要的是这个管理模式强调在以上信息的基础上提供即时的业务分析和建议，反馈给管理层和各职能部门，保证决策的全面性和及时性。

3. CRM 是一种应用系统、方法和手段的综合

在操作层面上，CRM 是一个信息产业的术语，它是先进的信息技术、数字化硬件，以及优化管理方法等设备、技术和方法的总和，这个应用系统通过对企业资源的整合、实时沟通和电子化、自动化业务流程，不断地改进企业与客户的关系，为企业创造利润。

(二)客户关系管理的功能

CRM 系统的核心是客户数据的管理。企业可以利用客户数据库记录在整个市场与销售的过程中与客户发生的各类活动，跟踪各类活动的状态，建立各类数据的统计模型用于后期的分析和决策支持。为达到上述目的，一般 CRM 系统应具备市场管理、销售管理、销售支持与服务和竞争者分析的功能。

1. 市场管理

市场管理主要包括现有客户数据的分析；识别每一个客户，按照共同属性对客户进行分类，并对已分类的客户群体进行分析；提供个性化的市场信息；在对现有客户数据分析的基础上，发掘最具潜力的客户并针对不同客户群体制定相应的市场宣传与促销手段；提供销售预测功能；在对市场、客户群体和历史数据进行分析的基础上，预测产品和服务的需求状况等具体的功能。

2. 销售管理

销售管理功能主要表现在提供有效、快速且安全的交易方式，提供订单与合同的管理，记录多种交易形式。一般的 CRM 系统都会提供电话销售、移动销售、网上销售等多种销售形式，并在每一种销售形式中考虑具体的订单价格、确认数量和交易安全等方面的问题。多种交易形式包括订单和合同的建立、更改、查询等功能。

3. 销售支持与服务

销售支持与服务主要包括呼叫中心服务；订单与合同的处理状态及执行情况跟踪；实时的发票处理；提供产品的保修与维修处理；记录产品的索赔及退货等。在提供产品的保修与维修处理时，要记录客户的保修或维修请求，执行保修和维修过程，记录该过程中所发生的服务费用和备品备件服务，并在维修服务完成后，开出服务发票。

4. 竞争者分析

竞争者分析的功能具体表现在两个方面，即记录主要竞争对手与记录主要竞争产品。记录主要竞争对手时，要对竞争者的基本情况加以记录，包括其公司背景、目前的发展状况、主要的竞争领域和竞争策略等内容。在记录竞争产品时，要记录其他企业所提供的同类产品、近似产品和其他可替代产品，包括其主要用途、性能及价格等内容。

不难看出，一套 CRM 系统的功能构成并不是独立存在的，它与企业后端的供应链管理紧密相关，从而保证 CRM 系统中每一张订单能够在保证利润的前提下及时有效地得到确认并确保执行。每一笔销售交易的达成都依赖于企业后台的支撑平台，即 ERP 系统(Enterprise Resource Planning System)，包括分销运输管理、生产与服务计划、信用与风险控制、成本与利润分析等功能。

第二节　物流客户服务

从物流的角度来看，客户服务是物流企业所有活动的产物，客户服务水平是衡量物流企业为客户创造的时间、地点等效用能力的尺度。客户服务水平决定了物流企业能否留住现有客户以及吸引新客户的能力，直接影响其市场份额和物流总成本，并最终影响其盈利能力。而且，当众多物流企业都提供了在价格、特性和质量方面雷同的服务时，客户服务的差异性将为物流企业提供优于竞争对手的竞争优势。因此，在物流设计和运作中，客户服务管理是至关重要的环节，是供应链管理的重要内容。

一、物流客户的分类

根据业务关系定位，物流企业的客户可以分为三类：交易型客户、合同型客户和联盟型客户。不同类型的客户对物流客户服务有着不同的需求，因此在提供客户服务时应有所区别。

(一)交易型客户

物流企业与此类客户的关系是建立在一次交易或一系列独立交易的基础上的，这种关系的客户数量较多且需求具有随机性，需求的数量和水平难以准确预测。对于此类客户，物流企业应强调服务的柔性化，在顾客满意和物流成本之间寻找良好的平衡。

(二)合同型客户

物流企业与此类客户的关系是根据一种具体的情况确立的合同关系，并在合同的指导下满足客户的要求。由于这种关系是在合同的指导下进行的，因此，客户需要的服务水平和数量可以比较准确地进行预测。在为这类客户提供服务时，物流企业只要确保服务过程的稳定性和可靠性，就可以达到客户满意。

(三)联盟型客户

物流企业与此类客户的关系是一种为实现共同的利益、目标和战略的有计划的持久性合作关系。对于此类客户，物流企业应该加强与客户的沟通，充分认识和发掘客户深层次的需求，为客户提供个性化的服务，帮助客户达到预定的战略目标。

二、物流客户服务的特点

(一)物流客户服务是市场导向型

物流客户服务水平的确定不能从供给方的角度出发，而应该充分考虑物流需求方的物流服务要求，即从产品导向型客户服务向市场导向型客户服务转变。由于产品导向型的客户服务是供给方自身决定的，一方面难以真正符合客户的需求，容易出现服务水平设定失误；另一方面，也无法根据市场环境和竞争格局的变化及时加以调整。而市场导向型的客户服务正好相反，它是根据经营部门的信息和竞争企业需求的客户服务水平相应制定的，既避免了过剩服务的出现，又能及时进行控制。在市场导向型的客户服务中，通过与客户面谈、客户需求调查、第三方调查等方法寻求客户最强烈的需求愿望，决定客户服务水平。

(二)根据需求制定多种客户服务组合

随着客户业种和业态多样化的发展，客户的需求不可能千篇一律，这就要求物流企业在客户服务活动中制定多种客户服务组合。如今，对客户提供统一服务的企业很多，这不利于客户服务的效率化。客户服务对于物流企业来讲也要考虑有限经营资源的合理配置，也就是说，在决定客户服务时，物流企业应根据客户的不同类型采取相应的客户服务策略。

一般来讲，可根据客户经营规模、类型和对本企业的贡献度来划分，可以采用支援型、维持型、受动型的客户服务战略。对本企业贡献度大的企业，由于具有直接的利益相关性，应当采取支援型策略。而对本企业贡献度小的企业，要根据其规模、类型再加以区分。经营规模小但属专业型的客户，由于存在进一步发展的潜力，可以采取维持型策略，以维持现有的交易关系，为将来可能开展的战略调整打下基础。而对于经营规模小且属综合型的客户，将来进一步发展的可能性很小，那么在服务上可以采取受动型策略，即在客户要求服务的条件下才开展客户服务活动。

(三)需注重客户服务的发展性

客户服务的变化往往会产生新的客户服务需求，所以在客户服务管理中，应当充分重视客户服务的发展趋势。例如，虽然以前就已经开始实施在库、再订货、商品到达时间、在途信息、货物追踪、断货信息等管理活动，但随着交易对象如零售业业务的简单化、效率化革新，EDI 的导入、账单格式统一、商品订货统计表制定等信息提供服务就成为客户服务的重要因素。

三、物流客户服务战略

客户服务是物流企业经营管理的一个重要方面。能够制定出行之有效的客户服务战略，

往往影响到具体的客户服务绩效以及由此带来的顾客满意度。所以，科学、合理地进行客户服务战略的分析和决策是物流企业管理活动中一项十分重要的职能。具体来看，客户服务战略的决策主要有以下几个步骤。

(一)客户服务要素的确定

要开展客户服务，首先必须明确客户服务究竟包括哪些要素以及相应的指标，即哪些活动构成了客户服务的主要内容。一般来讲，备货、接受订货的截止时间、进货期、订货单位、信息等要素的明确化是客户服务战略策划的第一步。只有清晰地把握这些要素，才能使以后的决策顺利进行，并加以操作和控制。

(二)收集有关客户服务的信息

这些信息资源的收集可以通过问卷调查、座谈、访问以及委托作为第三方的专业调查公司来进行，调查的信息主要包括客户服务的重要性、满意度以及与竞争企业的客户相比是否具有优势等问题。客户服务信息的收集、分析的具体方法主要有以下三种形式。

1. 客户服务流程分析

这种分析方法的基本思路是，为了正确地测定企业与客户接触时的满意度，就必须明确企业与客户之间究竟有哪些节点。

2. 客户需求分析

这种方法主要着眼于探明客户需求与本企业的客户服务水平之间有什么差距，以便明确本企业需要改善或提高的客户服务。这种方法的关键是所提出的问题要尽可能具体、全面，否则无法真正全面掌握客户的真实需求和对企业客户服务的愿望。此外，客户需求肯定会有先后顺序，一般位于优先位置的是企业客户服务的核心要素，而且在不同的细分市场，客户服务要素的先后顺序也不尽一致。

3. 定点超越分析

客户服务的定点超越是指通过与竞争对手或优良企业的服务水平相比较进行分析，找出本企业客户服务的不足之处，并加以改善。具体方法主要有服务流程的定点超越和顾客满意度的定点超越两种形式。

(三)确定客户需求的不同类型

由于不同的细分市场客户服务的要求不一致，所以客户服务的水平设定必须从市场特性的分析入手。此外，客户思维方式以及行动模式的差异也会呈现多样化的客户需求。在这种状况下，以什么样的特性为基轴来区分客户群成为指定客户服务战略、影响核心服务要素的重要问题。另外，进行客户需求类型化的过程中，还应当充分考虑不同客户群对本企业的贡献度以及客户的潜在能力。也就是说，针对本企业重要的客户群体，应在资源配置、服务等方面予以优先考虑。

(四)根据不同的客户群体指定相应的客户服务组合

对客户需求进行分类后，首先需要做的是针对不同的客户群体制定出相应的客户服务基本方针，从而在政策上明确对重点客户群体实现经营资源的优先配置。此后，进行客户服务水平设定的预算分析，特别是商品单位、在库服务率、进货时间、特别附加服务等重要服务要素的变更会对成本产生什么样或多大的影响，这样既可以保证企业实现最大限度的客户服务，又能将费用成本控制在企业所能承受或确保竞争优势的范围之内。在预算分析的基础上，结合对竞争企业服务水平的分析，根据不同的客户群体指定相应的客户服务组合。这里应当注意，在客户服务水平变更的状况下，企业应事先预测这种变更会给客户带来什么利益，从而确保核心服务要素水平不能下降。

(五)客户服务组合的管理和决策流程

客户服务组合的确定不是一个静态行为，而是一个动态过程。也就是说，最初的客户服务组合已经确定，但不是以后就一成不变，而是要经常定期进行核查、变更，以确保客户服务的效率化。从客户服务管理决策的全过程来看，决策流程可以分为五个步骤，即客户服务现状把握、客户服务评价、客户服务组合设定、服务系统再构筑、顾客满意度的定期评价等几个方面，相互之间不断循环往复，从而推动客户服务不断深入发展，提高效率和效果。

四、物流客户服务的绩效评价

(一)制定客户服务标准

对物流企业进行客户服务审查分析后，管理层须制定客户服务业务标准，职员及下属应经常向上级汇报客户服务工作情况。客户服务绩效可以从以下四个方面进行评价和控制。

(1) 制定每一个客户服务要素的绩效量化标准。

(2) 评价每一个客户服务要素的实际绩效。

(3) 分析实际绩效与目标之间的差异。

(4) 采用必要的措施将实际绩效纳入目标水平。

另外，企业所重视的客户服务要素应该是客户认为重要的要素。这些要素需要企业与客户之间经常地进行良好的沟通。

(二)物流客户服务绩效评价指标

物流客户服务的绩效评价指标包括价格、质量、作用、名誉、形象、服务和关系，作为物流企业的战略由它所选择的市场部分或客户群体来界定。绩效评价体系应确定每个选定的市场部分中的客户目标。

1. 物流客户服务的一般评价指标

这是一组常用的评价指标，由下面五个指标组成因果关系。

1)　市场份额

在确定客户群体或市场领域之后，就可以直接评价市场占有率。当然，一部分企业团体、协会、政府部门等也对市场份额进行总体规模的估计。

2)　顾客忠诚度

留住客户是所有企业的希望，在客户服务绩效评价体系中，通过评价同现有客户进行的交易量来评价顾客忠诚度指标。

3)　顾客满意度

对于客户的满意程度无论多么重视都不过分。只有在客户购买产品或接受服务时，完全满意或极为满意的情况下，他们才会与企业重复交易。

4)　获得客户

企业若想增加自己的市场份额，就应争取更多的客户。其绩效评价是通过新增客户的数量或新增客户的采购总额来进行评价。

5)　从客户处获取利润

企业不仅要评价与客户的交易量，还要评价这种交易是否有利可图。应当注意的是，有些客户尽管目前无利可图，但是有很大的增长潜力，不可忽视。如果企业交易多年的客户仍然无利可图，就应尽快放弃这些客户。

2. 对客户价值重视程度的评价指标

上述的评价与传统的财务评价有着同样的弊端，即职员并不能及时知道自己的服务能否让客户满意以及能否留住客户，等他们意识到自身需要改进的工作时，为时已晚。通过注重以下三个指标的评价，可以在客户购货时就提供高质量的服务，建立良好的私人关系、形象和声誉。

1)　产品和服务特征

产品与服务的质量及价格是其主要特征，根据客户对特征的要求，可将他们分为两类：一类是希望价格低的供货商，另一类是希望提供特殊的产品和服务。第一类客户不会在产品和服务档次方面提出特别的要求，他们希望得到的是基本产品、更低的价格和保质保量按时交货。而第二类客户则为了实现自己的竞争战略，愿意为特殊的产品和服务支付额外的价格。

2) 客户关系

对于客户的要求应尽快做出反应。保持与客户的关系还包括对客户做出长期的承诺，以建立更广泛的关系。

3) 形象和声誉

形象和声誉是吸引客户的两个主要抽象因素。一些企业通过广告或产品和服务的质量来确定其形象和声誉，并维持客户对企业的长期兴趣。形象和声誉宣传可使企业在客户面前积极地展示自己的长处。

3. 满足客户需求的评价指标

1) 时间

尽可能在最短的时间内满足客户的要求是极为重要的。能否对客户的要求做出快速而可靠的反应通常是争取和留住客户的关键。一些客户不仅要求物流企业在最短的时间内做出反应，更关心这些反应的可靠性。对客户来说，按时提供新产品或服务是实现客户满意的重要因素之一。客户得到这些新产品或服务的时间，作为绩效评价指标，是一种以时间占领市场的手段。

2) 质量

在21世纪的经济发达国家，质量已经不再是必要的战略性竞争优势，而已成为硬指标。不过对我国新兴的物流产业来说，质量仍能够为企业提供商机。产品的质量一般是通过次品率来评价的，如每百万件产品中的次品率。服务质量往往和时间概念联系在一起，如按时交货就是评价服务质量的一个指标。

3) 价格

客户总是关心产品和服务的价格，价格在某种程度上是影响交易的主要因素，企业往往根据竞争对手的价格来确定自己的价款和优惠价，以有竞争力的价格售出产品和服务并赢得更多的客户。对于一些中间商如批发、零售、代理等，物流企业应力争成为可为这类客户提供最大利润的供货商。

4. 物流客户服务绩效评价指标设计

1) 确定关键的客户满意指标

客户满意指标的设计核心是确定产品或服务在大多程度上满足客户的欲望和需求。客户因欲望和需求而产生期望和要求，期望和要求可以归纳为一系列绩效评价指标，这些指标可以判断一系列企业的可信程度。指标因企业和行业的不同而有所不同，我国物流企业确定客户满意度的指标可以依据下列两条原则。

(1) 绩效评价指标对客户而言是必要的。确定最关键的绩效指标的唯一途径是倾听客户的陈述。

(2) 绩效指标必须能够控制，关键的绩效指标可以通过定量和定性研究的方法结合起来确定，这些方法包括深入访谈、电话访问、邮寄调查等。

设定初步的绩效指标，信息来源于企业内部，主要是销售主管代表、客户服务人员。接下来向外部扩展，与客户直接沟通是什么都取代不了的。通过与客户的访谈来筛选、确定一系列的绩效评价指标。可以用统计方法(如判断分析法、因素分析法等)来选择最终的绩效指标体系，再确认被选出的绩效指标能否很好地预测整体满意或者不满意的程度。这样得到的绩效指标不仅在统计方面有效，而且从逻辑方面也适用于测量顾客满意度。

2) 常用的衡量物流客户服务的指标

适当的质量(Right Quality)。其衡量指标主要包括功能、使用寿命、原料、可靠性、安全性、经济性等。

适当的设计(Right Design)。其衡量指标主要包括包装、色彩、造型、体积、装饰、手感、质感、质地等。

适当的时间(Right Time)。其衡量指标主要包括准时性、随时性、即时性等。

适当的数量(Right Quantity)。其衡量指标主要包括成套性、容量、供求平衡等。

适当的价格(Right Cost)。其衡量指标主要包括心理价格、满意价位、差别化价格等。

适当的形象(Right Visualization)。其衡量指标主要包括名牌感、风格化、个性化、多样化、特殊化、身份化、名誉和商誉等。

适当的服务(Right Service)。其衡量指标主要包括全面性、快速反应、配套性、全过程性、纵深性、态度和礼貌、方便性、保修期、处理抱怨、沟通等。

(三)物流客户服务绩效的分析

运用客户服务绩效方法评价不同方案的客户服务时，能够比较准确地估计未来的市场需求情况，从而可以比较有把握地计算各种方案在未来的经济效果，并据此做出决策。

1. 物流客户服务与物流成本分析

物流客户服务是物流成本的意向内涵。对整个物流完成周期来说，基本的客户服务平台或服务方案应处于一种向所有的客户都提供支持的水平。但基本服务是指向所有客户提供支持的最低服务水平。一方面，按照基本的服务水平为各种客户服务，几乎一视同仁；另一方面，完成超出基本服务水平的物流客户服务和增值服务。

一种决定目标顾客服务水平的方法是，分析一个厂商的基本服务级别的成本和产生收入之间的关系。就收入产生而言，通常假设服务水平越高，收入就会越高。当总的承诺趋于零缺陷时，基本服务升级的成本就会以递增的费率增加。如一个在98%的服务中2%的服务改进费用将会比在88%服务中2%的服务改进费用大得多，这是因为物流成本与客户服务之间存在着“效益背反”现象。

尽管存在成本与收益的平衡和费用的预算分配问题，但这种权衡只是短期内发生的问

题。在长时期内，仍有可能在多个环节同时得到改善，企业在降低总成本的同时也能提高客户服务水平。

2. 客户服务审查分析

客户服务审查分析是评价企业客户服务水平的一种方法，也是企业客户服务策略调整效果的评价标尺。审查分析的目标是识别关键的客户服务要素，识别这些要素的控制机制，评价内部信息系统的质量和能力。

1) 外部客户服务审查分析

确定客户真正重视的客户服务要素的主要工作是对客户进行调查与访谈，必须邀请市场部门的职员参与这项工作。

2) 对有代表性的客户群体进行问卷调查

问卷调查主要评价客户对本企业及主要竞争对手各方面服务绩效的满意程度以及客户购买倾向，依据调查结果，企业应加强受客户重视的要素。另外问卷还应反映出客户对关键服务要素的服务水平的期望值。对于物流企业来说，最重要的几项客户服务是：按承诺日期配送的能力；按订单要求完成的配送率；对配送延迟的提前通知；订、发货周期的稳定性；配送信息；产品的质量价格比；有竞争力的价格；销售队伍的促销活动。

3) 内部客户服务审查分析

内部客户服务审查分析的主要目的是检查企业的客户服务现状与客户服务需求之间的差距。审查分析的主要内容是企业客户服务实际状况，考察客户与企业和企业内部之间的沟通渠道，包括客户服务绩效评价体系。对管理层做访谈调查是主要的信息来源，访谈调查应以与物流活动有关的部门经理为对象，范围包括订货处理、存货管理、仓库管理、运输、客户服务、财务会计、生产、营销、物料管理等。

访谈应包含以下内容：对职责的描述；组织结构；决策权限与过程；绩效考核与结果；对客户服务的理解；如何理解客户对服务的定义；修正和改进客户服务计划；部门内的沟通；部门间的沟通；同主要业务对象(包括消费者、运输公司、供应商等)的沟通。

管理层还需对客户服务的考核与报告体系做出评价，以便明确客户服务的绩效考核方法、业务标准、报告格式等。还应该确定向客户提供的信息类型，以及确保客户服务处理咨询的工作人员能获取充分的信息答复客户。

4) 确定客户服务水平

客户服务审查分析的最后一步是制定客户服务绩效标准和考核方法。管理层必须为各个细分领域(如不同的客户类型、地理区域、分销渠道以及产品等)详细制定目标服务水平，并将其传达到所有相关部门和员工，同时辅之以必要的激励政策以促使员工努力实现企业顾客服务目标。

管理层必须定期按照上述步骤进行客户服务审查分析，以便确保企业的客户服务政策与行动满足客户请求。注意收集客户信息是企业战略管理最重要的基石。

五、物流客户服务的发展

物流客户服务作为竞争手段，首先就必须要超出同行业的其他企业。它不应是防御性的，即不应该毫无创新性地模仿他人的做法，而应该是进攻性的，积极地改善物流客户服务，形成自身的个性。

(一)服务水平管理

服务水平管理(Service Level Management，SLM)诞生于20世纪90年代末，是随着信息技术对社会生产、消费的推动而出现的新名词。

SLM是一种严格的超前方法论和处理程序，用以保证在有效的资金利用率下，能够向所有的IT用户传递足够级别的服务，以确保业务能够得到相应的处理优先权。SLM可使IT部门根据“购买”服务的业务部门对不同的服务类型、成本和服务水平的要求，来提供业务和企业范围的服务。SLM需要IT部门充分了解它所能提供的各种服务，以及业务重要程度和相关的优先权。

因此，SLM从IT用户角度被定义为企业在可以接受的成本条件下，就IT服务的质量所做出的包括定义、评估、谈判、管理、改进等在内的一系列管理活动。这一系列活动同时也是一个动态循环的过程，使SLM在实施过程中使服务质量螺旋上升。

(二)应急服务

一般来讲，物流管理人员的规划和控制工作是在正常情况下保证物流系统高效运作的前提。同时，他们还必须要准备处理可能导致物流系统瘫痪或系统短时间内发生急剧变化的意外情况，如火灾、洪水或危险物品出现故障等。比较常见的两种意外事件就是系统保障和产品召回。

任何一个物流系统都不可能永远毫无故障地运行。有些客户服务障碍的发生是不可避免的，但不必对它们过于在意，可以通过制订特殊计划来应对情况的发生。下面就通过对意外事件进行分类，以便说明什么情况下需要制订应急计划。

(1) 事件的发生概率小于常规计划程序所包含的时间发生情况。

(2) 这类事件在没有得到尽快处理的情况下，一旦发生会导致严重的失误。

(3) 企业可以通过事先计划来使事件发生时得到尽快的处理。

其次，制订应急计划并没有什么特殊的方法，不过是针对物流系统的关键要素提出万一发生紧急事件时的适当行动方针。

由于管理层一般都希望保证客户服务的目标水平，因此制订这种应急计划就非常有必要。

(三)产品召回

消费者保护运动的兴起使很多企业投入前所未有的精力关注客户，例如消费品安全委员会可以要求制造商召回缺陷产品以进行维修、更换或者撤销。若不执行，则可能导致民事赔偿或刑事处罚。很多企业意识到对缺陷产品管理不力将导致企业名誉受损，并可能招致法律诉讼。关键是如果企业没有预见到产品可能被召回，那么企业的风险将会比较高。

产品召回的应急计划涉及企业的各个方面，而那些服务物流活动的部门尤其会受到影响。它们负责管理产品回流可能经过的物流渠道，物流管理人员基本上是这样参与产品召回活动的，具体工作包括主持产品召回工作组的物流工作、跟踪产品、设计产品回流渠道。

产品召回(包括物流的替代、物品再利用、废弃的清理、再处理、维修与再制等)在物流活动中扮演逆向物流的角色；相对于正向物流程序而言，逆向物流活动的进行也会对企业的运营模式产生重大的影响。

(四)零缺陷服务

零缺陷服务又被称为完美订货。它是物流质量的最高标准，就是从订货开始就正确地做每一件事。从收到订单到交付货物的每一个环节，都没有任何差错。这就意味着存货的可得性和作业绩效得到了完美的履行，并且都是严格按照对客户的承诺进行的。

现今的物流领域由于越来越多的企业都将物流作为企业的核心战略，所以提出了零缺陷服务这一概念，是为了争取客户的忠诚。连锁企业也是如此，投入各种资源，以实现高水准的服务能力，使竞争对手无法效仿，在这样的情况下，服务客户的满意程度会全面增加。

几乎每个行业都会有明确的或暗示的、被普遍接受的服务水准。但随着社会的不断进步，这个水准的要求也在不断提高，实现的难度也不断地加大。例如，在美国，20 世纪 70 年代食品行业普遍接受的服务水准为 7～10 天交货，存货供应比率为 92%；而现在已经上升至 3～5 天交货，供应比率为 95%。

若客户希望连锁企业能够以及时、无差错的方式提供 100%的存货可得性的话，那这种服务就是零缺陷服务。在现在的技术条件下，零缺陷服务完全可以实现，但是要付出昂贵的代价。所以连锁企业通常不会向所有的客户提供这种服务，而是把它作为一种服务战略。

第三节　物流客户关系管理

现代物流在我国是一个方兴未艾的服务行业，由于良好的市场前景和较多的利润机会，吸引了大批的竞争者进入该市场。在市场经济条件下，客户是真正的上帝，它已成为各物流企业之间竞争的焦点，谁拥有众多的优质客户，谁就能在激烈的市场竞争中处于领先的

地位。因此，如何开发客户资源和保持相对稳定的客户队伍，成为现代物流企业生存和发展的关键问题。而客户关系管理模式的引入，为这些问题提供了解决思路，并成为现代物流企业提高管理效益的新手段。

一、物流客户关系管理的作用

市场竞争的加剧，使得物流企业不断审视自身经营的每一块“短板”，当内部运营潜力几近挖掘殆尽之后，改善客户关系管理、提高市场营销能力，成为这些物流巨头决胜市场的新关键所在。客户关系管理(CRM)作为一种新经济背景下的管理理念，已得到物流企业的认同和实践。具体来说，物流客户关系管理的作用表现在以下几个方面。

(一)CRM 有利于提升现代物流企业的核心竞争力

客户关系管理(CRM)的出现，可以使现代物流企业把原来主要集中在业务增长方面的注意力转移到观察其外部的客户资源，并使企业的管理全面走向信息化，从而使企业全面地关注其核心竞争力的提升。

(二)CRM 有利于降低物流成本，提高利润率

CRM 是一种基于互联网的应用系统，它通过对企业业务流程的重组来整合客户信息资源，用更有效的方法来管理客户关系，在企业内部实现信息和资源的共享，从而降低物流企业的运营成本。为客户提供经济、快捷、周到的物流服务，保持和吸引更多的客户，使物流企业利润达到最大化。

(三)CRM 有利于提高物流服务水平，提升顾客满意度

物流活动的目的在于向客户提供及时准确的产品递送服务，是一个广泛满足客户时间效用和空间效用需求的过程。接受服务的客户始终是形成物流需求的核心和动力，如果客户的期望得不到充分满足，那么物流工作也就毫无意义可言，更没有存在的必要。所以客户是企业的上帝，客户的好恶决定着企业的未来，物流企业必须为客户提供高品质的服务，让客户满意。而 CRM 的出现，正是为这种可能更好地转化为现实提供了条件。

(四)CRM 有利于改进和完善物流企业内部文化

CRM 作为一种新型管理思想和理念的代表，要求物流企业确实贯彻以客户为中心的企业战略，强调以人为本的理念，使全体员工围绕着客户这一中心进行协调与合作，并强调集成的团队精神，从而使企业管理流程和机制发生重大的变化，突出管理者和员工的能动性、积极性和创造性，有利于企业树立追求超越、不断前进的企业精神，这种着眼于满足

客户需求、对客户负责、尊重客户、精益求精的企业文化重塑将带动物流企业长期、稳定、快速地发展。

二、物流客户关系管理的内容

物流客户关系管理的内容可以从客户关系生命周期的四个阶段来进行研究。所谓客户关系生命周期就是指企业和客户之间发生关系的不同阶段，强调的是两者之间关系的发生、发展的过程以及各个过程给企业带来的不同利润。根据关系的不同可以分为四个阶段，即客户关系的建立期、加强期、维持期和恢复期。而不同的阶段给企业带来的利润也不相同。

现在从客户关系的四个生命周期来分析物流企业客户关系管理的内容。

(一)客户关系的建立期

这是物流客户关系的培育开发阶段，它开始于企业对目标客户的选择和认定，潜在客户一旦被企业作为目标客户予以培植就进入了这个阶段。目的是说服潜在客户、刺激潜在客户。在这个阶段的客户要么不是企业的现实客户，要么就是零星购买的小规模客户，作为物流企业来说，还不能在他们身上取得现实的利润。作为自己的潜在客户，企业要在满足对客户承诺的交付日期能力上给予极大的支持，履行订单的准确性要得到充分的保障，顾客对自身运输产品的跟踪准确性要达到和现实客户一样的可视化，运输延误的提前通知要及时并且要有足够的合理解释，对客户服务投诉采取积极行动，及时响应客户的要求提高服务质量，通过最新的渠道发布有关发货日期信息(如 ERP 在线销售系统)，通过有效管理和应用新技术缩短在库产品的承诺提前期，相对于同一价格的总体服务质量、价格的竞争力要与提供给现实客户的一样，销售人员快速的后续行动要得到快速、有效的连接。

众所周知，一个企业的能力是有限的，在市场的运作下，都是为了合理利用自身的资源，取得最大的价值，作为物流企业也不例外。但是对于处于建立期的潜在客户来说，我们是不能盈利的，而是为了在以后的阶段从客户身上取得利润。我们要给他的质量是好的，价格是在市场上仅有的，服务是最好的。把他们从别的物流企业拉过来，或是培养成为市场的一分有生力量，通过他们来占有更大的市场份额。

(二)客户关系的加强期

在成功经过前一阶段后，客户关系进入这个阶段。处于这个阶段的客户，他们已经是企业的现实客户，购买规模不断扩大，企业对他们的客户关系管理的费用不再大量增加，甚至有所下降，他们开始为企业提供现实的利润，尽管利润不是很高，却保持持续增加的态势。在这个阶段，我们的客户关系管理的目的就是留住客户。从物流的角度讲，现在的客户其实就进入了 SCM 同盟的考察阶段，能做到目前的阶段的客户在市场上都有自己的竞争优势存在。大家的同盟可以更好地发挥自己的优势，取得更大的利益。俗话说的就是把

蛋糕做大，这样就可以分得更多的利益。要取得大家彼此的信任，才有可能形成 SCM，实现有效的管理。

(三)客户关系的维持期

经过较长时间的发展后，企业与客户的关系形成比较稳定的状态，便进入稳定发展期。处于这个阶段的客户，一般是企业比较忠诚的客户，他们虽然与企业的交易不再具有明显的成长性(不排除二次成长的可能性)，但是他们通常将其大部分甚至全部采购业务给予了本企业，为企业提供大部分的现实利润，属于企业的“最有价值的客户”。此阶段企业客户关系管理的目的就是提高顾客满意度。这个阶段就是真正地进入了物流的 SCM 阶段。在这个阶段，企业与企业(企业的客户)之间是以利润最高为目标，以经济利益为引线，联系在一起的 SCM 大同盟。大家有共同的目标，有明确的分工。

(四)客户关系的恢复期

由于各种各样的原因，客户与企业的关系或早或晚地要进入衰退阶段，退出客户群体，结束客户关系。处于这个阶段的客户，他们由于破产、经营方向的调整、重要人事变动、增加与竞争对手的业务、自然人的死亡等不同的原因，企业从他们身上获得的订单及利润不断减少，直至为零，而且一般没有起死回生的可能性。这个阶段的企业客户关系的管理目标就是客户的挽留或者是解除关系，是为了使得企业的利润最大化或者是企业的损失最小化。物流企业与其他企业(SCM 上的其他节点企业)之间要是走到了这一步，那么就是宣布整个 SCM 的解除，其中的损失是难以计量的。所以作为在 SCM 上的节点企业来说，他们都愿意拿出自己的资金来帮助 SCM 上的弱势企业，采用控股的形式来加强对它的管理。所以物流 SCM 上就是讲的强强合作，这样才会平衡节点企业之间的优势，利益分配上的均衡。真的走到了恢复期的 SCM 节点企业，是没有办法或者说是很难再回到以前的经营模式的。最好的解决办法就是解除关系，大家对自身进行改革和资源重组，再寻找好的合适的合作伙伴进行合作，在市场上赢取份额。

三、物流客户关系管理的实施

(一)根据物流企业的实际情况，采取适宜的客户维系策略

在日趋激烈的市场竞争下，谁能与客户建立和保持一种长期稳定的合作关系，掌握客户资源、赢得客户信任、分析客户需求，谁就能制定出科学的经营发展战略，为客户提供满意的产品及服务，谁就能迅速占领市场，增加市场份额，获得最大利润。过去，企业侧重于开发新客户，这在一定的市场条件和环境下，对企业的生存和发展起着重要的作用。但是企业的管理策略应随着市场环境的变化而变化。在市场竞争日益激烈的今天，从节约

成本方面考虑，企业必须改变策略，侧重于老客户的维系。客户维系策略专家提出了客户维系的三个层次，物流企业应依据自己的实际情况，采取恰当的客户维系策略。

第一层次，维系客户的手段主要是利用价格刺激来增加客户的财务利益。在这一层次，客户乐于和企业建立关系的原因是希望得到优惠或特殊照顾。例如，一些物流企业对客户实行奖励性手段。虽然这些奖励计划能改变客户的偏好，但却易于被竞争对手模仿。因此并不能长久地保持与客户的关系优势。

第二层次，物流企业不仅为客户增加财务利益，还为他们增加社会利益。企业的员工可以通过了解每个客户的需求，通过提供个性化和人性化的服务来增强企业与客户的社会性联系。例如，与客户保持密切联系，及时掌握其需求的变化，以建立长期维系关系。

第三层次，在为客户增加财务利益和社会利益的基础上，附加了更深层次的客户化服务。物流企业在提供这类服务时，可以设计出一个高效率的信息传递系统，为客户提高效率和产出。客户化服务是以技术为基础的，故不易被竞争者模仿。

(二)实行客户忠诚策略，提高客户忠诚度

企业追求顾客满意的种种实践活动，最终都归于一个中心，即如何提升现有客户的忠诚度。对企业来说，开发一名新客户比维持一名老客户的成本要高出 7 倍多。据专家统计，若能将客户忠诚度提高 5%，那么企业的利润就可以提高 25%～85%。因此，对于企业而言，企业所拥有的忠诚客户是最宝贵的资产。

具体来说，物流企业提高客户忠诚度的策略如下。

1. 识别客户

建立客户数据资料库是与客户保持长期联系的基础。客户数据资料库是一个汇集、存储和分析企业相关客户的各种信息资料的信息管理系统。数据库中的资料既可通过市场调查来获得，也可从企业的业务记录、客户投诉记录以及业务人员个人与客户的接触等渠道获得。客户信息应尽可能多地输入数据库，并按相应的分类结构有序地储存，这样可以提高分析和应用客户信息的效率。同时，还要不断改进和提高数据库的信息质量，验证并更新客户信息，删除过时信息。客户数据资料不仅可以帮助企业了解客户的需求、偏好等重要信息，同时还可以根据资料库提供的信息资料，采取定期提供有关产品和服务的信息、信件、电话、登门拜访等方式，增进与客户之间的沟通，以便与客户建立长期持续的关系。

2. 对客户进行差异分析

企业应认识到不同客户之间的差异主要有两点：一是不同的客户对于企业的价值不同，也就是人们常说的企业 80%的利润来自 20%的客户，而这 20%的客户就是企业的“黄金客户”。因此要对最有价值的客户给予最多的关注。对于可以为企业带来一定利润的大多数客户，企业要做的就是将他们吸引到核心层客户中。二是不同客户对于产品和服务的需求不

同，企业可以分别为他们提供不同的产品和服务。

物流企业对客户的差异分析可以立足于这样几个问题：第一，企业本年度最想和哪些企业建立业务关系？第二，上年度有哪些大客户对企业的产品或服务多次提出了抱怨？第三，上年度最大的客户是否今年也与本企业发生较多的业务往来？对于第一个问题，应当选择几个这样的企业，主动与之联系；对于第二个问题，应列出这些企业，并进行跟踪调查；对于第三个问题，应找出这个客户，若今年没有业务往来或业务量减少，则要从企业内外两个方面寻找原因。

3. 与客户保持良性接触

物流企业在进行客户关系管理时，一项重要的工作就是降低与客户接触的成本，增加与客户接触的收效。具体做法如下。

(1) 设法与竞争对手的客户联系，了解竞争对手的服务水平，与自己进行比较，改进不足之处，增加服务项目，提高服务水平。

(2) 把每一次客户打来的电话都看作是与客户接触的好机会。

(3) 测试客户服务中心的自动语音系统的质量，确保客户与企业之间沟通渠道的畅通。

(4) 对企业内记录客户信息的文本或纸张进行跟踪，及时获取与客户有关的各种信息。

(5) 与给企业带来更高价值的客户更主动地联系。

(6) 借助信息技术，使得客户与企业业务往来更加方便。

(7) 妥善处理客户的抱怨，切实为客户解决问题，争取客户的谅解，赢得客户的信任。

4. 简化与客户联系和交易的途径

客户忠诚度很大程度上取决于与客户联系和交易的难易程度，解决这一问题的具体做法如下。

(1) 易于沟通交流，客户不必打很多电话或亲自登门。

(2) 易于交易，客户能以自己喜欢的方式与企业进行交易，如造访企业的有关部门、利用互联网或电话联系。

(3) 为客户提供全面的信息和分析工具，便于客户在选用产品和服务时进行快速决策。

(4) 企业应让客户熟悉其提供的产品和服务，并了解企业各方面的信息情况。

(三)对客户实行分类管理策略，满足不同客户的需要

根据客户对于本企业的价值，即为本企业带来利益的大小，可将客户划分为 A、B、C 三类，为不同类型的客户确定不同的客户关系管理目标，设计不同的客户关怀项目。

对于 C 类客户的关怀项目可以设计为以下几个方面：一是建立客户档案；二是定期向客户发布企业相关信息和新产品及服务信息；三是随机抽样，进行电话沟通，加强与客户的交流。

对于B类客户，客户管理关系的重点在于留住客户，除了包含对于C类客户的客户关系管理项目以外，还可以实行会员制管理，当客户成为企业会员以后，可以得到企业的特殊待遇，从而使客户更愿意与企业保持进一步的联系，为企业的产品及服务提出意见和建议，与企业保持更长久的合作关系。

对于A类客户，除了B类客户的客户管理关系项目以外，还需要提供一对一的个性化服务，具体措施如下：一是对于每一个A类客户专设客户服务代表，通过电话联系甚至登门拜访，建立专门的联系，维持良好的客户关系；二是根据客户的需要提供全方位的服务，包括包装、装卸、运输、储存、配送、流通加工、信息处理以及供应链管理等；三是与A类客户建立“双赢”的服务伙伴关系，可以定期或不定期地开展A类客户的业务分析活动，并形成分析报告提供给他们，让客户深切感受到企业提供的特殊服务。

从根本上看，客户关系管理符合企业的经营规律：满意的客户才能成为回头客，回头客才能带来利润。因此，物流企业应把客户关系管理作为自己参与市场竞争的有效工具，通过实施客户关系管理，为自己创造竞争优势。随着客户对服务的要求越来越高，客户关系管理的作用将越来越突出。

第四节　快速响应与有效客户响应

一、快速响应

(一)快速响应的产生背景

从20世纪70年代后期开始，美国纺织服装的进口急剧增加，到了80年代初期，进口商品大约占到纺织服装行业总销量的40%。针对这种情况，美国纺织服装企业一方面要求政府和国会采取措施组织纺织品的大量进口，另一方面进行设备投资来提高企业的生产率。但是，即使这样，廉价进口纺织品的市场占有率仍在不断上升，而本地生产的纺织品市场占有率却在持续下降。为此，一些主要的经销商成立了“国货为荣委员会”，一方面通过媒体宣传国产纺织品的优点，采取共同的销售促进活动；另一方面，委托零售业咨询公司从事提高竞争力的调查。咨询公司在经过大量充分的调查后指出，尽管系统的各个部分具有高运作效率，但整个系统的效率却非常低。为此，咨询公司建议零售业者和纺织服装生产厂家合作，共享信息资源，建立一个快速响应系统来实现销售额增长。

(二)快速响应的含义

快速响应(Quick Response，QR)即指物流企业面对多品种、小批量的买方市场，不是储备了“产品”，而是准备了各种“要素”，在用户提出要求时，能以最快速度抽取“要素”，及时“组装”，提供所需的服务或产品。其目的是减少原材料到销售点的时间和整个供应链

上的库存，最大限度地提高供应链的运作效率。QR 的基本出发点是通过建立战略联盟，实现利益共享。

(三)实施快速响应的阶段

在快速响应的实施中，零售商和制造商必须紧密协调零售库存的分布和管理。实施快速响应一般可分为以下三个阶段。

(1) 对所有的商品单元条码化，即对商品消费单元用 EAN/UPC 条码标识，对商品贸易单元用 ITF-14 条码标识，而对物流单元则用 UCC/EAN-128 条码标识。利用 EDI 传输订购单报文和发票报文。

(2) 在第一阶段的基础上增加与内部业务处理有关的策略。如自动补货与商品即时出售等，并采用 EDI 传输更多的报文，如发货通知报文、收货通知报文等。

(3) 与贸易伙伴密切合作，采用更高级的快速响应策略，以对客户的需求做出快速反应。一般来说，企业内部业务的优化较为容易，但在贸易伙伴间进行合作时，往往会遇到诸多障碍。此时，每个企业必须把自己当成集成供应链系统的一个组成部分，以保证整个供应链的整体效益。

(四)快速响应的生产策略

随着供应链全体成员对快速响应要求的增加，制造业将承受更大的压力，以满足客户越来越短时间内的多样化需求。解决这一问题的有效手段就是柔性化策略，如果能把生产和物流的提前期降为零，则意味着达到整体的柔性，也就是在技术上可行的情况下，企业能够对任何需求做出反应。当然，实际上零提前期根本无法实现，但柔性制造系统已经在此领域取得了实质性的进步。

生产柔性化带来的营销优势是明显的，它意味着企业能够迎合众多客户不同的需求。在今天客户寻求个性化市场更加细分的情况下，把生产的柔性和客户需求的多样性相结合是获得竞争优势的一个重要来源。

贝纳通公司作为意大利一家流行服装制造和经销商，通过对流行趋势变化，特别是颜色上的反应，开辟了遍及世界各地的市场。他们开发并革新了针织品服装染色的过程，实现了小批量生产，这一改革就降低了各种不同颜色服装的库存量，而且小批量的染色提高了他们的柔性。贝纳通公司的反应速度得益于其快速分销系统能对来自市场的销售信息的快速反应。

现在，越来越多的企业和事实证明：快速响应物流和 JIT 制造与交货相结合能为企业带来真正的竞争优势，在各个产业市场，对时间的敏感性渐增，因此，企业必须通过对信息和作业柔性的联动，实现对客户个性化需求的快速响应。

(五)快速响应的市场策略

所谓市场快速反应能力，是指企业抓紧了解市场、搜集信息，把市场信息快速反馈到决策者手中，经过认真、科学的论证，明确产品调整的具体目标并采取强有力的手段，快速组织实施，将适应消费需求和引导消费新潮流的产品快速投放市场的一整套相互连接、互相依存、互相促进的企业经营的机制。纵观不少企业，之所以在产品滞销的情况下陷入绝境而一蹶不振，正是由于对市场缺乏快速响应能力。而不少企业迅速调整产品结构，适应市场需求，很快扭转经营上的被动，其诀窍恰恰在于它对变化了的市场能快速做出反应，真正做到了“适应市场如星火，引导消费先作鞭”。

二、有效客户响应

由于市场需求变化迅速，全球性竞争激烈，企业为寻求发展的基础，需要迅速响应消费者多变的需求。但由于现今的市场结构复杂，当经营者收到经由层层环节传来的消费者需求信息时，已无法对市场需求状况的变化做出反应，不再具有竞争力。因此，产业中的上、下游企业如何合作，使得供应链能有效地运作，降低时间、人力与作业成本，提升整个产业和单个企业的竞争力是一个刻不容缓的课题。

有效客户响应(Effect Customer Response，ECR)于 1992 年在美国超级市场开始被采用，主要目的在于剔除整个供应链运作流程中没有为消费者增值的成本，将“推式”系统转变为较为有效的以消费者需求为导向的“拉式”系统，并将这些效率化的成果反馈给消费者。

有效客户响应，是以满足顾客要求和最大限度降低物流过程费用为原则，能及时做出准确反应，使提供的物品供应或服务流程最佳化的一种供应链管理战略。有效客户响应是一个生产厂家、批发商和零售商等供应链组合各方相互协调和合作，更好、更快并以更低的成本满足消费者需要为目的的供应链管理系统。

(一)有效客户响应的特征

ECR 的特征主要表现在以下三个方面。

1. 管理意识的创新

传统的产销双方的交易关系是一种此消彼长的对立型关系，是一种输赢关系。而 ECR 要求产销双方的交易关系是一种合作型关系，即交易各方通过相互协调合作，实现以低成本向消费者提供更高价值服务的目标，在此基础上追求双方利益，是一种双赢关系。

2. 供应链整体协调

传统的流通活动缺乏效率的主要原因在于厂家、批发商和零售商之间存在企业间联系

的非效率性以及企业内采购、生产、销售和物流部门或职能之间存在部门间联系的非效率性，ECR 要求消除各部门、职能及企业之间的隔阂，进行跨部门、跨职能和跨企业的管理和协调，使商品流和信息流在企业内和供应链内顺畅地流动。

3. 涉及范围广

ECR 要求对供应链整体进行管理和协调，其所涉及的范围必然包括零售业、批发业和制造业等相关多个行业。为了最大限度地发挥 ECR 的优势，必须对关联的行业进行分析研究，对促成供应链的各类企业进行管理和协调。

(二)有效客户响应实施的影响因素

影响有效客户响应实施的因素主要包括以下四个方面。

1. 信息的完整度

供应链上、下游成员之间要实现信息互通、信息共享，因此，供应链的信息库包括供应、需求、市场、技术等方面，信息的完整程度影响着有效客户响应的实施。

2. 标准化

为了快速反映客户的需求，供应链上的各项信息、数据的收集和传输都应加以标准化。例如，数据格式应有统一的标准。EDI 技术的应用，基本可以实现这方面的需求。

3. 互信、互利、共识的建立

实施有效客户响应的重点在于供应链企业体系内的上下游之间彼此分享信息，以消费者的利益为出发点来共同修改供应链过程中的各个流程与活动，因此，企业之间的信息非常重要。上、下游之间需要打破以往相互对立的角色，必须建立相互信任、荣辱共存、共同发展的新型伙伴关系。

4. 完善的物流系统

建立一个高效率、功能完备、低成本的物流系统，是确保整个有效客户响应体系成功贯彻实施的重要条件。

(三)有效客户响应的应用原则

有效客户响应的应用原则应包括以下五个方面。

(1) 有效客户响应的目的是以低成本向消费者提供高价值的服务，表现在更好的商品功能、更高的商品质量、品种齐全及更好的便利性。

(2) 有效客户响应要求供需双方必须从传统的赢输型交易关系向双赢型联盟伙伴关系转化。企业主管必须对其组织文化和经营习惯进行改革，使供需双方的关系转化为双赢型联盟伙伴关系成为可能。

(3) 必须利用准确、适时的信息以支持有效的市场、生产及物流决策。这些信息将以ETM的方式在贸易伙伴间自由流动，在企业内部将通过计算机系统得到最充分、高效的利用。

(4) 有效客户响应要求从生产线末端的包装作业开始到消费者获得商品为止的整个商品移动过程产生最大的附加价值，使消费者能及时获得所需要的商品。

(5) 必须采用共同、一致的工作业绩考核和奖励机制。它着眼于系统整体的效益(即通过减少开支、降低库存及更好的资产利用来创造更好的价值)，明确地确定可能的收益并且公平地分配这些收益。

(四)有效客户响应系统的构建

企业在实施有效客户响应时，最重要的是得到高层管理者的全力支持，并出面与准备合作的交易伙伴的高层管理者沟通，待合作双方达成合作共识之后，才可转交给后续的工作小组负责。

有效客户响应作为一个供应链管理系统需要把市场营销、物流管理、信息技术和组织革新技术有机结合起来作为一个整体使用，以实现ECR目标。构筑ECR系统的具体目标，是实现低成本的流通、基础关联设施的建设、消除组织间的隔阂、协调合作满足消费者的需要。组成ECR系统的技术要素主要有信息技术、物流技术、营销技术和组织革新技术。

三、快速响应与有效客户响应的比较

一般来讲，快速响应主要集中在一般商品与纺织行业，其主要目标是对客户的需求做出快速响应，并快速补货；而有效客户响应则以食品行业为对象，其主要目标是降低供应链各环节的成本，提高效率。这是因为纺织服装行业与食品杂货业经营的产品的特点不同：杂货业经营的产品多数是一些功能型产品(生鲜产品除外)，每一种产品的寿命相对较长，因此，订购数量的过多或过少的损失相对较小。而纺织服装业经营的产品多属创新型产品，每种产品的寿命相对较短，因此，订购数量过多或过少造成的损失相对较大。OR与ECR的比较如表9-1所示。

表9-1 OR与ECR的比较

项 目	服装类(QR)	食品类(ECR)
零售商形式	百货店/专业商店	超市
每家店铺的商品数量	高(500万～2000万种)	低(20万～30万元)
每家店铺的单品年均销售额	低(500～1000元)	高(4000～5000元)
库存周转次数	低(2～5(次/天))	高(10～25(次/天))

续表

项　目	服装类(QR)	食品类(ECR)
单位重量/体积的价值	高	低
削价	高	低
毛利	高	低
产品生命周期	短	长
季节性	强	弱
产品的可替代性	低	高
购买频率	低	高

本 章 小 结

客户是企业宝贵的财富，一个忠诚的顾客不但可以直接为企业带来经济效益，而且其良好的口碑还会成为企业最有说服力的推销员。然而，激烈的竞争使客户有了更多的选择，也使得企业的客户服务管理工作面临新的挑战，对现代物流企业来说，通过采取有效的措施、科学的方法改善客户服务，是企业巩固客户、提高竞争力的必然选择。本章从客户服务管理谈到物流客户服务管理，分析了物流客户的分类、特点以及物流客户服务战略的相关内容；随后阐述了物流客户关系管理的内容以及实施的要点；最后对快速响应和有效客户响应进行了介绍。

案 例 分 析

美国联合包裹服务公司(UPS)

1. 联合包裹开展电子商务的启示

美国联合包裹服务公司(UPS)是一家百年老字号，也是美国经济的支柱企业。在经过一个世纪的运作之后，它已经由一家拥有技术的货车运输公司，演变成拥有货车的技术型公司。这是一个突破性的变革，成功来自 UPS 在数字时代来临时紧紧抓住了发展电子商务这一良机，实现了由传统物流企业向电子物流企业的跨越。商业界人士评价，当经济的原动力已从实物的传递转向大规模的信息电子化传递时，真正的赢家将是 UPS 这样二者兼具的公司。自从 UPS 于 20 世纪初开始在西雅图百货商店之间穿梭运送福特 T 形车和摩托车以来，它几乎已成为美国经济中一只无形的手。这家以深棕色为代表色的公司，一直严格遵循着自己成功的业务模式，并受到称赞。

曾经几年前，联合包裹公司的罢工事件使其竞争对手在 15 天内获取了共 3.5 亿美元的收入。事后，UPS 感觉到，必须尽快修复公司与广大驾驶员及不满意客户之间的关系。同时，UPS 更深刻地认识到，公司日趋成熟的“棕色经营”虽然实现了在每个工作日投递 1300 万个邮包的创举，但却还不足以在正迈向全球化、知识化的物流业市场中竞争。必须摆脱企业曾墨守成规的经营模式，向电子物流业发展，才有益于迎接世界商务的新浪潮。

早在 20 世纪 80 年代，UPS 就决定创立一个强有力的信息技术系统。在最近 10 年中，该公司在技术方面投入 10 亿美元，配置主机、PC 机、手提电脑、无线调制解调器、蜂窝通信系统等，并网罗了 4000 名程序工程师及技术人员。这种投入，不仅使 UPS 实现了与 99%的美国公司和 96%的美国居民之间的电子联系，同时，也实现了对每件货物运输即时状况的掌握。

UPS 总裁兼首席执行官吉姆·凯里在解释传统供应链与电子供应链的区别时说，电子供应链改变了传统供应链的运行方向。在传统供应链中，供应商是将货物沿着供应链向最终用户的方向“推动”。这样的系统需要在仓库里储存货物，尽管这种做法并不合算。而电子供应链，主张的是只及时生产顾客所需的产品，而不需在仓储上耗费巨资。

在电子商务及新的在线购物系统中，顾客可从供应链的每个成员中“拉出”他们所需的东西，结果是顾客可获得更加快速而可靠的服务，而供应商也可减少成本。为了有效地实施拉动战略，企业必须与供应链中的所有成员建立电子联系。UPS 一直在争取使自己成为每个客户供应链中不可缺少的环节。在这个过程中，UPS 成长为一家信息公司。目前，UPS 可向顾客和供应商提供瞬间电子接入服务，以便查阅有关包裹运输和传递过程的信息。

UPS 能够对每日运送的 1300 万个邮包进行电子跟踪。例如一个出差在外的销售员在某地等待某些样品的送达，他通过在 UPS 安排的 3COM 网络系统中输入 UPS 运单跟踪号码，即可知道货物在哪里。当需要将货物送达另一个目的地时，可再次通过网络以及附近的手机通信塔台，找出货物的位置，并指引到最近的投递点。

UPS 的驾驶员是公司大型电子跟踪系统中的关键人物。他们携带了一块电子操作板，称作 DLAD(运送信息获取装置)，可同时捕捉和发送运货信息。一旦用户在 DLAD 上签收了包裹，信息将会在网络中传播。寄件人可以登录 UPS 网站了解货物情况。同时，驾驶员行驶路线的塞车情况，或用户需即时提货等信息也可发放给 DLAD。

1999 年，UPS 在电子商务领域内所取得的业绩继续受到全球的广泛认可。2000 年年初，《广告时代的商务营销》杂志将 UPS 的网站(www.ups.com)列为世界五大企业间商务网站之一。目前，该网站已采用 16 种语言提供服务。《个人电脑》杂志在“快速跟踪 100 强”栏目中，将 UPS 列为最富创意的企业网络。UPS 在庆祝提出安全而可跟踪的电子送达服务项目——UPS Document Exchange 一周年之际，又提出了一系列服务强化软件，并与惠普、Oracle 等著名电子商务公司建立了联盟。UPS 曾连续两年被《财富》杂志评选为邮政、包裹、配送及货运领域内“全球最受推崇”的公司。

2. 联合包裹公司抢占中国快递市场

2001 年 4 月初，一架带有 UPS 字样的波音 747-200 型飞机降落在北京首都国际机场。这架从美国直抵中国的飞机，标志的不是一条客运航线的开通，而是美国联合包裹运送服

务公司(UPS)的货运飞机获准直航中国，但对国内的速递业、物流业来说，来的不仅是飞机。

(1) 飞机只是货运的手段，而UPS的电子商务的作用远大于飞机。有数字显示，圣诞节期间，美国有40%的圣诞礼物是通过网络订购获得的。在中国，有1/3的因特网用户在过去一年中通过网络购物。而对于现代企业来说，通过电子商务，可以减少物资周转的时间，加快资讯的传递，缩短资金的使用周期，大大降低企业生产成本。要满足现代企业的这一需求，传统的速递公司要依靠的就不仅仅是飞机，还要借助电子商务手段。正如UPS董事长兼首席执行官吉姆•凯利所言："电子商务不单单是生意上的交流，我们通过电子商务所产生的非包裹运送服务大大拓展了公司的业务。"目前，UPS作为一家包裹快递公司已经在三年内为全球6万多客户提供在线采购和网上包裹跟踪服务。同时，借助网络，UPS的包裹快递概念已有了更广的含义。如2000年1月，UPS将它的服务软件与一家公司软件进行整合，整合后的软件使该公司的重要文件在因特网上传输时几乎不可能出现泄密事件。

(2) 包裹快递贵在神速，直航中国开阔了国内对外贸易。吉姆•凯利先生在一次同中国记者的见面会上不止一次地说道："直航中国带给UPS的不只是兴奋。"通过直航，UPS可以更合理地对货运飞机进行合理的装载控制，有效实行更多的服务项目。因航程的缩短，为客户节约费用，缩短运送时间，争取实现现有服务地区的1天递送。随着直航飞机的降落，每周会有6班货运飞机抵达北京、上海。中国直航权的取得，使UPS成为最快的空运快递公司之一，并领先于大多数竞争对手。

(3) UPS代表着世界快递业进入中国的步伐将越来越快。综观UPS在中国的发展，1988年与中国外运集团签订合作协议，1996年6月在中国成立第一家合资企业，2008年，UPS成为北京奥运会的物流与快递赞助商。以UPS为代表的世界快递公司进入中国的步伐正在加快。

3. 福特委托UPS运送汽车(电子物流)

美国福特汽车公司宣布，它将把其汽车产品的运送服务交给联合包裹公司(UPS)麾下的UPS的全球物流集团，是福特公司近来的一笔不小的合同。

两大公司建立的这种合作业务关系要求UPS全球物流集团全权负责管理福特公司生产的福特牌和林肯牌小轿车在美国、加拿大、墨西哥三国的运送业务。UPS全球物流集团作为第三方物流公司并不是进行汽车产品的物质流动，而是代表福特公司进行系统性的管理，正如UPS全球物流集团首席执行官丹•迪马基所说："我们所要做的是设计福特的运送网络，推广新的管理实践，消除瓶颈，减少耽搁，并提供信息技术系统服务，以提高产品最终运送到消费者过程的监控能力。我们公司将这种服务视作从规模化运送系统服务向为单一车辆的展出和个性化服务的转变。"两家公司表示，它们希望双方建立这种合作联盟关系能够将汽车产品从生产厂到最终消费者的时间减少40%，将比目前的14～15天减少若干天。福特公司还希望这种转变将实现实质性的成本节约，即使不能完全实现其成本节约的期望值。因为福特的目标不仅仅是节省成本支出，福特公司负责原料、计划与物流的副总裁弗兰克•泰勒说："我们将速度视为重要的竞争优势，我们决定采取进一步措施，我们希望走在时间的前面，通过追求速度和精确服务，来满足消费者的需求。”

(资料来源：佚名. 云南信息港，http://www.yn56.com.cn/info.php?id=302, 2012.05.31，有删改)

问题：

1. 你对UPS公司的物流运作有何评价？
2. 信息系统建设对UPS成功起到什么作用？
3. 你认为UPS抢占中国市场的主要战略是什么？

阅读资料

联邦快递的客户关系管理体系的案例分析

联邦快递的创始者佛莱德史密斯有一句名言：“想称霸市场，首先要让客户的心跟着你走，然后让客户的腰包跟着你走。”由于竞争者很容易采用降价策略参与竞争，联邦快递认为提高服务水平才是长久维持客户关系的关键。

一、联邦快递的全球运送服务

电子商务的兴起，为快递业者提供了良好的机遇。电子商务体系中，很多企业间可通过网络的连接，快速传递必要信息，但对一些企业来讲，运送实体的东西是一个难解决的问题。举例来讲，对于产品周期短、跌价风险高的计算机硬件产品来讲，在接到顾客的订单后，取得物料、组装、配送，以降低库存风险及掌握市场先机，是非常重要的课题，因此对那些通过大量网络直销的戴尔电脑来讲，如果借助联邦快递的及时配送服务来提升整体的运筹效率，可为规避经营风险做出贡献。有一些小企业，由于经费人力的不足，往往不能建立自己的配送体系，这时就可以借助联邦快递。

要成为企业运送货物的管家，联邦快递需要与客户建立良好的互动与信息流通模式，使得企业能掌握自己的货物配送流程与状态。在联邦快递，所有顾客可借助其网站同步追踪货物状况，还可以免费下载实用软件，进入联邦快递协助建立的亚太经济合作组织关税资料库。它的线上交易软件Business Link可协助客户整合线上交易的所有环节，从订货到收款、开发票、库存管理一直到将货物交到收货人手中。这个软件能使无店铺零售企业以较低成本比较迅速地在网络上进行销售。另外，联邦快递特别强调，要与顾客相配合，针对顾客的特定需求，如公司大小、生产线地点、业务办公室地点、客户群科技化程度、公司未来目标等，一起制订配送方案。

联邦快递还有一些高附加值的服务，主要有以下三个方面。

1. 提供整合式维修运送服务

联邦快递提供货物的维修运送服务，如将已坏的电脑或电子产品，送修或送还所有者。

2. 扮演客户的零件或备料银行

扮演业者的零售商的角色，提供诸如接受订单与客户服务处理、仓储服务等功能。

3. 协助顾客简化并合并行销业务

帮助顾客协调数个地点之间的产品组件运送流程。在过去，这些作业是由顾客自己设法将零件由制造商送到终端顾客手中，现在的快递业者可完全代劳。

综上所述，联邦快递的服务特点在于，协助顾客节省了仓储费用，而且在交由联邦快递运送后，顾客仍然能准确掌握货物的行踪，可利用联邦快递的系统来管理货物订单。

二、联邦快递的客户服务信息系统

联邦快递的客户服务信息系统主要有两个：一是一系列的自动运送软件，如 Power Ship、FedEx Ship 和 FedEx Internet Ship；二是客户服务线上作业系统(Customer Operations Service Master Online System, COSMOS)。

1. 自动运送软件

为了协助顾客上网，联邦快递向顾客提供了自动运送软件，有三个版本：DS 版的 Power Ship、视窗版的 FedEx Ship 和网络版的 FedEx Internet Ship。利用这套系统，客户可以方便地安排取货日程、追踪和确认运送路线、列印条码、建立并维护寄送清单、追踪寄送记录。而联邦快递则通过这套系统了解顾客打算寄送的货物，预先得到的信息有助于运送流程的整合，以及货舱机位、航班的调派等。

2. COSMOS

COSMOS 这个系统可追溯到 20 世纪 60 年代，当时航空业所用的电脑定位系统备受瞩目，联邦快递受到启发，从 IBM、Avis 租车公司以及美国航空等处组织了专家，成立了自动化研发小组，建起了 COSMOS。在 1980 年，系统增加了主动跟踪、状态信息显示等重要功能。1997 年又推出了网络业务系统 Virtual Order。

联邦快递通过这些信息系统的运作，建立起全球的电子化服务网络，目前有三分之二的货物量是通过 Power Ship、FedEx Ship 和 FedEx Internet Ship 来进行，主要是利用它们的订单处理、包裹追踪、信息储存和账单寄送等功能。

三、员工理念在客户关系中扮演的角色

众所周知，良好的客户关系绝对不是单靠技术就能实现的，员工的主观能动性的重要性怎么强调也不过分。在对员工进行管理以提高顾客满意度方面，具体方案有以下三个。

1. 建立呼叫中心，倾听顾客的声音

联邦快递台湾分公司有 700 名员工，其中 80 人在呼叫中心工作，主要任务除了接听成千上万的电话外，还要主动打出电话与客户联系，收集客户信息。

呼叫中心中的员工是绝大多数顾客接触联邦快递的第一个媒介，因此他们的服务质量很重要。呼叫中心中的员工要先经过一个月的课堂培训，然后接受两个月的操作训练，学习与顾客打交道的技巧，考核合格后，才能正式接听顾客来电。

另外，联邦快递台湾分公司为了了解顾客需求，有效控制呼叫中心服务质量，每月都会从每个接听电话员工负责的顾客中抽取 5 人，打电话询问他们对服务品质的评价，了解其潜在需求和建议。

2. 提高第一线员工的素质

为了使与顾客密切接触的业务员符合企业形象和服务要求，在招收新员工时，联邦快递是台湾少数作心理和性格测验的公司。对新进员工的入门培训强调企业化的灌输，先接受两周的课堂训练，接下来是服务站的训练，然后让正式的业务员带半个月，最后才独立作业。

3. 运用奖励制度

联邦快递最主要的管理理念是，只有善待员工，才能让员工热爱工作，不仅做好自己的工作，而且主动提供服务。例如联邦快递台湾分公司每年会向员工提供平均2500美元的经费，让员工学习自己感兴趣的新事物，如语言、信息技术、演讲等，只要对工作有益即可。

另外，在联邦快递，当公司利润达到预定指标后，会加发红利，这笔钱甚至可达到年薪的10%。值得注意的是，为避免各区域主管的本位主义，各区域主管不参加这种分红。各层主管的分红以整个集团是否达到预定计划为根据，以增强他们的全局观念。

(资料来源：徐鹰. 联邦快递的客户关系管理体系[J]. 市场周刊：新物流，2005(36)：19.)

自 测 题

1. 如何制定有效的物流客户服务战略？
2. 物流客户关系管理的作用表现在哪些方面？
3. 如何实施物流客户关系管理。
4. 说明快速响应与有效客户响应的区别。

参 考 文 献

[1] 杨广君. 物流管理[M]. 北京：对外经济贸易大学出版社，2004.

[2] 夏春玉. 现代物流概论[M]. 北京：首都经济贸易大学出版社，2004.

[3] 叶怀珍. 现代物流学[M]. 北京：高等教育出版社，2006.

[4] 小保罗・R. 墨菲，唐纳德・F. 伍德. 当代物流学[M]. 9 版. 陈荣秋，等译. 北京：中国人民大学出版社，2011.

[5] 霍红. 物流管理学[M]. 北京：科学出版社，2009.

[6] 范丽君. 物流基础[M]. 北京：清华大学出版社，2011.

[7] 张晓青. 现代物流概论[M]. 武汉：武汉理工大学出版社，2005.

[8] 黄福华. 现代物流基础[M]. 北京：电子工业出版社，2007.

[9] 刘伟. 物流管理概论[M]. 北京：电子工业出版社，2007.

[10] 邹辉霞. 供应链管理[M]. 北京：清华大学出版社，2009.

[11] 夏春玉. 物流与供应链管理[M]. 大连：东北财经大学出版社，2010.

[12] SCM 研究会. 供应链管理[M]. 北京：科学出版社，2003.

[13] 马士华，林勇. 供应链管理[M]. 3 版. 北京：高等教育出版社，2011.

[14] 姜健. 供应链管理与物流管理之比较[J]. 消费导刊，2008(4)：94.

[15] 周长兰. 同步供应链实施策略研究[J]. 山东电大学报，2008(2)：47-49.

[16] 王昭凤. 供应链管理[M]. 北京：电子工业出版社，2006.

[17] 苏尼尔・乔普拉，彼得・迈因德尔. 供应链管理[M]. 陈荣秋译. 北京：中国人民大学出版社，2008.

[18] 胡军. 供应链管理理论与实务[M]. 北京：中国物资出版社，2006.

[19] 施先亮，李伊松. 供应链管理原理及应用[M]. 北京：清华大学出版社，2006.

[20] 郎德琴，罗慧媛. 物流信息技术[M]. 北京：化学工业出版社，2009.

[21] 周昱. 物流信息技术[M]. 北京：科学出版社，2008.

[22] 许良. 物流信息技术[M]. 上海：立信会计出版社，2007.

[23] 陈章跃，舒斯亮. 物流信息技术[M]. 武汉：武汉理工大学出版社，2008.

[24] 董秀科. 物流信息系统[M]. 北京：冶金工业出版社，2008.

[25] 刘单忠，王昌盛. 物流信息技术[M]. 上海：上海交通大学出版社，2007.

[26] 王丽亚. 物流信息系统与应用案例[M]. 北京：科学出版社，2007.

[27] 何阿毡. 物流信息技术[M]. 北京：知识产权出版社，2006.

[28] 蓝仁昌. 物流信息技术应用[M]. 北京：高等教育出版社，2005.

[29] 张树山. 物流信息系统[M]. 北京：人民交通出版社，2005.

[30] 张予川. 物流信息系统[M]. 北京：化学工业出版社，2005.

[31] 孙丽芳，欧阳文霞. 物流信息技术与信息系统[M]. 北京：电子工业出版社，2004.
[32] 王国卿. 物流信息技术[M]. 北京：人民交通出版社，2003.
[33] 姚晓玲. GIS/GPS 在物流中的应用研究[J]. 科技情报开发与经济，2005，15(17)：217-218.
[34] 欧广宇，刘辉. RFID 技术及其在物流企业的应用[J]. 计算机技术与发展，2008，18(6)：164-166.
[35] 杨玉婷. RFID 技术在我国物流行业的应用分析[J]. 企业科技与发展，2008(20)：152-154.
[36] 陈宇. 条形码技术在物流中的应用研究[J]. 石家庄铁道学院学报，2006，19(21)：180-182.
[37] 王慧龙. GIS 在物流中的应用[J]. 经济管理与科学决策，2009(9)：148-149.
[38] 冯天俊，龚国华. 基于供应链的物流信息技术研究[J]. 物流科技，2002，25(90)：11-13.
[39] 计三有，刘德鹏. 条形码技术在物流配送作业中的应用[J]. 经济管理论坛，2005(19)：72
[40] 张永娟. 现代物流解决方案[M]. 北京：中国物资出版社，2005.
[41] 唐纳德·沃特斯. 物流管理概论[M]. 北京：电子工业出版社，2004.
[42] 刘寅斌，刘晓霞，熊励. 物流战略规划与实施[M]. 北京：电子工业出版社，2008.
[43] 戴维·泰勒. 全球物流与供应链管理案例[M]. 北京：中信出版社，2003.
[44] 罗纳德·H. 巴罗. 企业物流管理[M]. 王晓东，等译. 北京：机械工业出版社，2002.
[45] 王转，张庆华，鲍新中. 物流学[M]. 北京：中国物资出版社，2006.
[46] 董维忠. 物流系统规划与设计[M]. 北京：电子工业出版社，2006.
[47] 郝勇，张丽，黄建伟. 物流系统规划与设计[M]. 北京：清华大学出版社，2008.
[48] 邓明荣，张红，葛洪磊，等. 现代物流管理[M]. 北京：高等教育出版社，2005.
[49] 白世贞. 物流运筹学[M]. 北京：中国物资出版社，2006.
[50] 朱新民. 物流运输管理[M]. 大连：东北财经大学出版社，2001.
[51] 刘鹏，王国庆. 供应商管理库存——供应链环境下的库存管理方式[M]. 广州：暨南大学出版社，2003.
[52] 王槐林. 采购管理与库存控制[M]. 北京：中国物资出版社，2008.
[53] 沈瑞山，刘晓岚. 仓储管理[M]. 北京：中国人民大学出版社，2009.
[54] 秦文纲. 采购与仓储管理[M]. 杭州：浙江大学出版社，2004.
[55] 万志坚. 供应链管理运营实务与案例分析[M]. 北京：中国物资出版社，2006.
[56] 孙明贵. 库存物流管理[M]. 北京：中国社会科学出版社，2005.
[57] 姚城. 物流配送中心规划与运作管理[M]. 广州：广东经济出版社，2004.
[58] 冯耕中. 物流配送中心规划与设计[M]. 西安：西安交通大学出版社，2004.
[59] 苗爱华. 配送中心运营管理[M]. 北京：电子工业出版社，2008.
[60] 王倩. 我国电子商务物流概况[J]. 合作经济与科技，2009(19)：124-125.
[61] 王转. 配送中心运营与管理[M]. 北京：中国电力出版社，2009.
[62] 文龙光，余博. 电子商务物流配送模式研究[M]. 中国物流与采购，2009(21)：74-75.
[63] 徐贤浩. 物流配送中心规划与运作管理[M]. 武汉：华中科技大学出版社，2008.
[64] 赵林度. 供应链与物流管理：理论与实务[M]. 北京：机械工业出版社，2003.
[65] 周启蕾. 物流学概论[M]. 北京：清华大学出版社，2005.

[66] 田宇. 第三方物流项目管理[M]. 广州：中山大学出版社，2006.
[67] 郝聚民. 第三方物流[M]. 成都：四川大学出版社，2002.
[68] 骆温平. 第三方物流理论、操作与案例[M]. 上海：上海社会科学出版社，2000.
[69] 汝宜红. 配送中心规划[M]. 北京：北京交通大学出版社，2004.
[70] 赵启兰. 企业物流管理[M]. 北京：机械工业出版社，2005.
[71] 杜文，任民. 第三方物流[M]. 北京：机械工业出版社，2004.
[72] 徐章一. 顾客服务——供应链一体化的营销管理[M]. 北京：中国物资出版社，2002.
[73] 熊银解. 销售管理[M]. 北京：高等教育出版社，2005.
[74] 牛鱼龙. 现代物流实用词典. 北京：中国经济出版社，2004.